Das grosse Buch der Gartengeräte

Smith & Hawken

DAS GROSSE BUCH DER GARTEN GERÄTE

William Bryant Logan

KÖNEMANN

Copyright © 1997 by Smith & Hawken

Location photographs copyright © 1997
by Georgia Glynn Smith

Illustrations and tool photographs copyright © 1997
by Smith & Hawken and Workman Publishing Company, Inc.

All rights reserved. No part of this publication may be reproduced, stored in a retrieval system, ot transmitted in any form or by any means, electronic, mechanical, photocopying, recording or otherwise without the permission of the copyright holder.

This book was produced by
Workman Publishing Company, Inc.
708 Broadway
New York, NY 10003-9555

Original title: The Toolbook for the well-tended garden

© 1998 für die deutsche Ausgabe:
Könemann Verlagsgesellschaft mbH
Bonner Straße 126, D-50968 Köln
Übersetzung aus dem Amerikanischen:
Alexandra Bootz, Andrea Honecker, Ingrid Schmitt
für Lesezeichen Verlagsdienste
Redaktion und Satz der deutschen Ausgabe:
Lesezeichen Verlagsdienste, Köln
Koordination: Sylvia Hecken
Herstellungsleiter: Detlev Schaper
Farblithos: divis, Köln
Druck und Bindung: Kossuth Printing House Co., Budapest
Printed in Hungary
ISBN 3-8290-0447-8

10 9 8 7 6 5 4 3 2 1

Für meinen Vater, der mir das Umgraben beigebracht hat, und für meine Mutter, die mir gezeigt hat, wie man Unkraut jätet.

Ein Wort *des* Dankes

Eine vollständige Nennung all derjenigen, die mir geholfen haben, dieses Buch zu schreiben, würde ein ganzes Kapitel füllen. Zahlreiche Vertreter von Werkzeugherstellern aus aller Herren Länder haben mich mit riesigen Mengen an Informationen versorgt. Jack Allen hat mir immer die richtigen Tips gegeben und mich mehr als einmal vor Fehlern bewahrt. Genevieve Anderson Morgan, die die Beschreibungen zu den Werkzeugabbildungen verfaßt hat, gebührt mein besonderer Dank. Ebenso Jim Anderson, dessen Zeichnungen diese Texte erst zum Leben erwecken. Die Textredaktion von Lynn Strong und Mary Wilkinsons Bearbeitung der Werkzeugbeschreibungen haben dem Buch den richtigen Schliff gegeben. Dank Paul Hanson für das Design und Elizabeth Johnsboen für das Layout. Dank auch Bonnie Dahan und Sally Kovalchick, die die Arbeit an dem Buch begleitet haben. Allen voran gilt mein Dank meinem Lektor John Meils.

W. B. L.

VORWORT

Für die amerikanische Originalausgabe dieses Buchs ist die Firma Smith & Hawken als Sponsor aufgetreten. Das über 20 Jahre alte Unternehmen hat ursprünglich nur Gartengeräte in die USA importiert. Der Firmengründer, aktives Mitglied der Umweltbewegung, interessierte sich insbesondere für den biologischen Gartenbau. Er bat Freunde, entsprechende Geräte für ihn aus England zu importieren, und der Grundstein für Smith & Hawken war gelegt.

Im Gegensatz zum Garten selbst, der einem stetigen Wandel unterliegt, ist ein Gartenwerkzeug alles andere als vergänglich. Wie gute Freunde schwört man sich im Laufe der Jahre aufeinander ein. Mit zunehmendem Alter wird das Werkzeug immer schöner und entwickelt eine ganz eigene Persönlichkeit. Lassen wir Gertrude Jekyll, der wohl bekanntesten englischen Gartenspezialistin, hier das letzte Wort: »Kein Zimmermann mag neue Hobel, kein Anstreicher neue Pinsel; mit Werkzeugen ist es genau wie mit Kleidern: Vertrautheit und Wohlbehagen entstehen erst, wenn man sie benutzt und besser kennenlernt«.

Werkzeuge helfen uns, einen Pflanzplan in die Tat umzusetzen. Sie sind Verbindungsstück zwischen dem Gemüsebeet vor unserem geistigen Auge und einem frisch zubereiteten Sommersalat.

Das Buch gibt einen liebevollen Überblick über gute und bewährte Gartenwerkzeuge. Wie alle Dinge, die von wahrem Nutzen sind, haben auch diese Geräte ihren ästhetischen Reiz. Man denke nur an die ergonomische Form einer gut ausbalancierten englischen Gießkanne, die klaren Linien eines Setzspatens, die Schmiedemale auf dem handgefertigten Blatt einer Axt. Mit der Zeit setzen sie Patina an und zeugen von rechtschaffener Arbeit. Erst nachdem man mit ihnen wieder und wieder Erde, Stein und kargen Boden beackert hat, zeigen die Geräte so richtig, was in ihnen steckt.

Ganz bewußt werden in diesem Buch nur nicht-elektrische Gartengeräte vorgestellt, denn sie versehen ihren Dienst ohne störende Stromkabel oder eine allzu komplizierte Mechanik. Und so wird es bleiben, solange es das Interesse, Bedürfnis oder der Wunsch des Menschen ist, den Boden mit den eigenen Händen zu bearbeiten.

JACK ALLEN
Smith & Hawken

Inhalt

Vorwort .... *vii*
Einführung: Die Liebe zu Handwerkzeugen .... *xv*

KAPITEL EINS
Das GUT VERARBEITETE WERKZEUG · 1

Die Anatomie eines Werkzeugs *3*
Gewicht und Maße *4*
Konstruktion *5*

KAPITEL ZWEI
BODENBEARBEITUNG · 10

Der Sache auf den Grund gegangen *13*
Aus Grund wird Mutterboden *14*
Die Wende im Boden *15*
Die Geschichte der Bodenbearbeitung *16*
Die Schaufel *19*
    RUNDBLATTSCHAUFELN *24*
    VIERKANTSCHAUFELN *26*
    SCHIPPEN *28*
    GRABENSCHAUFELN *29*
Der Spaten *30*
    STANDARDSPATEN *36*
    LANGSTIELSPATEN *38*
    SPEZIALSPATEN *39*
    GRABESPATEN *40*
    SCHWERE SPEZIALSPATEN *41*
Die Gabel *42*
    GARTENGABELN *46*
    BREITGABELN *47*
    SPEZIALGABELN *48*
    BEET- UND MISTGABELN *50*
    RECHENGABELN *52*
Breithacken und Spitzhacken *54*
    SPITZHACKEN, BREITHACKEN UND
    RODEWERKZEUGE *56*

INHALT

KAPITEL DREI

KULTIVIEREN · 58

Unkraut vergeht nicht *61*

Kultiviergeräte *62*

Die Geschichte des Kultivierens *64*

Die Hacke *65*

    HACKEN *70*

    AUGENHACKEN UND RADHACKEN *72*

Der Jäter *74*

    JÄTGERÄTE *76*

Der Kultivator *78*

    KULTIVATOREN *81*

KAPITEL VIER

PFLANZENVERMEHRUNG · 82

Die Geschichte der Pflanzenvermehrung *85*

Werkzeuge zur Pflanzenzucht *87*

    WERKZEUGE ZUR VERMEHRUNG *88*

    MESSER *92*

Die Gärtnerbank *94*

    GÄRTNERBANK *95*

    ANZUCHTUTENSILIEN *98*

    AUSSAATZUBEHÖR *102*

Erdblocker *104*

    ERDBLOCKERSYSTEME *105*

Frühbeete *106*

    FRÜHBEETE *107*

Glasglocken und andere Schutzhüllen *108*

    PFLANZENSCHÜTZER *112*

DAS GROSSE BUCH DER GARTENGERÄTE

KAPITEL FÜNF

PFLANZEN · 114

Die Geschichte des Pflanzens 117
Das Setzholz 120
    SETZHÖLZER 121
Die Blumenkelle 122
    BLUMENKELLEN 124
Knollenpflanzer 126
    KNOLLENPFLANZER 127
Sämaschinen 128
    SÄMASCHINEN 129
Pflanzgefäße 130
    PFLANZGEFÄSSE 134

KAPITEL SECHS

SCHNEIDEN · 136

Die Geschichte des Schneidens 139
Die Blumenschere 141
    BLUMENSCHEREN 143
Die Baumschere 144
    BAUMSCHEREN 148
Die Heckenschere 150
    HECKENSCHEREN 153
Die Astschere 154
    ASTSCHEREN 156
Die Raupenschere 158
    RAUPENSCHEREN 159
Die Astsäge 160
    ASTSÄGEN 164
Schlagwerkzeuge 166
    HAU- UND SCHLAGWERKZEUGE 170
Rodewerkzeuge 172
    SENSEN 175
    RODEWERKZEUGE 176

INHALT

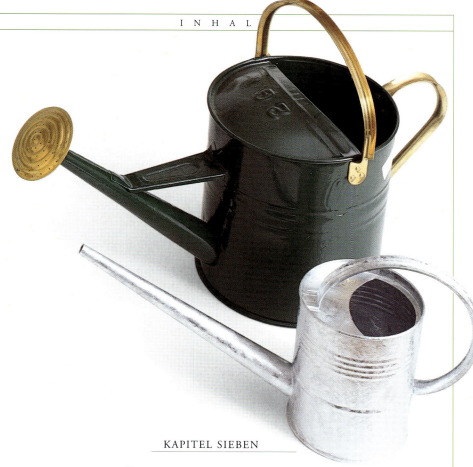

KAPITEL SIEBEN

BEWÄSSERN · 178

Den Garten kennenlernen	181
Die Geschichte des Bewässerns	182
Die Grundprinzipien der Bewässerung	186
Die Gießkanne	187
GIESSKANNEN	190
BRAUSEN	192
Der Schlauch	193
SCHLÄUCHE	196
Schlauchzubehör	198
SCHLAUCHZUBEHÖR	200
Regner	202
REGNER	204

KAPITEL ACHT

KOMPOSTIEREN · 206

Die Geschichte des Kompostierens	209
Kompostbehälter	210
KOMPOSTER	214
Hilfsgeräte zum Kompostieren	216
HILFSGERÄTE ZUM KOMPOSTIEREN	218

DAS GROSSE BUCH DER GARTENGERÄTE

KAPITEL NEUN

RASENPFLEGE · 220

Rasenmäher 223
    HANDMÄHER 225
Rasenkantenscheren und Kantenstecher 226
    RASENSCHEREN 227
    KANTENSTECHER 228
Den Rasen anlegen 230
    STREUWAGEN 232
    RASENWALZE 233
Vertikutieren und Aerifizieren 234
    AERIFIZIERER 235

KAPITEL ZEHN

TRAGEN *und* TRANSPORTIEREN · 236

Die Geschichte des Tragens und Transportierens 239
Die Wahl der richtigen Transportgeräte 240
Obst- und Gemüsekörbe 240
    ERNTEBEHÄLTER 242
Behälter für Laub, Unkraut und Samen 244
Eimer und Behälter 245
    TRAGEBEHÄLTER 246
Transportgeräte 248
    TRANSPORTGERÄTE 250

KAPITEL ELF

RECHEN *und* KEHREN · 252

Der Gartenrechen 255
Rechen und Laubbesen 256
    GARTENRECHEN 258
    RASENRECHEN UND LAUBBESEN 260
Der Besen 262
    BESEN 263

INHALT

KAPITEL ZWÖLF

Arbeits- *und* Schutzkleidung · 264

Schuhe und Stiefel 267
   SCHUHWERK 269
Handschuhe 270
   HANDSCHUHE 273
Hüte 274
   HÜTE 275
Hosen und Hemden 276
   KLEIDUNG 278
Jacken und Westen 280
   JACKEN 281

KAPITEL DREIZEHN

Werkzeugpflege *und* Lagerung · 282

Abschließende Arbeiten 284
Schleifen 285
Aufhängen der Geräte 285
Durchdachte Ordnung 286
Schlauchlagerung 286
Das Ende der Gartensaison 287
   WERKZEUGPFLEGE UND LAGERUNG 288
   SCHLAUCHTROMMELN 290

REGISTER 291

Die Liebe *zu* Handwerkzeugen

In der Mojave-Wüste, wo ich als Junge mit meinen Eltern gelebt habe, hatten wir einen Gemüsegarten. Ein kleines grünes Rechteck im Hof eines dieser Farmhäuser, wie sie nach dem Zweiten Weltkrieg zu Tausenden gebaut wurden. Die Sonne brannte unbarmherzig auf den Garten nieder, aber wenn man den sandigen Boden wässerte, schossen die Pflanzen nur so empor. Eines warmen Nachmittags, als die Schatten schon sehr lang waren, arbeitete ich mit meinem Vater im Garten. Ich war vier Jahre alt. Zum ersten Mal ließ er mich die reifen Tomaten vom Stock schneiden. Noch heute kann ich mich an den durchdringenden Duft der Tomatenstiele erinnern. Dann nahm er mir die Früchte aus den Händen und reichte sie meiner Mutter durch das offene Küchenfenster.

Aber genauso intensiv wie den Duft der Tomaten spüre ich noch heute die Werkzeuge in meiner Hand, die unsere kleine Ernte ermöglicht haben. Meine Eltern hatten nie elektrische Gartengeräte, selbst als wir zunächst in ein größeres Farmhaus mit Rasen und Bäumen und schließlich in ein wunderschönes altes Haus, umgeben von einem großen Garten, zogen. Die Schaufel, die Hacke, der Rechen, die Gießkanne und die Blumenschere sind allesamt mit uns aus der Wüste umgezogen. Sie sind nie kaputt gegangen. Das Holz der langstieligen Werkzeuge wurde durch den Gebrauch blank und nahm eine graubraune Farbe an, und die Schneiden wurden so oft geschärft, bis sie irgendwann deutlich kleiner geworden waren.

Größere Gärten verlangten nach neuen Geräten. So bekamen wir einen Handrasenmäher, eine Heckenschere, eine Baumschere und endlose Meter Gartenschlauch.

Erst durch die Handwerkzeuge habe ich die Schönheit des Gartens, seine Gerüche, Geräusche und Formen erfahren. Das Surren des Rasenmähers brach ab, sobald ich stehenblieb, und auch das Schneiden der Rasenkantenschere sowie das tiefer klingende Klappern der Heckenschere hörten auf mein Kommando. Die Baumschere arbeitete fast geräuschlos, und wenn man sie richtig ansetzte, legte sie problemlos das Innere des Baumes frei. Ein solcher Schnitt ließ den süßen Duft der Birken oder den beißenden Gestank der Weiden verströmen. Mit dem Gartenschlauch wurden die Topfpflanzen von oben gewässert, unten floß ein kleines Rinnsal wieder heraus. Wo war der Rest geblieben? Die Schaufel eröffnete unterirdische Welten, die der Rechen anschließend wieder glattkämmte.

Als ich älter wurde und anfing, meine eigenen Werkzeuge zu kaufen, erwachte meine Bewunderung für die Kunstfertigkeit der Geräte.

Dieses Buch wird Ihnen zeigen, wie man gute Gartengeräte von schlechten unterscheidet. Oft erfährt man, was man wissen will, indem man aufmerksam die Produktbeschreibung der Geräte liest; ansonsten sollten Sie darauf bestehen, daß das Verkaufspersonal Sie ausgiebig informiert. (Wenn man Ihnen nicht weiterhelfen will oder kann, sind Sie gut beraten, anderswo zu kaufen.)

Bei Gartenwerkzeugen ist die Auswahl vielfältiger als bei anderen Werkzeugen, weil der Garten selbst so vielfältige Anforderungen stellt. Während der Boden in einem Teil des Gartens naß und schwer ist, ist er in einem anderen vielleicht sandig oder lehmig. Und wenn wir eben noch eine riesige Eiche zurückgeschnitten haben, wollen wir im nächsten Moment vielleicht eine winzige Geranie pflanzen und gleich darauf eine Furche für den Brokkoli ziehen.

Wenn Sie dieses Buch lesen, sollten Sie immer die unterschiedlichen Gartenbereiche und Wachstumsphasen vor Augen haben. Folgen Sie bei der Wahl Ihrer Werkzeuge ganz Ihren jeweiligen Bedürfnissen. Ich zum Beispiel habe stets eine Felco-Baumschere benutzt, weil sie mir mit ihrer erstklassigen Verarbeitung gut gefiel, aber seitdem ich als Baumgärtner tätig bin und auf Bäume klettern muß, um sie zu beschneiden, haben sich meine Bedürfnisse geändert. Erst kürzlich habe ich eine Sandvik-Schere mit leichten Graphitgriffen ausprobiert. Obwohl das Grunddesign mit dem der Felco identisch ist, läßt sich die Sandvik bei gleicher Leistung viel bequemer mit hinauf in den Baum transportieren.

Ich kann Ihnen zwar gut verarbeitete und zweckmäßige Werkzeuge ans Herz legen, aber letztendlich müssen Sie entscheiden. Ein Werkzeug, das Sie Ihr Leben lang oder auch nur ein paar Jahre benutzen wollen, muß sich gut anfühlen, handlich und zweckmäßig sein.

Für bestimmte Vorlieben gibt es keine objektiven Kriterien. Oft entscheiden wir uns einfach nach Gefühl. So habe ich zum Beispiel schon als Kind eine langstielige Rundblattschaufel benutzt. Ich mag und verwende auch schmale Spaten für das Doppelgraben, doch besser sind für mich Schaufeln, die groß genug sind, damit ich sie mit beiden Füßen in den Boden treiben kann.

Da die Auswahl von Werkzeugen eine ganz subjektive Angelegenheit ist, sind einige meiner Freunde oft mit meiner Wahl ganz und gar nicht einverstanden. Eine Bekannte von mir schwört zum Beispiel auf die sogenannte Blumenschaufel. Diese Schaufel ist klein und leicht genug, um ihr sowohl als Spaten als auch als Pflanzenheber zu dienen.

So kann sie ihre Staudenbeete mühelos im Stehen umgraben. Im Knien nimmt sie die Schaufel in die Hand und führt damit feinere Setz- und Kultivierarbeiten aus.

Gewicht, Schwung, Balance, Kraft, Anmut, Geschmeidigkeit, Griffigkeit, Handlichkeit – all diese Eigenschaften können nur Sie ganz persönlich beurteilen, weil Sie mit diesen Werkzeugen arbeiten. Jeder von uns hat schon solche ideale Verbindungen gesehen: der Bauer, der mit seiner Sense verwachsen zu sein scheint, oder die Gärtnerin, die mit ihrer leichten Schere die verwelkten Blüten treffsicher kappt.

Einmal sah ich einer jungen Koreanerin beim Okulieren eines Japan-Ahorns zu. Ich weiß nicht, was für ein Messer sie benutzte, aber sie schnitt mit zwei flinken Bewegungen Wurzelstock und Pfropfreis so zurecht, daß an jedem Stamm ein Winkelschnitt klaffte. Die beiden Einschnitte paßten jedesmal perfekt aufeinander. Danach wickelte sie ein Gummiband um die Pfropfstelle, um den Bund zu besiegeln, und ging zum nächsten Stamm über. Ein solches Know-how ist hart erarbeitet und kostbar. Geduldig zeigte sie mir, was ich tun mußte, aber es kostete mich einige Versuche und ein paar Tropfen Blut, bis ein Pfropfreis auch nur halbwegs paßte.

Um ein Gartenwerkzeug richtig zu beherrschen, bedarf es einiger Zeit und Übung und fordert nicht selten Blasen, blaue Flecken oder Kratzer. Aber die Mühe lohnt sich. Andere suchen die Schönheit im Museum oder im Warenhaus. Für den Gärtner wächst die Schönheit überall um ihn herum. Wir gehen durch sie hindurch, knien darin, sitzen in ihrem Schatten.

Es ist erstaunlich, wie schnell der Einsatz guter Gartengeräte Erfolg zeigt: Nach dem Veredeln sprießen aus einem Stamm rotbraune Blättchen, das viele Gießen wird durch eine reiche Ernte belohnt, das Düngen der Blumenbeete ist vergessen, sobald die Pfingstrosen blühen, und das rechtzeitige Ausputzen der Wacholderbüsche bewahrt diese vor Zedernbrand.

Im Garten gibt es immer etwas zu tun. Man muß viel umgraben, kultivieren, pfropfen, bepflanzen, beschneiden, gießen, kompostieren, wegkarren und harken, um die Schönheit des Gesamtbildes zu erhalten. »Was für eine Arbeit!«, entfährt es den Nichtgärtnern, wenn sie davon hören. Sie wissen ja gar nicht, was ihnen entgeht.

WILLIAM BRYANT LOGAN
im Mai 1997

Kapitel Eins

Das gut verarbeitete Werkzeug

Die ersten Gärtner in der Literatur sind Götter, Halbgötter oder Urahnen moderner Völker. Ein Holzschnitt aus dem 13. Jahrhundert zeigt Deukalion, Sohn des Prometheus, bei der Arbeit mit einem Karst, neben ihm seine Frau Pyrrha, eine langstielige Schaufel in der Hand. Die Szene beschreibt einen bedeutenden Augenblick in der Geschichte der Menschheit. Die große Flut ist gerade zurückgegangen, als ein Bote vom Olymp herabsteigt und dem Paar die Weisung überbringt, es solle die Gebeine seiner Mutter hinter sich werfen. Deukalion ahnt die Bedeutung dieser rätselhaften Anweisung. Unsere Mutter, das ist die Erde, kommt es ihm in den Sinn, und all diese Steine sind ihre Knochen. Daraufhin lockert das Paar mit der Breithacke den Boden, lädt die Steine auf die Schaufel und wirft sie hinter sich. Als sie sich umdrehen, sehen sie, wie aus dem Boden Männer und Frauen wachsen, ein neues Menschengeschlecht zum Wiederaufbau der Erde.

> *Wenn meine Hacke den Boden spaltet, sühnt sie meine Vergehen … Das Glätten der rauhen Hügel besänftigt mein Gemüt.«*
> — RALPH WALDO EMERSON

In dieser Schöpfungsgeschichte leisteten zwei Gartenwerkzeuge Geburtshilfe bei der Erschaffung des Menschengeschlechts, deshalb gebührt ihnen ein Ehrenplatz unter allen Werkzeugen. Gute Werkzeuge können als Familienerbstücke von Generation zu Generation weitergegeben werden. Sie tragen die Spuren der Arbeit eines geliebten Menschen: die ungleichmäßig abgenutzte Spatenkante, der leicht gebogene Schaft des Rechens, die abgeknickte Zinke der Heugabel, die in den 1920er Jahren in Niedersachsen auf einen Stein gestoßen war.

Passionierte Gärtner arbeiten ausschließlich mit gutem Gerät, nicht nur weil es länger hält, sondern auch weil es sich besser anfühlt und besser funktioniert. Auf der anderen Seite wird es immer Modewerkzeuge geben, deren ansprechende Optik oder hochgepriesene Nützlichkeit verführerisch sind. Die Kunst ist, solide, leistungsfähige Werkzeuge zu günstigen Preisen zu erstehen – nicht immer eine leichte Aufgabe.

›Überfluß‹ ist eine Untertreibung, wenn von Gartenwerkzeugen die Rede ist. So gab es in den 1930er Jahren beispielsweise allein in Deutschland mehr als 12 000 verschiedene Spatenarten. Inzwischen ist das tatsächliche Angebot viel kleiner, und hinter der unüberschaubaren Fülle an Modellen verbergen sich weniger als ein Dutzend Standards.

*Vierkant-
spatenkopf*

DIE ANATOMIE DES WERKZEUGS

Einige Gartengeräte sind einzigartig in ihrer Form. Die Mehrzahl der gebräuchlichen Werkzeuge besteht jedoch aus zwei Hauptelementen: einem Stiel und einem Kopf. Ersterer kann ein einfaches Rohr oder ein geformter Stab sein, lang, kurz oder sogar gebogen, je nachdem wie das Werkzeug eingesetzt werden soll. Manche Stiele sind in Schaft und Griff unterteilt, einige wenige, wie der Sensenstiel, besitzen sogar zwei Griffe. Baum- und Astscheren sind Beispiele für Werkzeuge mit zwei in einem Drehpunkt zusammentreffenden Griffen.

*Rundblatt-
schaufelkopf*

Die Köpfe guter Gartengeräte unterscheiden sich je nach Verwendungszweck in Material, Form und Ausrichtung. Der Spatenkopf ist rechteckig und scharfkantig, damit er einen tiefen, geraden Schnitt in den Boden setzen kann. Die Schaufel und ihre kleine Schwester, die Kelle, haben in der Regel eine abgerundete Schneide und sind daher für die Arbeit in festem Boden eher ungeeignet. Allerdings bilden ihre leicht eingetieften Köpfe flache Schalen, mit denen man ausgezeichnet lockeres Erdreich und sonstiges Gartenmaterial aufnehmen kann. Der Schippenkopf ist breit, stark eingetieft und besteht aus einem möglichst leichten Material, um große Mengen Schotter oder Schnee damit heben zu können. Setzhölzer haben einen kräftigen Kopf, ideal geformt, um Pflanzlöcher in die Erde zu bohren.

*Breitmaul-
schippenkopf*

Werkzeugköpfe mit Zinken kratzen über den Boden und nehmen dabei einen Teil der Krume oder welke Blätter mit. Die Gartengabel und der Stahlrechen reißen den Boden auf: Die Gabel dringt mit ihren wenigen langen Zinken tief in die Erde ein, während der Rechen mit seinen vielen kurzen Zacken knapp unter der Oberfläche bleibt. Der Kopf des Laubrechens besteht aus langen Zinken, die fächerförmig angeordnet sind. Dank ihrer Elastizität gleiten sie über Unebenheiten hinweg und halten das Laub fest, ohne den Rasen oder die Erde darunter aufzureißen. Heu- und Mistgabeln packen – je nach Anzahl und Abstand der Zinken – große Mengen Stroh oder Kompost.

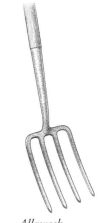

*Allzweck-
Grabegabelkopf*

Ziehhacke

*Vierzack-
kultivator-
kopf*

*Allzweck-
Pickelkopf*

Bei einigen der massiven oder gezinkten Gartenwerkzeuge zum Lüften ist der Kopf angewinkelt. Diese spezielle Form verschafft eine große Erleichterung beim Jäten und Ernten. Unter den Massivkopfgeräten ist die Hacke das beste Beispiel für den angewinkelten Werkzeugtyp, unter den gezinkten sind es Harke und Egge – die idealen Geräte zum Kultivieren, Jäten und für die Kartoffelernte. Natürlich zieren kleinere Ausführungen dieser beiden Kopfkonzepte den Stiel unzähliger Handmodelle. Eine letzte Gruppe von Werkzeugköpfen gehört den Schneidewerkzeugen: Messer, Baumschere, Astschere, Axt und Säge. Hier kommt es auf den richtigen Schliff an. Je nach Größe und Ausrichtung des Blatts oder der Klinge schneiden diese Werkzeuge alles vom dürren Ast bis zum dicken Baumstamm.

GEWICHT UND MASSE

In seinem Buch *Die Ergonomie des Schaufelns und Schaufeldesigns* schreibt Professor A. Freivalds: »Die Schaufellänge muß dem Schwertfortsatz des Brustbeins des Benutzers angepaßt sein.« Interessant. Aber wie anatomisch der Professor den Sachverhalt auch beschreiben mag – Tatsache ist, daß die richtige Form und Größe des Geräts genauso wichtig sind wie gute Qualität und Verarbeitung. Beim Kauf eines Gartenwerkzeugs sollte man stets die Möglichkeit haben, das Gerät einmal in der Hand zu wiegen. Der Grund für die Beliebtheit von verkleinerten Versionen der handelsüblichen Werkzeuge – wie die Grenzgabel, die fast ein Drittel kleiner ist als die normale Grabegabel – ist ihr geringeres Gewicht und das damit verbundene leichtere, kraftsparende Arbeiten.

In den meisten Fällen ist die Arbeit mit langstieligen Werkzeugen weniger anstrengend, weil hier ein größerer Hebel wirkt und der Benutzer folglich weniger Kraft aufwenden muß. Die Papageien-Astschere zum Beispiel ist durch ihre extra langen Hebelarme und winzigen Schneiden noch kräftiger als die beste Handastschere. Dasselbe Hebelprinzip gilt auch für Schaufeln, Spaten und Gabeln. Einer Untersuchung zufolge ist eine langstielige Schaufel 25 % kraftsparender als eine kurzstielige. Schaufeln haben üblicherweise einen 1,20 m langen, grifflosen Stiel, während die Standardlänge von Spaten- und Gabelstielen 70 bis 80 cm beträgt. Für viele Gärtner ist jedoch auch ein 80-cm-Stiel noch längst nicht lang genug.

Für Kinder empfiehlt es sich in der Regel, die kürzeste Ausführung der Erwachsenenmodelle zu kaufen.

HISTORISCHE AUSNAHME

In einem erbosten Schreiben an die Royal Horticultural Society behauptete ein gewisser Herr Felgett, daß Standardlängen für Werkzeuge im Viktorianischen Zeitalter erfunden worden seien, als die Menschen noch kleiner waren, und daß die Herstellerfirmen einzig an diesen Maßen festhielten, um Material zu sparen. »Die beste Länge für eine gute Hebelwirkung«, schrieb er, »scheint mir zu sein, wenn das obere Griffende des Werkzeugs dem Benutzer bis zum Ellbogen reicht, während Blatt oder Zinken locker auf dem Boden ruhen.« Damit hatte Herr Felgett völlig recht.

Konstruktion

Auf den ersten Blick ist ein billiges Gartenwerkzeug von einem hochwertigen kaum zu unterscheiden. Die fraglos vorhandenen Unterschiede liegen im Material und seiner Verarbeitung. Mit der Zeit bekommt man ein Auge dafür und erkennt den Unterschied auf Anhieb. Gute Werkzeuge haben einen glatten, gleichmäßig und gerade gemaserten Holzstiel. An stark beanspruchten Stellen ist er verstärkt; biegsam oder scharf hingegen dort, wo er mit dem Boden oder Astwerk in Berührung kommt. Obwohl bei seiner Herstellung möglichst leichte Materialien verwendet werden, hat das Werkzeug ein bestimmtes, nicht zu unterschreitendes ›Gewicht‹, das es so angenehm in der Hand liegen läßt.

Taschenmesserklinge

Bei den besten Grabe-, Pflanz-, Schneide- und Jätwerkzeugen wird der Kopf aus Kohlenstoffstahl gefertigt, einer unter hohen Temperaturen gewonnenen Legierung aus Eisen und kleinen Mengen Kohlenstoff. Anschließend wird die Legierung in einem als ›Härten‹ oder ›Tempern‹ bezeichneten Verfahren erneut erhitzt, damit sich die Eisen- und Kohlenstoffpartikel dichter miteinander verbinden. Durch das Härten wird der Stahl nicht nur stabiler, sondern auch elastischer. Auf die richtige Temperatur erhitzt, kann ein Stück Kohlenstoffstahl auf ein Tausendfaches seiner ursprünglichen Länge gestreckt werden, ohne zu reißen. Beim Abkühlen wird die Legierung dann jedoch sehr hart und bildet scharfe, saubere Kanten. (Die berühmten Damaszenerklingen, die so scharf sind, daß sie einen Wollstrang in der Luft zerschneiden, wurden aus Kohlenstoffstahl gefertigt.)

Baumscherenklingen

Edelstahl ist Kohlenstoffstahl mit 18 % Chrom- und 8 % Nickelanteil. Durch den hohen Chromanteil wird das Werkzeug rostfrei. In Anbetracht der astronomischen Preise für Edelstahlgeräte bleibt man jedoch besser bei herkömmlichem Kohlenstoffstahl. So gesehen lädt rostfreier Stahl ohnehin nur dazu ein, die Pflege seiner Werkzeuge zu vernachlässigen.

Astscherenklingen

Geschmiedet oder gestanzt?

Schärfe kommt nicht von ungefähr. Die Fähigkeit, in ein Objekt einzudringen, wird durch den Schliff und den ausgeübten Druck pro Flächeneinheit bestimmt. Ist die Klinge also nicht scharf, kann man so fest drücken, wie man will, doch es passiert nichts. Verbiegt sich die Schneide eines Werkzeugs, wenn sie im Erdreich auf einen Stein stößt, taugt das Werkzeug nichts. Alle Geräte zum Graben, Kultivieren oder Schneiden sollten aus hochwertigem Stahl gefertigt sein. Auf jedem guten Werkzeug steht daher ›gehärtet‹, ›wärmebehandelt‹, ›geschmiedet‹ oder ›gesenkgeschmiedet‹. Beim Schmieden wird ein Stück Rohstahl erhitzt und über eine Schmiedeform gewalzt, so daß es an den stark beanspruchten Stellen dicker und an den scharfen Schneiden dünner wird. Billige

Axtblatt

gerades Sägeblatt

Werkzeuge sind meistens gestanzt und nicht geschmiedet. Bei diesem Verfahren schneidet eine Maschine ein Einheitsstück aus einem Stahlblech, den sogenannten Rohling, und biegt es in die Form einer Schaufel, Kelle, Hacke oder was immer es werden soll. Gestanzte Werkzeuge taugen zwar für leichte oder mittelschwere Arbeiten genauso gut wie andere, halten aber weniger aus, weil das Blech einheitlich dick, d.h. an den Hauptangriffspunkten nicht verstärkt ist. Darüber hinaus wird die Tülle – das Verbindungsstück zum Schaft – oft durch Weiterbiegen des Rohlings zu einer hinten offenen Röhre, dem sogenannten ›Frosch‹ gefertigt. In einer solchen Tülle setzt sich Schmutz ab – das schadet dem Werkzeug.

Ein geschmiedetes Werkzeug (das jeweils untere) wird erhitzt und auf Schmiedeformen gewalzt, um die Hauptangriffspunkte des Werkzeugkopfs zu verstärken. Gestanzte Werkzeuge (das jeweils obere) werden aus Metallblechen ausgeschnitten und in die gewünschte Form gebogen. Sie halten sehr viel weniger aus als die geschmiedeten Modelle.

Schlimmer noch sind die Billigwerkzeuge, bei denen Tülle oder Zinken angeschweißt sind. Solche Schweißnähte brechen sehr leicht. Ein gutes Werkzeug – selbst eine Gabel mit fünf Zinken – ist aus einem Stück geschmiedet.

Der Werkzeugkopf

Ein massiver Werkzeugkopf sollte niemals verbiegen, aber eine Zinke, die jedem Druck standhält, muß erst noch erfunden werden. Daher sind die besten Zinkenwerkzeuge so konstruiert, daß sie verbiegen, ohne zu brechen. Alle Gartengabelzinken oder -zacken sind so dünn, daß sie nachgeben, wenn sie im Beet auf einen Findling stoßen (selbst die schwere 5,5-Kilo-Gabel, mit der Asphaltbeläge aufgerissen werden, kann bei Überlastung verbiegen). Qualitativ hochwertige Zinken werden aus Kohlenstoffstahl mit hohem Mangananteil hergestellt, einem Metall, durch das die Stahllegierung sogar im kalten Zustand elastisch bleibt. Alles, was man braucht, um die verbogene Zinke eines guten Gartenwerkzeugs wieder in die ursprüngliche Form zurückzubiegen, ist ein Schraubstock und ein Stück Eisenrohr; dank der hochwertigen Qualität des Stahls wird die Leistungsfähigkeit des Werkzeugs nicht beeinträchtigt.

Grabegabeln für schwere Arbeiten besitzen vier Zinken mit quadratischem oder rechteckigem Querschnitt. Mist- oder Rübengabeln hingegen haben eine fünfte Zinke. Diese Zinken mit rundem oder dreieckigem Querschnitt eignen sich für weniger schwere Arbeiten wie das Aufnehmen von Kompost, Mist oder ähnlich leichtem Material. (Die fünf Zinken stehen dicht beieinander, um auch bröckeliges Material zu fassen.)

Die Zinken eines Laubrechens oder leichten Jäters erfordern eine noch größere Elastizität, damit sich ihre Form dem Boden anpaßt, wenn man das Gerät darüber hinweg zieht. Am besten sind Bambusrechen, die eine amerikanische Firma vor über 50 Jahren entwickelt hat. Die Idee dazu hatte der Erfinder, als er einem Zen-Priester zuschaute, wie er mit einem Rechen den Kiesboden des weltberühmten Steingartens im Ryoanji-Tempel in Kyoto fegte. Ein anderes vorzügliches Material – das nicht wie Bambus mit der Zeit verschleißt – ist Federstahl.

Die meisten für Grabearbeiten konzipierten Spaten- und Gabelköpfe sind gerade in den Schaft montiert, so daß der Gärtner das gesamte Werkzeug vertikal in den Boden treiben kann; wird es am Griff wieder herausgestemmt, reißt der Boden unter Wirkung maximaler mechanischer Kräfte auf. Langstielige Schaufeln sind für gewöhnlich so konstruiert, daß sie in einem flachen Winkel angesetzt werden. Legt man die Schaufel flach hin, steht der Schaufelkopf in einem Winkel von 20–30° vom Boden ab. Dieser Winkel, die sogenannte ›Neigung‹ oder ›Hubhöhe‹, spielt bei eingetieften Schaufeln zum Aufnehmen und Transport von Erde oder sonstigem Gartenmaterial eine entscheidende Rolle. Und jeder, der schon einmal Schotter oder Erde geschaufelt hat, weiß genau, was er dem Neigungswinkel beim Umschichten des weichen Materials zu verdanken hat.

Die ›Hubhöhe‹ eines Grabewerkzeugs ist der Winkel zwischen Werkzeugkopf und Boden. Ein größerer Winkel (oben) eignet sich besser zum Heben und Werfen, ein kleinerer (unten) zum Graben und Schaufeln.

Der Stiel

Eine der wichtigsten Erfindungen ist der Stiel, der dem Werkzeugbau völlig neue Möglichkeiten eröffnete. Grundsätzlich macht der Stiel es möglich, im Stehen statt am Boden zu arbeiten. Bogenbewegung und Geschwindigkeit eines Schwungs setzen sich über die Länge des Stiels fort, und die Wucht eines Schlags wird um ein Vielfaches erhöht. Außerdem wirkt ein langer Stiel wie ein Hebel. Jeder Stiel besteht zumindest aus einem Schaft, die meisten haben darüber hinaus noch einen Griff oder ein Heft. Man denke nur an den klassischen englischen Spaten mit seinem gerade gemaserten Eschenholzschaft, der sich am oberen Ende teilt und mit einer Querverstrebung aus Holz und Metall einen YD-förmigen Griff bildet.

Der Schaft: Der Schaft eines Werkzeugs ist fast immer gerade. Das muß so sein, da jeder Riß und jede Unebenheit im Holz einen Schwachpunkt darstellen, so daß der Stiel unter starker Belastung brechen kann. Esche ist das bevorzugte Schaftholz, weil es sehr hart, aber nicht brüchig ist. Hickory steht in der Beliebtheitsskala für Schafthölzer an zweiter Stelle. Es ist zwar schwerer als Esche, aber ebenso geschmeidig und stabil. Wenn in der Produktbeschreibung von »massivem Hartholzstiel« die Rede ist, bezieht sich das jedoch nicht automatisch auf Esche oder Hickory. Wenn Sie ein Werkzeug erstehen wollen, an dem Ihre Kinder noch Freude haben sollen, achten Sie darauf, daß auf dem Etikett auch die Holzart genannt wird.

Befinden sich Knoten oder Unregelmäßigkeiten im Holz, wird der Stiel dort früher oder später reißen. Vorsicht: Bei lackiertem Holzschaft können Sie solche Fehler nicht erkennen – nehmen Sie lieber Abstand von diesem Gerät.

SENSENSTIEL

Das einzige Werkzeug, dessen Schaft aus Weichholz gefertigt wird, ist die Sense. Der lange, gebogene Sensenschaft, der sogenannte ›Baum‹, erinnert an eine Peitsche, wenn er das Sensenblatt durchs Gras treibt.

Das Mähen mit der Sense ist nicht einfach, aber wenn die ersten Blasen verheilt sind, will man die Sense nicht mehr missen.

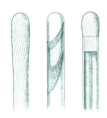

Ein Holzschaft (links) sollte aus Esche oder einem vergleichbar elastischen Hartholz sein. Fiberglas mit Kunststoffkappe (Mitte) ist strapazierfähig, überträgt Erschütterungen jedoch direkt in die Hand. Ein Stahlrohrschaft mit Holzkappe (rechts) ist zwar am robustesten, aber auch unangenehm kalt.

T-Griff

D-Griff

YD-Griff

Viele Gartenwerkzeuge, insbesondere Spaten und Gabeln, werden heutzutage mit Fiberglas-, Stahl- oder Aluminiumschaft hergestellt, da diese Materialien leichter und langlebiger sind als Holz. (Fiberglas zum Beispiel ist 20–30 % strapazierfähiger.) Ein Nachteil der Metall- oder Stahlschäfte zeigt sich, wenn das Werkzeug zum Stoßen oder Schlagen eingesetzt wird: Die Vibration setzt sich über den Schaft fort und erzeugt ein Gefühl der Taubheit in Händen und Armen. Außerdem fühlt sich ein Metallschaft kalt und unangenehm an. Und schließlich läßt sich ein kaputter Holzschaft binnen einer Stunde reparieren, wohingegen man bei Metall- oder Fiberglasbruch gleich ein neues Ersatzteil bestellen muß.

Bei Kleinwerkzeugen wie Baumscheren und Blumenkellen zeugen Metallgriffe allerdings von guter Qualität. Aus einem Stück geschmiedete Teile aus einer Metallegierung oder Aluminium sind von geringem Gewicht und quasi unverwüstlich. Auch für die formgenaue Konstruktion von Baumscheren mit auswechselbaren Klingen sind gut verarbeitete Metallgriffe sicherlich die bessere Wahl.

DER GRIFF: Bei Werkzeugen wie Spaten und Gabeln vergrößert ein Griff die Hebelwirkung. Der beste Schaft der Welt ist allerdings nicht viel wert, wenn der Griff schlecht montiert ist. Die Griff-Schaft-Verbindung darf keinerlei Kanten oder auch nur minimal hervorstehende Nieten aufweisen. Zudem muß jeder Griff in Größe und Material auf den jeweiligen Verwendungszweck des Werkzeugs abgestimmt sein.

Spaten und Gabeln haben in der Regel einen Y-, T- oder YD-förmigen Handgriff. Sämtliche Griffe (mit Ausnahme des hölzernen T-Griffs) sind durch Nieten am Schaft befestigt. Der T-Griff ist der bequemste, um sich dagegen zu stemmen, kann sich jedoch lösen, wenn das Gerät zum Lockern des Bodens hin und her gedreht wird. (Gute T-Griffe sind vernietet und verzapft, um eine möglichst stabile Griff-Schaft-Verbindung zu gewährleisten.)

Der D-Griff ist dagegen in der Drehbewegung viel besser zu halten und überzeugt insbesondere in der Ausführung aus Kunststoff. Die Niete, ein kleiner Metallbolzen, ist das schwache Element in der Verbindung, denn auf sie wirkt die gesamte Drehlast. Kunststoff kann durch intensive Sonneneinstrahlung porös werden und brechen.

Der YD-Holzgriff fühlt sich am besten an, aber die Metallausführung ist mit Abstand am stabilsten. Letztere ist genau wie der D-Griff durch den Schaft genietet, mit dem Unterschied, daß die beiden Griffseiten zu einem Y zusammenlaufen, das oben mit einem Querstück aus metallverstärktem Holz verbunden ist. Auch hier bildet die Niete die Schwachstelle, wobei die gekrümmten Griffseiten die einwirkenden Drehkräfte auffangen, übersetzen und völlig ungefährlich über den Schaft ableiten. Aber auch hier darf man nicht vergessen, daß jedes Kunststoffteil – wenn nicht sogar die gesamte Montage – durch Sonneneinstrahlung mit der Zeit brüchig werden kann.

Beim YD-Holzstiel geht das Schaftende direkt in den Griff über. Der Schaft wird gespalten und unter Dampf gebogen, bis ein Y entsteht. Ein stahlverstärktes Metallquerstück schließt das Y wie ein Dach und bildet ein YD. Diese Konstruktion ist so robust wie eine Baumwurzel – vor allem wenn das Y mit einem Holzzapfen verschlossen ist, damit sich der Schaft nicht weiter spalten kann. (Dieser Stieltyp wird gelegentlich auch als FD-Stiel bezeichnet.)

Solch ein Werkzeug mit hochwertigem YD-Holzstiel kann man mit Stolz seinen Enkeln vererben. Trotzdem muß gesagt werden, daß ein bekannter englischer Werkzeughersteller 40% des für die Geräte verwendeten Bauholzes als Ausschuß aussortiert, entweder weil das Material Fehler aufweist oder schon in der Verarbeitung bricht, meist indem es entlang der Maserung reißt.

Das Verbindungsstück

Die am stärksten beanspruchte Stelle eines jeden Stielwerkzeugs ist das Verbindungsstück zwischen Stiel und Kopf. Mit dem Blatt aus einem Stück geschmiedete Rohrtüllen oder zwei- bzw. dreifach durchgenietete lange Stahlbänder sind stabile Befestigungsarten. Tüllen und Metallbänder bewirken, daß sich das weichere Holz gegen den härteren Stahl bewegt. Hochwertiger Kohlenstoffstahl ist biegsam, höhlt das Holz aber nicht aus, und die Nieten sorgen dafür, daß das Ganze zusammenhält.

Die Zapfen-Bundring-Konstruktion ist in der Regel weniger stabil. Bei dieser Bauart wird ein spitz zulaufender Metallbolzen oder -zapfen in das untere Schaftende getrieben, welches wiederum durch einen kleinen Stahlring, den sogenannten Bundring, gegen Spaltung geschützt wird. Zapfen-Bundring-Verbindungen finden sich für gewöhnlich bei billigeren Kleinwerkzeugen wie Blumenkellen und Handgabeln. Sie halten auch eine Weile, leiden aber unter dem ständigen Biegen des Werkzeugs – das sich bei der Bodenbearbeitung nicht vermeiden läßt –, so daß der harte Metallzapfen pausenlos gegen das weiche Holz reibt, bis der Schaft so ausgehöhlt ist, daß der Zapfen herausfällt. Was gibt es Traurigeres als diese ›toten Köpfe‹ (das Schicksal vieler Hacken) aufgereiht an der Wand eines Geräteschuppens? Der Gärtner schwört zwar, sie zu reparieren, kommt aber meistens nicht dazu.

Aus einem Stück geschmiedete Tüllen (oben) oder vernietete Stahlblätter (Mitte) sorgen für eine stabile Verbindung zwischen Blatt und Stiel. Am schwächsten ist die Zapfen-Bundring-Konstruktion (unten), da der in den Schaft getriebene Metallzapfen das Holz aushöhlen kann und der Werkzeugkopf zu wackeln anfängt.

Kapitel Zwei

Bodenbearbeitung

Für den Normalbürger, der sich mit einem kleinen Flecken Erde begnügen muß – dem Baumrund im Hinterhof des Mietshauses oder dem Blumentopf auf der Fensterbank –, würde ein Garten die beste Gelegenheit bieten, die Welt und seinen eigenen Platz darauf (und darin) zu entdecken. Wenn der Gärtner den Spaten in den Boden treibt, die Scholle umgräbt und diesen unbeschreiblichen Geruch von Erde einatmet, erlebt er etwas, was keine Wissenschaft der Welt erklären kann: *Diese Arbeit macht zutiefst zufrieden,* und *das Erdreich lebt.*

> *Plagt Euch ein lästig Unwohlsein, nicht stille sollt Ihr sitzen, schmökernd vorm Kamin verzagen – nehmt Harke und Schaufel, und grabt das Erdreich, bis der Schweiß sanft Euch die Schläfen benetzt.«*
> — Rudyard Kipling

Der Garten lehrt auch wahre Bescheidenheit. Denn eigentlich schafft der Gärtner lediglich die Ausgangsbedingungen für ein gelungenes Zusammenspiel der Urelemente Licht, Wasser, Luft und Erde, damit im Mutterboden die Saat aufgehen kann, die Pflanze ausreichend Nahrung erhält, um dann ihre Blüten zu entfalten oder Früchte zu tragen. Aufgabe des Gärtners ist die Vorbereitung des Bodens im Einklang mit der Natur. Bauern pflügen heute ihren Acker nicht mehr so tief wie einst. Stoppeln bleiben auf dem Feld stehen, und man überläßt es dem Winterfrost, die Schollen aufzubrechen. Bei derart großen Anbauflächen muß dem Boden geholfen werden, sich selbst zu helfen.

Ziel ist ein guter Oberflächenboden, der Wurzeln und Saatgut Halt bietet und doch locker ist. Solche Erde ist von Tausenden Mikrokanälen durchzogen, durch die Luft und Wasser ungehindert strömen können, um die Wurzeln zu versorgen. Gleichzeitig sammeln sich in den Biegungen und Kreuzungen dieser Kanäle kleine Humuspartikel und Mineralien, die zusammen mit dem Mikrokosmos aus Flora und Fauna die heranwachsende Pflanze ernähren. Nur mit guten Werkzeugen läßt sich dem Boden eine ideale Krümelstruktur geben.

Der Sache auf den Grund gegangen

Drei Hürden gilt es auf dem Weg zu einer krümeligen, lockeren Erde zu nehmen: Zuerst muß der Boden von Unkraut und Pflanzenresten gesäubert werden; dann wird ein wenig Torf oder Mutterboden darauf verteilt, und zu guter Letzt wird das Ganze kräftig durchgemischt. Für den ersten Arbeitsschritt braucht man einen kräftigen Rücken und das richtige Werkzeug. Obwohl das Ausreißen von Unkraut, das Entfernen von Steinen und Laub auf einem künftigen Gemüsebeet zu den unverzichtbaren Grundgartenarbeiten gehören, kommen sie uns oft niedrig und undankbar vor. Selbst in altgedienter Erde ist das Jäten und Säubern Schwerstarbeit. In manchen Gegenden beispielsweise scheinen auf mysteriöse Weise Steinbrocken unter der Erde zu wachsen, denn jedes Frühjahr trifft der Spaten wieder auf neue Exemplare. So mancher Spaten hat in einem solchen Gefecht bereits seinen Kopf verloren. Besser geeignet für das Herausstemmen von Steinbrocken sind Spitzhacken und langstielige Brecheisen.

Eine Spitzhacke wiegt 3 kg oder mehr. Das eine Ende hat die Form eines Meißels, das andere läuft spitz zu. Mit dem richtigen Schwung dringt die Spitzhacke mühelos in hartes, verkrustetes Erdreich und kommt mit ihrem geschwungenen Blatt unter dem Felsbrocken zu liegen. Jetzt muß der Gärtner nur noch den Stiel der Spitzhacke nach unten drücken, und der Stein löst sich durch die Hebelwirkung aus dem Boden.

In schwierigen Fällen hilft das Brecheisen mit seiner noch stärkeren Hebelwirkung. Dieses lange, schlanke Stahleisen mit keilförmigem Ende wird mit beiden Händen hochgehoben und in die Erde geschlagen. Wenn die Stange unter dem Stein steckt, muß man meist noch einen kleineren Stein oder ein Stück Holz als Hebebolzen einsetzen, um den schweren Stein zu lockern.

Eine gute, schwere Breithacke ist unentbehrlich, um Wurzeln den Garaus zu machen – den dicken Baumwurzeln ebenso wie faserigen Grasnarbengeflechten. Die Spitzhacke ist weder breit noch scharf genug für diese Aufgabe. Dennoch ähneln sich die Werkzeuge auffallend: Beides sind ›Augen‹-Geräte, deren Schäfte in einem ovalen Loch im Stahlkopf sitzen; beide sind schwer, haben zwei Arme mit geschliffenen Schneiden und werden wie ein Schwert geschwungen.

Rache der Breithacke

Zu den gefürchteten Situationen eines Gärtners gehört es, wenn die Spitzhacke unter einer Wurzel steckenbleibt. Alle Versuche, den Holzstiel nach oben zu bewegen, scheitern, denn die Hackenspitze hat sich in der Wurzel verfangen. Die Breithacke kann hier für Vergeltung sorgen! Messerscharf geschliffen und mit Inbrunst geschwungen zerschneidet sie problemlos bis zu 10 cm dicke Wurzeln. Tiefe Befriedigung erfüllt den Gärtner, wenn die Wurzel schließlich nachgibt.

Ganz gleich wie oft ein Stück Land gerodet oder von Grasnarben befreit wurde: Wenn ein Feld oder ein Garten ein paar Jahre brachliegen, fordert die Natur ihr Recht zurück. Die Landschaft Neuenglands zum Beispiel ist von alten Steinmauern durchzogen – früher die Feldbegrenzungen der Bauern –, die heute durch die zurückgekehrten Ahornwälder verlaufen.

Aus Grund wird Mutterboden

Als zweiter Schritt auf dem Weg zu lockerem Mutterboden werden nach dem Säubern des Gartens Kompost, Kalk, Torf oder andere bodenanreichernde Hilfsstoffe ausgestreut. In der Natur übernehmen Überschwemmungen, Brände, Erosion, Tierkadaver und abgestorbene Pflanzenteile diese Aufgabe. Weil jedoch der Mensch dem Boden etwas entnimmt, ist es seine Pflicht, ihn auch wieder zu stärken. Früher ließen viele Gärtner zu diesem Zweck das Land durch gestaute Bäche überfluten oder brannten ihre Beete ab. Meistens ist es jedoch unsere Aufgabe, den Boden aufzubereiten.

Kompost ist der beste Bodenverbesserer überhaupt, weil er den Kreislauf von Leben und Tod im Garten nachahmt. Er gibt der Erde in ›verdauter‹ Form die Hülsen, Stiele und halbzersetzten Samen und Schalen zurück, die sie selbst hervorgebracht hat. Andere organische Zusätze wie Hornspäne, Seetang (Kelp) und Blutmehl imitieren Tod und Verwesung von Tieren oder die Flut, die den Seetang übers Marschland schwemmt. Kalk und andere Mineralzusätze sorgen für Ausgewogenheit, indem sie dem Boden die Elemente zuführen, die durch das Wasser auf seinem Weg in die tiefen Erdschichten ausgeschwemmt wurden.

Natürlich müssen all diese Zusätze erst einmal in den Garten gebracht und dort verteilt werden. Was auf den ersten Blick so einfach erscheint, kostet viel Zeit und Mühe. Ohne das richtige Werkzeug kann anstrengende Arbeit in zermürbende Schufterei ausarten. Aber auch das beste und teuerste Gerät kann keine Wunder vollbringen, wenn die Arbeit vorher nicht richtig geplant wurde.

Für die meisten Arbeiten, bei denen Material aufgenommen und umgeschichtet werden soll, ist die Schaufel das geeignete Werkzeug. Leichtes, lockeres Schüttgut wie Grasschnitt oder Herbstlaub werden besser mit einer Rechengabel bewegt. Ob kurz- oder langstielig, mit Eintiefung oder Zinken, mit abgerundetem oder eckigem Schaufelblatt, fünf- oder zehngezackt – sämtliche Schaufeln und Gabeln funktionieren nach einem gemeinsamen Prinzip: Da Blatt oder Zinken zum Rückenteil leicht angewinkelt stehen, kann man die Unterseite des Gerätekopfs senkrecht oder parallel zum Boden halten. Diese Konstruktion macht den wesentlichen Unterschied zwischen Schaufeln und Spaten und zwischen Rechengabeln und Gartengabeln aus.

Ohne das richtige Werkzeug kann anstrengende Arbeit in zermürbende Schufterei ausarten.

Die Wende im Boden

Als letzter Arbeitsschritt wird das Beet sauber umgegraben, die Zusatzstoffe werden in die Erde eingearbeitet. Aus hartem, grobem Grund wird so lockerer, krümeliger Mutterboden. Für diese Arbeit eignen sich am besten Spaten, Gartengabel oder eine gute Rundblattschaufel

Aufgabe des Spatens ist es, das Erdreich anzuheben und zu zerkleinern, damit Kompost, Kalk oder Späne in die Spalten gelangen können. Beim anschließenden Wenden werden die Erdklumpen noch einmal zerstoßen und die Nährstoffe gründlich untergemischt. Bei beanspruchten Böden in regenreichen Gebieten, deren mineralhaltige Nährstoffe bereits tief auf den Unterboden abgesunken sind, empfiehlt es sich, zwei Spatenlängen tief zu graben (60 cm tief). Dadurch werden Spurenelemente nach oben geholt, die vorher eine nutzlose, harte Bodenschicht gebildet haben.

Die Gartengabel ist das Nesthäkchen unter den Grabewerkzeugen, weil die Entwicklung eines starken und dennoch elastischen Kohlenstoffstahls, aus dem man heute die zuverlässigen Stücke fertigt, ihre Zeit brauchte. Die Gabel hat dem Spaten gegenüber den Vorteil, daß sich schon durch einfaches Rütteln die Erde lockern läßt.

Sind alle drei Arbeitsschritte abgeschlossen, ist der Boden für die Saat bereit. Ein fachmännisch bereitetes Pflanzbeet ragt wie ein aufgegangener Hefeteig aus dem umliegenden, unbearbeiteten Boden heraus, und seine Struktur unterscheidet sich von der seiner Umgebung. Regen oder Gießwasser bilden in diesem Erdreich keine Pfützen, und das ansteigende Grundwasser verdunstet nur langsam. Mit dem Daumen läßt sich mühelos ein Loch eindrücken, um ein Samenkorn hineinzulegen, das mit einer einfachen Handbewegung wieder mit lockerem Mutterboden bedeckt wird.

Es ist ein Vergnügen, mit dieser Erde zu arbeiten. Nimmt man eine Handvoll davon, läßt sie sich zu einer groben Form modellieren. Läßt man den Klumpen fallen, zerfällt er in kleine Erdbröckchen, als könne er es nicht erwarten, endlich wieder seiner Aufgabe als Nährboden nachzukommen.

DOPPELT GEGRABEN HÄLT BESSER

Die in den 1970er Jahren entwickelte Technik des ›Doppelgrabens‹ geht auf eine Bodenbearbeitungsmethode aus dem Frankreich des 19. Jahrhunderts zurück. Das Ergebnis ist feinkörniges, poröses Erdreich bis in 60 cm Beettiefe. Und so wird's gemacht: Säubern Sie zunächst die Anbaufläche von Steinen und Wurzeln und markieren Sie die Beetbegrenzungen. Dann stechen Sie an einem Beetende eine Scholle in Länge und Breite des Spatenblatts ab und tragen sie ans andere Beetende, wo sie später in die Erde eingearbeitet wird. Wieder am Ausgangsloch, lockern Sie mit einer stabilen Gartengabel den Unterboden, indem Sie ihn anheben und wieder fallenlassen. Als nächstes geben Sie eine gute Schaufel Kompost in das Loch. Dann stechen Sie ein entsprechend großes Stück Mutterboden direkt neben dem ersten Loch ab, geben es auf den Kompost und mischen beides gründlich. Arbeiten Sie sich auf diese Weise bis zum anderen Beetende vor, und heben Sie am Schluß die Scholle vom Anfang unter den Kompost im letzten Loch.

Die Geschichte der Bodenbearbeitung

Das Umgraben ist zwar eine schweißtreibende Arbeit, aber wir helfen damit der Natur, Dinge hervorzubringen, die wir schätzen – nicht nur Nahrung, sondern auch Blumen, schattenspendende Bäume und kühles Gras. Die ersten Menschen gruben mit bloßen Händen in der Erde, wie Kinder es auch heute noch gerne tun. Und tatsächlich sind Schaufel, Spaten, Gabel und Rechen alle mehr oder weniger der Form und der unglaublichen Funktionalität der menschlichen Hand nachempfunden.

Graben, Heben, Werfen, Glätten, Mischen, Drücken und Zerkleinern – die Hand ist für solche Arbeiten wie geschaffen. Zwei Schwächen hat das menschliche Grabewerkzeug dennoch: Es ist nicht sehr strapazierfähig und verliert mit zunehmendem Alter an Kraft, bis dann die Bearbeitung des Bodens für die betagte Hand endgültig zu beschwerlich wird. Deshalb macht die Suche nach praktischen und robusten Werkzeugen einen Großteil der Gartenbaugeschichte aus.

Aufstieg und Fall des Römerspatens

Parallel zur Entstehung der menschlichen Kulturen wurden Spaten und Schaufel entwickelt. Die Chinesen benutzten bereits 1100 v. Chr. Bronzespaten, die eine ganz ähnliche Form wie die modernen Spaten hatten, aber die Römer entwarfen das Grabewerkzeug, nach dessen Modell all unsere heutigen Spaten und Schaufeln gefertigt sind.

Die Römer waren das erste Volk westlicher Kultur, das sein Land nicht nur verteidigte, sondern auch bestellte. Sie waren auch die ersten, die ihre Wohnhäuser mit Gartenanlagen umgaben. Die römischen ›Gartendichter‹ – Cato, Varro, Virgil und Columella – stilisierten die Landbestellung zur Kunstform. Mit dem Römischen Reich wuchs auch die landwirtschaftliche Anbaufläche. Im 3. Jahrhundert bereits versorgten riesige, in den Randgebieten gelegene und mit Sklaven betriebene Höfe das gesamte Reich mit Nahrungsmitteln. Columella und seine Mitstreiter wetterten gegen die schwindende Ehrfurcht vor dem Boden. Sie plädierten für die Rückkehr zum bescheidenen Garten und kleinen Hof, der nur von der Familie des Bauern bewirtschaftet wird.

Nach dem Niedergang Roms geriet auch die Schmiedekunst – das kostbare Wissen über das Erhitzen und Formen von Eisen – in Vergessenheit. (Die westliche Welt verlor damals für nahezu 500 Jahre lang das Wissen um die Sägenherstellung.) In dieser Zeit waren Werkzeuge, die man von den Eltern erbte, fast so kostbar wie Edelsteine. Der Spaten der Vorfahren wurde liebevoll gesäubert, poliert und geölt und bekam einen Ehrenplatz direkt am Kamin, bis sein Blatt schließlich hauchdünn war.

Schaufel, Spaten, Gabel und Rechen sind alle mehr oder weniger der Form und der unvergleichlichen Funktionalität der menschlichen Hand nachempfunden.

Der neu entwickelte Streichbrettpflug, mit dem selbst schwerer Lehmboden aufgerissen und gepflügt werden konnte, versetzte die Bauern in die Lage, größere Flächen zu bebauen als je zuvor. Im heimischen Garten aber bevorzugte man weiterhin Handwerkzeuge, die den Gärtner stärker mit der Erde verbanden. Im 17. Jahrhundert verglich der englische Gartendichter John Evelyn den Garten sogar mit dem Elysium – die griechische Bezeichnung für das Paradies – und füllte die Seiten seines *Elysium Britanicum* mit Skizzen von Gartengeräten aller Art, angefangen bei Glasglocken, Sicheln und Hippen, eisenbeschlagenen Schaufeln und Setzhölzern bis hin zur Rasentrommel.

Ob arm oder reich – jeder wußte, wie es ist, stolzer Besitzer eines kleinen Gartens zu sein, und pflegte seine Gärtnerutensilien liebevoll. Ein armer walisischer Bauer, der durch die räuberische Grundbesitzpolitik von seinem Hof vertrieben wurde, hatte auf seiner Reise in die Kolonien oft nichts weiter bei sich als die Kleider, die er am Leib trug, und seinen wohlbehüteten Spaten.

REIFEZEIT

In den Jahrhunderten zwischen dem Niedergang Roms und dem Siegeszug der Landmaschine behielt man die Form der Gartenwerkzeuge zwar im wesentlichen bei, verbesserte aber ihre Konstruktion. Im Mittelalter war ein Spaten ein grobes, schweres Holzding mit Eisenbeschlag am Blattende. Mitte des 14. Jahrhunderts hatte sich das Schmiedehandwerk so weit entwickelt, daß man leichtere Blätter mit präziserer Form herstellen konnte. Die Industrielle Revolution brachte die Hochofentechnologie hervor, mit deren Hilfe Stahl und andere Legierungen hergestellt werden konnten. Die Werkzeuge wurden immer schlanker, leichter und strapazierfähiger.

Die Gartengabel bekam eine neue Silhouette. Früher schwer und klobig, waren ihre Zinken entweder dick, breit oder beides, um dem Druck des Gärtners standzuhalten. Für mehr Stabilität liefen bei einigen Exemplaren die Zinken am vorderen Blattende wieder zusammen, so daß die Gabel eher einem Spaten mit perforiertem Blatt glich. Erst die Erfindung des Hochofens im Jahr 1856 ermöglichte die kostengünstige Produktion von hartem, aber dennoch biegsamem Kohlenstoffstahl.

Mit der Entwicklung der Mittelschicht im 19. Jahrhundert wuchs der traditionelle mittelalterliche Vorgarten zu einem stattlichen Hausgarten heran.

GEHEIME GÄRTEN

Nach dem Prinzip der Umfriedung lagen im Mittelalter die Gärten der Burgen, Klöster und Häuser hinter Zäunen oder Mauern verborgen. Diese eingeschlossenen Parzellen waren buchstäblich heilig, und nicht selten erklärte das Gesetz einen Verbrecher für unantastbar, solange er innerhalb der Grenzen seines eigenen Gartens Zuflucht suchte. Es gab sogar ein Gesetz, das es Schwerverbrechern ermöglichte, ihrer Strafe zu entkommen, indem sie über die Einzäunung ihres Gartens sprangen und ihr Grundstück für immer verließen.

Ob der Kräutergarten eines Klosters, der Obstgarten eines Fürsten oder das Familiengärtchen – das Stück Land wurde sorgfältig gepflegt. Die bodenschonende Bestellung des Gartens war sogar Bestandteil der benediktinischen Klosterregel, Grundlage des westlichen Klosterlebens. Das Unterheben von Dünger mit Schaufel und Spaten galt als religiöse Handlung.

Nutz- und Zierpflanzen wurden von überall aus der Welt importiert: Rhododendren aus Indien, Tomaten aus Peru, Kamelien aus Mexiko, Wolfsmilch (Euphorbien) aus Südafrika, Pfingstrosen aus China. Der Rasen, einst Symbol für Wohlstand, wurde zum festen Bestandteil eines jeden Gärtchens. Zum ersten Mal arbeitete die Familie in schönster Eintracht und nur zum Vergnügen in ihrem Garten.

Verdienste der Briten

Nirgendwo auf der Welt findet man Grabewerkzeuge, die so raffiniert gearbeitet sind wie in Großbritannien, dessen sanftes, mildes Klima ein Volk von Gärtnern hervorgebracht hat und wo großflächige Torf- und Moorlandschaften eine besonders intensive Bodenbearbeitung erforderten. In Großbritannien gibt es auch heute noch mehr unterschiedliche Spaten-, Gabel- und Hackenmodelle als irgendwo sonst. Jedes Modell scheint durch den Ort, an dem es eingesetzt wurde, geprägt und danach benannt worden zu sein. »Er zieht ein Gesicht, so lang wie ein Lurgan-Spaten«, ist eine britische Redensart, die auf einen schmalen Dränierspaten mit unterarmlangem Blatt anspielt.

Einst hatte jede englische Grafschaft ihr eigenes Grabewerkzeug, das speziell auf die jeweilige Bodenbeschaffenheit und die Vorlieben des Gärtners abgestimmt war: ein einseitiger Spaten mit Fußstütze beispielsweise, oder ein zweiseitiger mit eckigem, um 45° angewinkeltem Blatt. Einige Spaten hatten dreieckige Blätter oder waren nur an einer Seite geschliffen. Es gab Schabspaten, die der Gärtner flach über dem Boden vor sich her durch das Beet schob, um die obere Torfschicht abzuheben. (Vorgänger dieser Spaten war der Brustspaten, den die Männer mit ihren Hüften durch das Feld trieben, um die oberste Torfschicht zu entfernen.) Außerdem gab es Fußspaten und kornische Spaten, Grabenspaten und Randspaten, Dränierschaufeln und vieles mehr.

In Auseinandersetzungen wurde häufig die Männlichkeit der Streithähne daran gemessen, welchen Spaten sie benutzten. Die Nordengländer beispielsweise bevorzugten Spaten mit T-Griff, weil dieser breit genug für ihre kräftigen Pranken war. Die zierlichen D-Griffe waren ihrer Meinung nach nur etwas für die ›feinen Pinkel‹ aus dem Süden.

Mitte des 19. Jahrhunderts war der Spaten das britische Werkzeug schlechthin. Sein Gebrauch schlug sich sogar in Redewendungen nieder, die den Konflikt zwischen Katholiken und Protestanten widerspiegelten. »Er gräbt

---

TECHNIK UND VIELFALT

Im ausgehenden 19. Jahrhundert wurden Werkzeuge in allen erdenklichen Formen und Größen gefertigt. Für jeden war etwas dabei: z.B. eine schwere Gurtgabel mit guter Verarbeitung, perfekter Form und nur 1,5 kg Gewicht für Damen. Für das Pflanzen von Bäumen hatte man jetzt die Wahl zwischen drei unterschiedlich langen, schmalen Spatenblättern – alle von demselben Hersteller.

mit dem falschen Fuß« war zum Beispiel ein gängiger Spruch, der sich darauf bezog, daß die Engländer zu dieser Zeit bereits moderne zweiseitige Spaten benutzten, die sie mit dem linken Fuß in den Boden trieben, wohingegen die katholischen Bauern Irlands ihre einseitigen Spaten mit dem rechten Fuß bedienten.

Deutsche Vorlieben

Dem deutschen Gärtner scheint die Qualität der Schaufel bislang wichtiger zu sein als spezielle Blattformen und Stiellängen. Selbst Versender für Gartenbedarf aus dem oberen Preissegment bieten manchmal nur ein einziges Modell an, eventuell noch ein kürzeres und leichteres für Damen, das allerdings hinsichtlich Verarbeitung, Material, Schliff des Blatts und Lebensdauer keine Wünsche offenläßt.

Da die Gartenkunst und -kultur in Deutschland immer mehr Freunde gewinnt, ist es nur eine Frage der Zeit, bis die Auswahl an Gartengeräten ebenso vielfältig wird wie die Auswahl an Dekorationselementen wie Wasserspielen, Terracottatöpfen und hochwertigen Holzmöbeln. Das beschränkte Angebot an speziellen Gartenwerkzeugen ist deshalb umso bedauerlicher, da Gärtnern eine sinnliche Tätigkeit ist und das Werkzeug die unmittelbare Verbindung zwischen Boden oder Pflanze und dem Menschen darstellt.

Die Schaufel

Die Standard-Rundblattschaufel ist ein vielseitiges Gartenwerkzeug, ohne das kein Gärtner auskommt. Zwar gibt es Modelle, die speziell für den Materialtransport konstruiert sind, die normale Schaufel aber ist für fast alle Gartenarbeiten geeignet.

Hartes Erdreich läßt sich mit einer Schaufel leicht aufreißen, da die Spitze des abgerundeten Blatts – auch Pfanne genannt – die Schubkraft in einem Punkt sammelt. Die eingetiefte Pfanne bietet genügend Platz, um das gelockerte Erdreich zu transportieren oder umzuschaufeln. Da das Blatt angewinkelt ist, kann der Gärtner die Schaufel in den Erdhaufen stoßen, ohne sich zu bücken. Dank ihres langen Stiels liegt die Standardschaufel kleinen wie großen Gärtnern beim Graben sicher in der Hand. Außerdem kann man beim Anheben einer beladenen Schaufel die Hände so plazieren, daß die optimale Hebelwirkung erzielt wird.

Eine gute Rundblattschaufel ist ein echtes Allroundtalent: Sie hilft beim Zementmischen für den Gartenpfad und beim Umschichten von Erde und Kompost oder schaufelt Kies für einen neuen Bewässerungsgraben.

Mit ihrem langen Stiel, der die Kräfte des Gärtners bündelt, ist sie hervorragend zum Graben von Pfostenlöchern geeignet. Spielend zertrennt sie auch mitteldicke Wurzeln und hebelt große Steinbrocken heraus. Allerdings

Ohne die Rundblattschaufel geht kein Gärtner an die Arbeit.

hinterläßt sie keine ganz so akkurate Stechkante wie der Spaten. Aber ein unregelmäßiger Beetrand ist sogar von Vorteil, wenn man Stauden oder Sträucher mitsamt Wurzel und Erde ausgraben will, um sie umzupflanzen. Dank des angewinkelten Schaufelblatts kann man die Schaufel notfalls sogar zur Hacke umfunktionieren und Unkraut damit jäten.

Die Allzweck-Rundblattschaufel war Prototyp für die Entwicklung Dutzender Sondermodelle, von der Bauschaufel mit kurzem Stiel und breitem Blatt bis zur leichten, stark eingetieften Blumenschaufel. Jedes Modell nutzt bestimmte Vorzüge der Schaufelform.

DIE WAHL DER SCHAUFEL

Sucht man ein Werkzeug mit hoher Lebensdauer, ist es ratsam, sich über Gerätekonstruktion und Güteklassen der verschiedenen Produktreihen des Herstellers zu informieren.

Schaufeln kann man in jedem Gartenfachgeschäft oder Baumarkt kaufen. Leider sind manche Modelle kaum stabiler als Mikadostäbchen. Bei den billigen Ausführungen verbiegen sich Schaftverbindung, Blatthals oder Blattspitze bereits, wenn die Schaufel zum ersten Mal auf einen Stein trifft.

Sucht man ein Werkzeug mit hoher Lebensdauer, ist es ratsam, sich über Gerätekonstruktion und Güteklassensystem der verschiedenen Produktreihen des Herstellers zu informieren. Für Hobbygärtner mögen die einfachen Ausführungen vielleicht ausreichen, ernsthaften Gartenliebhabern seien jedoch dringend Qualitätsprodukte empfohlen.

Schaufeln mit einer Vertiefung im Blattrücken sind gewöhnlich am billigsten und gehen am schnellsten kaputt. Auf der Rückseite der Schaufel ist eine Mulde im Blattrücken, in der der Schaft steckt. Bei diesen Modellen wird für das Schaufelblatt ein Metallstück ausgewalzt, dann ausgestanzt und in Form gefaltet. Gestanzter Stahl ist überall gleich stark; bei billigeren Schaufeln läuft man daher Gefahr, daß das Blatt zu dünn ist, um einem Stein standzuhalten, ohne sich zu biegen. (Tip: Je niedriger die Zahlenangabe, desto stärker ist das Metall. Die größte Stahlstärke bei einer Schaufel beträgt 14. Stärke 15 ist ausgezeichnet, und für die meisten Zwecke reicht auch 16 noch aus, ein Schaufelblatt von Stärke 18 ist jedoch sein Geld nicht wert.)

Durch das obenerwähnte Faltverfahren wird das Blatt nach innen gewölbt und erhält auf der Rückseite eine Mulde, den sogenannten ›Frosch‹. Gefaltet ist das Schaufelblatt stabiler (ähnlich wie ein Blatt Papier am unteren Ende steifer wird, wenn man die beiden Ecken des oberen Endes aufeinanderlegt), weist aber auch eine Schwachstelle am Vorderrand des Froschs auf, dort, wo sich die Kraft beim Graben bündelt. Eine Schaufel mit Vertiefung im Blattrücken neigt jedoch nicht nur dazu, am Frosch zu brechen oder sich am Vorderrand umzubiegen, sondern birgt noch ein weiteres Problem: In der Rückenmulde sammeln sich Erdreste, die, falls die Schaufel nicht nach jedem Gebrauch gründlich gereinigt wird, das Metallblatt und den Holzstiel angreifen.

Bei einer Schaufel mit durchgehendem Blattrücken stellt sich dieses Problem nicht, denn hier kann sich keine Erde festsetzen. Leider ist der

Blattrücken oft nur angeschweißt, was ebenfalls nicht zur Stabilität des Frosches beiträgt.

Mit Abstand die besten und stabilsten Schaufeln sind die, deren Kopf aus einem einzigen gehärteten Stahlstück geschmiedet ist. Die Tülle ist geschlossen und geht in den Schaufelkopf über, so daß man nicht mit einem störenden Frosch zu kämpfen hat. Außerdem kann der Schmied bei seiner Arbeit das Schaufelblatt vorne verdünnen, um das Eindringen in den Boden zu erleichtern, und an den Stellen verdicken, an denen der Druck am größten ist. Solche Schaufeln sind wegen ihrer aufwendigen Fertigung relativ teuer, aber für langjährige Dienste und schwere Arbeiten lohnt sich der Kauf in jedem Fall.

Bevor Sie sich für den Kauf einer Schaufel entscheiden, sollten Sie sich über Material und Gerätekonstruktion informieren. Dabei sind die Güteklassensysteme recht hilfreich, mit denen die großen Hersteller ihre Produktreihen unterscheiden. An der Spitze der Palette stehen die Schaufeln mit integrierter Tülle; bei den billigeren Modellen besteht der vertiefte Blattrücken lediglich aus dünnem Stahl.

Leichtgewichtschaufeln hingegen gehören zu einer anderen Produktkategorie: Üblicherweise bestehen die Schaufelblätter aus Leichtmetall, Aluminiumlegierung oder Kunststoff und haben die doppelte Größe der Standardschaufeln. Der Stiel steckt wie bei einer Allzweckschaufel im Blattschaft, jedoch nicht so tief.

Der Schaufeltritt – das schmale, abgeflachte Metallstück am hinteren, oberen Rand des Schaufelblatts – bietet den geringsten Spielraum für Veränderungen. Viele gute Schaufeln haben einen nach hinten gebogenen Tritt und zwei schmale Metallstufen auf dem Blattrücken, links und rechts neben dem Schaft. Besser ist allerdings ein nach vorne gebogener Tritt (Fronttritt). Er läßt sich bequemer treten und sorgt zusätzlich dafür, daß Erde oder Kompost in der Schaufelpfanne bleiben.

Bei Grabe- und Schaufelarbeiten sollten Sie feste Stiefel mit dicken Sohlen tragen. Selbst unter hochwertigen Schaufeln gibt es viele ohne Tritt, so daß Ihre Schuhsohlen der scharfen Kante direkt ausgesetzt sind. Auch bei Schaufeln mit Tritt sind Stiefel empfehlenswert, die dem wiederholten, starken Druck Ihres kompletten Körpergewichts standhalten. Springen Sie niemals auf den Tritt – das schadet nicht nur Ihren Knöcheln, sondern auch der Schaufel.

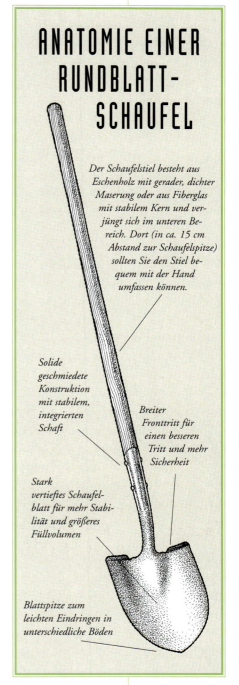

ANATOMIE EINER RUNDBLATT-SCHAUFEL

Der Schaufelstiel besteht aus Eschenholz mit gerader, dichter Maserung oder aus Fiberglas mit stabilem Kern und verjüngt sich im unteren Bereich. Dort (in ca. 15 cm Abstand zur Schaufelspitze) sollten Sie den Stiel bequem mit der Hand umfassen können.

Solide geschmiedete Konstruktion mit stabilem, integrierten Schaft

Breiter Fronttritt für einen besseren Tritt und mehr Sicherheit

Stark vertieftes Schaufelblatt für mehr Stabilität und größeres Füllvolumen

Blattspitze zum leichten Eindringen in unterschiedliche Böden

So schaufeln Sie richtig: Die Schaufel senkrecht in die Erde treiben, oder beim Abtragen eines Erd- oder Komposthaufens parallel zum Boden. In aufrechter Körperhaltung den Stiel nach hinten ziehen, um die Erde zu lockern. Beim Schaufeln Knie leicht beugen und die Ladung aus der Hüfte zur Seite oder auf die Schubkarre werfen.

Um in die Tiefe zu graben, lehnen Sie sich zuerst mit Ihrem gesamten Körpergewicht auf die Schaufel. Dann ziehen Sie den Stiel nach hinten hinunter und lockern die Erde.

Für das Umschichten von Laub oder Kompost gehen Sie leicht in die Knie und schieben die Schaufel parallel zum Boden in den Haufen. Richtig ausgeführt, sind Kniebeuge und Hüftschwung so gesund wie die tägliche Morgengymnastik. (Selbst betagte Tai-Chi-Anhänger führen eine Übung aus – ›die Peitsche‹ genannt –, die im wesentlichen dem Bewegungsablauf des Schaufelns entspricht.)

Etwas sollten Sie dabei beachten: Am tiefsten Punkt der Bewegung wird die Schaufel auch beladen. Widerstehen Sie der Versuchung, möglichst viel mit einer einzigen Schaufelladung aufzunehmen. Anstatt die Schaufel tief in die Mitte des Erdhügels zu stoßen, sollten Sie zunächst mit dem Hügelrand vorlieb nehmen. Die Erfahrung aus 100 Jahren Berg- und Straßenbau hat gezeigt, daß ein schneller Rhythmus mit leichten Ladungen weitaus effizienter ist und ein geringeres Verletzungsrisiko birgt als ein langsamer Rhythmus mit schweren Ladungen.

RUNDBLATTSCHAUFELN: Die Standard-Rundblattschaufel hat ein etwa 20 cm breites, 30 cm tiefes Blatt. Die besten Schaufelstiele bestehen aus gerade gemasertem Eschenholz. Es gibt zwar einige Modelle mit einem kurzen D-Griff, aber die meisten Rundblattschaufeln haben einen langen Stiel mit schlankem Mittelteil und bauchigem Ende, ähnlich einer langgezogenen Colaflasche. Ein geformter Stiel ist griffiger als beispielsweise ein Besenstiel. Für schwere Arbeiten gibt es Schaufeln mit Fiberglas- oder Stahlstiel. Fiberglas ist zwar um einiges strapazierfähiger als Holz, hat aber den Nachteil, daß es sich nur schwer mit dem Schaufelkopf verbinden läßt. Stahl ist ebenfalls viel härter als Holz, wirkt aber weniger stoßdämpfend, wenn das Blatt auf einen Stein oder eine Wurzel trifft.

Rundblattschaufeln werden zum Graben, Heben und Werfen eingesetzt und haben daher eine geringe bis mäßige Hubhöhe. (Die Hubhöhe ergibt sich aus dem Abstand des Blatts zum Boden, wenn die Schaufel flach auf dem Rücken liegt. Allzweckschaufeln haben normalerweise eine Hubhöhe von etwa 15 cm.)

RAND- UND BLUMENSCHAUFELN: Zu den beliebtesten Schaufeln zählen die leichten, schmalköpfigen Rand- oder Blumenschaufeln. Einige Gärtner halten mitunter nach Schaufeln aus dem Ersten Weltkrieg Ausschau, da diese etwa die gleiche Größe haben. Die Randschaufeln sehen aus wie kleine Standard-Rundblattschaufeln; ihr Blatt ist etwa um die Hälfte kleiner und bei einigen Modellen auch stärker vertieft, der Stiel entsprechend kürzer. Die Randschaufel ist das ideale Werkzeug für Arbeiten auf den Knien, wie beispielsweise das Umpflanzen von Stauden. In der einen Hand halten Sie den Wurzelstock, mit der anderen nehmen Sie die Schaufel, um das Pflanzloch vorzubereiten. Die Blattvertiefung ist beim Aussetzen von Topfpflanzen nützlich.

Vierkantschaufeln: Diese nur für das Umschichten von Material konstruierten Schaufeln haben eine gerade, ungeschliffene Kante und die Form einer langstieligen Schippe. Beim Umgraben sind sie sehr hilfreich, aber ihr wahres Können zeigen sie dank ihrer großen Hubhöhe erst beim Heben und Werfen. Mit leicht gebeugten Knien und geradem Rücken kann der Gärtner die Schaufel in den Haufen stoßen und sie dann mühelos wieder herausziehen.

Die Vierkantschaufel ist auch zum Zementmischen das richtige Werkzeug. Die zähflüssige Masse wird durch die hohen Seitenkanten auf dem Schaufelblatt gehalten und gleitet über die gerade Blattunterkante exakt an die gewünschte Stelle. Vierkantschaufeln gibt es mit langem Stiel oder kurzem YD-Stiel.

Schippen: Das Blatt einer Schippe ist mindestens doppelt so groß wie das einer Standard-Vierkantschaufel. Das Anheben erfordert einen hohen Kraftaufwand. Dadurch, daß sie heute aus Kunststoff oder Aluminium hergestellt werden, sind Schippen zum Umschaufeln von Erde oder Kies nicht stabil genug. Für Schnee, Getreide oder leichten Mulch sind sie jedoch optimal.

Schippen werden mit unterschiedlicher Riffelung angeboten, die aber nicht zu Qualitätsunterschieden führt. Außerdem gibt es verschieden breite Modelle – finden Sie Ihren Favoriten.

Grabenschaufeln: Diese Schaufeln gehören mit zu den praktischsten und werden für das Ausheben von Entwässerungsgräben oder Bewässerungskanälen eingesetzt. Die Schaufelblätter sind üblicherweise doppelt so lang wie breit und haben eine gerade, spitze oder abgerundete Unterkante. Die markanteste Form hat die Hubgrabenschaufel mit ihrem fast rechtwinklig nach vorne abgeknickten Blatt und dem extra langen Stiel. Der Gärtner kann mit diesem ausgesprochen formschönen Werkzeug den Grabenboden glätten, ohne sich zu bücken.

Rundblatt-Schaufeln

1. **Randschaufel mit Rückenmulde**
2. **Allzweck-Schaufel mit Tritt**
3. **Powerflex-Schaufel mit Fiberglasstiel**
4. **Blumenschaufel**
5. **Schaufel mit Rückenmulde**
6. **Spitzrückenschaufel**
7. **Schaufel mit Fiberglasstiel**

1. **Randschaufel mit Rückenmulde:** Schmalköpfige Allzweckschaufel zum Umgraben oder Umpflanzen im Blumenbeet. Grazile, leichte, hochwertige Schaufel für Damenhände und empfindliche Rücken. Die Verjüngung im oberen Stielbereich ermöglicht ein bequemes, scheuerfreies Arbeiten. Dank dem verstärkten, vernieteten Schaft können auch große Ladungen geschaufelt werden, ohne daß das Blatt bricht oder sich verbiegt. Blatt aus gestanztem Stahl mit Rückenmulde. Fronttritt für besseren Fußhalt.
LÄNGE: 1,35 M
GEWICHT: 1,1 KG
BLATT: 15 CM × 20 CM

2. **Allzweck-Schaufel mit Tritt:** In England konstruierte Qualitätsschaufel für schweres Umgraben. Ein stark angewinkeltes, solide geschmiedetes Blatt aus hochwertigem Kohlenstoffstahl, die Fertigung von Tülle und Metallbändern aus einem Stück und der Hartholzstiel mit T-Griff zeichnen dieses Gerät aus. Ideal zum Transport von schwerem Material wie z.B. Kies. Dank des großen Winkels zwischen Blatt und Stiel kann der Gärtner die Schaufel tief in einen Erdhügel stoßen, ohne sich bücken zu müssen.
LÄNGE: 95 CM
GEWICHT: 2,1 KG
BLATT: 19 CM × 24 CM

3. **Powerflex-Schaufel mit Fiberglasstiel:** Diese große Schaufel unterscheidet sich von der Spitzrückenschaufel nur durch ihren patentierten leichten Fiberglasstiel (splitterfrei), der durch einen Kern aus Weißeschenholz verstärkt wird. Das aus hochwertigem Kohlenstoffstahl gestanzte Blatt ist durch einen zweifach vernieteten Schaft mit dem Stiel verbunden. Mit ihrem breiten Kopf ist diese Schaufel ideal für schwere, großflächige Arbeiten.
LÄNGE: 1,50 M
GEWICHT: 2,3 KG
BLATT: 21 × 30 CM

4. **Blumenschaufel:** Schaufel in gehobener Qualität für die Arbeit in Blumenbeeten und anderen abgegrenzten Bereichen. Dieses handliche Werkzeug mit dem kleinen Schaufelblatt hat dieselben Eigenschaften wie die Randschaufel, wird aber wegen seines YD-Griffs häufig für Arbeiten in schwerem oder lehmigem Boden verwendet. Das solide geschmiedete (nicht gestanzte) Stahlblatt des abgebildeten Modells der Firma Bulldog sowie die

BODENBEARBEITUNG

8. Massivschaufel

9. Bauschaufel

10. »Kleiner Freund«

11. Bewässerungsschaufel

Tülle-Blatt-Konstruktion aus einem Stück und der Eschenholzstiel garantieren eine lange Lebensdauer.
LÄNGE: 95 CM
GEWICHT: 2 KG
BLATT: 18 × 24 CM

5. Schaufel mit Rückenmulde: Beispiel für eine gute, mittelgroße Standard-Allzweckschaufel. Das ausgestanzte, epoxidbeschichtete Stahlblatt mit Rückenmulde ist durch eine doppelt verschraubte Tülle mit dem Stiel verbunden. Das formschöne, pflegeleichte Werkzeug ist genau das Richtige für Hobbygärtner, die kein Vermögen investieren wollen.
LÄNGE: 1,45 M
GEWICHT: 1,5 KG
BLATT: 11 CM × 28 CM

6. Spitzrückenschaufel: Solide, kostengünstige Schaufel mit großem Blatt für schwere Gartenarbeiten. Die Qualitätskonstruktion zeichnet sich aus durch ein wärmebehandeltes Stahlblatt in Stärke 14 mit durchgehendem Rücken für mehr Stabilität, den Fronttritt, eine verstärkte, vernietete Tülle und den polierten Hartholzstiel.
LÄNGE: 1,50 M
GEWICHT: 2,7 KG
BLATT: 23 CM × 30 CM

7. Schaufel mit Fiberglasstiel: Der unverwüstliche Fiberglasstiel und der Stahlkragen sind die großen Pluspunkte dieser leichten Allzweckschaufel. Der YD-Griff aus Polypropylen und das breite Schaufelblatt erleichtern tiefes Graben und den Transport großer Mengen Erde oder anderer Materialien. Mehr Stabilität dank wärmebehandeltem Stahlkopf mit Rückenmulde und Fronttritt. Wegen ihres kurzen Stiels und des geringen Gewichts sind diese Schaufeln besonders beliebt bei Gärtnern, die schweres Schaufelgut transportieren wollen.
LÄNGE: 95 CM
GEWICHT: 1,7 KG
BLATT: 20 CM × 30 CM

8. Massivschaufel: Die langstielige Schaufel, deren Blatt und Tülle aus einem Stück geschmiedet sind, wird bereits seit Anfang dieses Jahrhunderts verwendet. Das solide geschmiedete Stahlblatt mit Fronttritt gilt als bester Schaufelkopf auf dem Markt. Der harte Eschenholzstiel und die Blatt-Tüllen-Verbindung aus einem Stück stellen sicher, daß dieses Werkzeug sehr lange Zeit verwendet werden kann. Dank seiner zeitlosen Form und ausgezeichneten Verarbeitung ist es ein Vergnügen, mit dieser Schaufel zu arbeiten.
LÄNGE: 1,50 M
GEWICHT: 2,7 KG
BLATT: 20 CM × 30 CM

9. Bauschaufel: Hochwertige Qualitätsschaufel, die in erster Linie bei Bauarbeiten eingesetzt wird. Das extra breite, mit der Tülle aus einem Stück geschmiedete Stahlblatt ist flacher als das einer Allzweckschaufel. Ideal für das Umschichten von schweren, großvolumigen Materialien wie Stein oder Kies, aber auch optimal für Grabearbeiten. Dank Blatt-Tüllen-Verbindung ohne Schweißnaht sowie Eschenholzstiel mit YD-Griff können selbst schwere Ladungen einfach geschaufelt werden. Die richtige Wahl für Gärtner, die sich an extrem schwere Arbeiten heranwagen wollen.
LÄNGE: 1 M
GEWICHT: 2,8 KG
BLATT: 25 CM × 30 CM

10. »Kleiner Freund«: Praktische, handliche Schaufel für Vorgarten, Terrasse, Beet und Dachgarten. Mit seinem kleinen Kopf und dem Kunststoffgriff ist der »Kleine Freund« ein extrem leichtes, handliches Werkzeug für Arbeiten, die etwas Geschick verlangen. Das wärmebehandelte Stahlblatt mit Rückenmulde ist durch eine durchgehende Tülle mit dem Stiel verbunden. Der YD-Griff besteht aus unverwüstlichem Polypropylen. Dank des kurzen Stiels eignet er sich auch für Kinder und ist ideal für Arbeiten auf den Knien, das Pflanzen von Setzlingen und andere leichte Aufgaben.
LÄNGE: 70 CM
GEWICHT: 800 G
BLATT: 15 CM × 20 CM

11. Bewässerungsschaufel: Dieses Modell mit kleinem Blatt wurde ursprünglich zum Ausheben von Gräben für Bewässerungs- und Sprinklerrohre konzipiert. Es zeichnet sich besonders durch den solide geschmiedeten Stahlkopf mit stabiler Tülle (ohne Schweißnaht) und den lackierten Hartholzstiel aus. Das ideale Werkzeug, um knifflige Grabearbeiten in bepflanzten Beeten zu erledigen. Der lange Stiel macht das Werkzeug zwar weniger handlich, ermöglicht aber ein Graben im Stehen.
LÄNGE: 1,40 M
GEWICHT: 1,8 KG
BLATT: 18 CM × 25 CM

Vierkant-schaufeln

1. Walztüllen-schaufel: Die hochwertige Allzweckschaufel mit T-Griff kann mühelos in einen Kompost- oder Laubhaufen gestoßen werden. Das breite, flache Blatt aus gehärtetem Stahl mit Rückenmulde ist durch eine gewalzte Tülle mit verstärktem Metallkragen mit dem Hartholzstiel verbunden. Die Schaufelfläche ist stark angewinkelt zum Aufnehmen von großen Ladungen ohne Bücken. Der relativ kurze Stiel gewährleistet mehr Kontrolle.
LÄNGE: 1 M
GEWICHT: 2,1 KG
BLATT: 24 CM × 32 CM

2. Schaufel mit Fiberglasstiel und Stahlkragen: Robuste, erschwingliche Allzweckschaufel für schweres Heben und Transportieren. Stiel und Stahlblatt (Stärke 14, mit Rückenmulde) sind durch eine mit einem Massivstahlkragen verstärkte Tülle verbunden. Der Fiberglasstiel ist leicht und unverwüstlich. Der Stahlkragen verteilt das Gewicht gleichmäßig auf den ganzen Stiel und sorgt so dafür, daß das Schaufelblatt nicht bricht. Großes Schaufelvolumen.
LÄNGE: 1,50 M
GEWICHT: 2 KG
BLATT: 23 CM × 28 CM

3. Mittelgrosse Vierkantschaufel: Diese Schaufel für leichte Arbeiten, die etwas mehr Feingefühl erfordern, ist nur im Fachhandel erhältlich. Pluspunkte der hochwertig verarbeiteten Schaufel sind die solide geschmiedete Stahlblatt-Tüllen-Verbindung und der Eschenholzstiel mit Stahl-Holz-YD-Griff. Dieses Qualitätsprodukt eignet sich besonders für Gärtner von kleiner Statur, die die reduzierte Größe und lange Lebensdauer dieser Schaufel zu schätzen wissen. Sie ist ideal für den Transport und das Verteilen von Streugut wie gesiebtem Kompost oder Mulch auf dem Beet.
LÄNGE: 95 CM
GEWICHT: 2,3 KG
BLATT: 20 CM × 26 CM

4. Stahlschaftschaufel: Klassische Allzweckschaufel. Die hier abgebildete Variante besteht fast vollständig aus Metall. Das große, massive Blatt ist geschmiedet, der Stiel ist aus robustem Stahlrohr, und der YD-Stahlgriff mit integriertem Holzsteg läßt sich angenehm greifen. Die Schaufel wird häufig im Hoch- und Tief- sowie im Straßenbau eingesetzt, da die äußerst solide Konstruktion ideal für den Transport von schweren, groß-

1. Walztüllen-schaufel

2. Schaufel mit Fiberglasstiel und Stahlkragen

3. Mittelgrosse Vierkantschaufel

BODENBEARBEITUNG

4. STAHLSCHAFT-SCHAUFEL

5. KLEMMTÜLLEN-SCHAUFEL

6. GROSSE VIERKANT-SCHAUFEL

volumigen Materialien oder für das Auslegen von Zement ist. Sie ist eher geeignet für Gärtner mit viel Muskelkraft, die sich für schwere Werkzeuge begeistern.
LÄNGE: 1 M
GEWICHT: 3 KG
BLATT: 25 CM × 32 CM

5. **KLEMMTÜLLEN-SCHAUFEL:** Unser Beispiel zeigt eine langstielige Schaufel mit einfach vernieteter Klemmtülle, die das wärmebehandelte, gestanzte Stahlblatt (Stärke 14) mit einem klassischen Eschenholzstiel verbindet.
LÄNGE: 1,50 M
GEWICHT: 2 KG
BLATT: 24 CM × 28 CM

6. **GROSSE VIERKANTSCHAUFEL:** Der solide geschmiedete Qualitätsstahlkopf und die durchgehende Tülle (ohne Schweißnaht) sind die Vorteile dieses Vierkant-Klassikers mit YD-Griff. Die richtige Wahl zum Aufladen, Heben und Transportieren von großvolumigen Materialien, zum Auslegen von Zement und Kies oder für andere schwere Arbeiten.
LÄNGE: 1 M
GEWICHT: 2,8 KG
BLATT: 25 CM × 31 CM

Schippen

1. Kleine Stahlschippe
2. Aluminiumschippe
3. Grosse Stahlschippe
4. Getreideschaufel

1. KLEINE STAHLSCHIPPE: Diese leichte, strapazierfähige Schippe mit breitem, epoxidbeschichtetem Stahlblatt ist das Richtige für Gärtner, die ein mittelgroßes Werkzeug zum Heben und Transportieren lockerer Materialien wie Getreide oder Mulch suchen. Dieses Modell erkennt man an der leicht gedrungenen Form des Blatts. Die abgebildete Variante zeichnet sich durch eine breite Unterkante und ein stark vertieftes Blatt aus hochwertigem Kohlenstoffstahl mit Hubhöhe von 50 cm aus. Dank YD-Griff kann mit minimalem Kraftaufwand geschippt und gehoben werden. Die tiefe »Pfanne« faßt auch große Ladungen.
LÄNGE: 1,10 M
GEWICHT: 3 KG
BLATT: 35 CM × 43 CM

2. ALUMINIUMSCHIPPE: Schippe mit extrem leichtem Aluminiumkopf, die ausschließlich für das Umschichten sehr leichter Materialien geeignet ist. Das eckige Blatt vereinfacht das Aufschaufeln. Mit dem ungewöhnlichen T-Griff aus Hartholz läßt sich die Ladung mühelos über die Seite oder die Schulter werfen. Diese Schippe bildet eine kleine, nützliche und tragbare Alternative.
LÄNGE: 1 M
GEWICHT: 1,5 KG
BLATT: 30 CM × 35 CM

3. GROSSE STAHLSCHIPPE: Die leicht abgewandelte Form der kleinen Stahlschippe schafft etwas mehr Volumen pro Ladung. Beide Modelle werden jedoch für dieselben allgemeinen Aufräumarbeiten eingesetzt – die Wahl ist also reine Geschmackssache. Die abgebildete Variante hat ein durch zwei Falze verstärktes Blatt aus hochwertigem Kohlenstoffstahl und einen langen Hartholzstiel.
LÄNGE: 1,60 M
GEWICHT: 3,3 KG
BLATT: 38 CM × 47 CM

4. GETREIDESCHAUFEL: Da sie komplett aus Kunststoff besteht, ist sie rostfrei und unverrottbar. Hier wird moderne Technologie nutzbringend umgesetzt. Diese Schippe wird vor allem bei der Getreideverladung eingesetzt, ist jedoch auch robust genug zum Schneeschippen. Das Blatt ist rippenverstärkt.
LÄNGE: 1,10 M
GEWICHT: 1,5 KG
BLATT: 37 CM × 45 CM

5. VIERKANTGRABENSCHAUFEL: Ein gelungener Kompromiß aus Spaten und Schaufel. Dieses mittelgroße Werkzeug eignet sich für jede Art von Gartenarbeit. Im Vergleich zum Spaten hat diese Schaufel

Grabenschaufeln

5. VIERKANTGRABENSCHAUFEL

6. HUBGRABENSCHAUFEL

7. GROSSE GRABENSCHAUFEL MIT STAHLBÄNDERN

8. GRABENSCHAUFEL MIT SPITZE

9. GRABENSCHAUFEL MIT STAHLBÄNDERN

ein stärker angewinkeltes Blatt und einen YD-Griff. Sie läßt sich deshalb besser zum Graben und Heben als zum Aufreißen von hartem, unbearbeitetem Boden einsetzen. Hochwertiges Gerät mit Hartholzstiel; Tülle und Stahlblatt aus einem Stück geschmiedet.
LÄNGE: 95 CM
GEWICHT: 2,7 KG
BLATT: 18 CM × 28 CM

6. HUBGRABENSCHAUFEL: Mit dieser Schaufel können Sie schmale Furchen in das Erdreich ziehen oder kleine Löcher graben (für Bewässerungszwecke beispielsweise), ohne sich bücken zu müssen. Durch den großen Neigungswinkel (~90°) steht das Schaufelblatt fast parallel zum Boden. Weitere Pluspunkte: Blatt aus gehärtetem Stahl, gewalzte Tülle und Hartholzstiel. Nicht für schwere Ladungen geeignet.
LÄNGE: 1,55 M
GEWICHT: 1,6 KG
BLATT: 7 CM × 24 CM

7. GROSSE GRABENSCHAUFEL MIT STAHLBÄNDERN: Die Tülle des solide geschmiedeten Stahlblatts endet in zwei Stahlbändern, die sich über die Hälfte des Hartholzstiels ziehen, um die Schubkraft gleichmäßig zu verteilen. Sie ist ein robustes Werkzeug, das sich selbst bei schwersten Ladungen nicht verbiegt oder bricht.
LÄNGE: 1 M
GEWICHT: 2,7 KG
BLATT: 25 CM × 32 CM

8. GRABENSCHAUFEL MIT SPITZE: Ähnlich wie die Hubgrabenschaufel, aber mit breiterem, längerem, spitz zulaufendem Blatt. Das Spezialgerät für nassen oder lehmigen Boden dringt mühelos in unbearbeiteten Boden ein und hält ein großes Gewicht aus. Dank des geringeren Neigungswinkels ist es besser zum Graben geeignet als die Hubgrabenschaufel. Unser Beispiel zeichnet sich durch ein Blatt aus wärmebehandeltem, gehärtetem Stahl mit Rückenmulde aus, das mit der Tülle aus einem Stück geschmiedet ist. Hartholzstiel.
LÄNGE: 1,50 M
GEWICHT: 1,6 KG
BLATT: 10 CM × 30 CM

9. GRABENSCHAUFEL MIT STAHLBÄNDERN: Dank ihrer massiven Stahlband-Konstruktion ist diese Schaufel eine überzeugende Alternative: Sie übernimmt sowohl Umgrabe- als auch Hebe- und Transportarbeiten – die traditionellen Aufgaben einer Vierkantschaufel. Der konisch zulaufende Schaufelkopf ist aus Stahl geschmiedet und hält auch schwersten Arbeiten stand. Mehr Kontrolle beim Heben großer Ladungen dank YD-Griff.
LÄNGE: 1 M
GEWICHT: 2,8 KG
BLATT: 20 CM × 30 CM

Der Spaten

Im Gegensatz zum Allroundtalent Schaufel ist der Spaten ausschließlich zum Graben geeignet. Gegenüber der Schaufel ist sein Blatt nicht eingetieft, sondern flach. Die Blattunterkante verläuft gerade und ist auf einer Seite angeschliffen. Auf seinen ›Schultern‹ trägt der Spaten breite Tritte wie Schulterklappen, und die Verbindung von Blatt und Stiel ist durch an drei Stellen vernietete Stahlbänder fest gesichert. Dadurch, daß das Blatt kaum oder gar nicht angewinkelt ist, kann der Gärtner den Spaten mit voller Kraft senkrecht ins Erdreich stechen. Schaft und Griff sind aus einem Stück. Der Schaft wird in zwei Teile gespalten, die dann unter Wasserdampf in Y-Form gebogen und durch ein vernietetes Holzstück mit Stahlkappe wieder verbunden werden.

Mit dem Spaten kann man sehr präzise arbeiten. Er sticht scharfe, gerade Kanten für das Beet am Rasenrand und lockert das Erdreich, indem er Steine heraushebelt und Schollen auf Erbsengröße zerkleinert. Für das Spalierobst zieht er lange, gerade Gräben und häufelt den Boden für die jungen Bäume auf. Mit seinem flachen Spatenblatt können Sie vorsichtig Erde und Kompost um die Setzlinge häufeln, ohne sie zu berühren. Und damit sich die Zwiebelgewächse so richtig heimisch fühlen, bereitet der Spaten ihnen ein Bett aus Torf.

Im Gemüsegarten brilliert der Spaten, indem er beim Doppelgraben (im Fachjargon auch ›Rigolen‹ genannt) das erste Loch sticht und mit der Blattrückseite die schweren Erdbrocken aufschlägt. Und wenn die Zwiebeln ihre ersten grünen Spitzen zeigen, wird der Spaten zur Jäthacke: Mit kurzen Stoßbewegungen schneidet die Blattunterkante das Unkraut weg. Für den Gärtner, der bei seiner Arbeit immer wieder improvisieren muß, ist der Spaten mit seinen zahlreichen Einsatzmöglichkeiten nicht wegzudenken.

Die Wahl des Spatens

Früher variierten die Spatenmodelle wesentlich mehr. Die größten waren schwerer als die Kugel eines Kugelstoßers, und einige Formen hatten eingetiefte Köpfe oder angewinkelte, gespaltene Blätter. Heute bietet der Fachhandel nur noch 20 verschiedene Modelle an, die meisten davon mit rechteckigem Blatt. In der Regel ist ihr Schaft kürzer als bei den Schaufeln – und zwar 70 bis 90 cm lang – und endet in einem Griff.

VIELSEITIGKEIT

Wer seinen Spaten liebt, findet immer neue Einsatzmöglichkeiten für ihn: Mit seiner Hilfe läßt sich der Düngersack aufschlitzen oder die Kordelschnur für die Randmarkierung des Gemüsebeets zuschneiden. Der Blattrücken läßt sich als Hammer verwenden, um die Pfosten für die Stangenbohnen in den Boden zu treiben. Spaten haben sich sogar schon beim Spalten von Holzscheiten bewährt. Einst waren sie sogar den Eisfischern auf den zugefrorenen Teichen eine große Hilfe. Nur auf einem Gebiet muß der Spaten der Schaufel den Vortritt lassen: beim Aufladen und Umschippen von Erde.

Da mit dem Spaten schwere Grabearbeiten erledigt werden sollen, ist vom Kauf billiger Modelle abzuraten. Genau wie die gestanzten Metallschaufeln minderer Qualität neigen auch Niedrigpreis-Spaten dazu, sich im Blatt zu verbiegen oder am Schaft zu brechen.

Eine Investition wert sind Spaten, die mit Hilfe einer Spezialform aus gewalztem Kohlenstoffstahl geschmiedet werden. Am teuersten ist der rostfreie Edelstahlspaten, dessen Legierung aus einem Chrom-Kohlenstoffstahl-Gemisch besteht und entsprechend prächtig glänzt. Solch eine hochwertige Verarbeitung fordert aber auch ihren Preis: Dieser Spaten ist mit Abstand das teuerste Modell. Ein Spaten aus Kohlenstoffstahl ist ebenso robust; er ist zwar nicht absolut korrosionsbeständig, dafür ist er aber auch wesentlich preiswerter.

Bei einem guten Spaten sind Blatt und Eschenstiel durch eine Tülle oder zwei Metallbänder miteinander verbunden. Die Tüllenvariante ist günstiger im Preis, dafür aber etwas schwerer. Diese Spaten sind außerdem äußerst robust, denn selbst wenn der Stiel doch einmal bricht, dann meistens an der Verbindungsstelle zwischen Tülle und Holz, so daß der Schaft leicht ersetzt werden kann. Eine Kopf-Stiel-Verbindung mit Metallbändern, die bis zur Schafthälfte oder höher reichen, ist stabiler als eine Tüllenverbindung, weil sich die Schubkraft über die gesamte Bandlänge verteilt.

Die Tüllenverbindung hat einen entscheidenden Vorteil: Bricht der Schaft, läßt sich das Werkzeug leichter reparieren. Die Standardschäfte zum Nachkaufen lassen sich problemlos auf den Tüllendurchmesser zuschneiden. Umgekehrt erfordert es einiges Geschick, die beiden Komponenten eines Metallbandspatens – Kopf und Schaft – wieder miteinander zu vernieten.

ANATOMIE EINES SPATENS

Der breite YD-Griff ist an zwei Stellen durchgenietet: Am Griffende sorgt die Niete für mehr Stabilität, am Griffübergang sorgt sie dafür, daß sich der Holzschaft nicht spaltet.

Die 30 cm langen Stahlbänder ziehen sich über die Hälfte des Schafts und sind dreifach vernietet.

Tritte an der Blattoberkante für einfaches Graben

Solide geschmiedeter, biegefester Kopf

Stiele aus Fiberglas oder Metall sind zwar robuster als Holzstiele, wirken aber weniger stoßdämpfend, wenn der Spaten auf einen Stein trifft. Außerdem bereiten Fiberglasschäfte oft Probleme beim Einstecken in die Tülle. (Holz läßt sich leichter zusammenpressen und im Notfall auch passend zuschnitzen, wohingegen das steife Fiberglas schwer formbar ist.) Aber Fiberglas ist leichter als Holz, daher sind Spaten mit Fiberglasstiel handlicher. Ein weiterer Vorteil ist, daß Fiberglasstiele häufig neongelb oder leuchtend orange und somit nicht zu übersehen sind.

Fast alle Spatenmodelle außer den irischen haben einen Griff am Schaftende. Die billigste Ausführung ist der einfach vernietete D-Griff aus Kunststoff. Er ist zwar leicht, aber schlecht zu greifen und wegen der Einfachvernietung nicht sehr strapazierfähig. Die qualitativ besseren Werkzeuge haben meistens schwerere Metall-D-Griffe, die, ähnlich wie das Spatenblatt, mit einer Tüllen-Niet-Befestigung stabil auf dem Schaft sitzen.

Die YD-Griffe sehen sicherlich am elegantesten aus. Dank der aufwendigen Verarbeitung – Spalten des Schaftendes, Biegen unter Dampf, Einsetzen eines stahlverstärkten Eschenholz-Querstücks – sind diese Griffe die besten auf dem Markt. Durch das Spalt- und Dampfverfahren wird das Holz belastet, und es kann gelegentlich vorkommen, daß ein Griff bricht. Jeder seriöse Hersteller wird diesen jedoch unverzüglich ersetzen.

T-Griffe sind mit Nut und Zapfen am Schaft befestigt. Sie bieten auch großen Händen genügend Platz – im Gegensatz zu den Griffen mit Öffnung. Theoretisch ist der T-Griff anfällig für Drehkräfte, aber Gärtner, die sich an diesen Griff gewöhnt haben, würden ihn um nichts in der Welt eintauschen.

In Irland beispielsweise erfreut sich der T-Griff großer Beliebtheit, aber die Iren bevorzugen immer noch den Spaten mit einem langen Stiel, wie er bei Schaufeln üblich ist, und ohne Griff.

Der Gebrauch des Spatens

So benutzen Sie den Spaten richtig: Stechen Sie das Blatt senkrecht in den Boden, stellen Sie einen Fuß auf den Tritt, und treiben Sie den Kopf bis zum Anschlag in das Erdreich. Ziehen Sie dann – aufrecht stehend – den Stiel nach hinten, um den Boden zu lockern. Zum Heben der losen Erdklumpen gehen Sie zunächst leicht in die Knie und richten sich dann wieder auf, während Sie gleichzeitig die Arme hochnehmen.

Insbesondere Gärtner, die an langstielige Werkzeuge gewöhnt sind, sollten daran denken, die Knie und nicht den Rücken zu beugen. Die untere Hand, die näher am Blatt sitzt, dient sowohl beim Spaten als auch bei der Schaufel als Gelenkpunkt zum Lockern des Bodens; in dem Arm, der den Stiel nach hinten zieht, werden bei jedem Werkzeug unterschiedliche Muskeln beansprucht. Die Arbeit mit dem Spaten erfordert eine Zugbewegung, während man den Stiel einer Schaufel eher herunterdrückt. Der häufigste Fehler eines Gärtners ist, die Schaufel wie einen Spaten zu verwenden und umgekehrt – achten Sie bei Ihrer nächsten Arbeit im Garten darauf. Darüber hinaus sollten Sie überprüfen, ob Ihr Spaten nicht zu kurz für Ihre Körpergröße ist. Spaten und Gabeln haben eine Standardlänge von 70 bis 80 cm, und für viele sind die 80 cm noch knapp bemessen.

Britische Hersteller bieten robuste Metallband-Spaten mit längerem Stiel an, auch einige amerikanische Setzspaten, darunter die Dränier- und Wurzelballenspaten, sind mit längeren Stielen ausgerüstet. Sind diese immer noch zu kurz, sollten Sie einen irischen Gartenspaten mit 120 bis 135 cm langem Stiel benutzen. Ein solcher Spaten hat zwar in der Regel einen

Die ersten beiden Bewegungen sind bei der Arbeit mit Spaten und Schaufel gleich (siehe Seite 22). Die dritte Bewegung – das Heben und Werfen des Materials – unterscheidet sich leicht. Beim Umgraben mit dem Spaten gehen Sie tief in die Knie und strecken dann beim Heben die Arme.

schmaleren Kopf als die englische Variante, ist aber ein ausgezeichnetes Grabewerkzeug und beliebt bei Gärtnern von großer Statur.

Der englische Gartenspaten: Der klassische englische Gartenspaten ist ein kleines Wunderwerk im Hinblick auf Balance und handwerkliche Vollendung. Er ist das Werkzeug zum Doppelgraben und Umgraben. Das geschmiedete, wärmebehandelte Blatt aus Kohlenstoffstahl ist entweder durch eine Tülle oder durch Metallbänder mit dem Stiel verbunden. Ein durchschnittlicher englischer Gartenspaten wiegt 1,8 bis 2,3 kg und läßt sich auf dem Handrücken balancieren. Größe und Gewicht variieren je nach Hersteller und Modell, aber Länge und Breite des Blatts stehen normalerweise im Verhältnis 4:3. Die größten Modelle mit den längsten Tüllen oder Metallbändern eignen sich am besten für schweren, unbearbeiteten Boden, wohingegen die kleineren Spaten auf bereits bestelltem Boden eingesetzt werden. Der Kopf eines englischen Standardgartenspatens ist etwa 30 cm lang und 23 cm breit.

Der Setzspaten: Im Fachhandel werden verschiedene hochwertige Setzspaten mit geschmiedeter Tülle oder Metallbändern angeboten. Im Garten setzt man sie vor allem ein, um Sträucher und kleine Bäume auszugraben, kleinere Wurzeln zu kappen und Pflanzen zu ballieren. Setzspaten müssen sehr robust sein, damit sie ihren vielfältigen Aufgaben – Schneiden, Graben und Heraushebeln von Steinen – gewachsen sind.

Deshalb erstrecken sich die Stahlbänder dieser stark beanspruchten Geräte oft über die gesamte Länge des Eschenholzstiels. (Modelle mit Fiberglas- oder Stahlstiel sind noch strapazierfähiger.) In der Regel sind Setzspaten ziemlich schwer, einige wiegen knapp 3 kg. Mit dem bei vielen Modellen nach unten verjüngten Spatenblatt läßt sich der Boden mühelos aufreißen.

Die Iowa-Setzspaten sind leichter, eignen sich aber hervorragend zum Umpflanzen. Dank der leicht abgerundeten Blattunterkante dringen sie mühelos auch in hartes Erdreich und sind mit ihren 2,2 kg die richtige Wahl für den Freizeitgärtner. Vor dem Kauf eines Setzspatens sollten Sie seine Konstruktion und Verarbeitung prüfen. Die besten Setzspaten sind aus Kohlenstoffstahl geschmiedet, die billigeren Modelle haben ein gestanztes Blatt mit durchgehendem Rücken,

SPATEN VERSUS SCHAUFEL

Von ihrer Verwendung her gesehen ist die Unterscheidung einfach. Das Wort ›Spaten‹ kommt von dem lateinischen *spada* und bedeutet ›Blatt‹, während ›Schaufel‹ auf das altenglische *scofl* oder *scofan* zurückgeht, was ›wegwerfen‹ bedeutet.

Der Spaten wird in den Boden gestochen, die Schaufel hingegen in Haufen mit losem Kies, Kompost, Mutterboden oder Sand geschoben.

Der Spaten ist ein Meister des Grabens. Gewöhnlich hat er ein flaches Blatt. Mit einem Fuß auf dem Tritt am stumpfen Blattende treibt der Gärtner den Kopf bis zum Anschlag in den Boden. Danach setzt er den Stiel als Hebel an, um das Erdreich zu lockern.

Die Vorteile der Schaufel zeigen sich beim Heben und Werfen. Sie haben entweder ein vertieftes Schaufelblatt oder ein flaches Blatt, dessen Kanten an den Seiten und am oberen Rand nach oben gebogen sind, so daß loses Material nicht herunterfallen kann. Da der Kopf angewinkelt ist, braucht der Gärtner sich nicht zu bücken.

seltener mit Rückenmulde. Denken Sie bei Ihrer Entscheidung daran, daß die gestanzten Modelle für leichte Aufgaben geeignet sind, schweren Arbeiten jedoch nicht lange standhalten.

DER RANDSPATEN UND DER KANINCHENSPATEN: Alle wichtigen Grabewerkzeuge sind auch in kleiner Ausführung erhältlich; sie sind geeignet für Arbeiten auf engem Raum oder für Gärtner, die mit leichteren Geräten besser zurechtkommen. Der Randspaten ist die kleine Variante des englischen Gartenspatens: Er wiegt weniger als 2 kg und hat ein etwa 23 cm langes Blatt (daher der Beiname Damenspaten).

Alle wichtigen Grabewerkzeuge sind auch in kleineren Ausführungen erhältlich. Diese sind ideal für Arbeiten auf engem Raum oder für Gärtner, die mit leichteren Geräten besser zurechtkommen.

Der Kaninchen- oder Wildererspaten ist ebenfalls klein und leicht und hat ein langes, schmales Blatt mit abgerundeter Spitze. Wie der Name schon sagt, wurden diese Spaten früher von Förstern und Wilderern benutzt, um Kaninchen und andere Nager aus ihrem Bau zu holen. Heute dienen sie hauptsächlich zum Umpflanzen. Das kleine, schmale Blatt hat genau die richtige Größe, um Löcher für Zwiebeln und Knollen der winterharten Stauden zu graben. Kaninchenspaten sind ebenfalls ideal, um zusammengewachsene Stauden zu trennen, auf Knien ein schmales Randbeet an einer Mauer zu bepflanzen oder Sträucher umzusetzen.

DER IRISCHE GARTENSPATEN: Der irische Gartenspaten wiegt etwa so viel wie sein englisches Pendant, ist aber ein wenig länger und schmaler. Es gibt ihn wiederum in zwei Versionen: das breite ›Herrenmodell‹ und das schmale ›Damenmodell‹. Einst hatte jede der 26 irischen Grafschaften ihre eigenen Spatentypen. Die heute als irischer Gartenspaten bekannte Variante stammt aus der Grafschaft Slingo und aus Leenane in Connemara, wo der steinige Boden ein schmales Werkzeug erforderlich machte.

Im Gegensatz zu anderen Spaten haben die meisten irischen Spaten einen langen, anatomisch geformten Schaft ohne Griff. Diese Vorliebe der Iren zeigt sich inzwischen auch in manchen Gegenden auf dem europäischen Festland: Der holländische Spaten beispielsweise ähnelt dem irischen in wesentlichen Punkten.

Für hochgewachsene Gärtner ist der irische Spaten eine echte Alternative zu den kurzstieligen englischen oder amerikanischen Werkzeugen. Wenn auch sein Blatt nicht ganz so groß ist, so faßt der irische Spaten doch eine relativ große Menge Erde und bewältigt mühelos allgemeine Grabearbeiten. In schmalen Randbeeten oder steinigen Böden ist er sogar zu bevorzugen.

DER DRÄNIERSPATEN UND DER WURZELBALLENSPATEN: Von den Spezialspaten werden die langen, schmalen Modelle, die für das Graben von tiefen Löchern konstruiert sind, am häufigsten verwendet. Üblich sind Blätter von 8 cm Breite und 45 cm Länge. Normalerweise haben diese Spaten einen kurzen Schaft mit D- oder YD-Griff.

Die Hubhöhe variiert je nach Verwendungszweck des Werkzeugs. Mit einem Pfahl- oder Grabenspaten werden die Ränder oder Sohlen von Pflanzlöchern und -rillen gesäubert, die bereits grob mit einer ›Grabenhexe‹ oder mit einem anderen Grabegerät ausgehoben worden sind. Grabenspaten haben keine Tritte, da sie nicht für das eigentliche Herausheben der Schollen konzipiert sind.

Der Dränierspaten hat im Vergleich dazu eine größere Hubhöhe und ist mit Tritten versehen. Um eine Drainage von Hand zu bauen, hat dieses lange, schmale Werkzeug genau die richtige Größe. Handelsüblich sind 7,5 bis 15 cm breite Modelle, die bei manchen Herstellern durch unterschiedliche Farben gekennzeichnet sind.

Der Wurzelballenspaten ist für den heimischen Garten der gebräuchlichste unter den Spezialspaten. Mit seinen Tritten und der niedrigen Hubhöhe ist er das ideale Werkzeug zum Graben von Kanälen und Pflanzlöchern, aber auch zum Aussetzen von jungen Laubbäumen und Sträuchern aus Containern. Dank ihres unten abgerundeten Blatts dringen Wurzelballenspaten leichter in die Erde als Vierkantspaten.

KURIOSITÄTEN: Früher gab es Spaten in Herzform und andere, die aussahen wie die Gitterstäbe einer Gefängniszelle. Leider sind bereits viele dieser originellen Geräte dem Einheitsprogramm der Werkzeugindustrie zum Opfer gefallen.

Ein paar Modelle konnten sich jedoch behaupten. So zum Beispiel der Spaten mit Diamantenspitze: dieses Gerät, dessen Spitze praktisch jedes Material durchdringt, ist wie für die Ewigkeit gemacht. Mit seinem scharfen, dreieckigen Blatt bricht er die härteste Roteisen- oder Salpetererde auf. Oft ›krönen‹ Stahlschaft und -griff dieses eindrucksvolle Werkzeug.

Der gezackte Gartenspaten konnte nur deshalb überleben, weil einige Gärtner fest davon überzeugt sind, daß die Form der Blattunterkante den Boden besser aufreißt. Sicher ist jedoch nur, daß die gezackte Schneide seltener geschärft werden muß.

RUHEPAUSEN

Neben einem guten Werkzeug ist noch etwas von Bedeutung, damit das Graben nicht zur Strafarbeit wird. Nehmen Sie ausreichend Getränke mit in den Garten, und erfrischen Sie von Zeit zu Zeit Gesicht und Nacken. Machen Sie öfter mal eine Pause, nehmen Sie sich Zeit für gymnastische Übungen. Schonen Sie sich vor allem an den beiden ersten Tagen.

… Das grosse Buch der Gartengeräte

Standardspaten

1. **Gartenspaten (Pressstahl):**
Leichter, preiswerter Spaten mit Blatt aus gepreßtem oder gestanztem Stahl, Eschenholzschaft und gegossenem Polypropylen-Griff. Traditionelle, präzise Fertigung, ideal für leichte bis mittelschwere Arbeiten.
LÄNGE: 1 M
GEWICHT: 1,7 KG
BLATT: 17 CM × 28 CM

2. **Stahlband-Gartenspaten:**
Dieses Werkzeug ist mit dem Standardsetzspaten (siehe Seite 41) verwandt. Die solide geschmiedete Konstruktion mit Blatt aus Kohlenstoffstahl hat im Gegensatz zum Setzspaten einen längeren Griff und kürzere Bänder und ist eher für kleinere Gärten gedacht. Ausgezeichnetes, robustes Gerät für schwere Bodenbearbeitung.
LÄNGE: 1,10 M
GEWICHT: 2,2 KG
BLATT: 18 CM × 28 CM

3. **Kinderspaten:**
Auch beim Kauf eines Kinderspatens sollte man auf Qualität achten. Der hier abgebildete Spaten ist ebenso robust und detailbewußt gearbeitet wie ein gutes Erwachsenenmodell: solide geschmiedetes Blatt aus Kohlenstoffstahl und Tülle mit Stahlkragenverstärkung (aus einem Stück gefertigt), polierter Eschenholzstiel, T-Griff für kleine Kinderhände, dem Erwachsenenmodell nachempfundene grüne Epoxidbeschichtung. Auch für Erwachsene von kleiner Statur oder für Arbeiten in Randbeeten oder Kübeln geeignet.
LÄNGE: 80 CM
GEWICHT: 1,7 KG
BLATT: 12 CM × 17 CM

4. **Gartenspaten mit Fiberglasstiel:**
Dieser moderne Spaten mit Fiberglasschaft und -griff hat dieselben Maße wie der klassische Gartenspaten. Ursprünglich für den Einsatz in Wasserwerken konzipiert, kann dieses Werkzeug in permanent feuchter und tropischer Umgebung verwendet werden, denn Fiberglas rostet nicht. Der austauschbare Griff ist durch eine über die Hälfte des Stiels reichende Tülle mit dem solide geschmiedeten Stahlkopf verbunden. Leichter Qualitätsspaten.
LÄNGE: 1 M
GEWICHT: 2,3 KG
BLATT: 20 CM × 30 CM

5. **Solide geschmiedeter Randspaten:** Kleine Ausgabe des englischen Gartenspatens und genauso robust. Ideal zum Pflanzen kleiner Setzlinge, zum Ausgraben von Zwiebeln und Knollen und zur Randbearbeitung von bepflanzten Beeten. Der massive Eschengriff und das Kohlenstoffstahlblatt sind fest mit der Tülle verbunden, die sich selbst beim Graben tiefer Pflanzlöcher für Sträucher und Bäumchen nicht verbiegt. Auf der oberen Blatthälfte ist

1. Gartenspaten (Pressstahl)

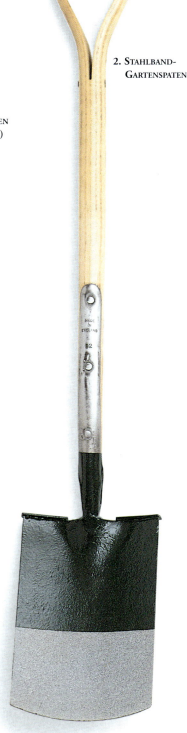

2. Stahlband-Gartenspaten

3. Kinderspaten

4. Gartenspaten mit Fiberglasstiel

5. Solide geschmiedeter Randspaten

6. Englischer Gartenspaten

eine korrosionsbeständige, grüne Epoxidbeschichtung aufgetragen. Der verstärkte YD-Griff wird von vielen Gärtnern einem T-Griff (Kinderspaten) vorgezogen. Kein Tritt.
LÄNGE: 95 CM
GEWICHT: 1,7 KG
BLATT: 15 CM × 23 CM

6. Englischer Gartenspaten: Der ultimative Gartenspaten – ein hochwertiges Spitzenmodell: mit solide geschmiedetem Stahlblatt und 30 cm langer Tülle (aus einem Stück gefertigt, keine Schweißnaht), Tritte mit Fußhaltern und Eschenholzstiel mit YD-Griff für blasenfreies Arbeiten. Wird in bezug auf Strapazierfähigkeit nur vom Stahlband-Gartenspaten übertroffen (die Stahlbänder geben zusätzlichen Halt). Der englische Gartenspaten wird den Anforderungen jedes Gärtners (auch des Profis) gerecht. Er ist ein unverzichtbares Utensil für Bodenbearbeitung, Beetvorbereitung und Entfernen von Steinen und Felsbrocken. Bei guter Pflege hält dieser Spaten ein Gärtnerleben lang. Unser Beispiel ist besonders für große Menschen geeignet.
LÄNGE: 1,10 M
GEWICHT: 2,2 KG
BLATT: 20 CM × 28 CM

Langstielspaten

1. LANGSTIELIGER, KONISCH ZULAUFENDER SPATEN
2. IRISCHER GARTENSPATEN
3. LANGSTIELIGER SLINGO-SPATEN
4. LANGSTIELIGER, IRISCHER HERRENSPATEN

1. LANGSTIELIGER, KONISCH ZULAUFENDER SPATEN: Dank des langen, schmalen, leicht angewinkelten Blatts eignet sich dieser Spaten hervorragend für nasse Böden. Auch die meisten klassischen irischen Spaten haben einen ähnlich schmalen Kopf. Dieses Werkzeug, dessen gestanzter Stahlkopf durch eine offene Tülle (ohne Schweißnaht) mit dem lackierten Eschenholzstiel verbunden ist, ist bei richtiger Pflege unverwüstlich. Der lange Stiel erweist sich beim Heben und Umschichten von nassem Erdreich als nützlicher Hebel, beim Aufreißen des Bodens ist er jedoch eher hinderlich. Breiter Tritt.
LÄNGE: 1,50 M
GEWICHT: 2 KG
BLATT: 10 CM × 33 CM

2. IRISCHER GARTENSPATEN: Hat im Vergleich zu den anderen Modellen einen etwas kürzeren Stiel mit T-Griff und ein spitzer zulaufendes Blatt. Er eignet sich daher zum Furchenziehen, Doppelgraben oder Ausheben tiefer Pflanzlöcher. Das solide geschmiedete Blatt ist durch zwei dreifach vernietete Metallbänder mit dem Eschenholzstiel verbunden. Das schmale Blatt mit Tritt dringt mühelos in harte Böden.
LÄNGE: 1,30 M
GEWICHT: 2,5 KG
BLATT: 16 CM × 33 CM

3. LANGSTIELIGER SLINGO-SPATEN: Der Slingo-Spaten mit dem ungewöhnlichen, gestanzten Stahlkopf, der sich an der Blattunterkante verbreitert, stammt ursprünglich aus Holland. Dort wurde das besonders für die Arbeit in schwerem, nassen Erdreich geeignete Werkzeug beim Kanalbau eingesetzt. Das Blatt aus Kohlenstoffstahl ist biege- und bruchfest, und der Fronttritt garantiert dem Gärtner einen festen Halt, selbst wenn er bei der Arbeit knöcheltief im Wasser steht.
LÄNGE: 1,50 M
GEWICHT: 2 KG
BLATT: 15 CM × 33 CM

4. LANGSTIELIGER, IRISCHER HERRENSPATEN: Von allen hier abgebildeten Spaten ist dieser dem jahrhundertelang in Europa verwendeten klassischen Spaten am ähnlichsten. Sein Blatt ist etwas schmaler als das der britischen Standardmodelle, leicht vertieft und endet in einer geraden Unterkante. Da der verstärkte, solide geschmiedete, kohlenstoffbeschichtete Stahlkopf und die Tülle aus einem Stück gefertigt sind, ist dieses Werkzeug biege- und bruchfest, selbst wenn man den Boden von Steinen und Wurzeln säubert. Durch den polierten Eschenholzstiel ist der Spaten leicht zu

BODENBEARBEITUNG

Spezial-spaten

5. **DEICH- UND BEWÄSSERUNS-SPATEN**

6. **NEWCASTLE-DRÄNIER-SPATEN**

7. **KANINCHEN-SPATEN**

8. **IRISCHER KNABEN-SPATEN**

greifen und strapazierfähig. Die Verarbeitung hochwertiger Materialien hat zwar ihren Preis, aber dank der Vielseitigkeit dieses Werkzeugs kann man ohne weitere, zusätzliche Spaten auskommen.
LÄNGE: 1,45 M
GEWICHT: 2,3 KG
BLATT: 14 CM × 33 CM

5. **DEICH- UND BEWÄSSERUNGS-SPATEN:** Mit dem solide geschmiedeten Werkzeug werden Gräben gezogen. Die Spitze des Blatts dringt mühelos in nasses Erdreich, während die Blattfläche große Ladungen faßt. Blatt, Blatthals und Metallbänder (aus einem Stück) sind fest mit dem polierten Eschenholzstiel verbunden. Die ungewöhnliche Kombination von T-Griff und trittlosem Blatt läßt darauf schließen, daß dieser Spaten zwar tief sticht, aber vorzugsweise in lockerem oder sandigem Boden eingesetzt werden sollte. Ein für den professionellen Einsatz konzipiertes Spezialwerkzeug, das heute auch im heimischen Garten Anwendung findet.
LÄNGE: 1,05 M
GEWICHT: 2,5 KG
BLATT: 23 CM × 32 CM

6. **NEWCASTLE-DRÄNIERSPATEN:** Dieser Spezialspaten stammt aus Staffordshire in England, wo häufige starke Regenfälle ein langes, robustes Werkzeug erforderlich machen. Der extra lange Kopf hat eine stumpfe Unterkante, die sich beim Bau von Entwässerungskanälen zum Aufreißen vollgesogener Böden eignet. Durch die leichte, schmale Vertiefung kann der Gärtner die Erde rückenschonend herausschaufeln. Das geschmiedete Stahlblatt ist durch eine Tülle am Eschenholzstiel mit stahlverstärktem YD-Griff befestigt. Die einzigartige T-Form der trittlosen Blattoberkante weist dieses Werkzeug als Newcastle-Spaten aus und bietet dem Gärtner eine bequeme, breite Fußstütze.
LÄNGE: 1,10 M
GEWICHT: 2,8 KG
BLATT: 10 CM × 40 CM

7. **KANINCHENSPATEN:** Dieser Spezialspaten wurde von englischen Grundbesitzern als Waffe gegen die Kaninchenplage entwickelt. Die Jäger stießen das stumpfe Werkzeug mit dem leicht eingetieften Kopf in den Kaninchenbau und vertrieben dadurch die Nager. Der solide geschmiedete Stahlkopf mit Epoxidbeschichtung ist durch eine Tülle (aus einem Stück, ohne Schweißnaht) mit dem polierten Hickoryholzstiel verbunden. Heute verwendet man diesen kleinen, leichten Spaten nur noch selten, um Kaninchen auszurotten. Er wird vielmehr eingesetzt, um Pflanzen auszusetzen, Zwiebeln und Knollen auszugraben oder etwa einen Maulwurfhügel abzutragen.
LÄNGE: 90 CM
GEWICHT: 2 KG
BLATT: 12 CM × 26 CM

8. **IRISCHER KNABENSPATEN:** Diese kleine Ausführung des irischen Gartenspatens zeichnet sich durch das Kohlenstoffstahlblatt mit Tülle (aus einem Stück) und den robusten Eschenholzstiel mit T-Griff aus. Der Knabenspaten bewältigt weitgehend dieselben Aufgaben wie der langstielige irische Herrenspaten und wird wegen seiner geringen Größe häufig von Gärtnern kleinerer Statur bevorzugt.
LÄNGE: 1,10 M
GEWICHT: 1 KG
BLATT: 13 CM × 28 CM

Grabespaten

1. DRÄNIERSPATEN: Das lange, schmale Blatt hat die richtige Form, um Gräben für offene oder geschlossene Entwässerungsrohre zu ziehen. Die Tüllenverbindung des geschmiedeten Stahlkopfs endet in zwei Metallbändern und ist daher besonders stabil. Dank des starken Eschenholzschafts mit YD-Griff und Fronttritt kann der Gärtner bei jedem Stoß sein gesamtes Körpergewicht einsetzen. Die starke Blattvertiefung nimmt große Ladungen Erde auf. Er ist ideal zum Graben tiefer Pflanzlöcher.
LÄNGE: 1,10 M
GEWICHT: 2 KG
BLATT: 13 CM × 35 CM

2. EVERGREEN-GARTENSPATEN: Preisgünstiger Qualitätsspaten, der trotz seines leichten Gewichts alle Arbeiten des Standardgartenspatens erledigt. Der klassische, breite, solide geschmiedete Kopf sitzt auf einem leichten Polypropylenstiel mit verstärktem Kunststoff-YD-Griff. Der Evergreen eignet sich ausgezeichnet für allgemeine Umgrabearbeiten in normalem Boden, ist jedoch nicht für schwere Arbeiten zu empfehlen. Er ist ein Leichtgewicht für Gärtner von kleinerer Statur und für diejenigen, denen ein schwerer Spaten zu unhandlich ist.
LÄNGE: 1 M
GEWICHT: 2 KG
BLATT: 18 CM × 28 CM

3. WURZELBALLENSPATEN: Dieser vor allem in Baumschulen beliebte Spaten gräbt mühelos tiefe, breite Löcher. Der lange, unten breiter werdende Kopf faßt mit jedem Spatenstich eine große Menge Erde. Die richtige Wahl für Gärtner, die häufig große Pflanzen umsetzen, oder in kurzer Zeit tiefe Löcher graben wollen. Er ist dem Dränierspaten ähnlich und hält dank seines solide geschmiedeten Blatts mit Tülle und Metallbändern (aus einem Stück) ein

1. DRÄNIERSPATEN
2. EVERGREEN-GARTENSPATEN
3. WURZELBALLENSPATEN
4. IOWA-SETZSPATEN

Schwere Spezialspaten

Leben lang. Ein Eschenholzstiel mit aluminiumverstärktem YD-Griff rundet diese preiswerte, robuste Alternative ab.
LÄNGE: 1 M
GEWICHT: 2 KG
BLATT: 16 CM × 35 CM

4. IOWA-SETZSPATEN: Dieses robuste Werkzeug mit kurzem, vertieftem Blatt ist eine typisch amerikanische Spatenvariante. Der Spaten hat einen geschmiedeten Stahlkopf mit Tüllen-Metallband-Verbindung (nur geringfügig schmaler als der des englischen Standardspatens) und ist für schwere Grabearbeiten optimal. Das breite Blatt faßt große Ladungen und verjüngt sich zur leicht abgerundeten Unterkante hin, die mühelos auch durch harte Bodenkrusten dringt. Der Spaten hat einen kurzen Eschenholzstiel mit Metall-YD-Griff.
LÄNGE: 95 CM
GEWICHT: 2,2 KG
BLATT: 18 CM × 28 CM

5. GEZACKTER GARTENSPATEN: Dieser urwüchsige Gartenspaten mit Kopf aus gestanztem Stahl und geraden Blattseiten eignet sich für allgemeine Grabearbeiten. Mit der einzigartig gezackten Unterkante kann man auch steinigen, schweren Boden, hartnäckige Wurzeln oder Ortstein bearbeiten. Splitterfreier Stiel aus strapazierfähigem, glattem Eschenholz. Biegefestes Blatt mit Rückenverstärkung.
LÄNGE: 1,50 M
GEWICHT: 1,8 KG
BLATT: 18 CM × 28 CM

6. STAHLSPATEN MIT DIAMANTSPITZE: Dieser Allzweckspaten mit schlichtem Design ist für den täglichen Einsatz konzipiert und kombiniert Schaufel- und Spatenelemente. Die an das Kohlenstoffstahlblatt geschweißte ovale Stahlrohrkonstruktion ist nahezu unverwüstlich. Durch den schweren Schaft und den breiten D-Griff ist dieses Werkzeug eher geeignet für Gärtner mit Muskelkraft. Der schwere, dicke, zinkbeschichtete Kopf endet in einer Spitze, dem ›Diamanten‹, die sich spielend in lehmigen Boden bohrt. Dank der Blatteintiefung ist er auch als Schaufel verwendbar. Der nietfreie Schaft sorgt dafür, daß sich kein Rost ansetzen kann.
LÄNGE: 1 M
GEWICHT: 2,5 KG
BLATT: 18 CM × 33 CM

7. STANDARD-SETZSPATEN: Ein Modell, das selbst höchsten Anforderungen im Profibereich genügt. Es ist extrem robust dank der vernieteten Metallbänder auf der gesamten Länge des Hartholzstiels. Der verstärkte Holz-Metall-YD-Griff rostet nicht und ist für schweres Graben in hartem Boden gemacht. Der Spaten hat ein zweiteiliges, gestanztes Stahlblatt mit durchgehendem Rücken, das sich nach unten hin verjüngt, und eignet sich für alle Bodentypen. Durch die stärkere Eintiefung faßt diese Variante mit einem Spatenstich mehr Erde als vergleichbare Modelle. Dank Fronttritt kann der Gärtner sein gesamtes Körpergewicht einsetzen.
LÄNGE: 1 M
GEWICHT: 2,8 KG
BLATT: 15 CM × 33 CM

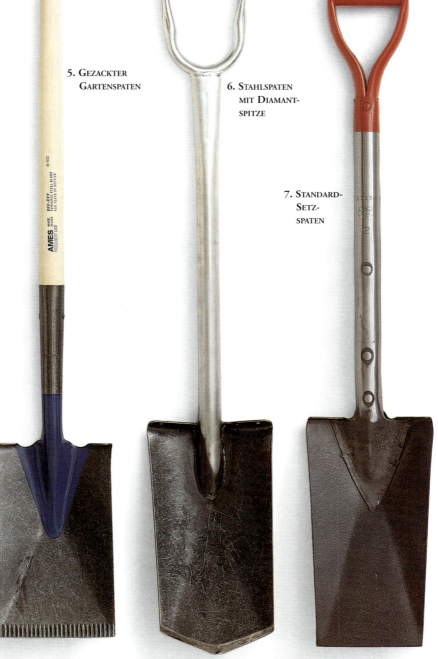

5. GEZACKTER GARTENSPATEN

6. STAHLSPATEN MIT DIAMANTSPITZE

7. STANDARD-SETZSPATEN

Die Gabel

Eine Gabel funktioniert ähnlich wie eine Hand mit leicht gespreizten Fingern. So können Sie Ihre Hand tief in einen Bottich mit Gerste graben, und je kräftiger Ihre Finger sind, um so tiefer gelangen Sie. Sie können mit den Händen aber auch Gegenstände aufheben; wenn Sie die Finger spreizen, bleibt einiges dazwischen hängen, während anderes zwischen den Fingern hindurchrutscht.

Gabeln sollen stets eine dieser beiden Aufgaben erfüllen, entweder graben oder Gartenmaterial wie Heu oder Kompost zusammenraffen und befördern. (Handgabeln werden zum Kultivieren und Scharren verwendet; siehe Seite 71.) Das Typische an einer Gabel ist, daß sie ihre Last auf einer Reihe von Zinken oder Zacken trägt. Ihre Anzahl variiert zwischen zwei und zehn oder sogar noch mehr Zinken.

Die Gartengabel (eine Bezeichnung, die manchmal auch für Grabe- oder Spatengabeln verwendet wird, obwohl diese für schwerere Arbeiten als Umgraben und Lüften konzipiert sind) bohrt sich auch dort in den Boden, wo ein Spaten nichts ausrichten kann, weil jede einzelne Spitz- oder Meißelzinke an ihrem schmalen Ende konzentrierten Druck ausübt. Diese Gabeln eignen sich insbesondere zum Aufreißen von verkrustetem Unterboden. Rechengabeln (dazu zählen Beet-, Mist-, Heu- und Kompostgabeln) werden aus leichterem Stahl hergestellt, und ihre Zinken sind in einer Art Bogen angewinkelt. Diese Konstruktion macht es möglich, Gartenmaterial zu befördern.

Obwohl die Basken seit Menschengedenken mit einer zweizackigen Gabel, der *laya,* graben, ist die normale Gartengabel doch eine relativ moderne Erfindung. In den Zeiten, als es noch keinen strapazierfähigen, biegsamen Stahl gab, müssen Eisengabeln unglaublich schwer gewesen sein, damit jede Zinke der Biegespannung, die beim Graben entsteht, standhalten konnte. Die erste ganz aus Stahl gefertigte Grabegabel wurde 1851 von Alexander Parkes anläßlich der *Great Exhibition* in London vorgestellt. Der Legende zufolge soll Parkes, ein berühmter Erfinder, persönlich mit Henry Bessemer (der kurz darauf den Hochofen erfand, wodurch die kostengünstige Produktion von vielen verschiedenen Stahlgraden möglich wurde) über eine Stahlart nachgedacht haben, die die folgenden Eigenschaften aufweisen sollte: Leichtigkeit, Steifheit und Geschmeidigkeit. Parkes erkannte die Unmöglichkeit, eine schmale Zinke herzustellen, die unter Belastung niemals nachgibt. Also folgerte er, daß es das Beste sei, Zinken herzustellen, die ganz einfach wieder in ihre alte Form gebracht werden können, ohne an Kraft einzubüßen. Damit sollte er recht behalten. Der Kohlenstoff-Mangan-Stahl, den er schließlich entwickelte, hat genau diese Eigenschaften. Heute noch werden die hochwertigen englischen Gartengabeln aus diesem Material gefertigt.

Die Wahl der Gabel

Das Schmieden einer Stahlgabel ist ein spannender Vorgang. Aus einem einzigen Block Kohlenstoffstahl biegt der Schmied zunächst ein dickes Stück heraus, aus dem die Tülle oder die Stahlbänder entstehen. Dann walzt und zieht er nacheinander die vier Zinken der Gabel heraus.

Obwohl eine solche Gabel sehr stabil ist, kann sie sich doch an hartem Stein verbiegen. Hier kommen die hervorragenden Eigenschaften von Stahl mit hohem Kohlenstoff- und Mangananteil zum Tragen: Das Werkzeug kann wieder in Form gebogen werden, ohne dabei an Kraft einzubüßen.

Die besten Gartengabeln bestehen aus geschmiedetem Stahl und sind entweder mit einer langen Tülle oder durchgenieteten Stahlbändern am Schaft befestigt. Gestanzte Gartengabeln – normalerweise zu erkennen an dem vergleichbar geringen Querschnitt der Zinken – können solide sein (je nach verwendeter Stahlstärke), sind allerdings nur von relativ kurzer Lebensdauer. Sie verbiegen nicht nur leichter, sondern sind darüber hinaus nach dem Zurückbiegen weniger leistungsfähig.

Rechengabeln haben die typischen gebogenen Stahlzinken mit rundem oder ovalem Querschnitt, mit denen man nicht umgraben kann. Sollten sie beim täglichen Mist- oder Kompostschaufeln verbiegen oder brechen, sind sie reparabel. Eine beschädigte oder stumpfe Zinke kann geschliffen und geschärft werden, so daß die Gabel wieder wie neu ist. Alte Rechengabeln haben oft ›Zahnlücken‹, nachdem die ein oder andere Zinke abgebrochen ist.

ANATOMIE EINER GABEL

Griff und Schaft sind aus »zweijähriger«, fein gemaserter Esche gefertigt.

Eine 30 cm lange, solide Tüllenbefestigung garantiert eine dauerhaft stabile Stiel-Kopf-Verbindung.

Der Stahlkopf ist aus einem Stück geschmiedet.

Die Vierkantzinken lassen sich mühelos in den Boden stechen.

Der Gebrauch der Gabel

So unterschiedlich wie der Gebrauch von Spaten und Schaufel, so unterscheidet sich auch die Grabegabel von der Heu- oder Mistgabel. Der Gärtner stellt einen Fuß auf den Tritt der Grabegabel und treibt sie vollständig in den Boden. Um die Erde aufzubrechen und zu lockern, bewegt er die Gabel ein wenig vor und zurück und zieht sie dann am Griff wieder heraus. Bei einer Heu- oder Mistgabel sind die Bewegungen viel weicher und gleichmäßiger. Der Gärtner geht – mit geradem Rücken – leicht in die Knie, stößt die Zinken in einen Heu- oder Misthaufen, richtet sich auf, zieht dabei eine Gabel voll Material heraus und wirft es zur Seite. Bei der Rechengabel gibt es oft noch einen Zwischenschritt: der Gärtner schüttelt das Gerät, damit das Stroh oder sonstiges unerwünschtes Material zwischen den Zinken durchfallen kann. Auch hier empfiehlt es sich, die Gabel mäßig zu beladen, da ansonsten sowohl das Werkzeug als auch Körperteile wie Knie, Schultern und Rücken des Gärtners zu stark belastet werden.

Die englische Gartengabel: Sie ist ein stattliches Werkzeug, mit dem sich auch die zähesten Lehmböden aufbrechen lassen. Sie ist schwer – einige Modelle wiegen bis zu 3 kg – und hat lange, genietete Stahlbänder, damit sie auch unter großer Belastung den Dreh- und Biegebewegungen standhält. Die vier Zinken mit viereckigem Querschnitt und Meißelspitze sorgen für maximale Kraftumsetzung. Auf einer Spatenoberfläche bliebe der Lehm haften, von der Gartengabel läßt er sich jedoch leicht abstreifen.

Die englische Gartengabel ist genau das richtige Werkzeug für das jährliche Doppelgraben in Ihrem prächtigen Gemüsegarten. Auch zum Ausgraben von Kartoffeln, Karotten und sonstigem Wurzelgemüse ist sie ideal.

Spaten- und Grabegabeln: Die Spatengabel ist leichter als die Grabegabel und hat vier Zinken mit vier- oder rechteckigem Querschnitt, die sich zu einer Diamantspitze verjüngen. Wie jede Gartengabel kann sie zwar auch für lehmigen Boden benutzt werden, optimal ist sie jedoch für sandigen oder krümeligen Boden.

Spatengabeln sind üblicherweise gestanzt und nicht geschmiedet. Daher sind sie weniger leistungsstark als Grabegabeln, obwohl viele Geräte leicht gekrümmte Zinken haben, um die Biegefestigkeit zu erhöhen. Am besten eignen sich Spatengabeln beim Doppelgraben zum Lockern des Unterbodens bzw. um im Frühjahr die Beete aufzuhacken.

Die Randgabel: Durch ihre geringe Größe ist sie besonders leicht zu handhaben. Ein hochgewachsener Gärtner kann damit fast spielerisch den Boden um Obstbäume oder Himbeersträucher herum auflockern. Ein Gärtner von kleinerer Statur findet in der Randgabel endlich ein Werkzeug, das er auch mit geringer Körperkraft gut führen kann. Diesen Gabeltyp gibt es sowohl in geschmiedeter als auch in gestanzter Ausführung.

Die Breitgabel: Beim Anblick dieses gigantischen, ungelenken Apparats mit seinen beiden Griffen und weit auseinander stehenden Zinken denkt man unwillkürlich an mittelalterliche Folterinstrumente. Dabei handelt es sich um eine Erfindung des 20. Jahrhunderts, entwickelt von den Kaliforniern Alan Chadwick und John Jeavons zum Doppelgraben.

Die Breitgabel ist das ideale Gerät, um Beete immer wieder aufzulockern und zu lüften, nachdem der Boden bereits aufgerissen wurde. Mit ihren gekrümmten Zinken bricht sie vorsichtig harte Böden auf und lüftet und zerkleinert die Erde.

Heugabeln: Alle Rechengabeln stammen letztendlich von der gekrümmten zweizackigen Holzheugabel ab. Früher hat man diese Gabeln einfach aus einem von Natur aus gespreizten Ast gefertigt, der beschnitten und geglättet wurde. Manchmal brachte man mit einer Zapfenverbindung eine dritte Zinke am Kopf der Gabel an.

Stahlversionen dieser Gabeln kopieren die weiche Form des Holzwerkzeugs einschließlich der langen, schmalen Zinken. Keine dieser Ausführungen ist für schwere Grabearbeiten konzipiert. Ursprünglich wurden diese Werkzeuge benutzt, um Getreidehalme ins Gebläse zu werfen und um die Spreu vom Weizen zu trennen. Heute dienen sie hauptsächlich zum Umschichten und Transportieren von Heu- und Strohmulch, Humus oder leichtem Kompost.

Ist das Stroh einheitlich lang geschnitten, reicht eine zweizackige Gabel nicht nur aus, sondern ist aufgrund ihres geringen Gewichts sogar empfehlenswert. Meist sind kurze und lange Strohhalme jedoch gemischt, so daß sich eine dreizackige Gabel empfiehlt, da sie weniger durchlässig ist.

MISTGABELN: Je größer die Anzahl der Zinken und je kleiner die Abstände dazwischen, desto weniger Mist fällt hindurch. Standardmistgabeln haben fünf oder sechs Zinken, genau die richtige Anzahl, um damit den Kuhstall auszumisten, Kompost umzuschichten, abgefallene Zweige zusammenzurechen oder dickes Wurzelgemüse wie Zuckerrüben aufzuheben.

Zehn- und zwölfzackige Gabeln wurden speziell für Pferdeställe entwickelt, weil der feinere Pferdemist durch eine Heugabel mit breiter gesetzten Zinken hindurchfallen würde.

Auch im Garten kann so ein Werkzeug äußerst nützlich sein, um kleinere Knollenfrüchte wie beispielsweise neue Kartoffeln zu ernten. Es gibt tatsächlich eine stumpfe, zehnzackige Gabel, die speziell für die Kartoffelernte entwickelt wurde.

BEETGABELN: Bei der Beetgabel handelt es sich im Grunde um eine Abwandlung der Mistgabel oder klassischen Heugabel. Sie dient in erster Linie dazu, Kompost oder Mulch auf dem Beet zu verteilen. Auf den ersten Blick sieht sie aus wie ein engzackiger Rechen, aber ihre Aufgabe ist es, Dünger oder Sand unter die lockere Erde zu mischen. Eine typische zehnzackige Variante der Beetgabel vereint in sich die Eigenschaften von Mist- und Rechengabel: Die eng stehenden Zinken ermöglichen es, jegliches Gartenmaterial bequem aus dem Garten- oder Schubkarren aufs Beet zu befördern.

HARKEN UND EGGEN

Auch wenn ihre Namen ein wenig bedrohlich klingen, sind diese Geräte – z.B. Kartoffelharken, Mistharken und Getreideeggen – doch das Ergebnis jahrhundertelanger Erfahrung in der Agrarwirtschaft. Sie sind fast doppelt so breit und $2^{1}/_{2}$ Mal so tief wie gewöhnliche vierzackige Kultivatoren. Außerdem nehmen sie alles mit sich, was ihnen im Weg liegt, ob Kartoffeln, Steine, Stoppeln oder Unkraut.

Nicht jeder Gärtner findet an diesen Werkzeugen Gefallen. Zwar weiß er ihre Breite und Kraft zu schätzen, findet ihre Zinken jedoch zu lang, um damit den Garten jäten und kultivieren zu können. Sollte dies wirklich der Fall sein, können die Zinken nachträglich auf bis zu 10 cm Länge gestutzt und zugespitzt werden.

Gartengabeln

1. SPATEN-GABEL
2. AMERIKANISCHE SPATENGABEL
3. ENGLISCHE GARTEN-GABEL
4. EVERGREEN-GARTEN-GABEL

1. **SPATENGABEL:** Mit ihrem typischen schmalen Kopf und den vier flachen, weit auseinanderstehenden Zinken mit spitzen Enden, die sich mühelos in weichen Boden bohren, vereint dieses klassische Beispiel einer Allzweck-Spatengabel die Kraft und Grabequalitäten eines Spatens mit der Wendigkeit einer Gabel. Dank des YD-Griffs und des weichen Hickoryholzstiels, der mit einer soliden Tüllenkonstruktion an den geschmiedeten Kohlenstoffstahlkopf montiert ist, eignet sich die Gabel auch für schwere Grabe- und Pflanzarbeiten. Der große Abstand zwischen den Zinken und die schräge Fläche sorgen dafür, daß sich beim Graben wenig Erde auf dem Werkzeugkopf ansammelt und folglich beim Umgraben eines Beets oder Ausheben von Knollen, Wurzeln und Steinen nur wenig Kraft aufgewendet werden muß. Die Spatengabel ist im Garten ein unverzichtbares Gerät und sollte bei richtiger Pflege ein Leben lang halten.
LÄNGE: 1,05 M
GEWICHT: 2,2 KG
KOPF: 20 CM × 30 CM

2. **AMERIKANISCHE SPATENGABEL:** Die hauptsächlich zum Umgraben und Aufreißen verwendete Spatengabel hat die üblichen vier flachen Zinken und einen schmalen, geraden Kopf mit leichter Schräge. Sie funktioniert wie die Allzweckspatengabel, reicht jedoch tiefer ins Erdreich und ist daher das passende Werkzeug für weiche Lehmböden. Dank des YD-Stahlschafts ist sie überraschend leicht zu handhaben, wobei der hölzerne Quersteg des Griffs die Handflächen schont. Die Tüllenverbindung des Kopfs ist tief in einen langen, gebogenen, konischen Metallkragen eingelassen, und der geschmiedete Stahlkopf garantiert dem relativ preisgünstigen Werkzeug eine lange Lebensdauer. Das relativ große Modell ist für zierlichere Gartenfreunde kaum geeignet.
LÄNGE: 1,05 M
GEWICHT: 2,3 KG
KOPF: 20 CM × 28 CM

3. **ENGLISCHE GARTENGABEL:** Die Form der klassischen englischen Gartengabel aus dem Jahre 1851 wird seit ihrer Erfindung von Gärtnern und Bauern auf beiden Seiten des Atlantiks verwendet. Das Allzweckgerät eignet sich für Grabearbeiten in nahezu jedem Bodentyp. Ihre typischen Merkmale sind der gespreizte, angewinkelte Kopf und die vier Vierkantzinken mit Meißelspitze. Der lange, breite Kopf kann beim Graben tief in eine große Bodenfläche eindringen, ohne daß die schmalen Zinken gesunde Wurzeln verletzen oder empfindliche, nützliche Organismen in der Erde stören. Die aus hochwertigen Materialien gefertigte Gartengabel zeichnet sich durch eine solide Tüllen-Kopf-Konstruktion (aus einem Stück Stahl geschmiedet) und einen lackierten Hickoryholzstiel aus. Ein großes Gerät für große Gärtner.
LÄNGE: 1,10 M
GEWICHT: 2,5 KG
KOPF: 20 CM × 30 CM

4. **EVERGREEN-GARTENGABEL:** Dieses Werkzeug wird grundsätzlich für dieselben Arbeiten verwendet wie die englische Gartengabel, und ist für Menschen durchschnittlicher Körpergröße und Hobbygärtner unter Umständen sogar die bessere Wahl. Die solide Tüllenkonstruktion und der geschmiedete Kohlenstoffstahlkopf, die für lange Lebensdauer stehen, sind auch diesem Modell erhalten geblieben, wohingegen der glatte Griff aus Polypropylen nach einiger

BODENBEARBEITUNG

Breitgabel

5. STAHLBAND-GARTENGABEL

6. PRESSSTAHL-GARTENGABEL

gabel hervorragend zum Um- oder Vorgraben von Beeten sowie zum Graben und Säubern zwischen Pflanzgut mit feinen Wurzeln. Die rostfreie, pflegeleichte Gabel ist ein gutes Standardgerät.
LÄNGE: 1 M
GEWICHT: 1,5 KG
KOPF: 20 CM × 27 CM

7. BREITGABEL: Dieses originelle Gerät wird auch als Kultiviergabel bezeichnet. Einige Ausführungen dieser Art wurden durch die Jahrhunderte von Gärtnern genutzt, um den Mutterboden manuell zu lüften. Die vom Grabestock – dem ersten Gartenwerkzeug überhaupt – abstammende Breitgabel hat zwei Holzschäfte, die durch einen breiten Kopf mit weit auseinanderstehenden Stahl- oder Holzzinken miteinander verbunden sind. Der Gärtner sticht die Breitgabel mit beiden Händen in den Boden und lockert durch eine Kreisbewegung die oberste Erdschicht auf. Dadurch können Feuchtigkeit und Luft in den fruchtbaren Mutterboden eindringen, ohne daß der weniger brauchbare Unterboden aufgerissen wird. Dieses Modell hat einen robusten Eschenholzstiel und minimal gebogene Schmiedestahlzinken. Der Kopf ist mit zwei Schrauben und Keilen an den Stielen befestigt.
LÄNGE: 1,45 M
GEWICHT: 4,5 KG
KOPF: 25 CM × 45 CM

7. BREITGABEL

Zeit ausgewechselt werden kann. Im Vergleich zu Geräten, bei denen Schaft und Griff aus einem Stück Holz gefertigt sind, ist die Evergreen-Gartengabel etwas günstiger im Preis.
LÄNGE: 1 M
GEWICHT: 2 KG
KOPF: 20 CM × 30 CM

5. STAHLBAND-GARTENGABEL: Ein hochwertiges Profiwerkzeug mit ungewöhnlich hoher Kraftumsetzung. Englische Vierkantzinken und dreifach genietete Stahlbänder garantieren eine Gartengabel, die sich für jede Kultivierarbeit eignet. Wie der Stahlband-Gartenspaten (siehe Seite 36), ist dieses Modell für professionelle Züchter in der Baum- und Pflanzschule, für Landschaftsgestalter und Profigärtner konzipiert.
LÄNGE: 1,10 M
GEWICHT: 2,3 KG
KOPF: 20 CM × 30 CM

6. PRESSSTAHL-GARTENGABEL: Sie ist deutlich leichter als die durchschnittliche Grabegabel und bietet somit eine echte Alternative für Gartenfreunde, die nicht so schwer heben wollen. Der verkürzte Stiel und die kürzeren Zinken erleichtern das Umgraben. Der Preßstahlkopf mit kurzen, stumpfen Zinken verletzt weder zarte Pflänzchen noch Wurzelknollen. Daher eignet sich die Preßstahl-Garten-

Spezialgabeln

1. KINDERGABEL: Eine sinnvolle Ergänzung zum Kinderspaten (siehe Seite 36). Die Kindergabel besteht aus denselben hochwertigen Materialien wie die Erwachsenenmodelle, ist jedoch viel kürzer und leichter. Der Eschenholzstiel mit T-Griff ist für kleine Hände leichter zu greifen. Der Stahlkopf ist aus einem Stück geschmiedet. Die Kindergabel eignet sich außerdem ausgezeichnet für Kübelpflanzen.
LÄNGE: 80 CM
GEWICHT: 1,25 KG
KOPF: 13 CM × 18 CM

2. EDELSTAHL-RANDGABEL: Die Deluxe-Ausführung der solide geschmiedeten Randgabel. Der polierte Edelstahlkopf ist durch eine solide Tüllenkonstruktion an den lackierten Hickoryholzstiel montiert. Die robuste und zugleich elegante Randgabel wird vornehmlich dort eingesetzt, wo es eng wird, nämlich zum Vorgraben von Beeten und zum Säubern zwischen den Pflanzen. Sie ist leicht und wendig und wird häufig von Gärtnern als Allzweckgabel bevorzugt, denen die Standardgabel zu schwer und unhandlich ist.
LÄNGE: 95 CM
GEWICHT: 1,3 KG
KOPF: 14 CM × 23 CM

3. FIBERGLAS-GARTENGABEL: Der Stiel aus formgegossenem Fiberglasharz macht die Gabel leicht und nahezu unzerbrechlich. Das Werkzeug ist extrem strapazierfähig und ausgesprochen gut für immerfeuchte und tropische Klimazonen geeignet. Der Kopf ist aus geschmiedetem Kohlenstoffstahl gefertigt. Eine Tüllenkonstruktion über die halbe Schafthöhe verbindet den auswechselbaren Fiberglasstiel mit dem Kopf. Bei sachgerechtem Gebrauch hält diese Gabel ein Leben lang.
LÄNGE: 1 M
GEWICHT: 2,2 KG
KOPF: 20 CM × 30 CM

4. KOMPOSTGABEL: Mit fünf Ovalzinken und T-Griff ist die Kompostgabel besser zum Umschichten und Lüften von Kompost geeignet als die schmale vierzackige Grabegabel. Als Kompromiß zwischen Grabegabel und Mistgabel umfaßt die Kompostgabel 23 cm Spannweite, so daß der Gärtner mehr Material pro Gabelhieb aufnehmen kann. Die Kompostgabel läßt sich tief in den Komposthaufen stoßen, anheben und wieder herausziehen, und bringt so Luft in den Kern, ohne dabei die wichtigen Organismen im Kompost zu gefährden. Die Spezialgabel zeichnet sich durch eine solide Tüllenkonstruktion, einen geschmiedeten Kohlenstoffstahlkopf und Eschenholzstiel aus.
LÄNGE: 1,10 M
GEWICHT: 2,3 KG
KOPF: 26 CM × 34 CM

1. KINDERGABEL
2. EDELSTAHL-RANDGABEL
3. FIBERGLAS-GARTENGABEL

4. KOMPOST-GABEL

5. SOLIDE GESCHMIEDETE RANDGABEL

6. GRABEGABEL

5. SOLIDE GESCHMIEDETE RANDGABEL: Die Juniorausführung der klassischen englischen Gartengabel (siehe Seite 46) wird im Prinzip für dieselben Arbeiten eingesetzt wie ihre große Schwester, nur in geringerem Umfang. Sie ist ideal für vorgegrabene Beete und Ränder, Treibhäuser und enge Bereiche zwischen Pflanzgut. Sie ist dank ihrer kompakten Form präzise, aber auch empfindlicher. Die geschmiedete Randgabel ist eine Alternative für all diejenigen, denen eine Standardgabel zu schwer und zu unhandlich ist. Die Verwendung hochwertiger Materialien zeigt sich in der soliden Tüllenkonstruktion, dem geschmiedeten Stahlkopf und dem lackierten Hickorystiel mit YD-Griff.
LÄNGE: 95 CM
GEWICHT: 1,25 KG
KOPF: 14 CM × 23 CM

6. GRABEGABEL: Sie vereint die Vorzüge langer Vierkantzinken, die wie eine englische Gartengabel arbeiten, mit dem größeren Kopf und den Meißelspitzen einer Grabegabel. Die Zapfenverbindung zwischen dem solide geschmiedeten Stahlkopf und dem Holzstiel ist mit einem hohen Stahlkragen eingefaßt. Der hölzerne Quersteg des Griffs schützt vor rauhen Handflächen. Eine gute, preisgünstige Gabel für zahlreiche Gartenarbeiten vom Graben und Lockern bis zum Sieben vorgegrabener Erde und Säubern des Beets von Steinen und Wurzeln.
LÄNGE: 1,10 M
GEWICHT: 2 KG
KOPF: 20 CM × 30 CM

Beet- und Mistgabeln

1. ZEHNZACKIGE BEETGABEL: Die klassische Beetgabel, auch als Mulchgabel bezeichnet, sieht eher aus wie ein Rechen mit engstehenden Zinken. Sie kombiniert die Vorteile von Mist- und Rechengabel, ist vielseitig und robust. Mit ihren zehn Zinken hilft sie dem Gärtner, vorgegrabene Böden zu lockern, Kompost zu sieben und Mulch oder Mist auf den Beeten zu verteilen. Der geschmiedete Stahlkopf und die Zapfen-Metallkragen-Verbindung machen die Gabel zu einem hochwertigen, preisgünstigen Allroundgerät. Die dicken Zinken verbiegen sich nicht. Solider Eschenholzstiel.
LÄNGE: 1,55 M
GEWICHT: 2,7 KG
KOPF: 30 CM × 35 CM

2. VIERZACKIGE, SCHOTTISCHE MISTGABEL: Obwohl das Werkzeug als Mistgabel bezeichnet wird, erinnert es doch eher an eine Heugabel. Der strapazierfähige, solide Eschenholzstiel ist praktisch beim Werfen von Heu oder Stroh. Er ist durch eine solide Stahlbandkonstruktion mit dem robusten, geschmiedeten Stahlkopf verbunden. Das Ergebnis ist ein kräftiges und dennoch leichtes Werkzeug. Die vier ovalen Zinken nehmen dichten Mist mühelos auf, ohne sich zu verbiegen oder abzubrechen. Auch sind sie ideal zum Belüften und Wenden von Kompost. Ein unverzichtbares Gerät, hier in einer besonders hochwertigen Ausführung.
LÄNGE: 1,10 M
GEWICHT: 1,6 KG
KOPF: 22 CM × 34 CM

3. FÜNFZACKIGE MISTGABEL: Mistgabeln gibt es je nach Herkunft mit vier, fünf oder sechs Zinken, wobei das fünfzackige Modell am weitesten verbreitet ist. Die abgebildete Mistgabel ist aus kostengünstigen Materialien hergestellt: emailbeschichteter Kohlenstoffstahlkopf und solide Tüllenkonstruktion mit verstärktem Aluminiumkragen. Der glatte Eschenholzstiel ist bezeichnend für diesen Gabeltyp (kein Griff), da die langen, schlanken Zinken einer Mistgabel zum Sieben und Wenden von leichtem Gartenmaterial und nicht für schwere Grabearbeiten vorgesehen sind. Diese Gabel kann zum Düngen und Kompostieren, Verteilen von Mulch oder Zusammenklauben von Gartenabfällen verwendet werden.
LÄNGE: 1,55 M
GEWICHT: 1,8 KG
KOPF: 23 CM × 33 CM

4. LEICHTE BEETGABEL: Eine interessante Variante der zehnzackigen Beetgabel. Die schlanken, runden Zinken sind zwar empfindlicher, jedoch für mehr Stabilität mit einer zusätzlichen Querstrebe zusammengeschweißt. Der polierte Stiel aus robustem Eschenholz ist mit einer Zapfen-Bundring-Verbindung an den Kohlenstoffstahlkopf montiert. Der relativ kleine, leichte Kopf ist zum Verteilen leichten Mulchs wie Humus' geeignet.
LÄNGE: 1,50 M
GEWICHT: 1,9 KG
KOPF: 27 CM × 33 CM

5. SECHSZACKIGE MISTGABEL: Eine klassische Mistgabel mit sechs spitzen Zinken. Die großzügige Form macht sie zum idealen Gerät für das Verteilen von Düngemitteln und Mulch. Der emailbeschichtete Kohlenstoffstahlkopf ist durch eine solide Tüllenkonstruktion mit Kragenverstärkung an einen glatten Hartholzstiel montiert.
LÄNGE: 1,50 M
GEWICHT: 1,9 KG
KOPF: 23 CM × 33 CM

6. MISTEGGE: Dieses schwere Gerät mit klauenartigen Zinken gibt es bereits seit dem Mittelalter. Damals wurde es von Bauern benutzt, um den Dung vom Mistwagen aufs Feld zu ziehen, bevor es bestellt wurde. Heute hat die Mistegge in der Regel vier dicke Zinken, die im 90°-Winkel zu einem Rechen gebogen sind. Der polierte Eschenholzstiel ist durch eine solide Tülle und Kragenverstärkung mit dem emailbeschichteten Stahlkopf verbunden. Die Mistegge eignet sich auch ideal zum Düngen und Kultivieren des Bodens.
LÄNGE: 1,40 M
GEWICHT: 1,9 KG
KOPF: 14 CM × 23 CM

1. ZEHNZACKIGE BEETGABEL

2. VIERZACKIGE SCHOTTISCHE MISTGABEL

Rechen-gabeln

1. Baumwollsamen-Rechengabel

2. Sechszackige Beetgabel

3. Gersten-gabel

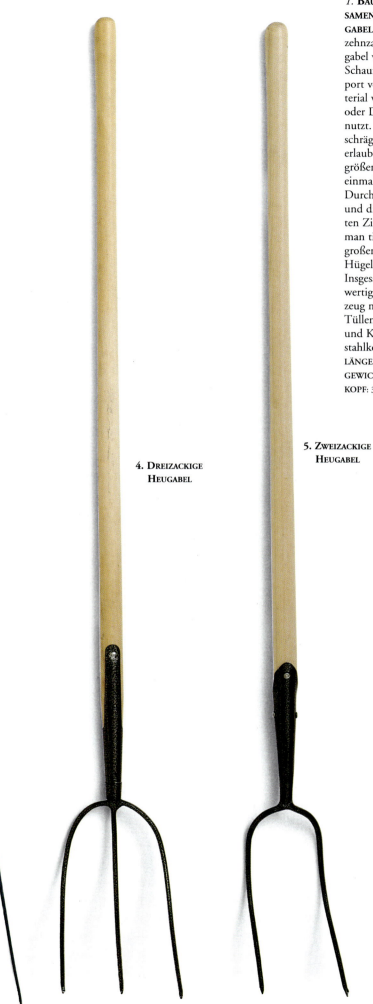

4. Dreizackige Heugabel

5. Zweizackige Heugabel

1. **Baumwoll-samen-Rechengabel:** Die breite, zehnzackige Rechengabel wird wie eine Schaufel zum Transport von losem Material wie Getreide oder Dünger benutzt. Die abgeschrägte Rechenform erlaubt dem Gärtner, größere Mengen auf einmal zu packen. Durch den YD-Griff und die abgestumpften Zinken kann man tief in einen großen Haufen oder Hügel stechen. Insgesamt ein hochwertiges Spezialwerkzeug mit solider Tüllenkonstruktion und Kohlenstoffstahlkopf.
LÄNGE: 1,15 M
GEWICHT: 3,8 KG
KOPF: 36 CM × 47 CM

2. **Sechszackige Beetgabel:** Diese hochwertige Gabel mit solider Stahlbandverbindung wird traditionell zum schonenden Ausgraben von Rüben, Kartoffeln und anderen Wurzel- oder Knollengewächsen verwendet. Der geschmiedete Stahlkopf hat sechs lange, breit auseinanderstehende Zinken, die die Bodenfrucht greifen, die Erde jedoch hindurchlassen. Die stumpfen, ovalen Zinken verletzen auch die zarten Schalen der Gartenfrüchte nicht, wenn die Gabel im Gemüsebeet eingesetzt wird. Die gespreizte Kopfform hat eine große Spannweite.
LÄNGE: 1,60 M
GEWICHT: 2,2 KG
KOPF: 34 CM × 43 CM

3. **Gerstengabel:** Die übergroße Spezialgabel wurde früher zum Heben und Transportieren von Gerste und sonstigen leichten Getreidearten benutzt. Ihre langen, schlanken Zinken eignen sich nicht für schwere Hebearbeiten, da sie sich sonst verbiegen. Die solide Tüllenkonstruktion mit verstärktem Aluminiumkragen ist eine bruchsichere Verbindung. Trotz der beeindruckenden Größe ist das Werkzeug bemerkenswert leicht. Konkav zulaufender Eschenholzstiel.
LÄNGE: 1,85 M
GEWICHT: 2,3 KG
KOPF: 36 CM × 48 CM

4. **Dreizackige Heugabel:** Diese Gabel dient dem Bauern oder Gärtner in erster Linie zum Heben und Transportieren von Heu, aber auch von Kompost, Mist und sonstigen leichten Materialien. Das leicht zu handhabende Werkzeug ist eine gute Alternative zur großen Kompostgabel. Die bolzengesicherte Tülle-Metallblatt-Verbindung verschafft dem hochwertigen Stahlkopf doppelte Stabilität.
LÄNGE: 1,50 M
GEWICHT: 1,3 KG
KOPF: 13 CM × 30 CM

5. **Zweizackige Heugabel:** Die in Europa weit verbreitete zweizackige Heugabel ist ähnlich gebaut wie ihre dreizackige Schwester und ebenfalls vorwiegend auf dem Bauernhof zu Hause. Sie kann auch für dieselben Arbeiten eingesetzt werden. Gärtner von kleinerer Statur werden ihre einfache Handhabung begrüßen.
LÄNGE: 1,50 M
GEWICHT: 1,2 KG
KOPF: 13 CM × 30 CM

Breithacken und Spitzhacken

Die Breithacke und die Spitzhacke, auch Karst und Pickel genannt, sind die handlichsten groben Werkzeuge im Geräteschuppen eines Gärtners. Die Breithacke wird wie eine Axt oder Hacke benutzt, die Spitzhacke wie ein gewaltiger Meißel. Große Ausführungen dieser Gattung sind schwer genug, um damit dicke Wurzeln zu kappen und Findlinge von der Größe einer Wassermelone aufzustemmen. Die kleineren Modelle hingegen sind als exzellente Kultivatoren bekannt.

Die Wahl von Breithacke und Spitzhacke

Einen dicht mit kräftigen Wurzeln durchzogenen Boden säubert man am besten mit einer scharfen Breithacke, die im Handel in zwei Gewichtsklassen erhältlich ist: 1,1 kg und 2,3 kg. Der hackenförmige Arm der leichteren Version eignet sich außerdem zum Ziehen flacher Pflanzrillen im Gemüsegarten oder zum Ausstechen von Rasenstücken, um Knollen zu setzen. Der Hackarm fördert bei jedem Schlag eine gehörige Portion Erde zutage und gräbt etwa 10 cm breite, gerade Rillen.

Die Spitzhacke nimmt man für steinigen Boden. Versuchen Sie nicht, Wurzeln damit auszumachen, da sich die Hacke leicht unter einer widerspenstigen Wurzel verfangen kann. Aber um Steine zu stemmen, ist die Spitzhacke neben dem Stemmeisen das beste Werkzeug, das es gibt.

Der Gebrauch von Breit- und Spitzhacke

Aufgrund ihres stattlichen Gewichts und der ›Augen‹-Verbindung zwischen Kopf und Stiel müssen Breit- und Spitzhacken vorsichtig gehandhabt und gewissenhaft gewartet werden. Sie können diese Werkzeuge etwa auf Kopfhöhe anheben und mit gleichmäßigen Schlägen in die Erde rammen. Einen besseren Rhythmus findet man jedoch, wenn man die Hacke kreisförmig schwingt. Ein geübter Benutzer von Breit- oder Spitzhacken greift sogar bei jedem Schlag die Hände um und schwingt abwechselnd zur einen und zur anderen Seite. Lassen Sie die Führungshand den Schaft hinauf- und hinuntergleiten, während die Schlepphand den Schaft fest umgreift. (Bei dieser Methode bleiben Kopf und Stiel sicher miteinander verbunden.)

Der Stiel von Breit- und Spitzhacken muß immer fest im Auge sitzen, damit sich der schwere Kopf nicht löst und Sie verletzt. Sollte der Stiel feucht werden, ist es wichtig, den Kopf nach Gebrauch des Werkzeugs zu lösen. (Dazu hält man den Kopf an beiden Enden fest und klopft das Stielende auf einen harten Untergrund.) Breit- und Spitzhacken sollten stets völlig trocken sein, bevor sie weggeräumt werden, da sich ansonsten Trockenfäule im Stiel bildet.

Achten Sie beim Einsatz einer Breithacke stets darauf, die gesamte Schwungkraft aus den Beinen und Knien zu holen und mit dem ganzen Körper weiterzuführen. Heben oder ziehen Sie die Breithacke niemals aus dem Rücken hoch.

ALLZWECK-BREITHACKE: Der alte Standardkarst ist wahrscheinlich das beste und vielseitigste Modell unter den Breithacken. Seitliches Schneideblatt auf der einen und Meißelspitze auf der anderen Seite – das perfekte Kombiwerkzeug zum Ausgraben von Wurzeln und Findlingen. Mit ihrem seitlichen und vertikalen Schneideblatt ist die Breithacke bestens gerüstet für den Angriff auf Wurzeln und Gestrüpp: Sollten die Wurzeln dem seitlichen Schneideblatt standhalten, fallen sie spätestens dem axtartigen Schlag der vertikalen Schneide zum Opfer. Die ist übrigens auch zum Aufbrechen von Grasnarben bestens geeignet.

HAND-BREITHACKE: Diese auch als ›Unkrauthacke‹ bezeichnete kleine Breithacke hat entweder einen Pickelarm und einen Meißelarm oder einen Pickelarm und einen zwei- oder dreizackigen Arm. Obwohl sie schwerer ist als andere Jäter, ist es ein Genuß, sie in der Hand zu führen. Der Pickel- oder Zinkenarm macht tiefsitzendem Unkraut den Garaus, der seitliche Meißelarm entfernt Oberflächenunkraut. Dieses Werkzeug kann im kleinsten Eckchen noch eingesetzt werden.

DIE UNKRAUTWINDE: Dieses besondere Gerät hat ein Seemann nach dem Vorbild der gezahnten Gaffelklauen erfunden, die die Leinen für die Segelspannung halten. Er befestigte ein Paar dieser beweglichen Klauen an einer langen Stange und setzte am unteren Ende ein flaches Querstück aus Stahl ein, um eine Hebelwirkung zu erzielen. Man packt die Wurzeln eines Unkrautschößlings mit den Klauen und zieht den Stiel zurück.

RODEHACKE: Diese kleinere Breithacke kann zum Kultivieren leichterer Böden eingesetzt werden. Sie wiegt in der Regel zwischen nur 2,3 und 3,2 kg, obwohl ihr Stiel ebenso lang ist wie der der großen Breithacke. Rodehacken gehören zwar zur Familie der Breithacken, eignen sich jedoch eher zum Jäten und Lockern als zum Säubern von Beeten. Sie können aber durchaus für schwerere Arbeiten eingesetzt werden, z.B. für das Entfernen von Sträuchern aus festen Böden. Das relativ kurze Blatt hat einen Axtarm und einen Breitbeilarm, so daß das Werkzeug einfacher zu handhaben ist als sein großer Bruder.

SPITZHACKE: Die Spitzhacke ist ein äußerst nützliches Werkzeug. Hat man den Schwung eines solchen 3,6-kg-Stahlblatts erst einmal raus, sucht man auch schon nach neuen Einsatzmöglichkeiten für dieses kraftvolle Gerät: Warum nicht einen Teich ausheben oder ein Spargelbeet anlegen? Aber achten Sie darauf, daß das Werkzeug für den jeweiligen Zweck auch schwer genug ist. Die kleineren Leichtwerkzeuge sind wirklich nur für Kultivierarbeiten gedacht.

ANATOMIE EINER SPITZHACKE

Der lackierte Eschenholzstiel verleiht zusätzlich Kraft beim Entfernen von Steinen und beim Ausreißen von Wurzeln.

Der Kopf ist aus Kohlenstoffstahl gefertigt, der stärksten Legierung für schwere Grabearbeiten.

Der Stiel sitzt fest im sogenannten Auge des Werkzeugkopfs, kann jedoch mühelos abgenommen und ausgewechselt werden.

Spitzhacken, Breithacken und Rodewerkzeuge

1. **Allzweck-Spitzhacke**
2. **Pickelhacke**
3. **Rodehacke**

1. **Allzweck-Spitzhacke:** Dieses auch als Lehmhacke bezeichnete Land- und Bauwerkzeug wird für grobe Aufreißarbeiten wie dem Umgraben schwerer Böden oder Herausschlagen von Felsbrocken oder Baumstümpfen eingesetzt. Der lackierte Eschenholzstiel ist mit einem robusten, zweiarmigen Kohlenstoffstahlblatt – auf der einen Seite spitz zulaufend, auf der anderen breit – durch ein Auge verbunden und kann daher bei Bedarf einfach ausgetauscht werden. Da die Spitzhacke wie eine Axt über die Schulter geschwungen wird, ist sie nur etwas für ›starke‹ Gartenliebhaber.
STIELLÄNGE: 90 CM
BLATTLÄNGE: 63 CM
GEWICHT: 4 KG

2. **Pickelhacke:** Die kleinere, leichtere Ausgabe der Allzweck-Spitzhacke hat ein schmaleres Breitbeil und kann aufgrund ihres kurzen Stiels auch als Handhacke eingesetzt werden, um Unkraut zu jäten oder den Boden aufzubrechen. Die handliche Pickelhacke ist das geeignete Werkzeug zum Aufreißen von Beeten und Rabatten, da sie bereits gesetzte Pflanzen schont. Das robuste Blatt aus Kohlenstoffstahl und der Hartholzstiel halten starker Beanspruchung stand, und das leichte Gewicht macht sich positiv im Rücken des Gärtners bemerkbar.
STIELLÄNGE: 34 CM
BLATTLÄNGE: 27 CM
GEWICHT: 600 G

3. **Rodehacke:** Das ideale Werkzeug, um verholztes Strauchwerk und Wurzeln aus hartem Boden zu reißen. Die Rodehacke ist eine Variante der traditionellen Breithacke, hat aber auf einer Seite ein kürzeres axtförmiges Blatt. Der andere Arm ist ein Breitbeil, das als Hebel zum Wegräumen von Steinen verwendet werden kann, als Ziehhacke zum Bodenaufreißen oder -glätten oder einfach als Axt zum Aufbrechen von hartem Erdreich oder zum Kappen von Wurzeln. Der lackierte Eschenholzstiel steckt bolzengesichert im Auge des solide geschmiedeten Kohlenstoffstahlblatts.
STIELLÄNGE: 90 CM
BLATTLÄNGE: 42 CM
GEWICHT: 3,2 KG

Bodenbearbeitung

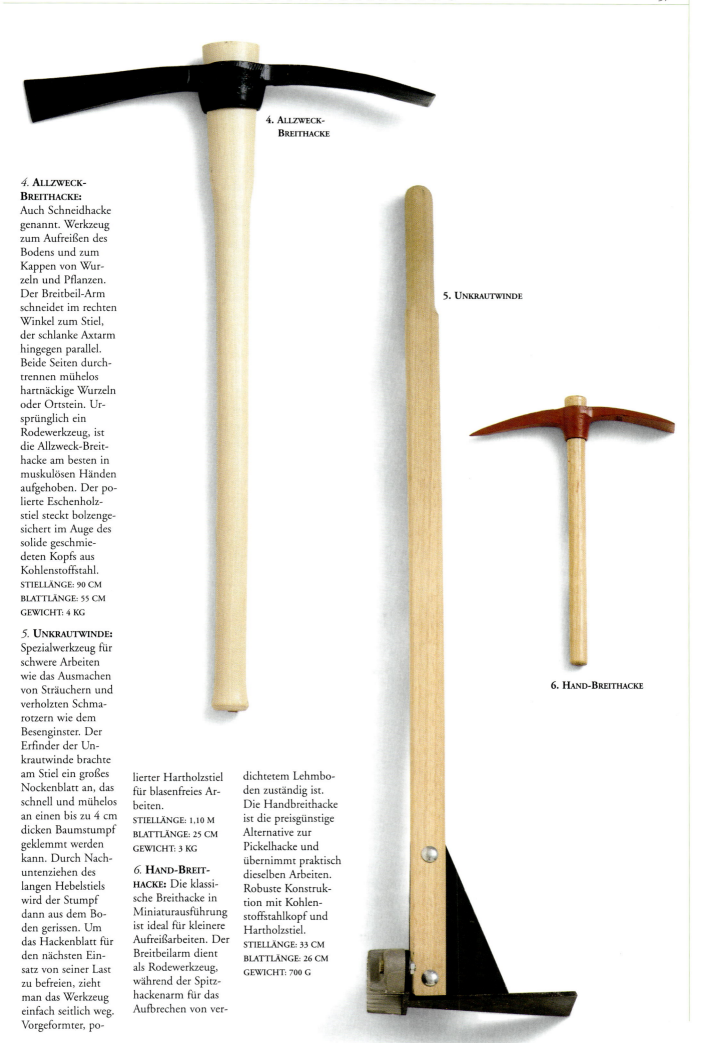

4. Allzweck-Breithacke

5. Unkrautwinde

6. Hand-Breithacke

4. **Allzweck-Breithacke:** Auch Schneidhacke genannt. Werkzeug zum Aufreißen des Bodens und zum Kappen von Wurzeln und Pflanzen. Der Breitbeil-Arm schneidet im rechten Winkel zum Stiel, der schlanke Axtarm hingegen parallel. Beide Seiten durchtrennen mühelos hartnäckige Wurzeln oder Ortstein. Ursprünglich ein Rodewerkzeug, ist die Allzweck-Breithacke am besten in muskulösen Händen aufgehoben. Der polierte Eschenholzstiel steckt bolzengesichert im Auge des solide geschmiedeten Kopfs aus Kohlenstoffstahl.
Stiellänge: 90 cm
Blattlänge: 55 cm
Gewicht: 4 kg

5. **Unkrautwinde:** Spezialwerkzeug für schwere Arbeiten wie das Ausmachen von Sträuchern und verholzten Schmarotzern wie dem Besenginster. Der Erfinder der Unkrautwinde brachte am Stiel ein großes Nockenblatt an, das schnell und mühelos an einen bis zu 4 cm dicken Baumstumpf geklemmt werden kann. Durch Nachuntenziehen des langen Hebelstiels wird der Stumpf dann aus dem Boden gerissen. Um das Hackenblatt für den nächsten Einsatz von seiner Last zu befreien, zieht man das Werkzeug einfach seitlich weg. Vorgeformter, polierter Hartholzstiel für blasenfreies Arbeiten.
Stiellänge: 1,10 m
Blattlänge: 25 cm
Gewicht: 3 kg

6. **Hand-Breithacke:** Die klassische Breithacke in Miniaturausführung ist ideal für kleinere Aufreißarbeiten. Der Breitbeilarm dient als Rodewerkzeug, während der Spitzhackenarm für das Aufbrechen von verdichtetem Lehmboden zuständig ist. Die Handbreithacke ist die preisgünstige Alternative zur Pickelhacke und übernimmt praktisch dieselben Arbeiten. Robuste Konstruktion mit Kohlenstoffstahlkopf und Hartholzstiel.
Stiellänge: 33 cm
Blattlänge: 26 cm
Gewicht: 700 g

KAPITEL DREI

Kultivieren

Die besten Böden sind diejenigen, die die Natur über Jahrtausende hinweg geschaffen hat. Die Pflanzen bedecken den Boden – sowohl mit ihrem lebendigen Grün als auch mit den abfallenden Blättern und toten Stielen – und bremsen die Kraft des Regens ab, so daß die Erde ganz langsam getränkt wird. Das Regenwasser gräbt Kanäle in den Boden und führt kleinstes organisches Material von der Oberfläche mit. Die Pflanzenwurzeln folgen diesen Kanälen, aus denen sie Nährstoffe, Luft und Wasser aufnehmen, und festigen so das Erdreich. Wenn sich der Boden in einer Trockenperiode aufheizt, wirken die Blätter wie ein Sonnenschirm und der organische Mulch wie eine Isolierschicht gegen übermäßige Verdunstung.

> Wenn ein Mensch ein bewundernswertes Werkstück schafft, finden wir es herrlich; aber wenn wir den Wechsel zwischen Tag und Nacht betrachten ... und die wechselnden Jahreszeiten auf der Erde mit ihren reifenden Früchten, dann muß einjeder von uns erkennen, daß dies das Werk von jemandem ist, der mächtiger ist als der Mensch.«
>
> — DER VON BÄREN GEJAGT WIRD, SANTEE-YANKTONAI SIOUX

Ob in der Steppe, im Wald oder in der Savanne – sobald die Vegetation als natürliche Schutzschicht fehlt, setzt der Zerstörungsprozeß ein. Der Regen prasselt ungebremst auf die nackte Erde, Pfützen entstehen, und die oberste Erdschicht, der Mutterboden, wird völlig ausgewaschen. Wenn der Boden wieder trocknet, bildet sich eine Kruste, durch die das Wasser beim nächsten Regen noch schlechter eindringen kann. Anspruchsloses Wildkraut, das auch auf ausgewaschenen Böden prächtig gedeiht – und schneller keimt und wächst als andere Pflanzen und ihnen das Licht nimmt – wird das Land in Unmengen überwuchern. Hans Jenny, Geologieprofessor an der Universität von Kalifornien, untersuchte in den 1920er Jahren die Böden Missouris und stellte fest, daß unberührte Prärieböden mehr als doppelt so fruchtbar waren wie die

Böden, die vor knapp zehn Jahren gerodet wurden, selbst wenn die beiden Böden nur durch eine Straße voneinander getrennt waren. Sobald die Scholle umgegraben ist, hat der Gärtner die angenehme Aufgabe, den Reifungsprozeß der Erde zu unterstützen. In *Walden; oder Leben in den Wäldern* erzählt Henry D. Thoreau von seinen Bohnenfeldern und sagt, seine tägliche Arbeit bestünde darin, »die gelbe Erde dazu zu bringen, ihre sommerlichen Gedanken in Bohnenblättern und -blüten auszudrücken, anstatt in Wermut und Flattergras«. Aber wie soll der Gärtner das anstellen, wenn das Gartenbeet wochenlang nackt und kahl daliegt, selbst nachdem Saatgut und Sämlinge in die Erde gebracht wurden?

Unkraut vergeht nicht

Im Gartenbeet übernehmen Hände und Werkzeuge die Aufgabe des Pflanzenbaldachins. Die oberste Erdschicht muß dort, wo sie verkrustet, wieder aufgebrochen und aggressiv wucherndes Unkraut rasch mitsamt der Wurzel gezupft werden. Der beste, nährstoffreichste Boden der Welt ist für Pflanzen nutzlos, wenn die Verbindung zwischen Pflanze und Boden blockiert ist. Ein wasserundurchlässiger oder von Unkraut erstickter Boden wird niemals Pflanzen hervorbringen, die prächtige Blüten oder pralle Früchte tragen.

In dieser unvollkommenen Welt ist es des Gärtners Pflicht, den Boden zu lockern und das Unkraut zu jäten. Dadurch sorgt er für ein freies Leitsystem, durch das Wasser und Luft zu den Wurzeln der Pflanze gelangen können.

Ganz gleich, wie sauber Sie den Grund kultivieren und wie sorgfältig Sie den Boden vorbereiten, es wird trotzdem Unkraut wachsen – dieses aggressive Gewächs, das für gewöhnlich irgendwann alle anderen Pflanzen verdrängt. Durch auffliegende Vögel und stöbernde Tiere fällt der Samen zu Boden, der Wind weht noch mehr herbei, und ober- oder unterirdische Ausläufer und Rhizome kriechen von einem Nachbarbeet herüber und schlagen Wurzeln. Aber das meiste Unkraut wächst aus Samen heran, die erst beim Umgraben an die Oberfläche befördert werden und dort keimen – manchmal vielleicht nach hundertjährigem Schlaf in tieferen Erdregionen.

Das Schlimmste am Unkraut ist seine unglaubliche Hartnäckigkeit. Es wächst wie unaufhaltsam und will einfach nicht weichen. Ein Grund für seinen Erfolg ist seine ungeheure Fruchtbarkeit: Eine einzige Spitzklettenpflanze produziert 8500 Samen. Außerdem ist Unkraut ein diebisches Gewächs, das den Nutz- und Zierpflanzen Wasser und Nährstoffe streitig macht. Und weil Unkraut schneller keimt und wächst als die meisten gezogenen Sämlinge, kann es Ihre Ernte schon bald in den sprichwörtlichen Schatten stellen.

Dem Gärtner bleibt im Kampf gegen das Unkraut nur eines: genauso hartnäckig zu sein, aber einen Tick schlauer. In vielen Fällen besiegt man das Unkraut am besten, indem man ihm zuvorkommt. In einem warmen Klima

Dem Gärtner bleibt im Kampf gegen das Unkraut nur eines: ebenso hartnäckig zu sein, aber einen Tick schlauer.

hilft es, die Beete im Frühjahr mit schwarzer Kunststoffolie abzudecken. Wenn sich die Folie in der Sonne aufheizt, stirbt ein Großteil der Unkrautsamen darunter ab. Mulche aus geschnittenem Gras, Holzspänen und Kompost sowie allen voran Rindenmulch als Abfallprodukt aus der holzverarbeitenden Industrie halten den Wuchs der Eindringlinge auf, indem sie sie ganz einfach plattdrücken und ihnen die Lichtzufuhr nehmen.

Man kann sogar weniger hungrige und durstige Unkrautarten – ein zartes Bodengewächs wie die Vogelmiere *(Stelleria media)* beispielsweise – als lebenden Mulch gegen Löwenzahn, Ackerwinde und andere berüchtigte Verwandte einsetzen.

KULTIVIERGERÄTE

Die meisten Gärtner brauchen mehrere Hacken und Handjäter und einen langstieligen, gezinkten Kultivator. Die gute altmodische Hacke ist beim einfachen Kultivieren nicht annähernd so vielseitig einsetzbar wie die Schaufel beim Graben. Genaugenommen eignen sich die am häufigsten verwendeten Hacken – bei denen sich oft die Zapfen-Metallkragen-Verbindung löst und der Blechkopf abfällt – weitaus besser zum Betonmischen als zum Jäten.

Zum Glück hat der Mensch ebensoviel Erfindungsgabe für die Entwicklung von Jätwerkzeugen aufgewendet wie für jedes andere Werkzeug auch. Letztendlich hängt die Wahl jedoch von der Größe des Gartens und der Art des darin wachsenden Unkrauts ab. Ein weitläufiger Nutzgarten mit offenen Reihen verlangt entweder eine Rollhacke, die leicht zwischen den Saatreihen hindurchkommt, oder ein breites, schweres, gut ausgewuchtetes Werkzeug wie die Augenhacke (auch Grubber oder Traubenhacke genannt). Diese Hacken unterscheiden sich durch ihren Kopf, der durch ein ovales, in das Blatt geschmiedetes ›Auge‹ am Stiel befestigt ist. Augenhacken sind mit Abstand die vielseitigsten unter den Hacken.

Der langstielige Kultivator, gelegentlich auch Grubber genannt, ist eine erstklassige Wahl, wenn man sowohl den Boden lockern als auch Unkrautsämlinge herausreißen will. Wie so viele Werkzeuge, die einst vom Dorfschmied gefertigt wurden, gibt es den Kultivator sowohl mit sieben Zinken als auch mit einer einzigen. Obwohl die Modellvielfalt der Massenproduktion zum Opfer gefallen ist, ist die Auswahl an Kultivatoren auch heute noch größer als man erwarten würde. Breite, flache oder dreieckige Zinken mit Meißelenden greifen in feste Böden hinein und reißen die Erdkruste auf, ohne zu verbiegen. Modelle mit ovalen oder runden Zinken dringen

IMPROVISIEREN

Manche faszinierenden Jätgeräte werden auf dem Zeichenbrett entworfen, andere hingegen sind Früchte des Zufalls. Vor allem ältere Gärtner, die Schwierigkeiten haben, sich tief zu bücken, entdecken manchmal eine gute, kräftige Grillzange als unverzichtbare Hilfe beim Unkrautjäten.

mühelos in leichtere Böden ein und sind ideal, um Kompost unterzumischen oder die einjährigen Unkrautpflänzchen herauszuziehen. Ein faszinierendes, altes, für gewöhnlich dreizinkiges Modell mit fingerartigen Stahlscharen an den Zinkenenden ist das beste Gerät zum Bodenlüften.

Selbst eine kleinere Augenhacke oder ein Kultivator mit 3-Zoll-Zinken ist zu groß für die Arbeit zwischen Stauden, in dicht bepflanzten Beeten oder an Beeträndern und zu grob, um zwischen Pflanzen mit Oberflächenwurzeln wie Getreide zurechtzukommen. Für solche Fälle gibt es Spezialhacken, die im wesentlichen in zwei Gruppen eingeteilt werden können: die Ziehhacken und die Schiebehacken (sowie einige Kombigeräte). In beiden Fällen sollte das Hackblatt relativ flach und steil angewinkelt sein, so daß – ganz gleich ob Zieh-, Schiebe- oder Kombigerät – das scharfe Ende der Hacke knapp unter der Oberfläche durch den Boden gleitet und das Unkraut abschneidet, ohne dabei die Wurzeln von Nutz- oder Zierpflanzen zu verletzen. Zu den besseren Ziehhacken zählen Zwiebelhacke (am weitesten verbreitet ist die Union-Ziehhacke) und Sauzahn. Schiebehacken (ein geläufiges Modell ist die Hollandhacke) gibt es in unzähligen Formen. Hakken, ganz gleich welches Modell, sollten grundsätzlich im Stehen eingesetzt und regelmäßig geschärft werden.

Für unwegsame Stellen, dicht bepflanzte Beete und Rasenflächen nimmt man am besten ein Handgerät mit entsprechend kurzem Stiel. Es werden Jahr für Jahr unzählige neue Handjäter erfunden. Die meisten Modelle verschwinden wieder vom Markt, und nur wenige sind so hervorragend auf ihren Verwendungszweck abgestimmt, daß sie zu wahren Bestsellern wurden. Handjäter mit Federstahlzinken zum Beispiel sind besonders effektiv: Manchmal scheint es, als sprengten sie das Unkraut geradezu aus dem Boden. Kleine, gebogene, hackenartige Geräte geben das rechte Fingerspitzengefühl beim Unkrautjäten dort, wo es eng wird. Und um die tiefen Pfahlwurzeln von Löwenzahn oder Ackerwinde zu fassen zu bekommen, gibt es nichts besseres als einen Fischschwanzjäter.

Achten Sie darauf, daß der Boden beim Jäten feucht ist, da sich die Wurzeln an feuchter Erde nicht ganz so unerbittlich festklammern können. Tiefe Wurzeln nehmen freien Phosphor aus dem Unterboden auf und können dazu beitragen, einen gesunden Kompost für Ihre Zier- oder Nutzpflanzen herzustellen.

JÄTEN, ABER WANN?

Ganz gleich ob einjährige oder mehrjährige Unkräuter, wichtig ist, ihnen beizukommen, bevor ihre Samen reifen, da sonst alle Anstrengungen lediglich dazu beitragen, die ungeliebten Zeitgenossen auch noch zu vermehren. Es ist in der Regel besser, Einjährige wegzuschneiden, bevor sie richtig Fuß fassen. Hier genügt ein sanfter Hieb. Um mehrjähriges Unkraut einzudämmen und letztendlich auszurotten, muß das Timing noch präziser sein. Stauden, die sich durch Ausläufer und Rhizome verbreiten, müssen relativ früh im Jahr geschnitten werden, bevor die Pflanze fünf bis sieben Blätter ausgetrieben hat. Zu diesem Zeitpunkt haben die Wurzeln ihre Kraftreserven weitgehend verbraucht und noch keine neue Energie aus den jungen Blättern gewonnen.

Pflanzen, die Wurzelknollen ausbilden, sollten kurz vor der Blütezeit geschnitten werden, wenn die Knollen am schwächsten sind.

Die Geschichte des Kultivierens

Obwohl sich die theoretische Grundlage des Kultivierens in jedem Jahrhundert mindestens einmal ändert, zeigt sich die Praxis davon unbeeindruckt. Wie es der englische Kräuter- und Pflanzenkenner der Rennaissance, John Evelyn, ausdrückt: »In Wahrheit ist kein Kompost, keine Zugabe von Dünger vergleichbar mit dem beständigen Bewegen, Speisen und Wenden der Ackerkrume.« Was soviel heißen soll wie: »Geht hinaus und kultiviert den Boden, denn es tut ihm gut.«

Laut Virgil, dessen *Georgica* zu den berühmtesten Gedichten und einflußreichsten landwirtschaftlichen Handbüchern des augustinischen Roms zählte, war es die Göttin Ceres, die den »Sterblichen erstmals befahl, die Erde mit dem Eisen zu wenden«. Der große römische Dichter hatte eindeutig die Wichtigkeit der Bodenstruktur erkannt, als er von den »Kanälen und verborgenen Poren« schrieb, »die die Säfte der Erde zu den frischen Kräutern tragen«. Als Virgils Schriften im Mittelalter wiederentdeckt wurden, folgten Gärtner und Bauern überall in Europa seiner Empfehlung, »die Erde unablässig zu bearbeiten«. Eine Frage blieb jedoch unbeantwortet: Warum macht all das Aufhacken und Lockern des Bodens die Erde so fruchtbar?

Der große Naturphilosoph Francis Bacon und mit ihm eine ganze Schule von Wissenschaftlern des 15./16. Jahrhunderts beantwortete diese Frage mit dem Stichwort ›Wasser‹. Bacon behauptete, die eigentliche Aufgabe des Bodens bestehe darin, Wasser zu den Wurzeln und damit in die Pflanzen zu leiten. Und wenn ein aufgehackter Boden den Wasserfluß verbessere, folgerte er, dann müsse man den Boden eben aufhacken.

Mit der Zeit fand die Vorstellung immer mehr Anhänger, daß bearbeiteter Boden größere Mengen einer mysteriösen Substanz produziere, die für das Wachstum der Pflanzen notwendig sei. Einige Erforscher des Bodens glaubten, der maßgebende Stoff sei Salpeter, für andere war es eine *magma unguinosum,* und wieder andere sprachen einfach von »den Säften der Erde«.

Der britische Agrarwissenschaftler Jethro Tull (1680–1740) hat die mechanische Reihensämaschine und den Pferdepflug erfunden – zwei Errungenschaften, die die Landwirtschaft revolutionierten. Er hatte eine noch einfachere

PFLANZEN-TEPPICHE

Bis vor wenigen Jahrzehnten hat niemand den Sinn des Kultivierens in Frage gestellt. Dann machte eine neue Theorie von sich reden, nach der der Boden weder gepflügt noch kultiviert werden dürfe. Durch das Verrotten des Laubs und abgestorbener Stengel auf den Feldern würde der Boden ausreichend gedüngt, das Wurzelnetzwerk und die schützende Vegetation halte die Erde offen und sorge für eine gute Bodenstruktur.

Für großangelegten Ackerbau wäre ein solcher Ansatz ein Segen. Doch der Gärtner, der weniger am Ertrag interessiert ist, sondern sich an üppigen Blüten erfreuen will, wird niemals aufhören, den Boden umzugraben oder zumindest oberflächlich aufzulockern.

Vorstellung von den Vorgängen im Boden. Seiner Meinung nach hackte der Bauer die Erde lediglich in so kleine Klümpchen, daß sie durch die, wie er sie nannte, ›Lymphöffnungen‹ der Pflanzenwurzeln paßten.

Im 19. Jahrhundert beschäftigte man sich weniger mit Kultivierungsmethoden als vielmehr mit der Frage: »Humus oder chemischer Dünger?« Die Humus-Verfechter glaubten, Pflanzen zögen ihre Nährstoffe weitgehend aus dieser wunderbaren dunklen Masse, die aus verrottendem organischem Material entsteht. Die Chemie-Anhänger hingegen vertraten den Standpunkt, daß Pflanzen Stickstoff, Phosphor, Kalium und einige andere Spurenelemente benötigten, um zu gedeihen. Nur in einem Punkt waren sich die Kontrahenten einig: Der Boden muß kultiviert werden, um den umstrittenen Stoff in die Erde einzuarbeiten und für die Pflanzen verfügbar zu machen.

Wer kein Freund von Theorien ist, legt am besten einmal selbst Hand an und zieht eine Hacke durch eine trockene, verkrustete Erdscholle. Wenn anschließend das Wasser gleichmäßig ins Erdreich sickert, weiß man, daß dies der richtige Weg ist.

DIE HACKE

Eine gute Hacke zu finden ist gar nicht so einfach. Nicht von ungefähr hängt in fast jedem Gartenschuppen eine Reihe toter Hackenköpfe an den Haken und hofft schon lange vergeblich auf Reparatur.

Aber jeder Gärtner hat eine Hacke, die ihm so richtig ans Herz gewachsen ist. Vielleicht ist es der Sauzahn, die leichte Grubberhacke oder aber die Hollandhacke. Welche auch immer die Auserwählte ist, nach einer Weile denkt man automatisch daran, die Feile in die Tasche zu stecken, um die scharfe Kante des Werkzeugs alle paar Stunden zu schleifen. Als Gegenleistung schneidet die Hacke so sauber wie ein Küchenmesser und lädt den Gärtner zu einem schnellen, stetigen Rhythmus ein.

DIE WAHL DER HACKE

Hacken unterscheidet man am besten anhand ihrer Schneidtiefe. Das Wort ›Hacke‹ selbst kommt vom althochdeutschen *hacchon* und bedeutete ursprünglich ›tief einschneiden‹. In alten Verzeichnissen über Gartenwerkzeuge ist die Hacke stets zusammen mit den Breithacken oder Karsten klassifiziert; erst in diesem Jahrhundert entwickelte sich die Hackenherstellung zu einer eigenständigen handwerklichen Disziplin.

Die Augenhacke dringt am tiefsten ins Erdreich. In vielen wärmeren Regionen, wo die Böden weicher und nicht so steinig sind, ist die langblättrige stabile Augenhacke das einzige Werkzeug, das der Gärtner benutzt – zum Aufbrechen des Bodens, zum Pflanzen und zum Kultivieren. Am zweittiefsten schneidet die allgemein gebräuchliche Ziehhacke in den Boden ein.

Früher wurde die Hacke stets zusammen mit den Breithakken klassifiziert; erst in diesem Jahrhundert entwickelte sich die Hackenherstellung zu einer eigenständigen handwerklichen Disziplin.

Die besten Werkzeuge für die Arbeit in geringer Bodentiefe und zum Jäten von Oberflächenunkräutern sind leichte Zieh- und Schiebehacken. Bei Ziehhacken mit Schwanenhals (wie die Stalham-Hacke), Sauzähnen und Eliot-Coleman-Ziehhacken ist der Kopf extrem angewinkelt und schneidet wie ein Messer durch den Boden, wenn man das Gerät zu sich hin zieht. Eine Schiebehacke hat denselben Schneideeffekt, jedoch zeigt das Blatt hier vom Benutzer weg, der das Gerät vor sich herschiebt. Das Messer der Pendelhacke schwingt vor und zurück und schneidet in beide Richtungen.

Unterscheidungsmerkmal der gebräuchlichsten Zieh- und Schiebehacken ist vor allem ihre Blattform. Ein breiteres Blatt eignet sich meist für offene Gartenbereiche wie Gemüsebeete, wo es als höchst wirkungsvoller Unkrauthobel zu Werke geht. (Achten Sie sorgfältig auf Ihre Zierpflanzen.) Um den dichtstehenden Erdbeerpflanzen Luft zu verschaffen oder das Unkraut zwischen den Stauden herauszuziehen, ist der Sauzahn mit seinem herzförmigen Stahlblatt immer eine gute Wahl. Dasselbe gilt für die rundum scharf geschliffene Schuffel mit ihrem einem Golfschläger ähnelnden Blatt.

Die meisten Hacken sind langstielige Werkzeuge. Die besten von ihnen sind aus einem Stück geschmiedet und haben einen gerade gemaserten Eschenholzstiel und eine tief durchgenietete Tüllenbefestigung. Traurige Tatsache ist jedoch, daß die wenigsten Hacken so beschaffen sind. Zwar sind die meisten Blätter aus einem Stück gefertigt, laufen aber in der Regel zu einem Zapfen zusammen, der in den Stiel getrieben und mit einem Metallkragen gesichert wird. Dieser Metallkragen am unteren Schaftende verhindert, daß der Holzstiel splittert. Bei besseren Hacken liegt der Metallkragen eng am Schaft an und weist keine vorstehenden Kanten auf. Preisgünstige Hacken werden aus Blech gestanzt, und ihr Hals wird an den Kopf genietet. Von solchen Hacken kann man nicht viel erwarten; meistens verlieren sie bereits in der ersten Saison den Kopf.

Beim Kauf einer Hacke ist unbedingt auf die Länge des Stiels zu achten. Nehmen Sie das Gerät in die Hand und prüfen Sie, ob Sie sich zum Arbeiten vorbeugen müssen. Wenn ja, suchen Sie nach einem längeren Stiel.

Für Hacken gilt das gleiche wie für Schaufeln: Das Bewertungssystem der Herstellerfirmen gibt einen guten Anhaltspunkt über die Qualität des Geräts.

Der Gebrauch der Hacke

Eine gute Hacke richtig zu handhaben, ist nicht schwer. Es gibt jedoch ein paar Faustregeln, die hier kurz umrissen werden sollen. Eine ganz normale Hacke wird so gehalten, daß die Daumen nach oben zeigen. Beim Wegschneiden von Oberflächenunkräutern zeigen die Daumen nach unten oder am Schaft entlang. Dasselbe gilt für die Pendelhacke (Daumen nach unten). Eine Augenhacke kann man genau wie eine Breithacke in kreisenden Bewegungen schwingen.

In welchem Winkel eine Hacke gehalten wird, hängt vor allem vom Kopf des Werkzeugs und der jeweiligen Arbeit ab. Hier (von links nach rechts) die Haltung von Kollinear-Ziehhacke, Allzweck-Stielhacke, Sauzahn, Hollandhacke und Stalham-Hacke.

Es ist wichtig, das Hackblatt regelmäßig zu schärfen und flach zu halten, damit es nicht im Boden steckenbleibt. (Eine leichte Zieh- oder Schiebehacke taugt nicht für hohes Unkraut in schweren oder verdichteten Böden.) Bevor Sie mit Ihrem Tagewerk beginnen, spannen Sie die Hacke in einen Schraubstock ein und schärfen Sie das Blatt mit einer Vorfeile. Nehmen Sie die Feile mit in den Garten, damit Sie Ihr Werkzeug auch zwischendurch nachschärfen können. Dazu drücken Sie das Blatt gegen Ihren Körper, einen großen Stein oder die Gartenbank und führen die Feile beim Schärfen immer vom Körper weg.

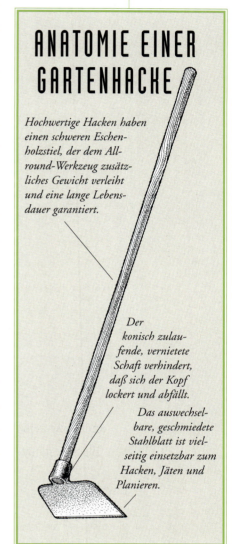

ANATOMIE EINER GARTENHACKE

Hochwertige Hacken haben einen schweren Eschenholzstiel, der dem Allround-Werkzeug zusätzliches Gewicht verleiht und eine lange Lebensdauer garantiert.

Der konisch zulaufende, vernietete Schaft verhindert, daß sich der Kopf lockert und abfällt.

Das auswechselbare, geschmiedete Stahlblatt ist vielseitig einsetzbar zum Hacken, Jäten und Planieren.

DAS GRUNDMODELL: Die normale Gartenhacke ist für viele Arbeiten geeignet, aber für nichts wirklich perfekt. Der Kopf steht in der Regel im 90°-Winkel zum Stiel und ist entweder direkt oder mit einem Schwanenhals an selbigem befestigt, damit sich die Erde nicht am Werkzeug aufhäuft. Die Gartenhacke ist ein akzeptables Werkzeug zum Kultivieren; Unkrautjäten wird mit ihr jedoch zu einer schmerzhaften, unnötigen Anstrengung. Das Standardmodell ist 15 cm breit und 10 cm hoch. Eine Damen- oder Blumenhacke ist bei gleicher Proportionierung etwa ein Drittel kleiner.

Eine Möglichkeit, die Gartenhacke zu verbessern, ist das Auszacken der Blattunterseite. Sägen Sie mit einem Elektroschleifgerät 1 mm tiefe und 15 mm lange Kerben in einem Abstand von jeweils 15 mm in die Blattoberseite ein, wobei die Kerben im 20°-Winkel zum Mittelpunkt stehen müssen. Wird nun die Blattunterseite geschliffen, entstehen scharfe Auszackungen, die für eine schärfere Schnittkante sorgen.

DIE UNION-ZIEHHACKE: Diese Vertreterin der Familie der Zwiebelhacken ist dank ihres langen, schmalen Blatts (15 cm × 7,5 cm) eine bessere Ziehhacke als das Grundmodell. Mit ihrer relativ geringen Schnittiefe ist sie ideal für das Kultivieren zwischen Pflanzen mit kurzen Wurzeln und in Beeten mit Knollenfrüchten wie zum Beispiel Zwiebeln (daher ihr landläufiger Name). Außerdem ist sie leichter als die Gartenhacke und an drei Seiten scharf geschliffen, also alles in allem ein vielseitiges und handliches Werkzeug.

DIE STALHAM-HACKE: Diese Ziehhacke ist als eine Vertreterin der Familie der Schwanenhalshacken nicht nur die Schönste ihrer Art, sondern unbestritten auch der beste leichte Jäter auf dem Markt. Ihr anmutig gebogener Hals endet in einem Querblatt (15 cm × 5 cm), das in einem spitzen Winkel Richtung Benutzer gebogen ist, so daß es automatisch das Unkraut knapp unter der Oberfläche kappt.

Der Sauzahn: Idealerweise für das Ziehen von Saatreihen gedacht, besitzt der Sauzahn ein dreieckiges, herzförmiges Blatt. Man öffnet den Boden mit dem spitzen Ende, legt den Samen in die Erde, dreht das Werkzeug um und füllt die Rille mit dem zweigeteilten Ende wieder auf. Darüber hinaus ist der Sauzahn ein effizienter Unkrautjäter und eines der wenigen langstieligen Geräte, die selbst die tiefen Wurzeln von Löwenzahn und Ackerwinde zu fassen bekommen. Sein schmales Blatt dringt mühelos bis in die hintersten Ecken vor und reißt auch feste Bodenkrusten auf.

Die Augenhacke: Bei Augenhacken und anderen schweren Hacken, einschließlich Rodehacke, Traubenhacke, Canterbury-Hacke, Scovil-Hacke und Feldhacke, steckt der konisch zulaufende Schaft sehr fest in einem ovalen, in das Blatt geschmiedeten ›Auge‹. Ob als Breithacke oder normale Gartenhacke, Hacken mit Augenverbindung sind die unschlagbar besten Werkzeuge für großflächiges Kultivieren, Graben oder zum Herausstemmen von Steinen.

Das Stahlblatt einer Augenhacke ist durchschnittlich 19 cm × 17 cm groß und solide geschmiedet. Leichtere Modelle haben einen längeren Zahn (etwa 10–12 cm × 18 cm). Eine echte Traubenhacke, die zum Unkrautjäten und Kultivieren in Weinbergen benutzt wird, mißt 20 cm × 18–20 cm. (Augenhacken haben in der Regel einen mindestens 140 cm langen Stiel; der Stiel von Traubenhacken ist gut 1 m lang.) Da jeder Hersteller eine andere Bezeichnung für denselben Werkzeugkopf hat, wäre es am besten, das Gerät, das man kaufen will, einmal auszuprobieren. Wirklich leicht zu erkennen ist nur die Canterbury-Hacke mit ihrem außerordentlich schweren Gabelkopf und den drei Zinken, die wie ein Hackblatt rechtwinklig vom Schaft wegstehen. Eine gut gebaute Canterbury-Hacke ist beim Umgraben, Pflanzen und Kultivieren hilfreich und kann sogar kleine Steine aus der Erde holen.

Selbst eine leichte Augenhacke ist ein recht gewichtiges Werkzeug. Man braucht sie nur einmal anzuheben und fallenzulassen, und schon hat sich das Blatt bis zur Hälfte in den Boden gegraben.

Die Radhacke: Selbst eine kleine Radhacke oder ein Radkultivator erscheint dem normalen Hobbygärtner wie ein wahres Ungetüm. Der ideale Einsatzort für Radhacken sind großangelegte Gemüsebeete von 150 m² und mehr. Biobauern schwören auf diese Werkzeuge. Eine gute Radhacke ist das perfekte Gerät zum Kultivieren zwischen den Pflanzenreihen, braucht jedoch immer einen geraden Pfad, auf dem das Rad laufen kann.

Man unterscheidet zwei Arten von Radhacken: die Hochradhacken mit einem Raddurchmesser von etwa 60 cm und die Niederradhacken, deren Raddurchmesser nur etwa die Hälfte beträgt. Letztere Variante ist ökonomischer, da die Kraft, die der Gärtner beim Schieben aufwendet, direkt auf das Schneidemesser wirkt. Bei einer Hochradhacke wirkt die Kraft auf die Radnabe. Beide Versionen gibt es auch mit leichtgängigen Gummirädern und höhenverstellbarem Stahlschaft zur Vermeidung von Rückenschmerzen.

Hacken werden für eine Vielzahl von Aufgaben eingesetzt. Grundsätzlich lassen sich zwei Arbeitsweisen unterscheiden. Beim Hacken wird die Hacke zunächst bis auf Kopfhöhe angehoben und dann in einer Bogenbewegung zum Körper hin in den Boden gestoßen.

Ein weiterer Vorteil der Niederradhacke ist ihr steigbügelförmiges Pendelblatt im Gegensatz zum Pflugkopf oder zum vielzinkigen Kultivatorkopf. Die Blattbreite variiert zwischen 10 und 40 cm, was die Radhacke zu einem ausgezeichneten Reihenjäter macht. Durch die leichte Krümmung des Blatts schneidet das Gerät in der Nähe der Pflanzenwurzeln nicht so tief ein wie in der Mitte der Reihe. Die Niederradhacke arbeitet weich und mühelos und schont den Rücken. Es gibt sie sogar als Modell mit zwei Steigbügeln, um zwei Reihen auf einmal zu bearbeiten.

DIE HOLLANDHACKE: Im allgemeinen wird diese Gruppe von Schiebehacken als Schuffeln bezeichnet. Die einfachsten Vertreter dieser Art, die Hollandhacken, gibt es in den unterschiedlichsten Formen. Manche sehen aus wie fliegende Untertassen, Golfschläger, Kampfflugzeuge, aufgehende Monde oder scharfgeschliffene Lasagneplatten. Ihnen allen gemein ist eine scharfe Schnittkante, die der Gärtner in sämtlichen Ecken und Winkeln des Gartens einsetzen kann.

Führen Sie die Hacke ähnlich wie einen Besen über das Beet, um die Pflanzen nahe unter der Erdoberfläche von der Wurzel zu trennen.

DIE DIAMANTKOPF-HACKE mit vier scharf geschliffenen Kanten kann in jede beliebige Richtung geschoben oder gezogen werden. Bei sachgerechter Anwendung gleitet sie mühelos durch den Boden. Der Schneidekopf in Form eines gestreckten und gekrümmten Parallelogramms ist auf drei Seiten scharf geschliffen und kann buchstäblich um die Pflanze herumgelegt werden, um das Unkraut nahe am Stengel zu schneiden.

DIE PENDELHACKE: Die vielen verschiedenen Namen, die dieses Werkzeug trägt, versinnbildlichen seine Arbeitsweise. Manch ein Gärtner bezeichnet sie auch als Schwinghacke oder ›Hula‹, da ihr Messer mit einem Scharnier am Stiel befestigt ist und hin und her schwingt, wenn man die Hacke über den Boden zieht und schiebt. Der besonderen Form ihres zweischneidigen Blatts verdankt sie den Namen Steigbügel-Hacke. Alle Pendelhacken unterscheiden sich nur durch ihre Abmessungen. Während die größten Pendelhacken 18 cm in der Breite messen, sind die schmalsten nur 7 cm breit.

Das gleichmäßige Hin-und-Her-Schwingen der Pendelhacke macht die Arbeit mit diesem Gerät zu einem geradezu erholsamen Unternehmen für jemanden, der sonst schwere Gartenarbeit gewohnt ist. Für weniger Durchtrainierte kann die starke Armbewegung ermüdend sein. Manche Leute beklagen sich darüber, daß die Hacke zwar fest verwurzeltes Unkraut in relativ harten Böden mühelos kappt, aber in dichtstehenden Unkrautteppichen auf leichten Böden gerne steckenbleibt. Auch macht es die Pendelbewegung eher schwierig, Ränder oder kleine Flächen zu bearbeiten.

AUF DER ROLLE

Die Radhacke ist eine Errungenschaft des 18. Jahrhunderts und die Erfindung des Gentlemans Jethro Tull. Die Traditionalisten verfluchen Tull, als er die von Pferden gezogenen Maschinen einführte, die das Säen und Hacken mit der Hand endgültig ablösen sollten! Seine Erfindungen waren Wegbereiter für die Megamaschinen, die heute die Landschaft umpflügen. Sie waren aber auch Prototypen der Radwerkzeuge – Meisterwerke umweltbewußter Technologie.

Hacken

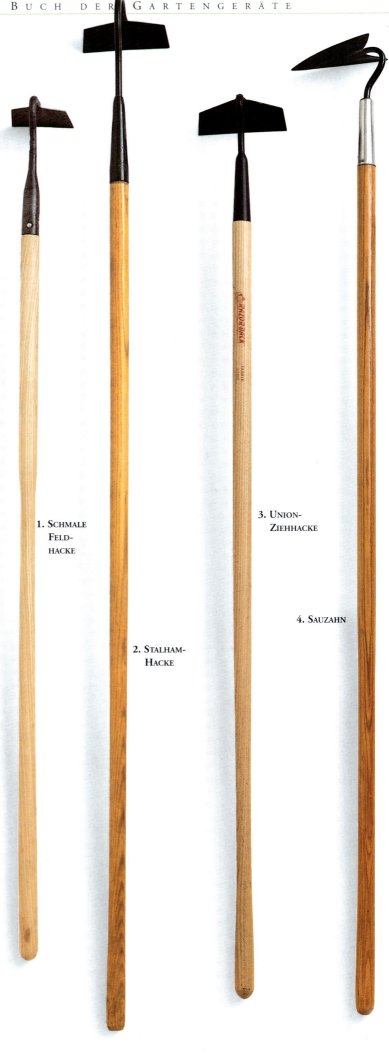

1. SCHMALE FELDHACKE: Diese leichte, schmale Ziehhacke mit Gänsehals wird zum Unkrautjäten auf engem Raum eingesetzt. Das tiefe Blatt eignet sich hervorragend zum Ziehen von Saatrillen und Bedecken von Sämlingen in vorbereiteten Beeten. Obschon eine gute Wahl für sandige oder lehmige Böden, ist die schmale Feldhacke aufgrund ihrer schlanken Konstruktion für harte oder steinige Böden nicht ganz das richtige Werkzeug. Sie zeichnet sich durch ein emailliertes Stahlblatt, eine Tüllenverbindung und einen gebogenen Hikkoryholzstiel aus.
LÄNGE: 1,30 M
GEWICHT: 1 KG
BLATT: 10 CM × 7,5 CM

2. STALHAM-HACKE: Dieses klassische Beispiel einer Allzweck-Ziehhacke wird mehr zum Schieben und Ziehen von Erde als zum Hacken verwendet. Diese Ausführung mit Gänsehals und starker Tüllenverbindung mit Schraubenverstärkung ist für den Einsatz in Lehmböden konzipiert. Das breite Blatt aus emailliertem Stahl enthauptet Unkraut mit einem Hieb. Der lange Hickoryholzstiel ermöglicht ein Arbeiten im Stehen und schont den Rücken des Gärtners. Die Stalham-Hacke ist unwesentlich leichter als die normale Ziehhacke.
LÄNGE: 1,55 M
GEWICHT: 1,2 KG
BLATT: 15 CM × 6 CM

3. UNION-ZIEHHACKE: Ein etwas kürzerer Hals und höheres Gewicht kennzeichnen diese Standard-Ziehhacke. Ähnlich wie die klassische Zwiebelhacke eignet sie sich hervorragend für schweres Jäten, Kultivieren und Häufeln, insbesondere in dichten Ton- und Lehmböden. Das geschmiedete Stahlblatt hat eine messerscharfe Schneide und ist mit einer soliden Tüllenverbindung am Stiel befestigt. Die Union-Ziehhacke ist ein erschwingliches Grundwerkzeug und in den meisten Baumärkten oder Gartencentern zu finden.
LÄNGE: 1,45 M
GEWICHT: 1,1 KG
BLATT: 15 CM × 9 CM

4. SAUZAHN: Diese einzigartige Ziehhacke mit herzförmigem Stahlblatt wurde für das Jäten und Kultivieren auf engstem Raum entwickelt. Da die Blattspitze keine scharfe Kante hat, besteht beim Rillenziehen mit dem Sauzahn keine Gefahr, zarte Pflanzenwurzeln zu verletzen. Auch beim Lockern und Glätten von Gartenbeeten und beim Zudecken von Saatgut macht der Sauzahn eine gute Figur. In erstklassiger Qualität hat der Sauzahn einen gehärteten Stahlkopf, eine Zapfenverbindung mit Metallkragen und einen Hickoryholzstiel.
LÄNGE: 1,50 M
GEWICHT: 1,1 KG
BLATT: 12 CM × 15 CM

KULTIVIEREN

5. HANDGABEL
6. HANDHACKE
7. HANDPFLANZER:
Ganz gleich, ob diese leichten, präzisen Handkultivatoren für die Arbeit in Reihen und Beeten kombiniert oder einzeln benutzt werden, eines haben sie alle gemein: Ihr kurzer Stiel zwingt den Gärtner auf die Knie oder in die Hocke. Die ursprünglich aus Japan stammenden, ästhetischen Werkzeuge sind wahre Handschmeichler. Die ausgesprochen leistungsstarken Hacker belohnen die Mühe des Gärtners mit Wendigkeit, Schärfe und Kraft. Der schmale Pflanzer ist ideal zum Aussetzen von Sämlingen und Jungpflanzen, während Gabel und Hacke besser zum Kultivieren und Jäten geeignet sind. Die Handgeräte sind ebenso langlebig wie ihre langstieligen Pendants und werden häufig von Gärtnern kleinerer Statur bevorzugt. Mit solidem Eschenholzstiel, Augen-Tüllen-Verbindung und emailliertem Stahlblatt.
LÄNGE: 38 CM
GEWICHT: 300–500 G
GABEL- UND HACKENBLATT: 9 CM × 11,5 CM
PFLANZERKOPF: 6 CM × 14 CM

8. PENDELHACKE: Auch Schwinghacke genannt, weil das Blatt beim Schieben oder Ziehen der Hacke etwa 1 cm hin und her schwingt. Das zweischneidige Stahlblatt schneidet in beide Richtungen und ist selbstreinigend: Bei jeder Pendelbewegung fällt die Erde ab. Der Gärtner bekommt also doppelte Leistung bei gleicher Kraftanstrengung. Das geschmiedete Stahlblatt steht rechtwinklig zum Boden und schneidet den oberirdischen Teil der Unkrautpflanze ab, ohne ins Erdreich einzudringen. Ein leichtes, ergonomisches Modell mit langem Hartholzstiel und solider Tülle, die den verzinkten Stahlrahmen durch zwei auswechselbare Bolzen mit dem Blatt verbindet.
LÄNGE: 1,45 M
GEWICHT: 1 KG
BLATT: 18 CM × 2,5 CM

9. KOLLINEAR-ZIEHHACKE: Die Erfindung des renommierten Biobauern Eliot Coleman erinnert mit ihrer geraden Schneide an die traditionelle Zwiebelhacke. Der grundlegende Unterschied jedoch liegt in der Daumenhaltung: Anders als alle anderen Hacken wird dieses Werkzeug mit den Daumen nach oben gegriffen und ähnlich wie ein Reisigbesen geführt.

Mit der Kollinear-Ziehhacke kann der Gärtner aufrecht stehend an engen Plätzen Unkraut jäten. Die Schneide dringt in die Erde ein und vernichtet sowohl neu gekeimte als auch Oberflächenunkräuter. Ein präzisionsgebogener Schaft und eine geschweißte Tülle verbinden das Edelstahlblatt mit dem langen Eschenholzstiel.
LÄNGE: 1,45 M
GEWICHT: 800 G
BLATT: 17,5 CM × 2,5 CM

10. HOLLANDHACKE: Diese traditionelle Stoß- oder Schiebehacke wurde in Holland entwickelt, um Unkraut zu beseitigen und den Boden zu lockern, der anschließend mit dem Rechen fein gekrümelt wird. Das auch als Schuffelhacke bekannte Werkzeug wird vor dem Benutzer hergeschoben, so daß das Blatt etwa 1 cm tief durch die Erde gleitet, dabei das Unkraut kappt und den Boden lüftet. Das geschmiedete, emaillierte Stahlblatt ist an der Schneide leicht ausgestellt und wird durch zwei Stahlbügel mit einer Tülle verbunden. Der lange Hickoryholzstiel ermöglicht es dem Gärtner – ob groß oder klein – aufrecht zu stehen. Da eine schiebende Bewegung mehr Kraft erfordert als eine ziehende, eignet sich die Hollandhacke besser für leichte Arbeiten in kultivierten oder bereits aufgebrochenen Böden. Sie kann auch als Kantenstecher verwendet werden.
LÄNGE: 1,70 M
GEWICHT: 1 KG
BLATT: 13 CM × 7 CM

Augenhacken und Radhacken

1. **Scovil-Hacke:** Die Scovil-Hacke wird in erster Linie als Hackwerkzeug zum Aufreißen harter Böden, Ausgraben widerspenstiger Wildkräuter und Wurzeln und zum Anhäufeln in Gemüsebeeten verwendet. Der Hickoryholzstiel ist am unteren Ende, dort, wo das Auge sitzt, am dicksten. Die meisten erhältlichen Rodehacken haben dieses typische Scovil-Blatt, aber darüber hinaus gibt es Augenblätter in vielen verschiedenen Formen, die je nach Verwendungszweck ausgewechselt werden können. Das Blatt aus geschmiedetem Stahl ist schwarz lackiert.
LÄNGE: 1,45 M
GEWICHT: 2 KG
BLATT: 19 CM × 15 CM

2. **Feldhacke:** Dieses handliche Werkzeug schlägt die Brücke zwischen einem Handgerät und einer langstieligen Hacke. Ursprünglich als Hilfsgerät konzipiert, um die Felder vor dem Pflügen zu säubern, ist die Feldhacke mit ihrem halbrunden Blatt auch für schweres Kultivieren und Hacken geeignet. Aber auch Unkrautjäten und Glätten gehören zu ihren Stärken. Das auswechselbare, geschmiedete Stahlblatt ist schwarz lackiert, der Stiel ist aus Eschenholz.
LÄNGE: 1,15 M
GEWICHT: 1,4 KG
BLATT: 14 CM × 15 CM

3. **Schwedische Baumpflanzhacke:** Wird auch als Knollenpflanzer in Baumschulen und Gärtnereien eingesetzt. Das Blatt dieser Hacke befördert mit jedem Schlag eine beträchtliche Menge Erde zutage. Das praktische Kombigerät zum Graben und Hacken wurde in Schweden für die Forstwirtschaft entwickelt. Der Hartholzstiel ist durch eine solide Tülle und zwei Sicherungsbolzen mit dem geschmiedeten Stahlblatt verbunden.
LÄNGE: 90 CM
GEWICHT: 1,3 KG
BLATT: 10 CM × 15 CM

4. **Traubenhacke:** Genau wie die kalifornischen Weintrauben stammen auch diese Hacken aus Europa. Italienische Aussiedler haben sie mit nach Amerika gebracht, um damit ihre geliebten Weinberge zu kultivieren. Sowohl die Trauben als auch die Hacke wurden dort heimisch, aber noch heute ist das Werkzeug als Italienische Augenhacke bekannt. Das leicht eingetiefte Blatt ist für schweres oder professionelles Kultivieren und Hacken gerüstet. Aufgrund des vierkantigen Stielendes und des entsprechend eckigen Auges kann der Stiel nicht durch einen der weiter verbreiteten Rundaugen-Schäfte ersetzt werden. Der polierte Hickoryholzstiel ist recht kurz. Das Blatt ist aus geschmiedetem Stahl gefertigt und schwarz lackiert.
LÄNGE: 1,05 M
GEWICHT: 2,1 KG
BLATT: 18 CM × 22 CM

5. **Canterbury-Hacke:** Das aus England stammende Werkzeug vereint die Hackeigenschaften einer Rodehacke mit der Spaten- und Fräsbewegung einer Gabel oder eines Kultivators. Eine ausgezeichnete Wahl zum Entfernen hartnäckigen, tief sitzenden Unkrauts oder Steine selbst in verkrustetem Boden. Das geschmiedete Stahlblatt mit drei spitzen Zinken ist durch ein Auge mit dem polierten,

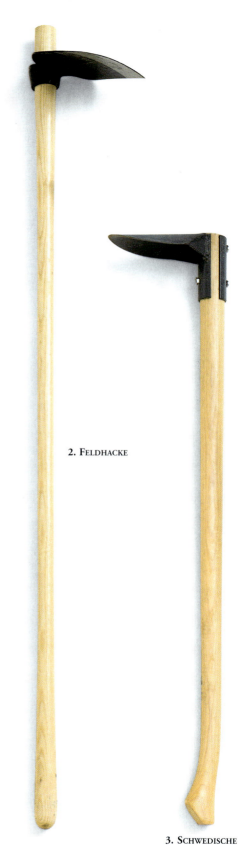

1. **Scovil-Hacke**

2. **Feldhacke**

3. **Schwedische Baumpflanzhacke**

KULTIVIEREN

REIHENZIEHER

6. RADHACKE MIT ZUBEHÖR

PENDELHACKEN-BLATT (13 CM)

DREIZINKIGER KULTIVATOR

CHEVRON-HACKENKOPF

4. TRAUBEN-HACKE

PENDELHACKEN-BLATT (18 CM)

5. CANTERBURY-HACKE

DELTA-HACKENKOPF

6. RADHACKE:
Ein Muß für jeden größeren Gemüsegarten, dem der Gärtner mit der normalen Hacke nicht mehr beikommt. Diese leichte, jedoch strapazierfähige Hacke hat einen gesenkgeschmiedeten Stahlrahmen mit Rohrstahlgriffen, einen breiten, leichtgängigen Luftreifen und auswechselbare Zubehörteile aus Stahl. Sie wird einem Pflug ähnlich in einer geraden Linie von hinten geschoben.
LÄNGE: 1,50 M
GEWICHT: 7,5 KG

ZUBEHÖR:
Der Reihenzieher arbeitet wie ein Minipflug und schneidet gerade Rillen in den Boden. Die 13 und 18 cm breiten Pendelhackenblätter kultivieren und jäten zwischen den Reihen. Der dreizinkige Kultivator reißt die Bodenkruste auf. Die Chevron- und Delta-Hackenköpfe jäten und lockern Beete für bestimmte Gemüsesorten.
BLATTBREITE: 13–25 CM

langen Hickoryholzstiel verbunden.
LÄNGE: 1,20 M
GEWICHT: 1,3 KG
KOPF: 19 CM × 12 CM

DER JÄTER

Der Jäter (in der Regel Handgeräte) kommt zum Einsatz, wenn dicht an der Pflanze oder auf engem Raum gearbeitet wird – zwischen Stauden zum Beispiel, in Hochbeeten oder in Kübeln und Töpfen. Es gibt viel mehr Arten und Formen von Handjätgeräten als man zunächst annimmt: Ein Modell hebelt das Unkraut mit einer Kugel aus der Erde, ein anderes hat einen Federmechanismus, mit dem das Unkraut in die Luft ›gesprengt‹ werden soll, wieder ein anderes sieht aus wie ein lockender Finger.

Alle Unkrautjäter sind den Funktionen der menschlichen Hand nachempfunden. Eine Gruppe hackt oder gräbt sich durch den Boden wie zu Klauen gebogene Finger, bricht die Bodenkruste auf und zieht Unkrautmatten heraus. Eine andere Kategorie funktioniert wie eine scharf geschliffene, U- oder V-förmig gebogene Handkante und schneidet das Unkraut ab. Zur dritten und kleinsten Gruppe, die den Greifmechanismus der Hand kopiert, zählen solche Jätgeräte, die das Unkraut packen und aus dem Boden reißen.

DIE WAHL DES JÄTERS

Da es sich bei den meisten Jätern um Handgeräte handelt, die der Gärtner im Knien einsetzt, gehen die Hersteller davon aus, daß sie geringerer Belastung ausgesetzt sind als langstielige Werkzeuge. Daher werden die meisten Handjäter mit Zapfen-Metallkragen-Verbindung gebaut. Manchmal ist der Zapfen durch ein Gewinde verstärkt, und der Metallkragen ist häufig durchgenietet.

Schwachpunkt der meisten Handjäter ist demnach der Metallkopf, der sich bei schweren Arbeiten – insbesondere beim Herausstemmen von Steinen und Wurzeln – verbiegen und letztendlich brechen kann. Aus diesem Grund besitzen gute Handjäter eine gewisse Elastizität oder Sprungkraft, so daß sie nachgeben und zurückschwingen können. Wirklich hochwertige Jäter sind aus geschmiedetem Stahl gefertigt, aber auch gestanzte Geräte können gute Arbeit leisten, sofern das Stahlblech eine gute, robuste Stärke hat. Bestimmte Modelle wie der Cape-Cod-Jäter werden häufig von Profigärtnern benutzt und genügen daher höheren Ansprüchen.

DER GEBRAUCH DES JÄTERS

Die meisten Handjäter sind für den Einsatz in der Hocke oder auf den Knien vorgesehen. Für Leute, denen die gebeugte Haltung Probleme macht, werden einige beliebte und besonders nützliche Modelle mit langem Stiel angeboten. Unabhängig von der Arbeitsdauer sollte Gartenarbeit prinzipiell lieber auf den Knien oder zumindest in der Hocke, aber niemals mit krummem Rücken ausgeführt werden. Kniend wird die untere Rückenpartie weniger belastet. Außerdem hat man auf den Knien eine stabile Position und kann sich weit in

Alle Unkrautjäter imitieren die natürliche Funktionalität der menschlichen Hand.

die dichten Beete vorbeugen, um mit einer Hand Pflanzen wegzuhalten und mit der anderen den Jäter zu führen.

DER KOLLINEAR-HANDJÄTER: Dieses handfreundliche Jätgerät kappt Unkraut knapp unterhalb der Oberfläche. Der lange Hals und das breite Blatt sind so angewinkelt, daß beim Unkrautjäten kein weiterer Handgriff nötig ist. Der sanduhrförmige Stiel liegt besonders gut in der Hand.

Gärtner, die am liebsten jedes Stückchen Wurzel einzeln bekämpfen, bevorzugen andere Geräte. Aber für diejenigen, denen es genügt, das Unkraut an der Oberfläche auszukämmen, ist der Kollinear-Handjäter genau das richtige Werkzeug. Das von Eliot Coleman erfundene Handgerät ist der gleichnamigen Hacke nachempfunden (siehe Seite 71).

DER FISCHSCHWANZ- UND LÖWENZAHNJÄTER: Die Spitze des Fischschwanzjäters (oder Spargelmessers) hat die Form eines umgekehrten V und ist scharf geschliffen, um damit tiefe Pfahlwurzeln auszustechen. Mit diesem Werkzeug können Sie das Unkraut mitsamt der Wurzel ausstechen, es ist allerdings nicht leicht, mit dem schmalen Blatt die gesamte Wurzel zu fassen. Der Löwenzahnjäter – eine längere Ausführung desselben Werkzeugs – kann mit seinem 90 cm langen Stiel auch im Stehen eingesetzt werden.

Obwohl auch einige langstielige Jätgeräte angeboten werden, kann man im Knien oder in der Hocke doch präziser und somit effektiver arbeiten.

DER CAPE-COD-JÄTER: Das Werkzeug ist ein ausgezeichnetes Handschneidegerät, das es leider nur für Rechtshänder gibt. Der Cape-Cod-Jäter hat die Form eines gekrümmten Fingers und eine scharfe Innenkante. Der Gärtner kann damit auch tief im Blumenbeet versteckte Unkräuter ausmachen. Was präzises Arbeiten angeht, ist das Werkzeug unschlagbar. Es ist außerdem schwer genug, um in sämtlichen Bodentypen zu bestehen, und um auch großen Unkrautpflanzen den Garaus zu machen.

DER HANDJÄTER: Das vielseitigste unter den Handwerkzeugen zum Unkrautjäten an engen Plätzen gibt es sowohl für Rechtshänder als auch für Linkshänder. Es besteht aus einem dünnen, scharfen Blatt, das am Stiel angewinkelt ist. Bei vorsichtigem Gebrauch kann der Gärtner mit dem Handjäter auch verstecktes Unkraut kappen, ohne andere Pflanzen zu verletzen. Sein spitzes Ende eignet sich hervorragend für die Arbeit in Spalten und Ritzen.

Eine Jätmethode sieht vor, das Unkraut mit einer seitlichen Drehbewegung an der Wurzel zu kappen.

DAS BAUERNMESSER: Das manchmal auch nach seinem japanischen Vorbild als Hori-Hori-Messer bezeichnete große Messer mit leicht eingetiefter Spitze hat ein scharf geschliffenes und ein gezahntes Blatt. Ein wunderbares Gerät für schwere Jätarbeiten, insbesondere zum Ausstechen von mehrjährigen Unkräutern, das selbst vor Dornensträuchern nicht zurückschreckt. Manch ein Gärtner schwört auf das Bauernmesser anstelle einer Blumenkelle und verwendet ihn sogar zum Pflanzen von Sämlingen.

DER FUGENKRATZER: Diese Jäter gibt es in vielen Formen, die aber im Grunde alle denselben Zweck erfüllen. Der Fugenkratzer entfernt Gras, Unkraut und Moos aus schmalen Ritzen und Spalten wie Platten- und Mauerfugen.

Jätgeräte

1. Löwenzahnjäter

1. Löwenzahnjäter: Als Hilfe zum Entfernen von Unkraut mit tiefen Pfahlwurzeln wie zum Beispiel Löwenzahn ist dieses Werkzeug hervorragend geeignet. Der Gärtner sticht das zweizinkige Maul unmittelbar am Gewächs entlang in den Boden, zieht an dem langen Hartholzstiel und betätigt dabei den Hebel, der die Zinken um die Pfahlwurzel schließt. Setzt er die horizontale Bewegung des Stiels fort, wird das Unkraut samt Wurzel herausgezogen. Das gegossene Stahlblatt mit rostfreiem Emailleüberzug ist durch eine solide Tülle mit dem Stiel verbunden und durch einen Bolzen gesichert. Der Klapphebel ist ebenfalls aus Stahl gefertigt.
LÄNGE: 1,20 M

2. Fischschwanzjäter: Das landläufig als Spargelmesser oder Spargeljäter bezeichnete Handgerät wird zum wurzeltiefen Ausstechen zahlreicher Unkräuter eingesetzt. Ursprünglich für die Spargelernte entwickelt, ist der Fischschwanzjäter heute eine beliebtes Gerät zum Unkrautjäten auf engem Raum. Vor allem in Steingärten und in den Spalten zwischen Pflastersteinen zeigt er seine Stärken. Der geschmiedete Kohlenstoffstahlkopf mit Emailleüberzug, die solide Tüllenverbindung und der polierte Hickoryholzstiel halten ein Leben lang.
LÄNGE: 38 CM

3. Pfahlwurzeljäter I: Das einfache Jätgerät mit Gabelspitze ist aus einer Stahllegierung gefertigt und wird durch eine robuste Zapfen-Metallkragen-Konstruktion mit dem Hartholzgriff verbunden. Der kurze Hals und der massige Griff geben dem Werkzeug zusätzliche Stabilität. Mit seinem langen Blatt kann der Pfahlwurzeljäter tief in den Boden eindringen. Durch die Neigung des Werkzeugs entsteht ein Hebepunkt für einfaches Herausstemmen von Pfahlwurzeln.
LÄNGE: 27 CM

4. Fugenkratzer: Ein naher Verwandter des Cape-Cod-Jäters, ideal zum Auskratzen von Unkraut und Moos aus Plattenfugen, Mauersteinen und sonstigen Ritzen und Spalten. Ein relativ preiswertes Gerät aus Stahllegierung mit lackiertem Holzgriff.
LÄNGE: 27 CM

5A. Handjäter für Linkshänder, 5B. Handjäter für Rechtshänder: Diese beliebten Handjäter werden wie Miniaturhacken verwendet. Sie arbeiten direkt unterhalb der Bodenoberfläche, wo sie das Unkraut mit einem Handschlag herausreißen. Leicht und handlich wie sie sind, können sie im dicht bepflanzten Beet eingesetzt werden, ohne die Wurzeln der Zier- oder Nutzpflanzen zu gefährden. Blatt und Schaft aus Kohlenstoffstahl sind tief in den Hartholzgriff eingelassen – eine äußerst stabile Konstruktion.
LÄNGE: 45 CM
BLATT: 12 CM × 5 CM

6. Bauernmesser: Dient einigen Hobbygärtnern zum Ausstechen von Unkraut. Das handliche Allroundgerät mit Doppelschneide kombiniert viele Funktionen in einem Werkzeug: Es eignet sich zum Graben kleiner Pflanzlöcher, Setzen von Blumenzwiebeln, Herausstemmen von Steinen, Schneiden hartnäckiger Wurzeln und vielem mehr. Die 15 cm lange Klinge hat auf der einen Seite eine glatte, spitz zulaufende Schneide und auf der anderen Seite eine gezahnte. Der Griff besteht aus Hartholz.
LÄNGE: 30 CM

7. Cape-Cod-Jäter: Das bei Hobbygärtnern beliebte, fast L-förmige Original wird wie eine Hacke eingesetzt, um Unkraut an der Wurzel zu kappen. Der schmale Kopf macht es möglich, auch zwischen dichtstehenden Pflanzen zu arbeiten. Das abgebildete Modell ist eher für Rechtshänder geeignet. Das geschmiedete Blatt aus hochwertigem Kohlenstoffstahl steckt tief in einem polierten, gewölbten Eschenholzgriff und ist mit Epoxid und einem Stahlstift gesichert. Mit Lederschlaufe zur praktischen, hängenden Aufbewahrung.
LÄNGE: 35 CM

8. Kollinear-Handjäter: Einzigartiges, von Meistergärtner Eliot Coleman auf der Grundlage der von ihm erfundenen Kollinear-Ziehhacke (siehe Seite 71) entwickeltes Handgerät. Es schont das Handgelenk, da der Gärtner es im Knien in einem günstigen Winkel dicht unter der Bodenoberfläche entlangführen kann. Das leichte Blatt aus Stahllegierung ist an einem schlanken Stahlschaft befestigt, der seinerseits tief in einen leicht sanduhrförmigen Hartholzgriff eingelassen ist.
LÄNGE: 35 CM
BLATT: 18 CM × 2,5 CM

9. Steigbügel-Jäter: Der beliebte Steigbügel-Jäter ist so konzipiert, daß er knapp unter die Bodenoberfläche schlüpft und das Unkraut auswurzelt bzw. mitsamt der Wurzel herauszieht. Diese spezielle Ausführung ist aus einem einzigen Stück Aluminium gefertigt und aufgrund seines geringen Gewichts und der handschmeichlerischen Form sehr benutzerfreundlich. Kann auch zum leichten Kultivieren des Oberbodens verwendet werden.
LÄNGE: 27 CM

10. Jekyll-Jäter: Dieser Luxushandjäter ist eine Nachbildung des Lieblingsjäters der berühmten britischen Gartenbauexpertin Gertrude Jekyll. Er taugt bestens zum Auswurzeln zahlreicher zäher Unkräuter und ist nur aus den allerbesten Materialien gefertigt. Das polierte gabelförmige Edelstahlblatt ist durch eine Zapfen-Metallkragen-Konstruktion mit dem Birkenholzgriff verbunden. Das abgebildete Modell ist ein wahrer Handschmeichler und elegant im Design. Es dient auch als kleiner Handkultivator oder -grubber.
LÄNGE: 25 CM

11. Pfahlwurzeljäter II: Dieses kuriose Handgerät hat einen Gabelkopf zum Ausmachen von Unkräutern mit tiefen Pfahlwurzeln. Dank des soliden Stahlhebepunkts kann der Gärtner spielend leicht auch hartnäckiges Unkraut entfernen, indem er den Griff leicht nach unten drückt, ohne das Handgelenk zu drehen oder zu belasten. Der patentierte Vistaflex-Polstergriff paßt sich der Handinnenfläche an und schützt vor Blasen und Schwielen. Alle Stahlelemente sind emailliert.
LÄNGE: 32 CM

Der Kultivator

Kultivatoren sind gezinkte, in der Regel langstielige Werkzeuge. (Die Handgabel ist eigentlich ein Mini-Kultivator). Die Zinken sind stets in einem solchen Winkel gekrümmt, daß sie bequem durch den Boden gezogen werden können. Die Anzahl der Zinken variiert von einem bis zu sieben.

Ein Kultivator ist äußerst hilfreich in mittleren bis großen Gemüsebeeten und Blumenrabatten. Seine Aufgabe ist es, den Boden aufzureißen und die jungen Wildpflanzen zwischen den Pflanzreihen herauszuziehen. Er erweist sich aber auch als nützliches Gerät zum Unterheben von Kompost oder Dünger, der auf den Beeten verteilt wurde. Die Arbeitstiefe des Kultivators ist abhängig davon, wieviel Druck der Gärtner auf das Gerät ausübt.

Die Wahl des Kultivators

Ein Kultivator ist ein Ziehwerkzeug für schwere Arbeiten. Je tiefer man es durch den Boden zieht, umso mehr neigen Zinken und Schaft dazu, unter der Belastung auseinanderzureißen. Soll der Kultivator ein Leben lang halten, ist unbedingt darauf zu achten, daß Kopf und Zinken solide geschmiedet und sicher am Stiel befestigt sind.

Kopf und Zinken sollten aus einem Stück geschmiedet und nicht im Punktschweißverfahren miteinander verbunden sein. Die Schweißnähte würden brechen, wenn der Kultivator aus Versehen gegen einen dicken Stein geschlagen wird, und es gibt nichts Traurigeres als ein Kultivator mit ›Zahnlücken‹. Kultivatoren mit einer geschmiedeten, am Schaft durchgenieteten Stahltülle sind leider schwer zu finden und natürlich auch teurer als andere Modelle, aber sie sind die Suche und den höheren Preis auf jeden Fall wert.

Die meisten Hersteller verwenden eine Zapfenverbindung mit Metallkragen, um den Kopf am Stiel zu befestigen. Bei dieser Konstruktion gibt es große Qualitätsunterschiede. Die billigsten sollten Sie unbedingt meiden, sonst können Sie das Werkzeug zu Ihren enthaupteten Hacken hängen. Am anderen Ende des Spektrums steht die hochwertige Zapfen-Metallkragen-Konstruktion, die mit einer soliden Tüllenverbindung vergleichbar ist. Oft läßt sich die Qualität eines Werkzeugs schon dadurch beurteilen, wie es in der Hand liegt. Wenn Sie sich nicht sicher sind, sollten Sie das Spitzenmodell des jeweiligen Herstellers auswählen.

ANATOMIE EINES KULTIVATORS

Ein solider Eschenholzstiel gibt dem Werkzeug das für Kultivierarbeiten nötige Gewicht.

Die mit den Stahlzinken verschweißte Tülle sorgt für einen kräftigen Werkzeugkopf und eine stabile Schaftverbindung.

Die Zinken sind flexibel und »federnd« und werden dank der geschmiedeten, abgeflachten Spitzen nicht stumpf.

Jeder Gartenbereich verlangt nach einem anderen Kultivator. Drei wichtige Parameter gilt es zu beachten: Zinkenform, Breite und Tiefe. Kultivatoren werden mit Zinken in den unterschiedlichsten Formen hergestellt, von rechteckig oder dreieckig bis rund oder oval. Die breiten, flachen Geräte sind stärker und können auch schwere Böden bearbeiten. Die Modelle mit runden oder ovalen Zinken sind mehr für die Arbeit in leichten Böden und zum Unterziehen von Kompost oder anderen Bodenverbesserern geeignet.

Beim Kauf eines Kultivators sollten Sie vor allem auf die Breite achten. Die Auswahl reicht vom hauchdünnen, einzinkigen Biokultivator bis zur 23 cm breiten, vierzackigen Mistharke. Allgemein gilt: Je mehr offene Flächen Ihr Garten bietet, umso breiter darf der Kultivator sein. Das Allroundmaß liegt zwischen 10 und 13 cm Breite.

Auch die Arbeitstiefe des Werkzeugs variiert. Die längsten Zinken dringen 23 cm tief in die Erde ein, die kürzesten nur etwa 8 cm tief. Selbstverständlich läßt sich die Arbeitstiefe durch den vom Gärtner ausgeübten Druck verändern, aber für Staudenbeete werden in der Regel flachere Geräte bevorzugt, damit das Wurzelsystem nicht verletzt wird. Kultivatoren mit sehr großer Arbeitstiefe sind eigentlich für das Ausgraben von Wurzeln vorgesehen. So wurde ein Modell – die Kartoffelgabel – speziell für die Kartoffelernte entwickelt, eignet sich jedoch ebensogut zum Lockern schwerer Böden.

Der Gebrauch des Kultivators

Was dem Spaten die Gabel, ist der Hacke der Kultivator. Die Zinken lockern und lüften den Boden gründlicher als eine Hacke und dringen auch dort noch ein, wo eine glatte Schneide versagt. Nichtsdestotrotz arbeiten die Zinken- und Schneidenwerkzeuge auf genau dieselbe Art und Weise.

Ein Zinkenkultivator wird mit abgespreizten Daumen gehalten und wie eine Ziehhacke durch den Boden gezogen. Achten Sie beim Kauf darauf, daß der Stiel des Werkzeugs lang genug ist, damit Sie sich bei der Arbeit nicht bücken müssen.

Der dreizinkige Kultivator: ›Klaue‹ ist ein treffender Spitzname für dieses Werkzeug, dessen drei federnde Zinken wie Raubvogelkrallen gekrümmt sind, wobei die mittlere Zinke etwas vor den anderen steht. Bei einigen Modellen sind die Zinkenspitzen leicht abgerundet, andere haben V-förmige oder löffelförmige Enden, von denen jedes einzelne wie eine Mini-Pflugschar funktioniert. Der dreizinkige Kultivator hat zwei überzeugende Vorteile: Erstens ist es durch die spezielle Anordnung der Zinken möglich, die Erde zu lockern und zu zerkleinern. Die vordere Zinke nämlich reißt die Erde auf und befördert sie zu den hinteren Zinken. Das Ergebnis ist eine besonders feine Krümelung. Der zweite Vorteil liegt in dem schmalen Kopf, der selten breiter als 10 cm ist und den Einsatz zwischen Pflanzreihen im Gemüsegarten oder in dicht bepflanzten Blumenbeeten erlaubt.

Beim Kauf eines Kultivators sollten Sie darauf achten, daß er in der Breite auf Ihren Garten abgestimmt ist.

Der Biokultivator: Einzinkige Kultivatoren eignen sich sogar noch besser für die Arbeit dicht an der Pflanze als die dreizinkigen Modelle. Die einzelne gebogene Zinke steht für höchste Präzision und Zielgenauigkeit beim Kultivieren auf engem Raum.

Biokultivatoren gibt es in zwei Varianten: stark gekrümmt wie ein Finger am Abzug und nur leicht angewinkelt wie die Finger auf einer Klaviatur. Es besteht kein gravierender Unterschied zwischen den beiden Modellen: Ersteres scharrt das Erdreich an der Oberfläche auf, während letzteres bis zu 15 cm tief in den Boden eindringen kann.

Der Biokultivator ist mit einer Kupferniete versehen, die sich mit jedem Schlag tief ins Erdreich bohrt und angeblich Spuren von Kupfer hinterläßt. Da Kupfer bekanntlich eine fungizide Wirkung hat, behaupten Anhänger des Biokultivators, das Gerät helfe lokalen Bodenpilzbefall einzudämmen und die Ernteerträge zu steigern.

Drei- und vierzinkige Kultivatoren: Diese Werkzeuge sind wahre Arbeitstiere, wenn es um die Herstellung feiner Bodenkrume geht. Sie sind für die meisten Beetreihen schmal genug, andererseits lang, schwer und scharf genug, um auch verdichtete Böden aufzubrechen. Im Gegensatz zu seinem dreizinkigen Kollegen sind beim vierzinkigen Kultivator die Zinken alle in einer Reihe angeordnet, so daß zusammen mit sprießendem Unkraut auch kleine Steine und ähnliche Fremdkörper beseitigt werden.

Gewöhnliche, drei- und vierzinkige Kultivatoren haben runde oder ovale Zinken mit geschärften Spitzen. Für schwere Arbeiten gibt es auch Modelle mit robusten, eckigen Zinken und Diamantspitzen. Letztere sind im Grunde starke Gartengabeln, deren Zinken beim Schmieden gebogen wurden. Ihr Gewicht und ihre Kraft sind für die Arbeit in schweren oder steinigen Böden sehr zu empfehlen.

Kultivatoren

1. Dreizinkiger Kultivator: Dieses Werkzeug hat dieselben Vorzüge wie der dreizinkige Pfeilkopf-Kultivator, noch ergänzt durch die Schönheit und hochwertige Konstruktion des Schweizer Designs. Der geschmiedete, polierte Stahlkopf hat schmale Zinken mit Diamantspitze, ideal zum Untermischen von Bodenhilfsstoffen in vorgegrabene Beete, zum Lockern des Oberbodens vor dem Pflanzen und zum Unkrautjäten. Der grazil wirkende lange Hartholzstiel und die solide geschmiedete Tüllenkonstruktion garantieren eine lebenslange Verwendung.
LÄNGE: 1,65 M
GEWICHT: 0,9 KG
KOPF: 12 CM × 23 CM

2. Dreizinkiger Pfeilkopfkultivator: Ein gutes, robustes Gerät für schwere Böden. Der Kopf aus geschmiedetem Kohlenstoffstahl mit drei Diamantspitzen ist mit Bolzenschrauben an Stahlstegen und dann am Hartholzstiel befestigt. Der angewinkelte Kopf erleichtert die Arbeit im Stehen und hilft, Rückenschmerzen zu vermeiden. Der relativ kurze Stiel ist eher für Gärtner von kleinerer Statur geeignet.
LÄNGE: 1,40 M
GEWICHT: 1 KG
KOPF: 15 CM × 30 CM

3. Biokultivator: Das Spezialwerkzeug mit Schweizer Design ist für das Kultivieren in engen Beeten und Pflanzreihen konzipiert und dient insbesondere zum Untermischen von Kompost in die obere Erdschicht. Das einzelne Stahlblatt lockert und lüftet behutsam den Oberboden bis in 15 cm Tiefe (fast doppelt so tief wie andere Kultivatoren), ohne Pflanzenwurzeln zu verletzen oder die Erde aufzuwühlen. Der Biokultivator ist unschlagbar in dicht bepflanzten oder schmalen Gemüse- und Blumenbeeten, weil leichter zu kontrollieren als drei- oder vierzinkige Vertreter seiner Art. Für großflächiges Arbeiten ist er jedoch ungeeignet. Das Stahlblatt mit nach vorn ausgestellter Schneide ist durch eine solide Tüllenkonstruktion mit dem Hartholzstiel verbunden. Eine Kupferniete ist in das Blatt eingelassen, um Spurenelemente davon im Boden zu hinterlassen – eine Technik, die in schweren oder sauren Böden schädliche Pilze reduzieren und die Erträge steigern soll.
LÄNGE: 1,60 M
GEWICHT: 0,9 KG
KOPF: 2,5 CM × 33 CM

4. Vierzinkiger Kultivator: Dieser Kultivator wird seit Jahrhunderten verwendet, um Kompost, Mist und Dünger einzuarbeiten. Das robuste, kräftige Vielzweck-Werkzeug mit geschmiedeten Stahlzinken und solider Tüllenverbindung ist die optimale Wahl zum Jäten und Kultivieren in einem Arbeitsgang. Es kann ebenso zum Bodenlüften um Bäume und Sträucher herum verwendet werden wie zum Wenden des Komposthaufens und zum Aufbrechen harter Bodenkrusten.
LÄNGE: 1,40 M
GEWICHT: 1,8 KG
KOPF: 14 CM × 23 CM

1. Dreizinkiger Kultivator

2. Dreizinkiger Pfeilkopfkultivator

3. Biokultivator

4. Vierzinkiger Kultivator

KAPITEL VIER

Pflanzenvermehrung

Das Keimen und Aufgehen eines Samenkorns und das Heranwachsen einer Pflanze aus einem Stückchen Stiel, Knolle oder Blatt sind etwas ganz Besonderes. Bei diesen Ereignissen Pate zu stehen, ist des Gärtners Privileg und seine größte Freude.

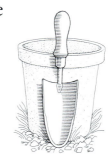

Die Pflanzenvermehrung steckt voller kleiner Wunder. Wo vor kurzem noch ein Samen locker auf dem Erdreich lag – eiförmig und oft so winzig wie ein Staubkorn – wächst, ehe man sich's versieht, eine stattliche Pflanze. Gerade noch wehte der Wind das Körnchen ein paar Meter weiter, und schon im nächsten Augenblick schlägt es Wurzeln. Eine neue Pflanze entsteht und macht die Welt ein bißchen grüner.

Die Werkzeuge der Natur sind Sonne, Wind, Regen, Witterung, Vögel und Insekten. Um als Gärtner eine Pflanze aus Ablegern, Stecklingen oder Samen heranzuziehen oder zu vermehren, muß der Gartenfreund neben ausreichender Erfahrung und Wissen ein Händchen dafür haben, das richtige Werkzeug für die einzelnen Arbeitsschritte auszuwählen. Küchentisch oder Werkzeugbank sind nicht der ideale Ort, um Anzuchterde zu mischen, Saatgefäße zu füllen oder Ableger zu schneiden. Für die erfolgreiche Zucht gesunder Pflanzen braucht man einen gut ausgestatteten, sauberen Gärtnertisch. Natürlich können Sie Ihre Sämlinge in leere Joghurtbecher und abgeschnittene Tetrapacks setzen, aber mit der Zeit werden Sie höhere Ansprüche an Ihre Utensilien stellen. Und wenn Sie die Sämlinge früh im Jahr in den Garten auspflanzen möchten, werden Sie zum Schutz vor Frost um eine Reihenabdeckung, Reifehaube oder ein Frühbeet nicht herumkommen. Engländer schützen ihre Sämlinge mit der hier schwer erhältlichen Glasglocke.

Die Pflanzenvermehrung läßt sich in der Tat mit der Arbeit einer Hebamme vergleichen, denn sie erfordert ähnliche Eigenschaften und Fertigkeiten: Geduld, Reinlichkeit, Beständigkeit und Zuneigung. Auch junge Sämlinge brauchen eine saubere Umgebung, ständige Pflege und eine Entwöhnungszeit.

> *Die Norweger benutzen das bedeutungsvolle Wort ›Opelske‹, wenn sie vom Zauber der Blumen sprechen: Wörtlich übersetzt bedeutet das ›großlieben‹ oder ›gesund und kräftig pflegen‹.«*
> — Celia Thaxter

Die wesentlichen Arbeitsschritte sind bei jeder Zuchtmethode gleich. Zuerst wird das Rohmaterial – Samen, Steckling, Wurzel, Pfropfreis oder Wurzelstock – von der Mutterpflanze getrennt und so bearbeitet, daß es aus eigener Kraft wachsen kann. Als nächstes muß eine geeignete Umgebung für die Geburt des Pflänzchens geschaffen werden. Und schließlich bereitet der Gärtner den jungen Sproß auf ein eigenständiges Leben vor.

Jeder dieser drei Arbeitsschritte ist eine Wissenschaft für sich. Ob in Sachen Saatgutgröße und Saatabstand, beim Wurzelaustrieb oder Schneiden des Propfreises – jeder Gärtner hat seine speziellen Vorlieben und Tricks. Und, was noch wichtiger ist: Jedem Gärtner ist klar, daß die Pflanzenvermehrung ohne Spezialwerkzeuge nicht gelingt.

Die Geschichte der Pflanzenvermehrung

Mit wachsenden Kenntnissen im Gartenbau blühten ganze Zivilisationen auf.

Vorchristliche Zivilisationen verehrten Götter und Halbgötter als die ersten Pflanzenzüchter. Die Tatsache, daß aus einem einzigen Korn einer Getreideähre nach dem Säen und Aufziehen 60 neue Samenkörner entstehen, kam für den Urmenschen einem Wunder gleich.

In gewisser Hinsicht ist die gesamte Weltgeschichte ohne diese Entdeckung undenkbar. Philosophen und Praktiker aus jedem Jahrhundert – wie Aristoteles, Cato der Ältere, Virgil, Francis Bacon, Alexander von Humboldt, Ralph Waldo Emerson und Luther Burbank – studierten die Pflanzenvermehrung mit dem Ziel, die Qualität und Artenvielfalt von Nutzpflanzen zu erhöhen. Sobald dieses Wissen in Vergessenheit geriet – in Mesopotamien durch die Zerstörung des Bodens, in Rom durch ruinöse Politik – brachen auch die Kulturen zusammen.

Die Grundzüge moderner Pflanzenzucht waren schon vor langer Zeit bekannt. Die Alten Iren beispielsweise wußten bereits ein gut bewässertes Frühbeet zu schätzen und zogen ihre Samen direkt in umgedrehten Grasnarben.

Da die zarten Sämlinge mit ihrem feinen Wurzelwerk zur Auspflanzzeit nicht umgetopft, sondern nur ausgesetzt werden mußten, verlief die Anwachszeit im Garten sehr viel erfolgreicher. Eine andere, noch heute gebräuchliche Zuchtmethode entspricht haargenau der Anzucht in Erdblöcken oder natürlichen Anzuchtgefäßen. Seit Jahrhunderten sammeln Hausfrauen Eierschalen und verwenden sie als ›Kinderstube‹ für ihre Sämlinge. Die Schalen können direkt in die Gartenerde gesetzt werden, und erleichtern den Pflänzchen nicht nur den Wechsel ins Freie, sondern versorgen sie darüber hinaus mit Kalzium und anderen wertvollen Nährstoffen.

Auch die Bedeutung der richtigen Temperatur bei Saat und Aufzucht haben unsere Vorfahren bereits vor Jahrhunderten erkannt.

Die ersten amerikanischen Siedler säten Kürbiskerne in Rindenkörbchen, die mit nährstoffreichem Kompost aus abgestorbenen Baumstümpfen gefüllt waren. Um die Keimung zu beschleunigen, hängten sie die Körbe über eine niedrige Flamme – ein ähnliches Prinzip der Temperaturerhöhung wie bei Treibmatten oder Frühbeeten. Dem Mistbeet – im Grunde ein Frühbeet auf einer Mistschicht, bei deren Zersetzung Wärme frei wird – liegt das gleiche Prinzip zugrunde.

Die Glasglocke hat eine einzigartige Geschichte. Im Mittelalter wurde sie von Alchimisten zur Abschirmung chemischer Reaktionen benutzt.

Wie die Glocke dann in den Garten Einzug fand, weiß niemand, aber ihre Eigenschaften muten auch heute noch ausgesprochen alchimistisch an: Während das umliegende Erdreich noch kahl und schwarz ist, sprießt aus dem nährstoffreichen Mutterboden unter der wärmenden Glasglocke bereits zartes Grün. Früher hatten alle Gartenglocken dieselbe typische Form und wurden aus Glas hergestellt. Im 19. Jahrhundert waren Gartenglocken vor allem in Frankreich sehr verbreitet.

Die Kunst der Stecklingsvermehrung reicht wahrscheinlich bis in die Zeit Noahs zurück, der den ersten Weinstock gezüchtet haben soll. Für seine einfache Vermehrung durch Rebenstecklinge bekannt, wurde Wein bereits in einer verblüffenden Sortenvielfalt angebaut, lange bevor sich die Wissenschaft mit der Pflanzenzucht beschäftigte. In frühen Experimenten wurden vermutlich vielversprechende Mutationen eines Rebstocks von der Mutterpflanze getrennt, einzeln ausgepflanzt und das Ergebnis anschließend ausgewertet. Auch Heckengärtner sind seit jeher auf diese einfachste Vermehrung von Pflanzen wie z.B. der Weide angewiesen, deren kräftige Stecklinge in eine Reihe gepflanzt zu einer dichten Hecke heranwachsen.

Einer der häufigsten Gründe für das Scheitern einer Stecklingsvermehrung ist, daß das in die Erde gesteckte dicke Triebende abfault, bevor es Wurzeln bildet. Als Abhilfe schlug der griechische Philosoph Theophrastus (372–287 v. Chr.) vor, den Trieb in eine Meerzwiebel zu stecken. Später entwickelten Gärtner eine raffinierte Technik, bei der der Steckling durch ein Loch in einem Weidenzweig gesteckt und mitsamt dem Zweig gepflanzt wurde. Der Zweig sollte als eine Art Manschette dienen und den unter der Erde liegenden Teil des Stecklings während der Bewurzelung schützen.

DIE ALTE KUNST DER VEREDELUNG

Die vom Apostel Paulus erwähnte Veredelung eines Olivenbaums im Römerbrief läßt darauf schließen, daß das Pfropfen zu Zeiten Christi bereits bekannt war. Ziel war, ein Reis auf eine wilde Olivenwurzel zu pfropfen, auf daß ersteres die Zähigkeit der letzteren annehme.

In der Renaissance war die Veredelung eine hohe Kunst, und es gab zahlreiche ›magische‹ Tinkturen, um die Wundstelle gegen Infektionen zu schützen. Eine der wohlriechendsten Mixturen war ein Gebräu aus Alkohol, Kiefernharz, Bienenwachs und Talk. Trotz wirkungsvoller Gummibänder zum Versiegeln der Pfropfstelle gibt es heute noch Züchter, die ein sorgfältig zubereitetes Pfropfwachs bevorzugen. Wahrscheinlich schätzen solche Gärtner auch Geruch und Beschaffenheit dieser Mittel.

Heutzutage benutzt man ein Wurzelpuder in Kombination mit einem Fungizid, um die Wurzelbildung anzuregen und Pilzbefall zu verhindern.

Aber selbst diese ausgefeilte, moderne Lösung hat einen eindeutigen Vorreiter: Die Gärtner im 15. und 16. Jahrhundert benutzten zahlreiche geheimnisvolle Tinkturen, die auf die Schnittstelle aufgetragen wurden, um Fäulnis entgegenzuwirken. Diese Mittelchen reichten von reiner Kuhmistessenz bis zu wachs-, harz- oder aloesafthaltigen Mixturen.

In den darauffolgenden Jahrhunderten hat sich in der Kunst der Pflanzenzucht nicht viel verändert. Bewurzelungshormone fördern heute das Anwachsen der Stecklinge, und Gummibänder haben das Pfropfwachs ersetzt. Das Klonen oder die Pflanzenvervielfältigung aus den Zellen einer Triebspitze hat zwar gewaltige Veränderungen für die kommerzielle Pflanzenzucht mit sich gebracht, kann aber den Zuchtmethoden der Kleingärtner und ihrer Freude am Schaffen neuen Lebens nichts anhaben.

Wie schon Rudolf Borchardt schrieb: »Mit Wasser und Erde beginnt, wie die große Welt des Schöpfers, die kleine Welt, die der Gartenzauberer schafft.«

WERKZEUGE ZUR PFLANZENZUCHT

Das Gerät zur Pflanzenvermehrung scheint zunächst für alle möglichen Zwecke geeignet, erweist sich aber bei näherem Hinsehen als speziell für diese Aufgabe vorgesehen und konzipiert. Eine Randgabel oder ein Staudenspaten, die kleine Ausgabe der Standardmodelle, bewährt sich vor allem, wenn der Gärtner auf den Knien nahe am Wurzelballen graben muß. Ein Pikierstab oder Saatholz für den Blumentopf ist die Miniausführung der großen, bauchigen Werkzeuge, die für das Auspflanzen verwendet werden. Zusatzstoffe zur Anzucht von Pflanzen wie Perlit und Blähton haben eine andere Struktur als Mutterboden, und Flachfolien (siehe Seite 111) für Beete ähneln herkömmlichen Haushaltsmülltüten kein bißchen.

Selbstverständlich können einige Werkzeuge zur Vermehrung von Pflanzen auch als Grabe- oder Kultiviergerät benutzt werden. Und umgekehrt bewähren sich auch Grabegabel oder Spaten durchaus beim Teilen großer Wurzelballen. Auch eine gut geschärfte, desinfizierte Ausputzschere kann ausgezeichnet Stecklinge oder Pfropfreiser schneiden. Ein Gelegenheitszüchter kommt sogar mit einem Taschenmesser und einigen Joghurtbechern für den Anfang aus.

Wenn es Ihnen jedoch ernst mit diesem Vergnügen ist, sollten Sie sich unbedingt die richtigen Hilfsmittel zulegen. Als Dank ernten Sie mehr gesunde neue Pflanzen und weniger Fäulnis und Infektionen.

Werkzeuge zur Vermehrung

1. WALZBRETT: Mit diesem Werkzeug wird feuchte Oberflächenerde über den frisch gesäten Samen angedrückt oder der Saatkasten für die Saat vorbereitet.
9 CM × 25 CM;
7 CM HOCH

2. SAATHÖLZER: Sie bohren einzelne, kleine Saatlöcher. Für Blumentöpfe, Anzuchtschalen oder Torfanzuchttöpfe.
LÄNGE: 14–23 CM;
1,5–2 CM Ø

3. RANDGABEL: Die kleine, handliche Grabegabel ist ein echtes Juwel für verschiedene Bodenbearbeitungs- und Kultivierungsarbeiten bei der Pflanzenzucht. Ideal zum Teilen von Wurzeln und Knollen bei der vegetativen Vermehrung.
LÄNGE: 95 CM
GEWICHT: 1,3 KG
KOPF: 14 CM × 23 CM

4. STAUDENSPATEN: Der kleine Spaten mit dem herzförmigen Blatt wurde speziell für das Graben in angelegten Beeten und auf engem Raum entwickelt. Nützliches Werkzeug, um einzelne Wurzelballen unverletzt aus dem Boden zu holen (Vermehrung durch Wurzelteilung). Das abgebildete Modell zeichnet sich durch eine offene Stecktülle, ein geschmiedetes Stahlblatt und einen Hartholzstiel aus.
LÄNGE: 50 CM
GEWICHT: 800 G
BLATT: 11 CM × 12 CM

1. WALZBRETT

2. SAATHÖLZER

3. RANDGABEL

7. SCHERE

8. WETZSTAHL

9. PFROPFMESSER

10. OKULIERMESSER

11. BAUERNMESSER

PFLANZENVERMEHRUNG

5. GEWÄCHSHAUS-ZERSTÄUBER: Ein Relikt aus viktorianischer Zeit. Pumpzerstäuber mit solidem Messingtank, Messingpumpe, Hartholzgriff und Drehdüse. Befeuchtet zarte Sämlinge und Stecklinge schonend.
HÖHE: 35 CM; 15 CM Ø

6. ZERSTÄUBER: Die kleinen Zerstäuber aus Glas oder Kunststoff gehören zu jeder Hobbygärtnerausstattung und sind überall im Fachhandel erhältlich.
HÖHE: ETWA 15 CM; 7–8 CM Ø

7. SCHERE: Die Allzweckschere mit großen Griffaugen kann für unterschiedliche Arbeiten bei der Pflanzenvermehrung eingesetzt werden – vom Entfernen überflüssiger Blätter an Setzlingen bis zum Schneiden von Kordel und Blumenband. Sie hat zwei 5 cm lange geschmiedete, verchromte Schneiden mit einer gezahnten Schneidekante.
LÄNGE: 22 CM

8. WETZSTAHL: Ein Wetzstahl gehört in jede Gärtnerbank. Mit seiner Hilfe bleiben Messerklingen und Scherenblätter sauber und werden optimal geschärft. Eine sorgfältige Klingenpflege verhindert die Verbreitung von Krankheitserregern und Schädlingen.
LÄNGE: 24 CM

9. PFROPFMESSER: Standardpfropfmesser für das Schneiden von Reis und Wurzelstock. Klappmesser mit geschmiedeter Stahlklinge und poliertem Walnußholzheft, auch als Allzweckmesser verwendbar.
KLINGE: 6 CM
GRIFF: 10 CM

10. OKULIERMESSER: Für die Augenveredelung von Rosen, Fuchsien, Obstbäumen u.a. Die rostfreie Klinge aus geschmiedetem Stahl setzt saubere, präzise Schnitte, ohne die Rinde aufzureißen. Ausbuchtung an der Klingenspitze zum Anheben der Rinde beim Pfropfen. Klappmesser mit schwarzem Harzgriff.
KLINGE: 4 CM
GRIFF: 10 CM

4. STAUDENSPATEN

5. GEWÄCHSHAUSZERSTÄUBER

6. ZERSTÄUBER

11. BAUERNMESSER (siehe auch Seite 77): Unverzichtbares Werkzeug zum Ausgraben und Teilen von Knollen und beblätterten Spößlingen. Auch für das Stechen von Pflanzlöchern und leichte Kultivier- und Sägearbeiten geeignet.
KLINGE: 15 CM
GRIFF: 14 CM

12. RECHTWINKLIGER PFLANZENHEBER: Zum Auspflanzen von Sämlingen und Spößlingen, vor allem bei der Verwendung eines Modul-Erdblockers (siehe Seiten 104/105).
KOPF: 15 CM
GRIFF: 12 CM

12. RECHTWINKLIGER PFLANZENHEBER

Spezialmesser

Zum Schneiden und Teilen von Pflanzen können so einfache Werkzeuge wie eine Rasierklinge, ein Schnitzmesser oder ein abgelegtes Küchenmesser verwendet werden. Für die feineren, anspruchsvolleren Arbeiten jedoch benötigt der Züchter Spezialgerät. Ein Pfropf- oder Okuliermesser beispielsweise hat eine dünnere Klinge als ein gewöhnliches Taschenmesser und verfügt meist über eine kleine, stumpfe Ausbuchtung zum Anheben der Rinde. Ihre Klingen sind aus reinem Kohlenstoffstahl, die Schneidekanten stark angeschliffen und scharf, die Hefte handgerecht geformt. Obwohl man mit allen Zuchtmessern problemlos Stecklinge schneiden kann, werden sie nach ihren jeweiligen besonderen Vorzügen in drei Kategorien eingeteilt.

Stützen Sie den Trieb mit Ihrem Zeigefinger und ziehen Sie die Klinge mit einer horizontalen Bewegung zu sich hin. Balancieren Sie das Reis mit dem Daumen der Schneidehand so, daß der Schnitt mittig sitzt.

DIE HIPPE: Hippen gibt es vermutlich bereits seit dem 15. Jahrhundert. Charakteristisch ist ihre sichelförmig gebogene Klinge. Im Grunde ist die Hippe die Miniaturausführung einer großen, scharfen Sichel und wird zum Beschneiden, Einkerben und Absenken von Heckenpflanzen verwendet, damit diese zu den breiten, dichten Hecken heranwachsen, die auch heute noch die europäische Landschaft prägen.

Hippen eignen sich hervorragend zum Anheben der Rinde beim Pfropfen, zum Ringeln und zum Abschneiden von Stecklingen und schlanken Holztrieben. Aufgrund ihrer gebogenen Klinge taugen sie jedoch nicht für gerade, präzise Schnitte auf der Gärtnerbank des Züchters.

Die besten, aber leider auch teuersten Modelle haben eine handgeschmiedete Klinge, die günstigere Edelstahlausführung ist jedoch fast genauso scharf. Manche Hippen haben eine feststehende Klinge, die meisten aber lassen sich zusammenklappen wie ein Taschenmesser. Ein massiver Griff aus Walnußholz mit Messingeinlage für die eingeklappte Klinge liegt am besten in der Hand. Klingenform und -biegung variieren erheblich bei den unterschiedlichen Marken, so daß Sie besser ein paar Modelle in die Hand nehmen, bevor Sie sich für eines entscheiden.

DAS PFROPFMESSER: Pfropfmesser sind wohl die funktionellsten unter den Gartenmessern. Die besten unter ihnen haben eine oben abgerundete, handgeschmiedete Klinge mit rasiermesserscharfer Schneidkante. Mit der flachen Klinge arbeitet man am besten direkt auf der Gärtnerbank und glättet die Schnitte zum Einpassen des Pfropfs in den Unterlagenkopf.

Pfropfmesser gibt es mit feststehender und einklappbarer Klinge. Die Klappmesser haben ein wunderschön geschwungenes Heft aus Walnußholz mit Messingeinlage und liegen angenehm in der Hand. Beim Pfropfen erweist sich dieser Vorzug nicht nur als Komfort: Eine Klinge, die wegrutscht, schneidet im falschen Winkel oder reißt schlimmstenfalls die Rinde mit ab. Beides kann den Pfropferfolg zunichte machen, denn nur eine glatte, dichte Verbindung zwischen Reis und Unterlage wird mit dem Anwachsen belohnt.

DAS OKULIERMESSER: Die Klinge eines Okuliermessers gleicht bis auf eine schmale, glatte Ausbuchtung am oberen Ende der stumpfen Seite eines Pfropfmessers.

Wozu ist die kleine Ausbuchtung gut? Mit ihrer Hilfe hält der Gärtner die Schnittstelle am Wildling auf, um vorsichtig ein einzelnes Reis einzupassen. Diese kleine Besonderheit, der sogenannte Löser, ist entscheidend für den Pfropferfolg, vor allem beim T-Schnitt, wenn es darum geht, die Rinde vorsichtig zurückzuklappen, ohne sie abzureißen. Außerdem erweist sich der glatte, stumpfe Löser beim vorsichtigen Einschieben des zarten Auges in den Spalt als außerordentlich nützlich. Auch beim Feinzuschnitt von Pfropfreis und Wurzelstock hat er sich tausendfach bewährt.

DAS DREIKLINGENMESSER: In dem ständigen Bestreben ihre Produktpalette zu erweitern, fertigen heute zahlreiche renommierte Messerhersteller dreiklingige Klappgartenmesser, die eine gebogene Kerbklinge, eine stumpfe, gerade Pfropfklinge und eine kurze, breite Okulierklinge miteinander kombinieren. Es ist zwar ein hervorragendes Messer, genauso sorgfältig gearbeitet wie ihre Verwandten mit nur einer Klinge, aber der Käufer sollte sich fragen, ob es auch sicher in der Hand liegt und tatsächlich so viel mehr kann als ein gutes Okuliermesser.

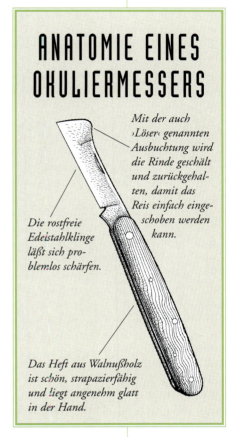

ANATOMIE EINES OKULIERMESSERS

Mit der auch ›Löser‹ genannten Ausbuchtung wird die Rinde geschält und zurückgehalten, damit das Reis einfach eingeschoben werden kann.

Die rostfreie Edelstahlklinge läßt sich problemlos schärfen.

Das Heft aus Walnußholz ist schön, strapazierfähig und liegt angenehm glatt in der Hand.

Beide Fragen können im Grunde mit ›nein‹ beantwortet werden. Natürlich liebt jeder die Vielseitigkeit und Multifunktionalität eines guten Schweizer Armeemessers, aber wenn es um präzises Okulieren und Pfropfen geht, sollte das Werkzeug zur Gärtnerhand passen wie ein gut sitzender Handschuh. Wieso es also mit den unterschiedlichsten Funktionen vollstopfen, so daß das Heft viel zu dick und die Verbindungsstelle von Heft und Klinge wackelanfällig wird?

MULTIFUNKTIONSMESSER: Für Gärtner, die das Pfropfen und Okulieren erst noch für sich entdecken wollen, ist ein ausgesprochenes Spezialmesser nicht unbedingt die beste Wahl. Hippen sind nicht zierlich genug, um damit zu pfropfen, und Okuliermesser sind im allgemeinen zu empfindlich für das grobe Beschneiden der Pflanzen im Garten. Deshalb sollten sich Gärtner für ihre ersten ›Gehversuche‹ ein Multifunktionsmesser anschaffen.

Picknickmesser beispielsweise sind für viele Gartenarbeiten geeignet, vom einfachen Okulieren über das Schneiden von Kordel bis zum Ernten frischer Gurken. Meistens gibt es sie als Klappmodell mit einem Klingensicherungsring. Das allgegenwärtige Schweizer Armeemesser ist ein zuverlässiges Werkzeug für gröbere Schneidearbeiten – und öffnet nach getaner Arbeit auch mal eine gut gekühlte Flasche Bier.

Messer

1. Französische Hippe: Die geschwungene Klinge aus hochwertigem Kohlenstoffstahl ist der ganze Stolz dieser handlichen, preiswerten Hippe. Gutes Allzwecktaschenmesser mit 7 cm langer Klappklinge und 11 cm langen Hartholzschalen. Viro-Lock-Drehring zur Klingensicherung des aufgeklappten Messers.

2. Schweizer Okuliermesser: Besonders zur Obstbaumokulation geeignet. 4 cm lange, leicht gebogene Edelstahlklinge mit Rindenheber (Löser). 10 cm langer Griff mit Messingfutter.

3. Picknickmesser: Das vielseitige Taschenmesser eignet sich für fast alle mittelschweren Schneidearbeiten (schneidet alles von Kordel bis Käse). 8 cm lange Klinge aus hochwertigem Kohlenstoffstahl, 11 cm lange Hartholzschalen mit Sicherungsring.

4. Hippe (Fa. Tina): Allzweckklappmesser mit 7 cm langer, geschwungener Klinge aus geschmiedetem Stahl. 10 cm lange Walnußholzschalen mit Messingfutter. Auch für das Schneiden von Schnittblumen geeignet.

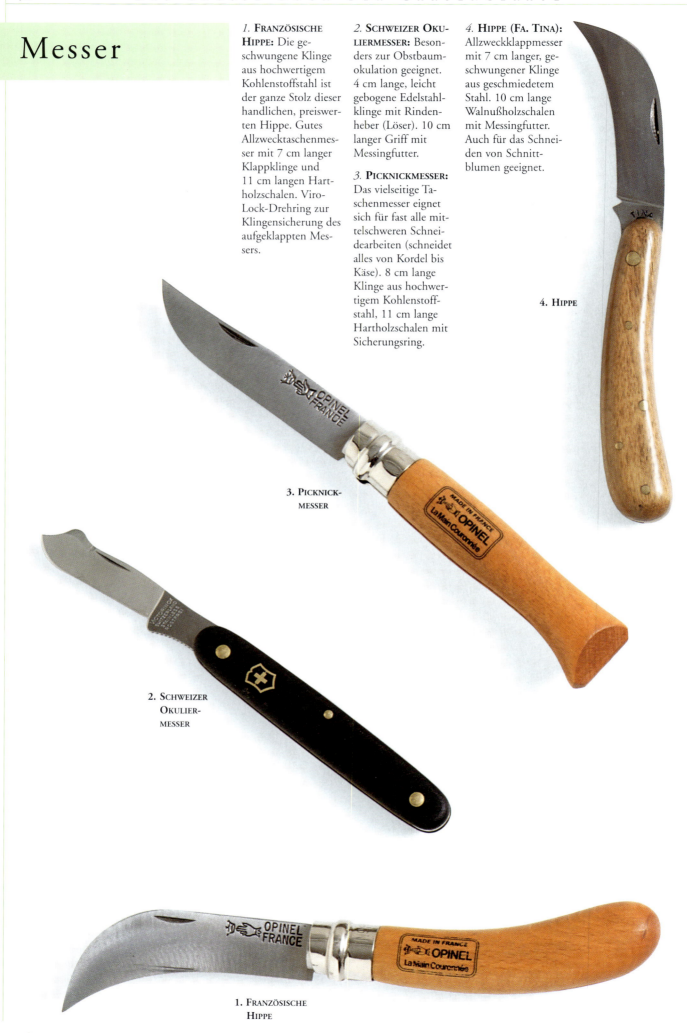

3. Picknickmesser

4. Hippe

2. Schweizer Okuliermesser

1. Französische Hippe

5. Hippe (Fa. Otter): Hochwertiges Profimesser mit einer 8 cm langen, dicken, geschwungenen Klappklinge aus geschmiedetem Stahl und 11 cm langem Hartholzheft mit Messingfutter. Dank ihrer überdurchschnittlichen Größe ist diese Hippe ideal für schwerere Schneidearbeiten.

6. Schweizer Kopuliermesser: Allzweckmesser mit 7 cm langer, gerader Klinge aus hochwertigem, rostfreien Kohlenstoffstahl, ideal zum Ausblüten, Ausputzen und Schneiden. Die Klinge hat eine abgeschrägte und eine flache Seite (einfach zu schärfen). Klappmesser mit 10 cm langen, schwarzen Kunststoffschalen und Messingeinlage.

7. Schweizer Armeemesser: Ohne dieses weltberühmte Taschenmesser geht so gut wie niemand in die Natur. Klassisches, multifunktionales Klappmesser, hier mit sechs Edelstahlklingen und dem bekannten roten Kunststoffheft (10 cm). Das abgebildete Modell zeichnet sich durch eine Allzweckklinge, eine kleine Klinge, einen Schlitzschraubenzieher, einen Kreuzschraubenzieher, eine Ahle und einen Flaschen-/Dosenöffner aus.

8. Pfropfmesser (Fa. Tina): Hochwertiges Pfropfmesser mit einer 6 cm langen, geschmiedeten Stahlklinge, die in einen 10 cm langen Griff aus polierten Walnußholzschalen geklappt wird.

5. Hippe

6. Schweizer Kopuliermesser

7. Schweizer Armeemesser

8. Pfropfmesser

Die Gärtnerbank

Die Gärtnerbank ist die Geburtsstätte der meisten Pflanzen, die aus Samen, Stecklingen oder Pfropfreisern gezogen werden. Die Bank sollte geräumig, sauber, übersichtlich geordnet und fachgerecht ausgestattet sein. Nichts ist frustrierender, als den Wetzstein nicht zu finden, wenn Reis und Wurzelstock zum Pfropfen bereit liegen. Die Suche nach einem verlegten Pikierstab zum Vereinzeln der Sämlinge oder nach dem Pumpzerstäuber beim Vorbereiten der Saatkiste hat schon so manchen Züchter an den Rand der Verzweiflung getrieben.

Eine gute Gärtnerbank hat mindestens einen Regalboden (besser zwei) zum Lagern von Anzuchtgefäßen, Torftöpfen und Pflanzgranulat und zwei Fächer zum Verstauen von Pfropfwachs, Gummibändern, Fungiziden, löslichen Düngemitteln und ähnlichem. Außerdem sollte die Bank über eine breite Arbeitsfläche in der richtigen Höhe verfügen. Diese ergibt sich, wenn Sie den Unterarm parallel zum Boden halten.

Die Arbeitsfläche muß hinten geschlossen sein, damit halb gefüllte Töpfe oder Saathölzer nicht herunterfallen, wenn Sie sie im Eifer des Gefechts beiseite schieben. Ferner sollte sie so tief sein, daß Sie ein Sortiment an Zerstäubern, Gießkannen, kleinen Töpfen, Wetzsteinen, Schmiermitteln, Messern, Saat- und Pikierhölzern, Etiketten und Scheren am hinteren Ende verstauen können und vorne noch genügend Platz zum Arbeiten haben. Auf diese Weise sind die Werkzeuge im Bedarfsfall stets griffbereit.

Der Raum unter der Bank ist meistens offen, so daß man dort je nachdem, was man gerade vorhat, Säcke mit Torf oder Perlit oder einen Stapel mit Erdsieben, Preßplatten und Anzuchtschalen aufbewahren kann. Die Traumgärtnerbank hat mehrere solcher breiten Regalböden und flache Extrafächer für die Glasdeckel der Anzuchtschalen. Die Anzuchtschalen selbst lassen sich auch in einer Ecke im Geräteschuppen stapeln, von den einzelnen Komponenten Ihrer bevorzugten Anzuchterde jedoch sollten Sie stets ein wenig in Kübeln auf der Gärtnerbank aufbewahren, damit Sie sie mit einem Handgriff mischen können – der Rest wird gut verschlossen in Plastiksäcken gelagert.

Stecklingsvermehrung

Die einfachste Form der Vermehrung geschieht, wenn Sie die Triebspitze eines Gehölzstamms oben oder in der Mitte gerade abschneiden und in ein Vermehrungssubstrat aus Düngetorf und scharfem Sand stecken. Sie werden sehen – schon bald sprießen die ersten Wurzeln. Der 5–15 cm lange Steckling hat eine Triebspitze und mindestens ein Blatt oder Auge. Der Schnitt muß gerade sein und wird mit einer scharfen Hippe oder mit einer Bypass-Schere ausgeführt. Die offene Schnittstelle darf auf keinen Fall ausgefranst oder gequetscht werden!

Tauchen Sie die Schnittstelle direkt nach dem Schneiden in ein Schälchen mit Bewurzelungshormonen. (Nie direkt in die Flasche tauchen!) Stecken Sie den Trieb dann so weit in das Substrat, bis er sicher steht (ungefähr auf halbe Länge). Sitzen alle Stecklinge an ihrem Platz, wird die Anzuchterde gut gewässert und das Ganze an einen hellen Platz gestellt (keine direkte Sonneneinstrahlung).

PFLANZENVERMEHRUNG

Gärtnerbank

GÄRTNERBANK: Die klassische Werkbank aus unverrottbarem, witterungsbeständigem Holz (Rotholz oder Zeder) ist ein wichtiges Pflanz- und Lagergerät. Ein bequemer Arbeitsplatz mit griffbereiten Utensilien fördert die Effizienz und Produktivität des Gärtners. Das abgebildete Spitzenmodell aus recycletem Rotholz hat einen Sockelboden zur Aufbewahrung von Blumentöpfen und Kübeln. Pflanzerde und Zusätze können darunter gelagert werden. Die tiefe, rechteckige Arbeitsfläche hat genau die richtige Höhe (80–90 cm) für bequemes Umtopfen und Schneiden im Stehen. Der Aufsatz mit zwei Fächern gewährleistet raschen Zugriff auf kleineres Zubehör. Die besten Gärtnerbänke lassen sich leicht zusammenbauen und trotzen Wind und Wetter.

ARBEITSFLÄCHE: 120 CM × 60 CM; 80 CM HOCH
AUFSATZTIEFE: 15 CM

GÄRTNERBANK

Pflanzenzuchtzubehör

Zur Pflanzenzucht braucht man Werkzeuge, aber auch andere Hilfsmittel. Am Beginn eines jeden gesunden Pflanzenlebens steht ein fachgerecht ausgeführter Schnitt – ob beim Absenken, der Stecklingsvermehrung oder beim Pfropfen. Aber ohne die Stoffe, aus denen das Anzuchtsubstrat gemischt wird, verwelkt oder verrottet jeder abgeschnittene Trieb binnen kurzer Zeit. Neben den Komponenten für die Anzuchterde, in der die Saat keimt und Stecklinge oder Absenker wurzeln – Hygromull (Steinwolle), Perlit, Torf, Kokosfasern, Sand, Kompost und Erde – braucht der Züchter Bewurzelungshormone, um das Wurzelwachstum anzuregen. Schließlich gehören zum Pflanzenzuchtzubehör noch Kordel, Pfropfband und Wachse, die die Wundstelle zusammenhalten, luftdicht versiegeln und so vor Infektionen schützen.

Substrate ohne Erde: Jeder Züchter entwickelt eigene Rezepturen für seine bevorzugten Keim-, Anzucht- und Stecklingssubstrate. Wichtig ist dabei immer, Saat oder Steckling gleichmäßig feucht zu halten und nicht zu ertränken. Außerdem müssen die Pflanzen bei der Wurzelbildung ausreichend mit Frischluft versorgt sein. Hält man sich an diese Regeln, können die Komponenten auch von Mal zu Mal gewechselt werden.

Dennoch wird ein Stoff vor allem aufgrund seiner besonderen Eigenschaft beigemischt. Hygromull beispielsweise verwendet man wegen seiner Luft- und Wasserdurchlässigkeit. Scharfer Sand verbessert den Wasserabfluß, und Torfmoos und Kokosfasern (in gepreßten Blöcken erhältlich) dienen als Wasserspeicher. Feiner Blähton ist ein hervorragendes Anzuchtmaterial aus bei 1 000 °C gebrannter Tonerde. Alle diese Materialien speichern Feuchtigkeit gleichmäßig und konstant.

Bewurzelungshormone: Chemische Bewurzelungshormone gibt es in pulverisierter oder flüssiger Form. Sie stimulieren die Auxine, organische Verbindungen, die bereits in den geschnittenen Trieben vorhanden sind. Im aktivierten Zustand fördern die Auxine die Wurzelbildung.

Bewurzelungshormone, die auf die Schnittstelle frisch geschnittener Triebe aufgetragen werden, erzielen selbst bei schwer wurzelnden Gehölzen gute Erfolge.

Die chemischen Stoffe in den Bewurzelungshormonen haben so zungenbrecherische Namen wie indolebutyrische Säure (kurz IBS), indoleacetische Säure (IAS) und napthoxy-acetische Säure (NAS). Lassen Sie sich bei der Wahl eines Bewurzelungshormons von Fachpersonal beraten. In anderen Ländern ist dem Bewurzelungsmittel manchmal ein Fungizid beigemischt. Das ist in Deutschland nicht üblich und auch nicht erforderlich, sofern das Anzuchtsubstrat steril ist. Sollten Sie sich darüber nicht sicher sein, können Sie es im Backofen stark erhitzen – das tötet alle Erreger ab.

Zwei Dinge gilt es bei der Verwendung von Bewurzelungshormonen unbedingt zu beachten. Erstens: Halten Sie den Steckling nie direkt in die Flasche. Geben Sie eine kleine Menge Hormonpulver in eine flache Schale oder auf ein Stück Papier und tauchen Sie dann den Steckling ein. Auf diese

Weise vermeidet man, daß ein infizierter Trieb das gesamte Hormonpulver verdirbt. Zweitens: Tauchen Sie nur die offene Schnittstelle in das Präparat. Denn schon eine kleine Menge Bewurzelungshormone kann viel bewirken.

FUNGIZIDE: Was gibt es Traurigeres für einen Gärtner, als ein abgefaulter, umgeknickter Sämling oder ein Steckling, der anstatt Wurzeln zu bilden, langsam verdörrt. Gewöhnlich ist der Grund dafür einer der zahlreichen im Boden lebenden Pilze.

Kompetentes Gärtnern schafft hier Abhilfe. Reinigen Sie Ihre Anzuchtgefäße in einer 10%igen Bleichlauge und plazieren Sie Samen und Setzlinge nicht zu dicht. Sorgen Sie dafür, daß Saatkisten und Töpfe gut belüftet sind. Sollte doch einmal ein Problem auftauchen, macht ein Markenfungizid dem Pilz garantiert den Garaus. Benutzen Sie Fungizide jedoch nur als letzten Ausweg, denn sämtliche Pilzvernichter wirken auch wachstumshemmend und belasten das zum Verzehr gedachte Gemüse. Zum Glück handelt es sich bei den auftretenden Pilzen meist um Grauschimmel auf der Substratoberfläche, der mit einem handelsüblichen Mittel bekämpft werden kann.

PFROPFBÄNDER, WACHS UND KLEBEBAND: Bei der Versiegelung von Pfropfstellen gehen die Meinungen ebenso weit auseinander wie bei jeder anderen Kunst, die Eingeweihten vorbehalten ist. Jute, Bast und gewachste Kordel haben genauso ihre Fürsprecher wie die Gummibänder. Andere Züchter verteufeln das alles und schwören auf biologisch abbaubares Klebeband. Objektiv gesehen hat jedes dieser Verbindungsmittel seine Vor- und Nachteile.

Alle Materialien zum Verbinden der Veredelungsstelle, auch die elastischen Bänder, sollten sich biologisch abbauen, ohne wieder abgenommen werden zu müssen. Ein nur langsam verrottendes Band hinterläßt unansehnliche Spuren an der Pfropfstelle. Unabhängig vom Material des Pfropfbands sollten Sie es ein oder zwei Monate nach der Veredelung entfernen.

Sämtliche Pfropfbänder (außer dem Klebeband) müssen nach dem Verbinden mit einer dicken Wachsschicht überzogen werden, um die Wundstelle zu versiegeln. Kommerziell hergestelltes Pfropfwachs besteht in der Regel aus einer Mischung aus Bienenwachs, Paraffin oder Harz. Das Wachs wird weich und formbar, indem man die gewünschte Menge in der Hand rollt und dann um die Pfropfstelle legt. Besser ist es jedoch, das Wachs sanft über einem Brenner zu erhitzen, bis es fast flüssig ist. In diesem Zustand läßt es sich leichter verteilen und füllt sämtliche Ritzen und Spalten um und über dem Band aus.

Man kann auch reines Paraffin oder reines Bienenwachs verwenden – beide müssen geschmolzen werden. Klebeband versiegelt die Wundstelle auch ohne Wachsschicht angeblich völlig luftdicht. Verlassen Sie sich jedoch nicht darauf, wenn Sie eine Pflanze veredeln, die schnell neues Gewebe bildet. Hartriegelgewächse beispielsweise wuchern so rasch an den Wundflächen, daß das Klebeband aufplatzen kann, bevor die beiden Teile vollständig miteinander verwachsen sind.

Anzuchtutensilien

1. **SUBSTRATKOMPONENTEN**

2. **DÜNGER**

4. **PFROPFWACHS**

5. **WUNDVERSCHLUSS UND PINSEL**

8. **PFLANZERDE UND ETIKETTEN**

1. SUBSTRATKOMPONENTEN: Torf, Hygromull, Blähton und keimfreie Erde stehen bei der Vermehrung durch Stecklinge an erster Stelle. Für eine gute Bewurzelung muß das Substrat gleichmäßig feucht gehalten werden. Die keimfreien Komponenten leiten überflüssiges Wasser schnell ab und speichern die richtige Menge Feuchtigkeit.

2. DÜNGER: Der organische Standarddünger ist in jedem Gärtnereibedarf erhältlich. Er wird in Wasser aufgelöst und fördert das Wachstum gesunder Sprößlinge und Sämlinge.

3. PFLANZENSTÜTZEN: Die Kordelrollen, Bambusstecken und das Blumenklebeband haben allesamt die Aufgabe, zarte Jungpflanzen zu stützen, damit sie gerade und kräftig heranwachsen.

4. PFROPFWACHS: Mit dem Pfropfwachs werden Wundstellen gegen Feuchtigkeitsverlust und Infektionen versiegelt. Es wird geschmolzen und mit dem Pinsel aufgetragen.

3. **Kordel und Bambusstecken**

5. **Wundverschluss und Pinsel:** Mittel zum Versiegeln und Schutz großer, offener Wundflächen an Sträuchern und Bäumen, von denen Stecklinge geschnitten wurden.

6. **Erdkrampen:** Eine einfache Art der vegetativen Pflanzenvermehrung ist das Absenken. Dafür wird ein Zweig heruntergebogen und im Boden ›festgekrampt‹. Hat der Absenker eigene Wurzeln gebildet, wird er von der Mutterpflanze getrennt.

7. **Bewurzelungshormone (und Fungizide):** Werden üblicherweise bei der Vermehrung durch Stecklinge verwendet. Sie fördern die Bewurzelung und verhindern die Übertragung von Krankheiten von einer Generation auf die nächste.

8. **Pflanzerde und Etiketten:** Sterilisierte Pflanzerde fördert gesundes Keimen. Die wiederverwendbaren Etiketten dienen dem Gärtner als Gedächtnisstütze, da viele Sprößlinge gleich aussehen.

9. **Notizbuch:** Einfaches Notizbuch mit losen Blättern, in dem der Züchter sämtliche Versuche, Methoden, Erfolge und Mißerfolge einer Saison festhalten kann.

3. **Blumenklebeband**

Saatkisten, Anzuchtschalen, Anzuchttöpfe und Multitopfplatten

Anzuchtgefäße sind die Wiege junger Pflanzen. Sie müssen robust und sauber sein und der Pflanze genügend Platz bieten, um auf die gewünschte Größe heranzuwachsen. Jahrhundertelang haben Gärtner daran gearbeitet, all diese Eigenschaften in einem einzigen Anzuchtgefäß zu vereinen.

Saatkisten und Anzuchtschalen: Saatkisten aus Holz sind robust und stabil. Man kann sie mit reichlich Erde füllen, ohne daß sie auseinanderbrechen. Außerdem leiten sie hervorragend Wasser ab (sofern der Boden mit Latten versehen ist). Allerdings bieten sie auch Krankheitserregern einen idealen Nährboden und saugen die Feuchtigkeit auf, die eigentlich den Pflanzenwurzeln zugute kommen soll. Kunststoffschalen halten Feuchtigkeit und Temperatur besser als Holzkisten und lassen sich außerdem problemlos in 10%iger Bleichlauge reinigen. Leider sind sie oft weniger stabil und müssen öfter nachgekauft werden. Die robustesten Kunststoffschalen haben lange Rinnen im Boden.

Bepflanzen Sie Saatkisten niemals direkt, denn aus einer dicht gefüllten Schale lassen sich die Setzlinge zur Pflanzzeit schwerer vereinzeln. Und wenn ein oder zwei Sämlinge erkranken, überträgt sich die Infektion auf die gesamte Kultur. Verwenden Sie die Anzuchtkiste daher lieber als Behälter für einzelne Töpfe, in denen jeweils nur ein Sämling wächst.

Plastiktöpfe: Plastiktöpfe lassen sich mehrmals wiederverwenden und sind leicht zu reinigen. Für junge Pflanzen sind sie jedoch nicht das Richtige. Denn wenn die Wurzeln an den Topfboden stoßen, machen sie kehrt und schlängeln sich über den Rand hinaus um den Topf, so daß sie nach dem Auspflanzen nicht gesund weiterwachsen können. Der sogenannte »Auspflanzschock« ist fast immer auf unnatürlich gewachsene Wurzeln zurückzuführen.

Eine neue Generation von Anzuchtgefäßen weist Vertiefungen für Kunststofftöpfe ohne Boden auf, in denen sich die Wurzeln wenigstens nach unten frei entfalten können. Häufig sind die Innenwände dieser Modelle mit einer Art Humus beschichtet, um den Auspflanzschaden zu reduzieren.

DIE AUSSAAT

Kleine Samen wie die von Leberbalsam, Löwenmäulchen oder Petunien werden direkt auf die Substratoberfläche gestreut und sanft angedrückt. Größere Samenkörner werden in kleine Rillen oder flache Löcher – mit einem Pikierstab gezogen oder gebohrt – gelegt und dünn mit Anzuchterde bedeckt.

Befeuchten Sie das Substrat mit dem Zerstäuber oder stellen Sie die Multitopfplatte oder den Topf einfach in eine etwas größere Schale mit Wasser. Dann stülpen Sie einen Glasdeckel über das Anzuchtgefäß oder verschließen es fest in einer Plastiktüte. Dadurch bleibt die Erde konstant feucht, und die Samenschalen werden durch den leichten Druck weich und geben dem quellenden Korn nach.

Die meisten Samen keimen am besten bei einer Bodentemperatur von mindestens 20 °C. Eine Raumtemperatur von 21 °C reicht zwar aus, aber die Temperatur im Substrat liegt immer 1,5–3° unter der Lufttemperatur. Stellen Sie daher die Schale *auf* den Kühlschrank, oder nehmen Sie eine feinregulierbare Wärmeplatte zu Hilfe.

Torfanzuchttöpfe und Multitopfplatten: Mit diesen Anzuchtgefäßen entfällt das Austopfen und der Auspflanzschock bleibt minimal. Sie sind zwar teurer als Plastiktöpfe und können nicht wiederverwendet werden, weil sie mitsamt dem Setzling ausgepflanzt werden, aber sie geben den Wurzeln die Möglichkeit, sich durch die Topfwand zu entfalten. Nach dem Auspflanzen durchstoßen alle Wurzeln die Torfhülle und wachsen ins Erdreich weiter. Manchmal jedoch zerfällt der Torf zu langsam, und die Wurzeln haben ihre liebe Not sich auszubreiten. Wichtig ist, den Topf vollständig in der Erde zu versenken, damit der überstehende Rand den Wurzeln keine Feuchtigkeit entzieht.

Es gibt verschiedene Torfersatzstoffe, die jedoch dieselben Probleme aufwerfen wie Torf. Für umweltbewußte Gärtner, die die naturbelastende mechanische Torfgewinnung nicht unterstützen wollen, gibt es Anzuchttöpfe aus Kokosnußfasern. Kokosfasern werden ausschließlich als Torfersatz verwendet und wären ansonsten ein reines Abfallprodukt. Bleibt die Frage, welche Auswirkungen Entnahme und Export eines wesentlichen organischen Bestandteils der Kokosnußzucht auf die Plantagen hat. Daß die Fasern um die halbe Welt nach Europa transportiert werden müssen, um hier als Torfersatz zu dienen, reduziert ihre ökologische Verträglichkeit erheblich.

Besonders praktisch sind Jiffy-Torfquelltöpfe. Das sind kleine, gepreßte Torfscheiben (etwa 5 cm Durchmesser), die man vor Gebrauch in Wasser quellen läßt, bis sie etwa 7 cm hoch sind. Auf der Oberseite befindet sich eine kleine Vertiefung, in die ein einzelner Samen eingelegt wird. Der ›Topf‹ wird mit dem Sämling ausgepflanzt.

Papiertöpfe: Eine weitere, auf den ersten Blick simple und umweltfreundliche Lösung sind Papiertöpfe. Beim einzelnen Anzuchttopf aus Zeitungspapier übernimmt der Gärtner selbst das Recycling. Und so wird's gemacht: Man lege ein Stück Zeitung (nie farbig bedrucktes Papier verwenden, denn es könnte die Anzuchterde verderben) um einen Becher, drücke es rundum an und entferne den Becher wieder – schon hat man einen robusten, kleinen Topf. Mit Anzuchterde gefüllt gibt er eine hervorragende Kinderstube für Stecklinge ab. Das Papierkonstrukt wird mitsamt dem jungen Trieb ausgepflanzt.

So umweltfreundlich sie auch sein mögen, Papiertöpfe weisen dieselben Nachteile auf wie Torftöpfe. Der Topf muß vollständig in die Erde gesetzt werden, um der Wurzel nicht die Feuchtigkeit zu entziehen, und die Wurzeln haben häufig noch Schwierigkeiten, die dünne Papierwand zu durchbrechen.

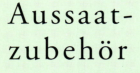

Aussaat-zubehör

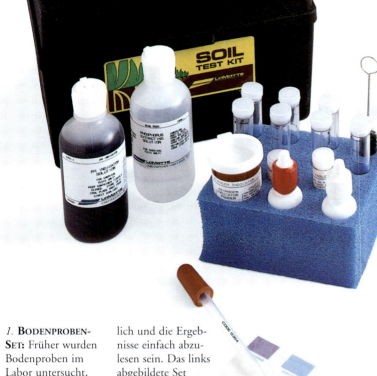

1. BODENPROBEN-SET

1. **BODENPROBEN-SET:** Früher wurden Bodenproben im Labor untersucht, heute hingegen bekommt man Heimtests überall im Fachhandel. Mit guten Heimlabors kann man den pH-Wert der Bodenprobe und ihren Nährstoffgehalt an Kalium, Stickstoff und Phosphor ermitteln. Die Versuchsanweisungen sollten knapp, gut verständlich und die Ergebnisse einfach abzulesen sein. Das links abgebildete Set wird in einer Schutzbox geliefert, zeichnet sich durch detaillierte Analysen aus und ist eher etwas für Profigärtner. Das rechte Set ist auch für Hobbygärtner erschwinglich. Beide Ausführungen reichen für zahlreiche Bodenproben.

2. **Kunststoff-schale mit Deckel:** Kunststoffschalen und Deckel gibt es in vielen verschiedenen Größen. Sie schützen zarte Sämlinge, indem sie sie warm und feucht halten. Das abgebildete Modell hat verstellbare Belüftungsöffnungen, durch die Feuchtigkeit und Sauerstoffzufuhr reguliert werden können.

3. **Torfanzucht-töpfe und Multi-topfplatten:** Aus Torf lassen sich hervorragende Anzuchtgefäße herstellen. Die einzelnen runden Töpfe mit 5 cm Durchmesser und die miteinander verbundenen eckigen Töpfe sind fast überall erhältlich. Wenn das Torfgefäß ständig feucht gehalten wird, können die Setzlingswurzeln nach dem Auspflanzen durch die Torfwand brechen und im Erdreich weiterwachsen, so werden die zarten Wurzeln beim Auspflanzen nicht verletzt. Mit Torfbehältern tun Sie außerdem Ihrem Garten etwas Gutes, da der Torf gleichzeitig als Bodenverbesserer wirkt.

4. **Topfformer:** Mit dieser einfachen, aber cleveren Erfindung kann der Gärtner Töpfe mit 6 cm Ø aus Zeitung oder sonstigem Altpapier basteln. Papiertöpfe sind erstaunlich langlebig und ermöglichen dem Sämling einen guten Start ins Leben. Der etwa 13 cm hohe Topfformer ist aus Hartholz gefertigt.

5. **Setzstahl:** Der Setzstahl mit D-Griff ist das schwerste Handgerät seiner Art. Solider Stahlstift und eingesteckter Stahlbügel mit ovalem Hartholzgriff. Mit seinen stattlichen 900 g Gewicht bohrt es sich in so ziemlich jeden Boden.
LÄNGE: 24 CM

2. **Kunststoffschale mit Deckel**

4. **Topfformer**

5. **Setzstahl**

3. **Torfanzuchttöpfe und Multitopfplatten**

6. **Gärtnerwanne**

6. **Gärtnerwanne:** Die tragbare Gärtnerwanne aus Kunststoff ist genau das Richtige für Gartenfreunde, die keine Gärtnerbank zur Verfügung haben. Sie ist preiswert, strapazierfähig, leicht und hat extra dicke Wände aus unverrottbarem Polypropylen. Die hohe Rückwand erleichtert das Aufhängen an der Wand, der flache Einstieg ist günstig zum Mischen von Substrat und zum Reinigen.

ERDBLOCKER

Drücken Sie den Erdblocker mit dem Griff in die Pflanzerde, bis die Fächer gut gefüllt sind. Lösen Sie die Erdwürfel, indem Sie den Hebel hineindrücken.

Bis heute bietet eine alte Methode die optimale Lösung für das ›Anzuchttopfdilemma‹, denn der beste Topf ist gar kein Topf! Gemüsezüchter, die temperaturempfindliche Früchte mit langer Reifezeit wie zum Beispiel Melonen anbauen, säen die Samen in umgedrehte Grasnarben und verschaffen den Pflanzen dadurch einen entscheidenden Vorsprung. Die Torfwürfel werden dann mit den Pflänzchen in den Boden gesetzt.

Der Vorteil dieser Methode liegt auf der Hand: Die Anzuchterde unterscheidet sich nicht wesentlich von der Gartenerde, so daß sich die Wurzeln nach dem Auspflanzen kaum umgewöhnen müssen. Da es keine Topfwand oder ähnliches gibt, stoßen die Wurzeln nirgends an und werden nicht in ihrem geraden Wuchs behindert.

Torfwürfel sind nicht überall erhältlich, aber ein europäischer Hersteller hat ein System entwickelt, mit dem stabile Erdblöcke hergestellt werden können. In dieser Erfindung sind zweckdienliche Technik und gesunder Gärtnerverstand vereint. Den sogenannten Erdblocker gibt es in vier Größen, für 2 cm dicke Keimwürfel bis 10 cm dicke Setzlingsblöcke. Als Regel gilt: Je später ein Setzling ausgepflanzt werden soll, desto größer muß der Block sein. Im Prinzip sollte man sich immer für den größtmöglichen Block entscheiden, weil er größere Nährstoffreserven bereithält, so daß der Setzling ohne zusätzlichen Dünger anwächst und gedeiht.

Der Erdblocker sieht in etwa aus wie der Zündhebel einer altmodischen Sprengmaschine. Man drückt den Erdblocker mit dem T-Griff nach unten in die zu formende Erde-Torf-Mischung. Das Ergebnis ist eine Reihe freistehender Würfel mit einer kleinen Vertiefung auf der Oberseite, in die das Samenkorn gelegt wird. Die größeren Modelle stanzen sogar ein Loch in den Block, das groß genug ist für Setzlinge, die in einem kleineren Würfel gezogen wurden und nur pikiert werden sollen.

So genial der Erdblocker auch sein mag – in Deutschland ist er nahezu unbekannt.

ANATOMIE EINES ERDBLOCKERS

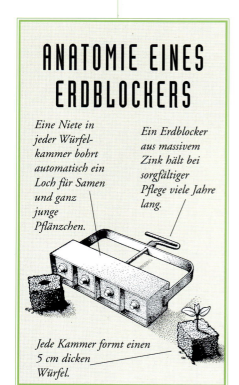

Eine Niete in jeder Würfelkammer bohrt automatisch ein Loch für Samen und ganz junge Pflänzchen.

Ein Erdblocker aus massivem Zink hält bei sorgfältiger Pflege viele Jahre lang.

Jede Kammer formt einen 5 cm dicken Würfel.

PFLANZENVERMEHRUNG

Erdblocker-systeme

1. **MINI-ERD-BLOCKER:** Ausgangswerkzeug für die Saat. Formt 20 2 cm³ große Würfel auf 7 cm × 10 cm großer Fläche, ein optimales Verhältnis für maximales Wachstum auf minimalem Raum. Wenn die Samen keimen, werden die Würfel in die größeren Blöcke des Erdblockers (siehe 2.) gesetzt, damit der Sämling wurzeln kann. Der Stahlgriff hat einen Zinküberzug, und die Stanzform aus Kunststoff ist abwaschbar.
10 CM × 7 CM;
12 CM HOCH

2. **ERDBLOCKER:** Dieses Werkzeug formt vier 5 cm dicke Blöcke auf einmal. Auf der Oberseite hinterläßt es Vertiefungen für Samen. Für die Herstellung von Blöcken mit Loch gibt es einen Aufsatz. Die winzigen 2 cm³-Würfel des Mini-Erdblockers passen in diese Löcher, so daß die Sämlinge ungestört wachsen können. Stahlgriff und -gehäuse haben einen Zinküberzug.
20 CM × 5 CM;
22 CM HOCH

3. **MAXI-ERD-BLOCKER:** Dieses Werkzeug formt einzelne, 10 cm dicke Erdblöcke, die wiederum 5 cm dicke Erdblöcke mit Sämling oder andere Setzlinge aufnehmen können. Stahlgriff und -gehäuse haben einen Zinküberzug.
10 CM × 10 CM;
30 CM HOCH

4. **STAND-ERDBLOCKER:** Mit diesem Werkzeug kann der Gärtner im Stehen viele Blöcke in Folge produzieren. Bei jeder Stanzung entstehen zwölf 5 cm dicke Blöcke. Stahlgriff und -gehäuse haben einen Zinküberzug.
20 CM × 15 CM;
80 CM HOCH

3. MAXI-ERDBLOCKER

2. ERDBLOCKER

4. STAND-ERDBLOCKER

1. MINI-ERDBLOCKER

FRÜHBEETE

Schon im 18. und 19. Jahrhundert wurden Frühgemüse und Stecklinge in kleinen Treibkästen auf Mistbeeten gezüchtet. Lange bevor irgendeine andere Pflanze ihren ersten zarten Trieb aus der harten Wintererde reckte, leuchtete das Mistbeet bereits in prächtigem Grün. An die Stelle von frischem Mist sind heute andere Wärmequellen getreten, wie beispielsweise das elektrische Bodenheizkabel, das im Sand verlegt wird, oder einfach nur die Sonne, die durch das schräge Beetfenster dringt. Letztere Variante wird auch als ›kaltes Frühbeet‹ oder Frühbeet ohne interne Wärmequelle bezeichnet; es ist trotz seines Namens alles andere als kalt.

Ein gutes Frühbeet, das das späte Winterlicht aus dem Süden einfängt, ist als Treibraum mindestens so effektiv wie eine Glasglocke. In mancher Hinsicht ist das Frühbeet sogar die bessere Wahl, weil man es phasenweise öffnen kann, um die Pflanzen langsam an die Außenluft zu gewöhnen. Und obwohl ein Frühbeet etwas schwerer ist als eine Glasglocke, läßt es sich problemlos an die gewünschte Stelle im Garten transportieren und im Sommer wieder wegräumen, das gilt vor allem für die leichten Kunststoffmodelle.

Frühbeete ohne interne Wärmequelle sind heutzutage viel häufiger im Einsatz als Mistbeete. Sämtliche Modelle haben zum Ziel, maximale Sonneneinstrahlung mit gleichbleibender Innentemperatur zu kombinieren. Die meisten Frühbeete haben einen Rahmen aus isolierenden Materialien wie Holz oder Backstein, um die Innentemperatur konstant zu halten. Das Oberlicht ist mit Scharnieren am Rahmen befestigt und hat eine Glas- oder Acrylscheibe.

Bei einigen Frühbeetkästen ist auch der Rahmen aus lichtdurchlässigen Materialien hergestellt. Sie sind für den Einsatz in nördlichen Breiten gedacht, wo die ersten Sonnenstrahlen im Frühjahr in flachem Winkel auf den Boden treffen. Durch diese vorzeitige Lichteinwirkung wird bei den Pflänzchen die Photosynthese angeregt. In der Vergangenheit gaben solche Frühbeete in der Regel durch den Glasrahmen zu viel Wärme nach außen ab, aber mit den neuartigen, wärmeisolierenden Kunststoffrahmen bewähren sich die durchsichtigen Frühbeete als nützliche Zuchthelfer in den nördlichen Breitengraden.

Wenn die Tage länger und wärmer werden, zeigt sich das wahre Problem der Frühbeete: Sie werden *zu* heiß. Eine Woche Aprilsonne auf ein unbelüftetes Frühbeet, und die Setzlinge sind verwelkt. Um das zu verhindern, läßt sich das Fenster in mindestens drei Positionen kippen. Normalerweise wird das Frühbeet mehrere Stunden am Tag gelüftet, je näher die Auspflanzzeit rückt. Natürlich muß der Gärtner dabei die Innentemperatur immer kontrollieren. Im Fachhandel gibt es einen unschlagbar praktischen automatischen Lüftungsöffner mit Temperaturfühler, der das Fenster selbsttätig bei 24 °C öffnet und bei 20 °C wieder schließt.

Ein gutes Frühbeet, das das späte Winterlicht aus dem Süden einfängt, ist auch ohne interne Wärmequelle als Treibraum mindestens so effektiv wie eine Glasglocke.

PFLANZENVERMEHRUNG

Frühbeete

1. **Frühbeet aus recycletem Rotholz:** Das robuste Frühbeet mit Doppelfenster ist aus den Rotholzleisten alter Weinfässer gezimmert. Der mehltauresistente, verrottungsfeste Rahmen wird direkt auf das Beet oder über drei Standardsaatschalen gesetzt. Die Fenster aus durchsichtigem, bruchsicherem Acrylglas sind sowohl lichtdurchlässig als auch wärmeisolierend und halten Schädlinge und Frost fern.
120 CM × 60 CM
HÖHE VORNE: 18 CM
HÖHE HINTEN: 30 CM

2. **Holzsaatkiste mit Beetschutz:** Hausgemachte Frühbeetvariante. Die Kiste aus alten Rotholzbrettern bietet Platz für zahlreiche Torftöpfe und Setzlinge. Der leichte, lichtdurchlässige und wärmeisolierende Beetschutz aus Polyester-Vlies schützt gegen Frost und Krankheitskeime und speichert die Feuchtigkeit. Ausgezeichnete, leicht transportierbare Alternative zum Frühbeet; ideal für Hof, Terrasse und Dachgarten.
30 CM × 60 CM;
15 CM HOCH

3. **Dänisches Frühbeet:** Für Gartenfreunde aus Ländern mit langen Nächten und kurzen Wachstumsperioden. Mit seinem durchsichtigen Rahmen aus 3,5 mm dickem Polycarbonat wandelt dieses Frühbeet auch den kleinsten Sonnenstrahl in Wärme um. Der Rahmen ist aus Aluminium. Das Fenster kann in verschiedenen Kipppositionen arretiert werden.
90 CM × 55 CM;
30 CM HOCH

1. Frühbeet aus recycletem Rotholz

2. Holzsaatkiste mit Beetschutz

3. Dänisches Frühbeet

Glasglocken und andere Schutzhüllen

Glasglocken werden zum Schutz gegen Frost, Wind, Insekten und Vögel wie ein Hut über eine oder mehrere Jungpflanzen gestülpt. Unter Glas kann man empfindliche Nutzpflanzen wie Tomaten, Melonen und Paprika schon zwei bis drei Wochen früher als es sonst möglich ist, auspflanzen und dementsprechend früher ernten. Auch Kopfsalat und Erdbeeren kann man mit Hilfe von Glasglocken vorzeitig setzen und bis in den Herbst hinein halten.

Nach dem Zweiten Weltkrieg waren mit Aufkommen des strapazierfähigen und kostengünstigen durchsichtigen Kunststoffs plötzlich alle möglichen Arten von Glocken auch als preiswerte Kunststoffmodelle erhältlich. So gibt es heute Glocken, Hauben, Kegel, Pyramiden, Zelte und ganze Treibhäuser aus Kunststoff. Sie sind ebenso lichtdurchlässig wie die Glasvarianten, aber weniger zerbrechlich. Der einzige Nachteil ist, daß Kunststoff mit der Zeit unter Einwirkung von UV-Strahlen stumpf und porös werden kann. Darüber hinaus bleiben nur ästhetische Gründe, um Glas gegenüber Kunststoff den Vorzug zu geben. Früher war Glas unempfindlicher gegen Frost als Kunststoff, aber das gilt heute nicht mehr.

Gärtner berichten gern von wahren Wundern, die ihre Plastik- oder Glasglocken vollbracht haben. Es findet sich wohl kaum ein ernsthafter Gemüsebauer in unseren Breitengraden, der nicht von einer Reihenglocke zu erzählen weiß, die ihm bei einem plötzlichen Kälteeinbruch Hunderte junger Tomaten-, Salat-, Lauch-, Kohl- oder Erdbeerpflanzen vor dem Erfrieren gerettet hat.

Die Kunststoffglocke: So ziemlich alles vom Marmeladenglas bis zur Milchkanne wurde schon eingesetzt, um den Gemüsepflanzen im Garten einen Wachstumsvorsprung zu verschaffen. Kunststoffglocken sind preiswert und haben den Vorteil, daß man sie lüften kann. Unter dem Schutz einer solchen Glocke kann der Gärtner seine Tomaten-, Paprika-, Auberginen- oder Melonensämlinge schon Wochen vor Saisonbeginn nach draußen setzen. Um die leichte Glocke im Boden zu verankern, wird der breite äußere Rand mit Erde bedeckt. Zum Lüften sollte die Glocke oben einen Deckel oder einige Löcher aufweisen, um eine Überhitzung zu verhindern.

Die Glasglocke

Altmodische Glasglocken sind eine Zierde für jeden Garten. Die einst mundgeblasenen Gläser sind heute als teure Schätzchen beim Antiquitätenhändler zu finden, werden aber auch noch hergestellt. Wenn man eine solche Glasglocke im Garten verwenden möchte, sollte man sich für ein Modell mit Deckel entscheiden, um eine bessere Ventilation zu gewährleisten. Eine unbelüftete Glasglocke muß sonst unten mit einem kleinen Stein etwas angehoben werden.

Zu den schönsten antiken Glasglocken zählen die Modelle mit Glasknauf auf der Oberseite, der zum Anfassen diente. Leider kann der Glasknauf wie ein Vergrößerungsglas wirken, so daß die Pflanze unter der Glocke verbrennt. Daher eignen sich diese Modelle eher als Schmuck für die Terrasse oder als Abdeckhaube bei einem stilvollen Picknick im Garten. Im Garten ist eine Glasglocke oft ein schönerer Schmuck als irgendeine Gartenskulptur.

Am besten stellt man die Glocke bereits zwei Wochen vor dem Auspflanzen auf, damit der Boden darunter genügend Zeit hat, sich aufzuwärmen. Problematisch werden die Glocken nur an sehr heißen Tagen, wenn die Sonne unerbittlich vom Himmel brennt.

Dann muß der Gärtner die Glocke lüften, damit die junge Pflanze nicht verbrennt. Altmodische Glasglocken mußten zu diesem Zweck eine nach der anderen mit einem dicken Stein oder einem Ziegel aufgebockt werden. Die meisten heutigen Modelle hingegen haben oben oder an der Seite eine Belüftungsvorrichtung. Achten Sie darauf, daß die Blätter der Pflanze auf keinen Fall an die durchsichtigen Wände stoßen, da sie ansonsten versengt würden.

BLEICHTÖPFE: Auf der Jagd nach Antiquitäten stößt man hin und wieder auf Tontöpfe, die ähnlich aussehen wie Glasglocken, mit dem Unterschied, daß sie nicht durchsichtig sind. Früher dienten sie dazu, reifende Pflanzen – vor allem Rhabarber, Endivien und Chicoree – vor Licht zu schützen, da Blätter und Stiele dieser Gemüse besser schmecken, wenn sie gebleicht sind.

Wie auch manche Glocken haben die Bleichtöpfe in der Regel einen abnehmbaren Deckel, der einerseits dazu dient, die Mittagshitze zu drosseln, und andererseits dem Gärtner die Möglichkeit gibt, den fortschreitenden Bleichprozeß zu beobachten.

REIFEHAUBEN: Auch wenn bereits viele Kunststoffglocken aus recyceltem Kunststoff hergestellt werden, ist die Reifehaube aus Wachspapier doch die umweltfreundlichste Alternative. Jede Haube sitzt auf einem kleinen Drahtgestell und sieht im Gemüsegarten über den Tomatenpflänzchen aus wie ein auf den Kopf gestellter Kaffeefilter. Wenn die Tage wärmer werden, kann man die Spitze der Haube abreißen, damit die Pflanze mehr Luft bekommt, während die Wände als Schutz gegen austrocknende Winde stehenbleiben.

DIE WASSERWAND: Das einfache, aber wirkungsvolle Konzept der Wasserwand wurde Anfang der 1980er Jahre erfunden. Sie hat – ebenso wie eine normale Kunststoffglocke – eine konische Grundform mit Ventilationsöffnung an der Spitze und dient wie diese dem Schutz empfindlichen Saatguts.

Der Unterschied jedoch ist, daß es sich bei der Wasserwand genaugenommen um einen Behälter handelt, der rund 10 Liter Wasser faßt und die Pflanze wie eine Schutzwand umgibt. Ziel dieses Geräts ist es, die Umgebungstemperatur der Pflanze möglichst konstant zu halten. Tagsüber absorbiert das Wasser die Hitze, und die Pflanze bleibt kühl und feucht; nachts oder in Kälteperioden strahlt das Wasser bis zu 900 000 Kalorien Wärme ab und bewahrt den empfindlichen

ANATOMIE EINER WASSERWAND

Die Wasserwand kann oben offen bleiben, damit die Jungpflanzen mehr Licht oder Luft bekommen, oder zum Schutz von ganz jungen Sämlingen zusammengefaltet werden.

Die einzelnen Zylinder fassen insgesamt etwa 10 Liter Wasser

Der Bodendurchmesser beträgt etwa 30–40 cm.

Setzling vor dem Erfrieren. Eine normale Glocke kann die Pflanzzeit in beide Richtungen um bis zu drei Wochen verlängern, die Wasserwand um bis zu acht Wochen.

REIHENGLOCKEN UND REIHENABDECKUNGEN: Seit Anfang des 20. Jahrhunderts wurden Glasglocken immer weiterentwickelt. Irgendwann hatten englische Gärtner dann genug von dem Einzelpflanzenmodell und erfanden die Reihenglocke, eine beliebig verlängerbare Konstruktion, mit der ganze Erdbeer- oder Salatreihen zugedeckt werden können.

Die ersten Reihenglocken hatten die Form von Indianerzelten und konnten auf eine beliebige Länge miteinander verbunden werden – eine geeignete Konstruktion für kleine Sämlinge und schmale Einzelreihen. Die Treibhausglocke hat ein flacheres Dach, ist dadurch geräumiger und bietet Platz für zwei Reihen mit größeren Pflanzen.

In Sachen Schönheit können die Treibhaus- und Zeltglocken mit den Glasglocken nicht konkurrieren. Andererseits sind sie viel ökonomischer und einfacher zu handhaben, da sie ganze Pflanzreihen und nicht nur einzelne Sämlinge abdecken können.

Mit dem Aufkommen elastischer Polyethylenfolien wurde es möglich, beliebig lange, meist aus einem Stück gefertigte Folientunnel herzustellen. Unbestritten sah der Garten damit aus wie ein Soldatenlager, aber das Ergebnis war eine viel frühere Ernte und folglich ein besseres Auskommen des Gärtners.

Die einfach gebauten, leichten Kunststoffolientunnel sehen aus wie ein Wunder moderner Technik, dabei reichen ihre Vorfahren mindestens bis ins 18. Jahrhundert zurück. Damals entwickelten Gärtner in England und im kolonialen Amerika einfache tragbare Glocken aus Holzringen, die mit geöltem Papier bespannt wurden.

Diese Praxis erlebte eine zweite Blüte, als man Papierglocken einsetzte, um Melonen auszupflanzen und Rosmarin zu überwintern. Die Gärtner bogen Eichenzweige zu Ringen, die sie zu 3 m langen, 80 cm breiten Rahmen zusammenbauten. Diese bezogen sie dann mit einem feinen, teuren Leinenpapier, das sie mit Leinsamenöl bestrichen, um es wasserdicht zu machen.

Der Heimgärtner von heute kann mit modernen Folientunneln ähnlich verfahren. Dazu werden die Draht- oder Plastikringe vorsichtig auf der gesamten Beetlänge in den Boden gesteckt. (Es sind auch Ringe auf dem Markt,

DER SÄMLING LIEBT ES WARM

Im Frühling kommt neues Leben in die Natur: Der Boden bricht auf und wird weich, der Regen tränkt die Erde, das Samenkorn quillt und keimt, Blätter und Wurzeln sprießen hervor, und häufig hebt das Keimblatt die weiche Samenschale mit in die Lüfte.

Jetzt ist die Zeit, um mit Hilfe eines Frühbeets, einer Glasglocke oder Beetfolie Frühgemüse wie Brokkoli oder Kopfsalat direkt auszusäen. Jedes durchsichtige Material – Glas, Kunststoff oder Polyethylenfolie –, das den offenen Boden bedeckt, hält die Saat schön warm und feucht. Auf diese Art und Weise können Gemüsegärtner einen Erntevorsprung von zwei bis drei Wochen auf die kommende Saison erzielen.

die selbst die breiten Reihen des intensiven Anbaus überspannen.) Dann wird die Kunststoffolie über die Ringe ausgebreitet und die Kante am Beetrand im Boden verankert oder mit breiten, stumpfen Erdkrampen festgesteckt.

Das System ist ziemlich simpel. Beeindruckend ist jedoch die breite Auswahl an Abdeckfolien für die unterschiedlichsten Zwecke und Bedürfnisse. Sie sind allesamt aus einem speziellen, reißfesten Gewebe hergestellt, das Wasser und Dunst durch winzige Poren leitet. Einige Folien bieten auch bei 4 °C noch einen sicheren Schutz für Pflanzen, sind allerdings weniger lichtdurchlässig. Gute Folien für besonders frühe Beete lassen in der Regel nur 50% des Tageslichts durch. Folien, die bis 2 °C schützen, haben dagegen eine Lichtdurchlässigkeit von 90%.

Sommerbeetfolien sind für zweierlei Zwecke bestimmt. Leichte Folienarten schützen in erster Linie gegen Insekten. Sie halten Wurzelmaden, alle möglichen Blattschädlinge, Kohlwürmer und einige Schnecken ab. Speziell entwickelte Schattenfolien filtern bis zu 50% der Sonneneinstrahlung. In vielen Gegenden helfen sie dem Gärtner, die ganzen warmen Sommermonate hindurch herrlich zarten Kopfsalat zu ernten.

Eine Beetfolienart ist so leicht und elastisch, daß sie noch nicht einmal Ringe oder Bügel als Stütze über den Pflanzen braucht. Die sogenannte Flachfolie ist beinahe transparent und kann direkt über den Sämlingen ausgebreitet werden. Die Kanten werden zur Befestigung im Boden eingegraben. Die Flachfolie bietet zwar keinen so optimalen Frostschutz wie die durch die Ringe getragene Folie, hält einen leichten Frost aber gut aus und schützt empfindliche Pflänzchen zuverlässig gegen Wind und Schädlinge.

Aber vielleicht ziehen Sie ja die altmodische Methode vor? Stellen Sie umweltfreundliche Abdeckungen doch einmal selbst her! Holzleisten können die Eichenzweige ersetzen, und anstelle von Leinen verwendet man Metzgerpapier oder einfach braunes Packpapier. Reißt oder bricht eine solche Abdeckung, kann sie recycelt oder sogar kompostiert werden, landet aber auf keinen Fall im Hausmüll.

Pflanzenschützer

1. Endivien-Bleichtopf

3. Pyramidenglocke

2. Glasglocken

2. GLASGLOCKEN: Die klassisch geformte Glasglocke wurde um das Jahr 1900 von französischen Gärtnern entwickelt. Sie hat gegenüber Frühbeeten den Vorteil, transportabel zu sein, schützt Sämlinge bei geringer Sonneneinstrahlung gegen Kälte und Schädlingsbefall. Einige Modelle haben abnehmbare Griffe zur besseren Belüftung.
GROSSE GLOCKE: 36 CM Ø; 27 CM HOCH
MITTLERE GLOCKE: 28 CM Ø; 23 CM HOCH
KLEINE GLOCKE: 20 CM Ø, 15 CM HOCH

3. PYRAMIDENGLOCKE: Die moderne Variante der traditionellen englischen Glocke aus Schmiedestahl und Wachspapier ist aus leichtem Aluminium und Glas gefertigt. Ihre Grundfläche ist noch größer als die von herkömmlichen Glasglocken. Ein nützliches Gerät zum Abdecken größerer Saatflächen. Die Pyramidenform ist dem Dach eines großen Treibhauses nachempfunden.
45 CM × 45 CM; 25 CM HOCH

1. ENDIVIEN-BLEICHTOPF: Zahlreiche Gemüsesorten wie Endivien, Chicoree, Rhabarber, Sellerie und Lauch müssen vor der Sonne geschützt werden, damit sie ihren zarten Geschmack entfalten können, ansprechender aussehen oder überhaupt genießbar sind. Dieser Terrakotta-Topf ist ein tolles Bleichgerät, das einem die Mühe erspart, das Gemüse zu häufeln oder zusammenzubinden. Durch den abnehmbaren Deckel können Wachstum und Bleichprozeß kontrolliert werden.
28 CM Ø; 50 CM HOCH

4. **KUNSTSTOFF-GLOCKEN:** Diese Glocken dienen demselbem Zweck wie ihre klassischen gläsernen Schwestern, sind jedoch weitaus erschwinglicher und dank ihres geringen Gewichts auch für große Anbauflächen geeignet. Die Glocken aus durchsichtigem, recycelbarem Kunststoff haben teilweise einen kleinen abnehmbaren Griff oder eine Lüftungsöffnung an der Spitze.
30 CM Ø; 25 CM HOCH

5. **WASSERWAND:** Dieser einzigartige Pflanzenschützer schirmt Boden und Sämling gegen Frost ab und ermöglicht dem Gärtner, sein Gemüse um sechs bis acht Wochen früher auszusetzen. Die vertikalen Zellen fassen insgesamt rund 10 Liter Wasser, welches wiederum bis zu 900 000 Kalorien Wärme abstrahlen kann – das reicht, um im Umkreis von 1 m den Schnee zum Schmelzen zu bringen. Zunächst werden die Sämlinge bei geschlossenem Deckel gezogen. Wenn sie größer sind und die Sonne intensiver wird, öffnet der Gärtner den Deckel, um mehr Licht und Luft hineinzulassen. Die Wasserwand eignet sich insbesondere zur Aufzucht von wärmeliebenden Pflanzen wie Tomaten und Rosen. Recyclebarer, biegsamer Kunststoff.
30–40 CM Ø; 46 CM HOCH

6. **KUNSTSTOFF-TREIBHAUS:** Diese weitverbreiteten Pflanzenschützer sind attraktiver als selbstgebastelte Modelle aus halbierten Plastikkanistern und haben dieselben Vorteile. Sie lassen viel Licht ein, halten Wärme und Feuchtigkeit konstant und schützen gleichzeitig gegen Frost und Schädlingsbefall. Belüftungslöcher sorgen für eine ausreichende Luftzirkulation. Kunststofftreibhäuser sind oft im Multipack erhältlich, ideal zum Abdecken großer Mengen Sämlinge. Allerdings bestehen sie aus relativ dünnem Kunststoff und müssen daher häufiger erneuert werden als die Glocken.
21 CM × 21 CM; 25 CM HOCH

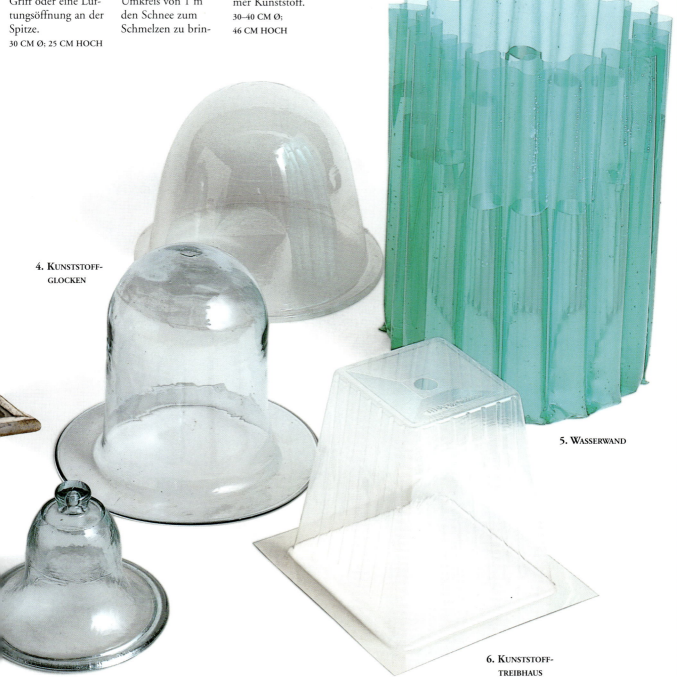

4. KUNSTSTOFF-GLOCKEN

5. WASSERWAND

6. KUNSTSTOFF-TREIBHAUS

Kapitel Fünf

Pflanzen

In jedem Frühling liegt dieser typische Duft der ersten Tulpen und Osterglocken in der Luft. Jetzt beginnt die Pflanzzeit. Wo noch einen Monat zuvor eine Breithacke nötig war, um den steinhart gefrorenen Boden aufzubrechen, läßt sich die Erde – jetzt von weicher, krümeliger Struktur – schon mit dem Daumen eindrücken. Der Gärtner holt seine Setzhölzer und Blumenkellen aus dem Winterschlaf, entfernt die alte Erde aus den Blumenkästen und Kübeln, um diese mit frischem Substrat zu füllen. Samen und Sämlinge warten bereits auf ihr neues Zuhause …

> *Daher sollte jeder Gärtner und jeder Grundbesitzer behutsam und gewissenhaft darauf achten, daß die Samen, die der Erde anvertraut werden, weder zu alt, zu trocken, zu dünn, zu vertrocknet oder noch gar gefälscht sind … daß der Wind am Pflanztag nicht von Norden bläst, sondern von Süd oder Südwest, und daß es nicht gerade ein bitterkalter Tag ist; da sich bei solcher Witterung die noch schüchterne Erde rasch wieder verschließt und die Samen nicht richtig aufnimmt und ausreichend ernährt …«*
> — Didymus Mountain

Die erste und größte Pflanzwelle setzt im Frühjahr ein, aber auch in den Sommer-, Herbst- und sogar Wintermonaten gibt es genug zu tun. Radieschen zum Beispiel können fast das ganze Jahr über gesät werden, und sobald der frühe Kopfsalat geerntet ist, sollte eine Sommervariante, die viel Sonne vertragen kann, seinen Platz einnehmen. Die meisten einjährigen und frostempfindlichen Mehrjährigen setzt man am besten erst nach den Eisheiligen ins Beet. Brokkoli und die verschiedenen Kohlsorten können auch im Spätsommer noch gepflanzt werden, und dem cleveren Gärtner, der Bohnensetzlinge in Torftöpfe pikiert hat, gelingt vielleicht sogar eine zweite Ernte im Frühherbst.

Wenn dann die Luft kälter wird und der Garten allmählich auf den Winter vorbereitet wird, setzt noch einmal eine wichtige Pflanzperiode ein. Mit Blumenkelle und Knollenpflanzer legt der Gärtner neue Beete mit Osterglocken an, setzt Schneeglöckchen und Krokuszwiebeln vors Haus, pflanzt Schwertlilien um den Gartenteich und verstärkt die Staudenrabatte mit Kaiserkronen und Goldlauch.

Beim Pflanzen wiederholen sich immer dieselben drei Schritte: 1.) Beugen und Graben, 2.) Einsetzen und Bedecken, 3.) Festdrücken der Erde. Die Bewegungen gehen fließend ineinander über. In Malaysia und anderen Ländern der Welt pflanzen die Bauern noch heute zum Rhythmus der Trommeln.

Die Geschichte des Pflanzens

Das Pflanzen ist das zentrale Ritual der menschlichen Kultur. Es ist Basis für Wachstum und Gedeihen der Pflanzen, wodurch gleichzeitig für die Nahrungsgrundlage gesorgt wird. Pflanzen ist ein fast intimer Akt, der den Gärtner sehr nah mit dem Boden in Berührung bringt. Trotz des Siegeszugs monströser Pflanz- und Sämaschinen in der Landwirtschaft, eignen sich für Pflanz- und Säarbeiten im privaten Garten noch immer die Handgeräte am besten, die sich seit ihrer Erfindung kaum verändert haben.

Das Säen

Das zum erstenmal zur Zeit der Römer erwähnte und seitdem quasi unveränderte Dibbel- oder Setzholz ist formvollendeter als ein Grabestock. Erst mit Anbruch der Rennaissance begann die Herstellung von Dibbelhölzern in den Manufakturen – eisenbeschlagene Modelle, die man auch in feste Lehmböden treiben konnte.

Die Bodenvorbereitung ist beim Säen jedoch erst die halbe Miete. Die zweite Hürde ist das Verteilen der Samen. Früher behalfen sich die Gärtner mit einer getrockneten Maishülse oder einem Trompetenbaumblatt, deren spitz zulaufendes Ende ein Samenkorn nach dem anderen freigab. 1670 forderte Leonard Meager die Gärtner Englands zu ebendieser Methode auf: »Wenn Sie Ihre Samen in ein weißes Papier füllen«, schrieb er, »können Sie sie ganz einfach und gleichmäßig säen, indem Sie mit dem Zeigefinger der Saathand gegen das untere Ende des Papiers klopfen«. So werden die Samen, wie ein anderer früher Autor es formulierte, »fachmännisch in die Erde gebracht«.

Für Setzlinge und Blumenzwiebeln benötigt man aber tiefere Pflanzlöcher. Große Gehölze können natürlich mit Hilfe von Spaten und Schaufel umgesetzt werden; um aber den Boden für Knollen und beblätterte Sprößlinge vorzubereiten, sind das Setzholz zu klein und die Schaufel zu groß.

Pflanzen in großen Pflanzlöchern

Heute ist die enge Verwandtschaft von Blumenkelle und Knollenpflanzer kaum noch zu erkennen. Die eine sieht aus wie eine große Zunge oder kleine

Früher behalfen sich die Gärtner mit einer getrockneten Maishülse oder einem Trompetenbaumblatt, deren spitz zulaufendes Ende ein Samenkorn nach dem anderen freigab.

Schaufel, der andere wie ein riesiger Plätzchenausstecher mit Griff. Bis in die 1820er Jahre hinein sahen sich die beiden Werkzeuge jedoch sehr ähnlich: Blumenkellen hatten die Form von halbierten Blechdosen, während Knollenpflanzer aussahen wie eine komplette Dose. Beide Geräte hatten die Aufgabe, gleichmäßige runde Löcher auszuheben, so daß Pflanzen oder Knollen in einer einheitlichen Bodentiefe eingesetzt werden konnten. Zu diesem Zweck haben manche Blumenkellen heute sogar eine Zentimeter-Skala in das Blatt gestanzt. Die neue Form hat den Vorteil, daß damit weniger Erde verschüttet wird und alle möglichen Pflanzlochgrößen und -formen gegraben werden können. Die Rundspitze der modernen Blumenkelle ist ideal, um flache Reihen zu ziehen, und ihr praktisches Blatt erweitert ein Pflanzloch, bis es dem Wurzelstock seines neuen Bewohners genügend Raum bietet.

Aber erst mußte der harte Leichtstahl erfunden werden, bevor die Blumenkelle ihren Triumphzug als modernes Gartengerät antreten konnte. Ihre Vorfahren waren eher schwere, grobbehauene Eisenklumpen, die aufgrund ihres stattlichen Gewichts an der Verbindung zwischen Blatt und Stiel sehr labil waren. Die Blumenkelle aus Stahl hatte entweder ein geschmiedetes Blatt mit Zapfen-Bundring-Verbindung oder sie war bruchfest und solide aus einem Stück geschmiedet.

Diese Handgeräte taugten allerdings nicht für die Bestellung der Felder. Jahrhundertelang wurde der Getreidesamen selbst auf großen Feldern mit der Hand ausgestreut. Sobald die Scholle umgegraben war, schnürte sich der Bauer einen Korb oder Kasten mit einer bestimmten Menge Samen um die Hüften und machte sich an die Arbeit. Mit kraftvollen, rhythmischen Bewegungen schritt er über den frisch gepflügten Acker und warf den Samen aus vollen Händen nach links und rechts, so als dirigiere er ein Orchester. Gewiß war es ein schöner Anblick, wenn eine Gruppe von Pflanzern im Gleichklang über das Feld zog und dabei den glitzernden Samen ausstreute, ihre Methode war jedoch nicht sehr effektiv. Der Samen lag meist nicht gerade gleichmäßig auf dem Feld verteilt und fiel dann häufig auch noch Wind und Vögeln zum Opfer, bevor er aufgehen konnte.

Jethro Tull, reicher Gutsbesitzer im Großbritannien des 18. Jahrhunderts, beobachtete dieses Verfahren mit einer Mischung aus Bewunderung und Mißmut und suchte nach einer Möglichkeit, die Aussaat zu verbessern. So

PFLANZRITUALE

Im Alten Japan war das Pflanzen eine so bedeutende Handlung, daß es jedes Frühjahr mit einem Ritual vom Kaiser persönlich eröffnet wurde, der – so das Vorgehen – in der ersten gezogenen Furche mit einer Frau zusammenkam. Indianerinnen, die verschiedene Gemüsesorten nebeneinander anpflanzten, sangen zu den Samen, damit sie aufgingen und Früchte trugen. Bauern auf den Hebriden beteten zur Dreieinigkeit, dem Erzengel Michael und der Gottesmutter Maria und baten um Schutz ihrer Pflanzlöcher, Samen und Setzlinge – sogar der Werkzeuge und der Hände ihrer Benutzer. Die meisten Urvölker verwendeten Grabestöcke zum Pflanzen. Hopi-Frauen pflanzten Getreide, indem sie mit einem spitzen Kiefernstock Löcher für das Saatgut bohrten – in vier verschiedenen Farben für die vier heiligen Richtungen. Irokesinnen benutzten einen ähnlichen Stock aus Ahorn oder Esche.

erfand der technisch versierte Tull eine bemerkenswert simple aber effektive Maschine, die von Pferden gezogen wurde und beim Säen sämtliche Arbeitsschritte auf einmal ausführte: Ein einschariger Pflug zog eine flache Furche, und aus einem Zahnrad fielen präzise Samenmengen gleichmäßig in die Löcher. Dann folgte eine sanfte eggenartige Kette, die den Samen mit Erde bedeckte, und zum Schluß kam ein glattes Rad und drückte den Boden wieder fest. Das Gerät verfügte sogar über eine Vorrichtung zur Markierung der nächsten Reihe auf der linken Seite, so daß es von nun an möglich war, die Felder in regelmäßigen Abständen zu bestellen. Tulls Sämaschine ist natürlich längst aus dem großflächigen Ackerbau verschwunden, aber eine handbetriebene Sämaschine mit Rad, die genauso funktioniert wie ihr frühes Vorbild, ist heute das bevorzugte Sägerät für große Gemüsegärten.

Das Pflanzen in Kübeln und Töpfen

Bei den meisten Pflanzarbeiten steht dem Gärtner der gesamte Boden zur Verfügung. Im Zeitalter von Asphalt und Beton vergißt man leicht, daß fast die gesamte Landmasse unseres Planeten mit Erde bedeckt ist. Empfindliche oder sich stark ausbreitende Pflanzen sollten nicht direkt in den Boden, sondern in einen Blumentopf gepflanzt werden. Außerdem haben viele Gärtner ein Gespür für die harmonische Wechselwirkung zwischen einer zarten Blüte oder einem kunstvoll beschnittenen Buxus mit dem warmen Rot eines Terrakottatopfs oder der rustikalen Schönheit eines Pflanzkübels aus Rotholz. Nur bei der Kübelpflanzung erleben wir das gesamte Wagnis des Pflanzens, da es allein unsere Verantwortung ist, zu entscheiden, wieviel Erde, Luft und Wasser die Pflanze bekommt.

Das Bepflanzen von Blumentöpfen und -kübeln heißt, eine geschlossene kleine Welt zu schaffen. Obwohl sich diese Methode vergleichsweise schwierig gestaltet, gibt es die Kübelpflanzung schon solange es Gärten gibt. Ein Zaubersteintopf aus einem Malteser Tempel (um 2000 v. Chr.) trägt auf der Vorderseite ein Basrelief, das eine Kübelpflanze darstellt. Die Ägypter verwendeten Terrakottatöpfe, ebenso wie die Völker des Zweistromlands und später die Griechen. Etwa seit dem 6. Jahrhundert v. Chr. züchteten Athenerinnen das ganze Jahr über Kopfsalat und Kräuter wie z.B. Schwarzkümmel in Blumentöpfen. Mit diesen sogenannten Gärten des Adonis sollten Tod und Auferstehung des schönen Sagenhelden gefeiert werden. Wenn die rasch hochgezüchteten Kräuter dahinschieden, wurden sie im Frühjahr durch Pflänzchen ersetzt, die aus der warmen Erde sprossen.

Eine Kübelpflanze hat etwas Natürliches und Künstliches zugleich. Sie ist eine Art Symbol für die Verbindung von Haus und Natur und vermittelt die stille Botschaft, daß Architektur Teil der Natur ist. Das erinnert uns an John Gerards optimistische Hoffnung: »Es wäre zu wünschen, daß Häuser für Gärten gebaut und nicht Gärten für Häuser angelegt würden.«

Eine Kübelpflanze ist eine Art Symbol für die Verbindung von Haus und Natur.

DAS SETZHOLZ

Das Setzholz, auch Dibbel- oder Pflanzholz genannt, ist wohl das einfachste Gartenwerkzeug. Seine einzige Funktion ist das Bohren von Pflanzlöchern. Dies jedoch ist der erste Schritt auf dem Weg von der nackten Scholle zu einem prächtig gedeihenden Garten.

Setzhölzer eignen sich zum Pflanzen von Samen, jungen Setzlingen oder kleinen Blumenzwiebeln. Die Spitze des Holzes wird einfach in die gewünschte Bodentiefe getrieben, und schon ist das Pflanzloch fertig. Die Löcher dürfen nicht tiefer sein, als die Wurzeln junger Setzlinge lang sind, um schädliche Hohlräume unter der Pflanze zu vermeiden.

DIE WAHL DES SETZHOLZES

Die schlankeren Setzhölzer werden für Samen oder kleine Setzlinge verwendet, während die dickeren für größere Setzlinge oder kleine Blumenzwiebeln vorgesehen sind. Praktisch veranlagte Gärtner nehmen einfach einen abgebrochenen Spatenstiel und spitzen ein Ende an.

Einige Leute arbeiten am liebsten mit einem D-Griff, damit ihnen das Werkzeug nicht aus der Hand rutscht, auch wenn der Stiel naß ist oder sie von einem langen Pflanztag schon müde sind. Die meisten Gärtner jedoch bevorzugen ein kurzes Setzholz, mit dem sie bodennah arbeiten können. Die besten Setzhölzer haben einen geschwungenen Eschenholzgriff und einen spitzen, aus Kohlenstoffstahl geschmiedeten Stachel. Ein Pflanzholz mit Pistolengriff hat den Vorteil, daß die Hand nicht so schnell ermüdet.

Die moderne Metalltechnologie hat dem Setzholz neue Dimensionen eröffnet. Einige Modelle sind im Prinzip schmale Blumenkellen, bei anderen jedoch ist die Spitze zu einem Flansch ausgehöhlt, so daß sie leichter in den Boden eindringen können.

DER GEBRAUCH DES SETZHOLZES

Man muß sich schon sehr ungeschickt anstellen, um ein Setzholz falsch zu bedienen. Achten Sie vor allem auf die Pflanztiefe. Eine falsche Pflanztiefe ist der häufigste Grund für das Absterben von Setzlingen.

Wenn Sie ein kurzes Setzholz verwenden, sollten Sie auf gar keinen Fall gebückt arbeiten. Sie würden nur schneller müde werden und Ihr Tagewerk mit Rückenschmerzen beenden. Arbeiten Sie lieber in der Hocke oder knien Sie sich hin. Hier erweisen sich Kniekissen oder winzige Gärtnerschemel als überaus nützlich.

MULTI-SETZHÖLZER BASTELN

Steckt man eine Reihe spitzer Holzstifte in ein Stück Preßspanplatte mit vorgebohrten Löchern und befestigt auf der anderen Seite einen C-förmigen Griff, erhält man ein ›Multi-Setzholz‹, mit dem man ein Dutzend Löcher auf einmal bohren kann.

Setzhölzer

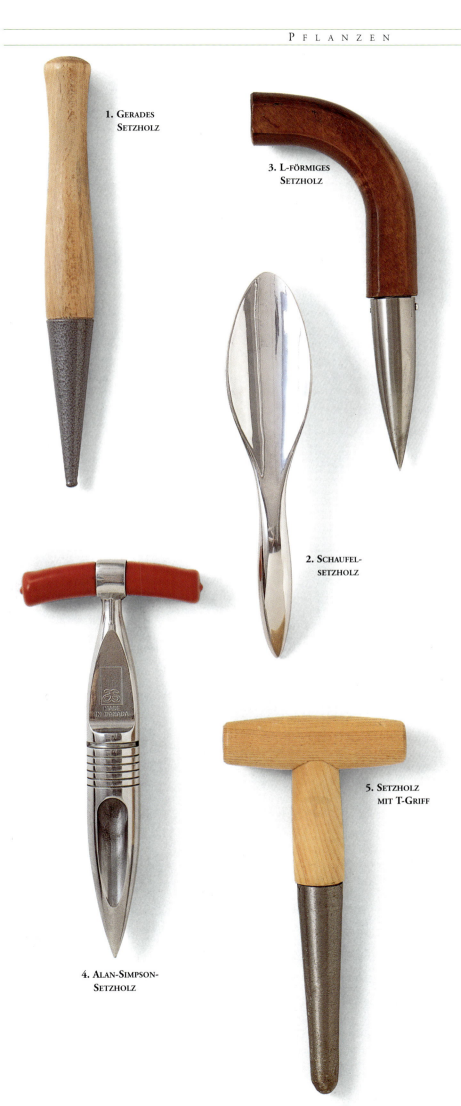

1. GERADES SETZHOLZ
3. L-FÖRMIGES SETZHOLZ
2. SCHAUFEL-SETZHOLZ
4. ALAN-SIMPSON-SETZHOLZ
5. SETZHOLZ MIT T-GRIFF

1. GERADES SETZHOLZ: Das klassische Modell in der Form des Originalsetzholzes (wie ein Finger oder Grabestock) zeugt von guter Qualität. Der gewölbte Eschenholzgriff und die Spitze aus Kohlenstoffstahl tun ihr übriges.
LÄNGE: 31 CM

2. SCHAUFELSETZHOLZ: Diese einzigartige Konstruktion kombiniert Blumenkelle und Setzholz in einem Gerät. Das aus einem Stück Leichtaluminium gefertigte Schaufelsetzholz, das auch im Laub nie verlorengeht, gehört zu den wenigen Kombiwerkzeugen, die wirklich etwas taugen.
LÄNGE: 27 CM

3. L-FÖRMIGES SETZHOLZ: Wie eine Klaue bohrt dieses Werkzeug Löcher in den Boden. Der L-förmige Rosenholzgriff ist durch einen Schraubbolzen mit der Stahlspitze verbunden.
LÄNGE: 26 CM

4. ALAN-SIMPSON-SETZHOLZ: Der Mercedes unter den Setzhölzern. Das einzigartige und komfortable Werkzeug sprengt die Dimensionen der Standardgartenpflanzer. Der Griff aus Polypropylen ist fest in den massiven Chromkörper eingelassen. Eintiefungen auf beiden Seiten lassen das Gerät mühelos in den Boden eindringen. Ausgesprochen schönes Design.
LÄNGE: 27 CM

5. SETZHOLZ MIT T-GRIFF: Pflanzholz aus hochwertigem Kohlenstoffstahl und solidem Eschenholz. Der spezielle T-Griff läßt sich bequem greifen und schont das Handgelenk. Der Gärtner kann damit einen gleichmäßigen Druck ausüben (einheitliche Lochtiefe).
LÄNGE: 26 CM

DIE BLUMENKELLE

Neben der Rundblattschaufel ist die Blumenkelle wohl das Werkzeug, auf das ein Gärtner am wenigsten verzichten kann. Sie ist das ideale Gerät zum An- und Auspflanzen von Jungpflanzen, zum Lockern von Böden und zum Ausgraben von hartnäckigen Unkräutern mit tiefen Wurzeln. Die Blumenkelle gräbt Löcher, formt und modelliert sie und bedeckt Samen und Pflänzchen vorsichtig mit Erde, sobald sie auf ihrem Platz sind.

DIE WAHL DER BLUMENKELLE

Die meisten Blumenkellen werden heute mit elliptischem Blatt hergestellt, das mühelos in den Boden eindringt und eine beträchtliche Portion Erde nach oben befördern kann. Häufig haben die Werkzeuge eine in das Metall gearbeitete Tiefenmarkierung, eine ausgesprochen praktische Hilfe, wenn man zwei verschiedene Sorten Blumenzwiebeln oder Setzlinge abwechselnd in unterschiedlicher Bodentiefe einpflanzen will.

Bei gewöhnlichen Blumenkellen ist das Blatt eingetieft und an der Spitze abgerundet. Es gibt jedoch auch Modelle mit breitem V-förmigen, also spitzem Blatt. Diese Werkzeuge sind für kleine Grabearbeiten in festeren Böden vorgesehen. Blumenkellen lassen sich hauptsächlich anhand von Blattbreite und Material unterscheiden.

ANATOMIE EINER BLUMENKELLE

Der ergonomische Griff ist aus ausgesuchtem Eschenholz gefertigt.

Die stabile Zapfen-Metallkragen-Konstruktion übersteht jahrelange Schwerstarbeit.

Die Blatt-Stiel-Verbindung ist geschmiedet und geschweißt und deshalb äußerst stabil.

Das stark eingetiefte Blatt erleichtert das Graben.

Große, breite Blumenkellen sind zwar vielseitig, aber sie sind auch am schwersten und für kleine Hände manchmal zu sperrig. Schmale Blumenkellen sind ideal zum Aus- und Umpflanzen von vorgezogenen Sämlingen. Diese Modelle werden häufig auch als ›Umpflanz-Blumenkellen‹ bezeichnet. Die ganz schmalen Blumenkellen, häufig auch ›Jätkellen‹ genannt, versehen doppelten Dienst: Sie ermöglichen einerseits das Pflanzen kleiner Sämlinge und sind andererseits ausgezeichnete Jätgeräte. Mit einer robusten Blumenkelle läßt sich besser arbeiten als mit den meisten Löwenzahnjätern, weil man die tiefen Pfahlwurzeln des Unkrauts damit kaum verfehlen kann.

Eine andere, leicht kurios wirkende Blumenkelle ist das wohl beste Gerät, um Sämlinge in den Gemüsegarten auszupflanzen. Die sogenannte ›rechtwinklige Blumenkelle‹ sieht zwar aus wie ein völlig verbogenes, billiges Werkzeug, ist jedoch ein wunderbares Arbeitsgerät. Man stößt das Blatt ganz einfach in den Boden und zieht es mit einem kurzen, sanften Ruck wieder heraus. In das entstandene Loch plaziert man den Wurzelballen, schließt das Loch wieder und drückt die Erde an. So seltsam sie auch aussehen mag, diese Blumenkelle ist eines der ausgeklügeltsten Handgeräte auf dem Markt.

Preiswerte Blumenkellen sind aus Blech gefertigt und mit einer einfachen Zapfen-Metallkragen-Konstruktion in den Holzgriff getrieben. Bei solchen Modellen fällt manchmal der Zapfen heraus, noch häufiger löst sich der Metallkragen und klappert störend am Schaft. Am allerhäufigsten jedoch knickt bei einer billigen Blumenkelle der Schaft oder sogar das Blatt.

Eine weitaus bessere Wahl ist die aus einem Stück gegossene Alu-Blumenkelle, die niemals knickt oder ihren Griff verliert. Allerdings steht so mancher Gärtner mit dem kalten, unbeschichteten Metall auf Kriegsfuß und bevorzugt Werkzeuge, die mit Gummi oder PVC beschichtet und daher angenehmer zu halten sind. Da gibt es zum Beispiel das ergonomische Modell, das wie viele Scheren mit einem formbaren, geschmeidigen Material beschichtet ist.

Die allerbesten Modelle überhaupt sind die aus geschmiedetem Kohlenstoffstahl. Eine hochwertige Stahlblumenkelle kann ebenfalls eine Zapfen-Metallkragen-Verbindung haben, mit dem Unterschied, daß der Zapfen fest in einem Hartholzgriff verankert ist. Die Spitzenmodelle sind durch eine geschmiedete Tülle mit dem Griff verbunden, sind also gebaut wie kleine Spaten.

Manche Gärtner leisten sich eine Blumenkelle aus Edelstahl. Zwar sind die Edelstahlmodelle doppelt so teuer wie Blumenkellen aus Kohlenstoffstahl, aber bei so kleinen Werkzeugen bleibt der Preis noch erschwinglich. Der große Vorteil der Edelstahlkellen besteht darin, daß sie einfach zu reinigen sind, niemals rosten und dank des Glanzes leicht ins Auge fallen, wenn sie mal in einer Bodenfurche liegengeblieben sind.

Der Gebrauch der Blumenkelle

Die Blumenkelle erhielt ihren Namen in Anlehnung an ein anderes nützliches Gerät, die Schöpfkelle. Sie schöpft buchstäblich kleine Mengen Erde aus dem Boden, gräbt enge Stellen im Beet um und entwurzelt Unkraut. Blumenkellen sind jedoch nicht dafür vorgesehen, Steine oder andere schwere Gegenstände aus dem Boden zu hebeln. Todesursache Nr. 1 unter den Blumenkellen ist in der Tat der Versuch des Gärtners, sie als Stemmeisen einzusetzen.

Mit der Blumenkelle arbeitet man am besten in der Hocke, im Sitzen oder Knien. Gebücktes Stehen ist unbedingt zu vermeiden. Schaufeln Sie ein Loch in der richtigen Tiefe, setzen Sie die Pflanze ein und drücken dann die Erde um den Wurzelballen an.

Die Blumenkelle ist außerdem recht praktisch zum Untermischen eines Bodenverbesserers – ein wenig Knochenmehl zum Beispiel oder ein Fingerhut voll Universaldünger. Geben Sie eine Kellenspitze davon in das Pflanzloch, und arbeiten Sie es sorgfältig in den Boden ein. Auf diese Mixtur setzen Sie den Sämling und fahren fort wie gehabt. Wenn Sie die Blumenkelle als Kultiviergerät verwenden, stechen Sie sie mehrmals behutsam in den Boden und drehen Sie sie bei jedem Stich ein wenig hin und her.

Stoßen Sie die Blumenkelle in den Boden und schaufeln Sie die Erde bis auf die gewünschte Tiefe heraus. Setzen Sie die Jungpflanze in das Loch und füllen Sie es wieder auf. Dann stechen Sie vorsichtig mit der Kellenspitze in die Erde rund um die Pflanze. So beseitigen Sie sämtliche Lufttaschen oder Hohlräume.

Blumenkellen

1. LANGSTIELIGE BLUMENKELLE
2. EDELSTAHL-BLUMENKELLE
3. GROSSE BLUMENKELLE
6. LEICHTE BLUMENKELLE
9. JÄTKELLE
10. KNOLLENKELLE

1. LANGSTIELIGE BLUMENKELLE: Das Werkzeug mit extra langem Griff und mitteltiefem Vielzweckblatt macht das Knien beim Graben oder Auspflanzen an schwer erreichbaren Stellen ganz hinten im breiten Randbeet überflüssig. Das schmale, epoxydbeschichtete Kohlenstoffstahlblatt dringt spielend leicht in die Erde ein, verbiegt nicht und läßt sich mühelos reinigen. Der haltbare, polierte Hickoryholzstiel bewahrt die Handflächen vor Splittern und Blasen. Lederriemen zur praktischen Aufhängung. LÄNGE: 44 CM

2. EDELSTAHLBLUMENKELLE: Die Luxusausführung der Standard-Blumenkelle. Der polierte, rostfreie Edelstahl verleiht dem rustikalen Werkzeug eine elegante Note und ist so auffällig, daß es auch im Laub niemals verloren geht. Die Form des polierten Eschenholzgriffs ist der Wölbung der Handfläche angepaßt. LÄNGE: 32 CM

3. GROSSE BLUMENKELLE: Das geschmiedete Kohlenstoffstahlblatt mit solider Tülle und der Hartholzgriff machen aus diesem Werkzeug ein langlebiges, robustes Spitzenmodell für sämtliche Setz-, Umpflanz- und Grabearbeiten. Die leicht angespitzte Blattkante ist ideal für feste und steinige Böden. Mit dem übergroßen, langen und stark eingetieften Blatt kann der Gärtner mit geringem Kraftaufwand größere Ladungen Erde schaufeln. Trotz seines stolzen Preises ist dieses Modell die absolut beste Wahl für jeden leidenschaftlichen Gärtner. Mit etwa 400 Gramm Gewicht ist es jedoch mehr für kräftige Gartenfreunde geeignet. LÄNGE: 36 CM

4. ALU-BLUMENKELLE: Das ergonomische Modell aus einem Stück Aluminiumlegierung ist ebenso robust wie leicht. Eine Vertiefung im Griff gibt die Lage des Daumens vor, während der Pistolengriff dem Zeigefinger einen stabilen Halt bietet, um beim Hebeln das Handgelenk zu entlasten. Die geringe Eintiefung bedeutet kleinere Ladungen, was ebenfalls zur Schonung des Handgelenks beiträgt. Als Rechts- und Linkshändermodell erhältlich. LÄNGE: 27 CM

5. STANDARD-BLUMENKELLE: Von dieser Standard-Blumenkelle mit Zapfen-Metallkragen-Konstruktion leiten sich alle anderen Modelle ab. Sie ist aufgrund ihrer hochwertigen Materialien eher eine Anschaffung wert als die ähnlich gebauten Billigversionen aus dem Baumarkt. Ein robuster Eschenholzgriff und das epoxydbeschichtete Kohlenstoffstahlblatt garantieren lebenslanges, präzises Graben bei maximaler Wendigkeit, keinerlei Verbiegen und minimale Handgelenkbelastung. Der geschmeidige, 13 cm lange Griff ist splitterfrei und beugt Blasen vor. LÄNGE: 32 CM

6. LEICHTE BLUMENKELLE: Dieses leichtere Modell mit relativ langem Griff und flachem Blatt ist ideal für allgemeine Grabe- und Pflanzarbeiten im Garten. Das geprägte Stahlblatt und der Holzgriff sind durch eine Niete gesichert. Die solide Konstruktion schützt gegen Verbiegen – der Schwachpunkt vieler leichter Handgeräte. LÄNGE: 30 CM

7. ERGONOMISCHE BLUMENKELLE: Das formgegossene Aluminiumblatt ist mit einem einzigartigen, gepolsterten Gummigriff ummantelt. Das Gummi wirkt stoßdämpfend und ermöglicht Fingern

PFLANZEN

4. ALU-BLUMENKELLE

5. STANDARD-BLUMENKELLE

7. ERGONOMISCHE BLUMENKELLE

8. UMPFLANZ-BLUMENKELLE

11. RECHTWINKLIGE BLUMENKELLE

12. JEKYLL-BLUMENKELLE

Pflanzlöcher für Sämlinge. Der epoxydbeschichtete Kopf aus Kohlenstoffstahl sowie der stabile Gummigriff sind biegefest und bruchsicher. Eine sinnvolle, erstklassige Erweiterung der Grundausstattung jedes Gärtners.
LÄNGE: 30 CM

9. JÄTKELLE: Dieses Modell ist aus den gleichen Spitzenmaterialien gefertigt wie die Standardblumenkelle, hat jedoch ein schmaleres, längeres Spitzblatt, mit dem der Gärtner auch in engen Steingärten noch widerspenstiges Unkraut wie den Löwenzahn ausgraben kann. Ihre schlanke Form und das geringe Gewicht machen die Jätkellen zum idealen Pflanzgerät für Töpfe und Kübel und für eher zierliche Gärtnerhände.
LÄNGE: 30 CM

10. KNOLLENKELLE: Das schmale, epoxydbeschichtete Blatt ist speziell zum Pflanzen von Zwiebeln und Knollen vorgesehen. Die in das Blatt gestanzte Meßskala hilft, jede Sorte in die richtige Bodentiefe zu bringen. Ein breiter Metallkragen sorgt für effektives, kräfteschonendes Graben, während der rutschfeste Gummigriff stoßdämpfend wirkt und Blasen vorbeugt. Die Knollenkelle dringt mit einem Hieb tief in den Boden ein (wird wie ein Dolch gehalten) und öffnet dabei eine Tasche für die Knolle.
LÄNGE: 33 CM

11. RECHTWINKLIGE BLUMENKELLE: Einzigartige Blumenkelle nach einem Schweizer Vorbild. Das spitze Edelstahlblatt ist im nahezu rechten Winkel mit dem farbigen Kunststoffgriff verschraubt. Das Werkzeug ist in seiner Form der Grabebewegung der menschlichen Hand nachempfunden und schlägt Löcher mit einem Hieb. Der 12 cm lange, rechtwinklige Griff entlastet die Handgelenke und ist auffällig gefärbt, damit das Gerät niemals im Laub verloren geht.
BLATTLÄNGE: 15 CM

12. JEKYLL-BLUMENKELLE: Diese Standardblumenkelle der Extraklasse geht auf die berühmte Gartenbauexpertin Gertrude Jekyll zurück. Poliertes Edelstahlblatt, solider Messingkragen und geschmeidiger Birkenholzgriff sind die Attribute dieses Luxusgeräts. Zwar ist sie das teuerste Werkzeug in dieser Kollektion, aber dank ihres außergewöhnlichen Designs und der hochwertigen Materialien ist Gartenarbeit mit der Jekyll-Blumenkelle ein Genuß.
LÄNGE: 31 CM

und Handfläche einen korrekten, festen Halt (handgelenkschonend). Die massiv gefertigte Konstruktion mit langem, spitzem Blatt erleichtert schwere Grabearbeiten, ohne zu verbiegen oder zu brechen. Auch wenn sich das Gummi nach vielen Jahren abnutzt, ist dieses Modell doch langlebig. Mit praktischem Griffloch für bequeme Aufhängung.
LÄNGE: 35 CM

8. UMPFLANZBLUMENKELLE: Das lange, konisch zulaufende Blatt dieser Spezialblumenkelle wurde konzipiert, um mit minimaler Kraftanstrengung und maximaler Schonung von Pflanze und Umgebung, Wurzelballen aus Beeten oder Kübeln herauszustechen. Dank der beträchtlichen Eintiefung eignet sich das Werkzeug hervorragend zum Graben tiefer, schmaler

KNOLLENPFLANZER

Es liegt auf der Hand, warum diese Werkzeuge auch manchmal als Schnellpflanzer bezeichnet werden. Die Konstruktion geht wahrscheinlich auf ausgehöhlte Setzhölzer zurück. Mit ihnen erhält der Gärtner einheitlich tiefe Löcher mit geraden, glatten Wänden – perfekt für größere Zwiebeln und Knollen.

DIE WAHL DES KNOLLENPFLANZERS

Lassen Sie lieber die Finger von billigen Blechgeräten, die jeden Herbst zuhauf in den Gartencentern angeboten werden. Ein strapazierfähiger Knollenpflanzer aus Kohlenstoffstahl ist eine bessere Investition. Er bricht nicht und wird nicht stumpf, erspart dem Gärtner also viel mühsames Stoßen und Drücken, wenn er einmal 500 Tulpenzwiebeln an einem Tag pflanzt.

Es gibt den Knollenpflanzer auch als Langstielmodell, das im Stehen betrieben wird. Gerade bei umfangreichen Pflanzarbeiten ist dieses Gerät Gold wert. Dabei kann man das Verteilen der Knollen, das Löchergraben und Pflanzen in drei aufeinanderfolgenden Arbeitsschritten ausführen. Wer ein paar Gehilfen zur Seite hat, verteilt die Aufgaben einfach: Einer gräbt die Löcher, ein anderer mischt das Knochenmehl unter, der nächste setzt die Blumenzwiebel in das Loch, und der letzte drückt die Erde wieder an.

DER GEBRAUCH DES KNOLLENPFLANZERS

Blumenzwiebeln zu pflanzen, ist eine recht mühsame Angelegenheit, da der Gärtner am liebsten viele Hundert davon setzen möchte. Machen Sie das Treiben der Pflanzlöcher dennoch nicht zu einem Gewaltakt. Nehmen Sie sich vielmehr die Zeit, jeden Abschnitt – vielleicht auch mit Farbstiften auf einem Blatt Papier – und auch den gesamten Bereich der Zwiebelpflanzung genau zu planen. Legen Sie Beete mit verschiedenen Blütenfarben an, arrangieren Sie Muster und Reihen. Das Knochenmehl unterstützt nicht nur ein gesundes Wurzelwachstum, sondern eignet sich auch zur Markierung.

Sobald der Boden umgegraben und vorbereitet ist, nehmen Sie den Knollenpflanzer, knien oder setzen sich hin und legen los. Finden Sie Ihren eigenen Rhythmus: Pflanzer in die Erde treiben, wieder herausziehen, etwas Knochenmehl in das Loch streuen, die Zwiebel setzen, mit Erde bedecken, Erde wieder andrücken. Wenn ein Abschnitt fertig ist, sollten Sie eine Pause einlegen und sich beim Wässern oder Glattrechen entspannen.

Der Knollenpflanzer läßt sich bequem im Knien anwenden. Er wird ganz in den Boden getrieben, ein wenig hin- und hergedreht und wieder herausgezogen.

ANATOMIE EINES KNOLLENPFLANZERS

Der breite, bequeme Griff ist für jede Gärtnerhand groß genug.

Die solide geschmiedete Konstruktion aus einem Stück verleiht dem Werkzeug mehr Kraft und Stabilität.

Tiefe Einkerbungen helfen, leichter durch die Grasnarbe zu dringen.

Knollenpflanzer

1. Automatikpflanzer: Der Griff dieses Handpflanzers läßt sich zusammendrücken und gibt dabei einen Erdballen von 7–8 cm Durchmesser frei. Diese Konstruktion ist vor allem für Leute mit Handgelenkproblemen von Vorteil. Ausstechbecher aus Edelstahl, Handgriff aus Polypropylen.
LÄNGE: 23 CM
GEWICHT: 350 G

2. Schwerer Knollenpflanzer: Das Profigerät ist eine erstklassige Alternative zum langstieligen Knollenpflanzer und wird vorwiegend für den großflächigen Massenanbau verwendet. Der schwere Knollenpflanzer aus solidem Kohlenstoffstahl ist biegefest und bricht nicht. Der besonders breite T-Griff ist an den Enden mit Gummi gepolstert, und der 18 cm lange Ausstechbecher hat einen stabilen Fußtritt und stanzt Pflanzlöcher mit 6 cm Durchmesser.
LÄNGE: 90 CM
GEWICHT: 2,3 KG

3. Langstieliger Knollenpflanzer: Der hochwertige Knollenpflanzer dringt spielend leicht in den Boden oder Rasen ein, wenn sich der Gärtner auf den Fußtritt stützt und den Griff etwas hin- und herdreht. Emailliertes, solide geschmiedetes Stahlblatt und Eschenholzstiel mit T-Griff. Ausstechbecher mit 6 cm Durchmesser.
LÄNGE: 1 M
GEWICHT: 1,8 KG

4. Handknollenpflanzer: Für all diejenigen, die lieber bodennah arbeiten, gibt es den kleineren Bruder des schweren Knollenpflanzers aus Amerika. Er ist ebenso robust gebaut wie das langstielige Modell und hält ein Leben lang. Der stählerne Ausstechbecher mit Holzgriff stanzt Löcher mit 6 cm Durchmesser.
LÄNGE: 25 CM
GEWICHT: 700 G

SÄMASCHINEN

Die bevorzugte Säausrüstung vieler Gärtner besteht aus Hackenspitze und Samentütchen. Mit der Hacke ziehen sie eine flache Saatrille und klopfen den Samen vorsichtig aus dem aufgeschnittenen Tütchen hinein. Verschwendung von Samen und unnötige Arbeit kann jedoch vermieden werden, wenn das Saatgut von Anfang an im richtigen Abstand in den Boden kommt. Dann brauchen die Sämlinge später nicht ausgedünnt zu werden.

Die Wahl der Sämaschine richtet sich danach, wieviel gesät werden soll. Beschränkt sich das Aussäen auf ein paar Reihen Tomaten, Gurken, Kopfsalat und Radieschen, brauchen Sie wirklich kein weiteres Hilfsmittel. Für größere Gemüsegärten braucht man jedoch eine Handsämaschine. Für richtig große Gärten, die die Familie mit fast allen Gemüsen, Kräutern und Schnittblumen versorgen, ist eine mechanische Sämaschine nicht nur effektiver, sondern es macht auch Spaß, mit ihr zu arbeiten.

HANDSÄMASCHINEN: Die einfachste handbetriebene mechanische Sämaschine sieht aus wie eine Pillendose mit Spender. Der Samen wird aus dem Tütchen in das offene Rad gefüllt und dann das Ausgabeloch des Spenders auf die Samengröße eingestellt; so kann man einzelne Samen verteilen, während man die Reihe entlanggeht. Eine Variante dieser Sämaschine ist einfach eine tiefe Blumenkelle mit einer Verengung an der Kellenspitze. Diese Verengung ist in der Mitte gerade breit genug, um kleine Samen einzeln hindurchzulassen. Einziger Nachteil ist, daß zwar ein Radieschensamen problemlos durchpaßt, aber ein Maiskorn steckenbleiben wird, da die Größe nicht verstellbar ist.

MECHANISCHE SÄMASCHINEN: Wer Gemüse im größeren Stil anbaut, sollte in eine mechanische Sämaschine investieren. Bei manchen Modellen wird der Samen in eine zähflüssige Masse gemischt und dann wie Zahnpasta aus einer Tube in die Saatreihen gedrückt. Andere arbeiten nach dem Prinzip eines Rollbands oder Drehrads, sind jedoch nur für ein oder zwei verschiedene Saatgutgrößen geeignet. Diese Modelle sind eher etwas für den Profigärtner. Die beste Wahl für den Hobbygärtner ist die Radsämaschine, die viele verschiedene Saatgutgrößen verarbeiten kann.

Eine gute Präzisionssämaschine ist eines der praktischsten mechanischen Werkzeuge, das in unserem maschinenverrückten Zeitalter erfunden wurde. Wenn man es vor sich herschiebt, gräbt der vordere Teil des Geräts eine kleine Furche, während rechts davon ein Stift in einem bestimmten Abstand schon die nächste Reihe markiert. Eine Drehscheibe mit geeichter Lochung gemäß der erforderlichen Samengröße gibt in regelmäßigen Abständen einzelne Samenkörner frei. Daraufhin bedeckt eine Kette den Samen mit Erde, und zum Schluß kommt ein Rad, das den Boden wieder festdrückt. Mit mindestens sechs auswechselbaren Scheiben sind Sie für unterschiedliche Saatgutgrößen bestens ausgestattet.

Eine gute Präzisionssämaschine ist eines der praktischsten mechanischen Werkzeuge, das in unserem maschinenverrückten Zeitalter erfunden wurde.

Sämaschinen

1. Einreihige Sämaschine für feines Saatgut:
Diese Sämaschine sät immer nur eine Saatreihe pro Durchgang. Wenn man sie über den Boden schiebt, entsteht eine Furche, in die in regelmäßigen Abständen der Samen fällt. Anschließend braucht der Gärtner die Saatreihen nur noch ein wenig zuzurechen. Plattierte Stahlkonstruktion mit Holzstiel. Für drei verschiedene Saatgutgrößen.
18 CM BREIT;
10 CM HOCH
STIEL: 1,20 M

2. Präzisionsgartensämaschine:
Eine höchst leistungsstarke einreihige Sämaschine für den Gemüseanbau. Aluminiumrahmen, Räder und Trichterkasten aus Kunststoff, auswechselbare Drehscheiben für verschiedene Saatgutgrößen und -abstände. Furchenziehen im vorbereiteten Boden, Verteilen des Saatguts, Schließen der Furche und Markierung der nächsten Saatreihe im Abstand bis zu 75 cm – alles automatisch in einem Arbeitsschritt.
20 CM BREIT;
76 CM HOCH
STIEL: 66 CM

3. Vierreihige Sämaschine:
Dieses Modell zieht vier Saatreihen auf einmal mit einem Abstand von jeweils 6 cm. Wenn Sie nicht alle Saattrichter verwenden, kann sie auch zwei Reihen im Abstand von 12 oder 18 cm ziehen. Das ideale Gerät zum Aussäen und Nachsäen von Gemüse wie Salat oder Möhren, damit Sie das ganze Jahr über ernten können.
30 CM BREIT
STIEL: 1,20 M

1. Einreihige Sämaschine für feines Saatgut

2. Präzisionsgartensämaschine

3. Vierreihige Sämaschine

Pflanzgefässe

Um Pflanzen einen natürlichen Übergang von der Fensterbank ins Freie zu verschaffen, ist die Kübelpflanzung die beste Lösung. Töpfe mit Einjährigen und frostempfindlichen Stauden und Sträuchern machen sich perfekt auf Terrassen und Balkons mit Südlage. Sie holen die Natur näher ans Haus und schaffen Mittelmeerambiente für ein Abendessen unter freiem Himmel. Hängekörbe an Pergolas und Vordächern und spezielle Wandtöpfe bringen den Garten auf Augenhöhe. Mit Jardinieren und Etageren – Pflanzenständer, die sich in Reihen über dem Boden erheben – kann man durch Zusammenstellen und Bepflanzen unterschiedlicher Töpfe ganze Themengärten kreieren.

Und wenn hinterm Haus kein Platz ist, um einen richtigen Küchengarten anzulegen, lassen sich Kräuter, kleine Salate und Cocktailtomaten auch wunderbar in Töpfen ziehen. Erdbeertöpfe – große Tontöpfe mit vielen taschenartigen seitlichen Öffnungen – bieten nicht nur Erdbeerpflanzen ausreichend Nahrung, sondern machen sich auch gut als Kräutertopf mit Kapuzinerkresse und anderen eßbaren Blütenpflanzen. Töpfe sind auch die sicherste Lösung für Minze und andere stark wuchernde Kräuter, die sich im Freiland zu sehr ausbreiten würden.

Die Wahl des Pflanzgefässes

Wer ein Pflanzgefäß kaufen oder aber eine ausrangierte Badewanne oder einen alten Turnschuh zu einem solchen umfunktionieren will, sollte drei Faktoren beachten. Zunächst die Ästhetik: Wie wird das Gefäß in diesem oder jenem Teil des Gartens aussehen, wird es die dafür vorgesehenen Pflanzen auch richtig zur Geltung kommen lassen? Der zweite Aspekt ist die Wasserversorgung: Ist das Material des Pflanzgefäßes wasserdicht oder wasserdurchlässig? Braucht es besondere Pflege, um nicht auszutrocknen, und sind Abflußlöcher vorhanden, damit die Pflanzen keine ›nassen Füße‹ bekommen? Und drittens ist da noch die Frage der Isolierung: Kann sich das Material des Pflanzgefäßes relativ schnell auf Klimaveränderungen einstellen?

Einige Menschen schenken dem ästhetischen Aspekt zu wenig Beachtung, obwohl er doch gerade bei Blumentöpfen von größter Bedeutung ist. Eine der wunderbaren Eigenschaften von Terrakotta ist, daß es so schön altert und eine Patina aus Kalk, Flechten und Moosen bekommt. Die einfachen Terrakottatöpfe mit ihrem breiten, schlichten Rand wurden entwickelt, weil sie sich

Eine kleine Welt

Jeder Topf und jeder Hängekorb besitzt ein eigenes Mikroklima. Während der Gartenboden ganz allmählich von kalt zu warm und von feucht zu trocken wechselt, ist das Substrat im Pflanzgefäß viel schnellerem Wechsel ausgesetzt und reagiert auf Veränderungen seines Mikroklimas mit nahezu atemloser Hast. Ein unerwarteter früher Frost, und die Topfpflanzen gehen ein, während ihre Artgenossen im Garten noch wacker durchhalten.

gut verschiffen lassen (durch den Rand lassen sich große Mengen dieser Töpfe stapeln, ohne zu zerbrechen). Ein anderes attraktives Terrakottamodell hingegen, der sogenannte Langtopf, hat überhaupt keinen Rand. In einer Gruppe angeordnet, setzen diese langen, schlanken Tontöpfe überraschende Akzente.

Fast jedes Töpfermaterial kann modelliert, abgegossen und verziert werden. Aus Terrakotta und ›Cast Stone‹ (Formstein), einer Art Beton, lassen sich wunderschöne Gefäße in allen Größen und Formen herstellen. Es gibt sie mit Ornamenten verziert, mit Girlanden geschmückt oder in der Form antiker Vasen und Amphoren. Allgemein eignen sich Materialien in kalten Farbtönen besser für formale Arrangements, als Markierung zum Terrassenaufgang oder zur Einfassung eines architektonischen Gartens.

Pflanzgefäße aus Holz sind ebenfalls sehr attraktiv. Kübel aus Rotholzleisten sehen ebenso rustikal, schön und gemütlich aus wie Terrakottatöpfe. Eine glatt gehobelte Pflanzkiste aus Rotholz oder Zedernholz – manchmal weiß oder dunkelgrün angestrichen – ist elegant genug, um im Park von Schloß Sanssouci zu stehen. Die Vorbilder dieser viereckigen Pflanzgefäße stammen aus dem 18. Jahrhundert.

Zedern- und Rotholz eignen sich am besten für Pflanzgefäße, da sie von Natur aus unverrottbar sind, also nicht faulen. Aber auch alte Whiskey- oder Weinfässer aus Eiche geben schöne Gartenkübel ab, denn das durch Alkohol und Harze imprägnierte Holz ist ebenfalls relativ witterungsbeständig. Die Gefäße sollten vor dem Gebrauch gründlich ausgewaschen werden. Wenn sie einmal hergerichtet sind, kann man sie sogar für einen kleinen Wassergarten verwenden – die Holzleisten quellen auf und verschließen die Nähte wasserdicht. Teakholz ist ein ebenso schönes wie teures Material für Pflanzgefäße. Da aber für seine Gewinnung Regenwälder gerodet werden müssen, verzichten viele Gärtner auf dieses Edelholz. Ebenso abzuraten ist von Preßholz, das mit giftigen Klebstoffen durchtränkt ist. Es ist zwar preiswert, aber leider nicht für Pflanzgefäße geeignet. Achten Sie auch bei anderen Holzarten unbedingt darauf, daß sie unbehandelt sind.

Kunststoff ist das gefügigste Material für Blumentöpfe, Fensterkästen und allgemein jede Art von Pflanzgefäß. Praktisch alles kann daraus hergestellt werden, vom einfachen braunen Blumentopf mit Rand bis zur stilechten weißen Urne, aus der Löwen mit Ringen im Maul hervorspringen. Solche Plastikgefäße muß man jedoch zusätzlich beschweren, damit sie bei starkem Wind nicht umgefegt werden. Auch vom ästhetischen Standpunkt aus betrachtet ist Kunststoff nicht die erste Wahl. Das Material fühlt sich glatt und leblos an – eine herbe Enttäuschung, wenn man die kühle, immerfeuchte Oberfläche von Terrakotta gewöhnt ist.

Andererseits eignet sich Plastik ausgezeichnet zur Wasserspeicherung. Bei fast allen anderen Materialien – mit Ausnahme von Metallen und glasierter Keramik – verdunstet Wasser über die Wände.

Ein kunstvolles Arrangement aus verschiedenen Gefäßen und Pflanzen ist eine Zierde für jeden Garten, Balkon und Terrasse.

PFLANZENSTÄNDER

Eine ganze Palette von Vorrichtungen rückt die Topfpflanzen ins rechte Licht. Der Pflanzenständer in Säulenform, die Jardinieren und Etageren. Letztere sind breiter – manchmal halb- oder viertelrund – und verjüngen sich wie eine Pyramide über drei oder vier Etagen nach oben. Zwar sind die meistverkauften Etageren heute dunkelgrün lackierte Stahlgestelle, aber man findet auch noch viktorianische Modelle mit Filigranarbeit und grazilen Kurven aus geweißten Stahlpflöcken und -drähten oder sogar aus lackierten Korbweiden. Geschmackvoll bepflanzt mit Blumen, Kräutern und vielleicht einer Orchidee, werden Pflanzenständer zum Blickfang des Innenhofs.

In einem Terrakottatopf zum Beispiel trocknet die Erde viel schneller aus als in einem Plastiktopf. In einem warmen, trockenen Sommer kann dieser Unterschied vielen Pflanzen zum Verhängnis werden, vor allem wenn man über ein verlängertes Wochenende wegfährt. Überraschenderweise hält ein Holzgefäß das Wasser ebenfalls besser als Terrakotta und die meisten anderen Töpfermaterialien. Aber ganz gleich, aus welchem Material Ihre Pflanzkübel sind, Abflußlöcher im Boden müssen sie alle haben. Die meisten Terrakotta- und Plastiktöpfe haben solche Löcher bereits beim Kauf, viele Keramik-, Glasur-, und Holzgefäße hingegen in der Regel nicht.

Eine effektive Wasserspeicherung ist jedoch nur bedingt von Vorteil, denn in einem zu feuchten Klima fault die Wurzel im angestauten Wasser. Im Mikroklima eines Pflanzgefäßes stellt zuviel Wasser eine ebenso große Gefahr dar wie zuwenig, und einem überbesorgten Gartenneuling kann es leicht passieren, daß er seine Pflanzen ertränkt. In diesem Fall sind poröse Materialien wie Terrakotta und Holz viel besser imstande, das überschüssige Wasser abzuführen und die Pflanze vor dem Ertrinken zu bewahren.

Bei Terrakottatöpfen läßt sich am einfachsten feststellen, ob die Pflanze Wasser braucht. Man braucht nur gegen die Wände der Terrakottagefäße zu klopfen, um zu hören, wie es den Pflanzen geht: Eine dumpfe Resonanz bedeutet, daß in der kleinen Welt im Innern alles in Ordnung ist; bei einem hellen, klaren Kling wird es höchste Zeit zu gießen.

Auch als Puffer gegen Staunässe und plötzliche Temperaturschwankungen sind die Naturmaterialien den Kunststoffen überlegen. Plastik ist zwar wasserdicht, aber ein schlechtes Dämmaterial. Demzufolge erreichen Temperaturveränderungen das Substrat in einem Plastiktopf viel schneller.

DER GEBRAUCH VON PFLANZGEFÄSSEN

Das jahrtausendealte Wissen über Kübelpflanzung hält natürlich noch viel mehr bereit, als hier kurz angerissen werden kann. Das Wichtigste ist nur: Schützen Sie Ihre Kübelpflanzen vor Staunässe und besonders vor Winterfrost.

Der offene Gartenboden ist ein phantastischer Puffer. Er lindert die Auswirkungen von Dürre, Frost und anderen schädlichen Einflüssen, die letztendlich Krankheiten hervorrufen. In der Miniaturwelt des Topfgartens hingegen kann das Gleichgewicht viel leichter gestört werden und die Katastrophe ist schnell perfekt. Für eine effektivere Bewässerung stellen Sie Ihre Kübelpflanzen an einen Platz im Garten, wo sie ausreichend Sonne bekommen – allerdings nicht gleich in die heißeste Ecke. Wählen Sie den größten Topf, den Sie finden können, der möglichst viel Erde faßt. Am allerwichtigsten ist jedoch, ein Substrat anzumischen, das ausgiebig gewässert werden kann, ohne zu verdichten. ›Erdfreie‹ Substrate aus Torf, Hygromull und Blähton u.ä. werden speziell für diesen Zweck angeboten. Man kann jedoch genausogut gewöhnliche Gartenerde nehmen, sofern man sie mit Torf, Sand oder Kompost auflockert.

Der mitteleuropäische Winter ist ein weiterer Streßfaktor für Topfpflanzen. Einjährige Pflanzen oder Kräuter können jedes Frühjahr neu gepflanzt werden, winterharte Stauden und Gehölze hingegen brauchen etwas Schutz, um während der Frostperiode nicht zu erstarren und dann einzugehen. Will man vermeiden, daß immergrüne Pflanzen zu viel Feuchtigkeit über ihre Blätter verlieren, kann man diese mit einem Trockenschutzmittel besprühen. Als Winterschutz für alle Gehölzarten empfiehlt es sich, Topf und Pflanze mit Jute- oder Sackleinen abzudecken oder zu umwickeln.

Hängegefässe

Die traditionell aus Holz gefertigten Blumenampeln gibt es inzwischen auch überall als leichtere Kunststoffvariante. Fast genauso leicht, aber weitaus hübscher sind die Siebkörbe (auch ›Hanging baskets‹ genannt) mit ihrem offenen Rahmen aus beschichtetem Stahldraht und einer Torf-, Moos- oder Kokosfaserauslage. Die Wandaufhängung selbst ist in der Regel dreieckig oder S-förmig gebogen. Eine einfache, nahezu unsichtbare Aufhängvariante besteht aus einer Klammer oder Schlaufe aus schwarzem Stahl, die unterhalb des Randes um den Terrakottatopf geführt und an die Wand geschraubt wird. Fensterkästen werden oft mit speziellen Haltern in doppelter L-Form befestigt.

Eine geniale Lösung zur Befestigung eins Topfs an der Wand: Ein dünner Draht, der durch das Bodenloch des Pflanzgefäßes nach oben führt, hält das Gefäß wie von Geisterhand.

Pflanzgefäße

2. GLASIERTER ERDBEERTONTOPF

4. HOHER TERRAKOTTATOPF

1. FORMSTEINKÜBEL

3. VASUM-TÖPFE

5. TERRAKOTTA-BASKET

1. **FORMSTEINKÜBEL:** Diesen reichverzierten, detailverliebten Pflanzkübel aus Mörtel (manchmal auch ›Cast Stone‹ genannt) gibt es in vielen Formen und Mustern. Unbepflanzt ist er frostbeständig und kann im Winter draußen bleiben. Aufgrund seines stattlichen Gewichts steht er am besten an einem festen Standort. Er kann mehrere Pflanzen oder ein Bäumchen aufnehmen.

2. **GLASIERTER ERDBEERTONTOPF:** Der traditionell für die Erdbeerzucht verwendete Topf ist nicht frostbeständig. An der Außenwand ist er mit Taschenöffnungen versehen. Ein Arrangement aus Kräutern und Feldsalat oder Sukkulenten sieht reizend darin aus. Darf nur im Frühjahr und Sommer draußen stehen.

3. **VASUM-TÖPFE:** Diese Terrakottatöpfe sind robust, aber nicht frostbeständig. Fast alles kann darin gepflanzt werden, und sie sind preiswert genug, um sie stets für Sämlinge zur Hand zu haben. Häufig werden sie wirkungsvoll als Einfassung einer Einfahrt oder eines Treppenaufgangs eingesetzt.

4. **HOHER TERRAKOTTATOPF:** Dieser klassische Topf ist handmodelliert und frostbeständig. Seine einfache, kräftige Form lenkt nicht von den Pflanzen ab.

5. **TERRAKOTTABASKET:** Der Topf aus frostbeständigem Terrakotta mit Korboptik ist handgefertigt und stammt aus der Töpferei Whichford in Cotswolds, England (siehe Adressverzeichnis). Seine flache Form paßt wunderbar zu einer Vielzahl von bunt

8. **ZITRONENTOPF:** Seinen Namen verdankt dieser Topf der europäischen Tradition, Zitronenbäume in großen Töpfen im Haus zu überwintern. Die Form paßt jedoch ebensogut zu Rosen, kleinen Bäumchen und Formsträuchern. Zitronentöpfe werden traditionell aus unglasiertem Terrakotta hergestellt und sind daher nicht frostbeständig. Sollte er im Winter draußen bleiben, stülpen Sie den unbepflanzten Topf um, sobald der erste Schnee fällt.

blühenden Einjährigen oder Zwiebelblumen.

6. **FORMSTEINURNE:** Die Urnenform hat eine lange Tradition und zierte bereits unzählige Gärten quer durch die Jahrhunderte. Besonders wirkungsvoll stehen sie paarweise als Wachtposten neben der Haustür oder an einem Treppenaufgang. Eine langstielige Pflanze inmitten von niedrigen Gewächsen, die über den Topfrand herabhängen, ist ein eindrucksvolles Bild. Unbepflanzt ist sie frostbeständig.

7. **ZEDERNHOLZKASTEN:** Dieser Blumenkasten aus Zedernholz sieht naturbelassen wie angemalt hübsch aus und macht sich auch als Fensterkasten oder Terrassengefäß sehr gut. Dank seiner Tiefe (15 cm) ist tägliches Gießen unnötig, außer in langanhaltenden Hitzeperioden.

9. **KLEINER GLASIERTER TONTOPF:** Dieses Modell wirkt wie ein sehr alter, unglasierter, mit Mineralien und Schimmel bewachsener Topf. Er wird meist für Dekorationszwecke verwendet, da seine Schönheit mit der Pflanze, die er beherbergt, im Wettstreit steht.

10. **GUY-WOLFF-LANGTOPF:** Der speziell für Pflanzen mit langen Pfahlwurzeln entwickelte Langtopf ist äußerst robust, aber nicht frostbeständig. Er ist aus porösem, weißem Lehm gefertigt und normalerweise unglasiert.

KAPITEL SECHS

SCHNEIDEN

Das Schneiden erfordert eine gehörige Portion Mut. Beim Rückschnitt einer Pflanze durchkreuzt der Gärtner die Pläne der Natur und spielt selbst Schöpfer. Indem er eine verblühte Blume köpft oder einen abgestorbenen Ast entfernt, greift er in das natürliche Wachstum der Pflanze ein. Und wenn wir Obst ernten, Blumen pflücken oder auch nur einen Grashalm auszupfen, berauben wir die Erde ihrer lebenden Früchte.

> *Das Schneiden ist nicht nur eine äußerst nützliche, sondern auch eine sehr schwierige Arbeit, die demjenigen, der etwas davon versteht, großes Vergnügen bereiten kann. Von unsicherer Hand ausgeübt, kann das Schneiden jedoch ebenso gefährlich und schädlich sein ... Jeder kann schneiden, aber nur wenige beherrschen die Kunst des Beschneidens ...«*
> — J.-B. DE LA QUINTINYE

Für jede Schneidearbeit gibt es ein spezielles Gerät. Zum Ausblüten und Schneiden von Blumen nimmt man am besten eine leichte, zierliche Schere, die die zarten Stengel der Stauden durchtrennt, ohne sie zu quetschen oder auszufransen. Sträucher werden gewöhnlich mit einer gut geschärften Baumschere (auch ›Secateur‹ genannt) zurückgeschnitten, die Äste und Zweige schonend kappt. Dicke Äste mit bis zu 8 cm Durchmesser kapitulieren allerdings nur vor einer hebelstarken Astschere.

Für den Baumrückschnitt steht dem Gärtner eine breite Palette von eigens zu diesem Zweck entwickelten Schneidewerkzeugen zur Verfügung. Ganze Kataloge bieten ausschließlich Spezialgerät für Baumzüchter und Förster an, die den Pflanzen die kranken Partien einfach wegschneiden möchten. Im heimischen Garten ist eine Kettensäge sicherlich fehl am Platz, aber eine gute Astsäge mit gebogenem Blatt ist für das Schneiden von Ästen mit bis zu 15 cm Durchmesser genau das Richtige. Bei hohen Bäumen bekommen Sie das Problem mit einem Raupen- oder Rollenschneider mit Schere oder Sägeblatt (oder beidem) auch ohne Kletterpartie in den Griff. Und dem großen, gefällten, in grobe Stücke gesägten Baumstamm rückt man mit Axt, Holzhammer und Keil zu Leibe, um daraus Brennholz zu schlagen und es anschließend mit dem Beil in Anzündscheite zu spalten. Die ältesten Schneidewerkzeuge wie die Sichel, die Reisighippe und die Rodeaxt wurden früher für sämtliche Schneide- und Stutzarbeiten verwendet, sind heute jedoch nur noch beim Roden im Einsatz. Die lange, scharfe Klinge eines solchen Werkzeugs durchtrennt einen Schößling mit einem einzigen Hieb.

Das schönste Schneidewerkzeug, vielleicht sogar das schönste Werkzeug überhaupt, ist die Sense. Das speziell für die Heuernte entwickelte Gerät wird heute nahezu überall durch moderne Mähdrescher und Rasenmäher ersetzt. Trotzdem ist die Sense noch immer im Handel, und wenn auf Ihrem Grundstück eine Wildwiese wächst, die wegen des felsigen Untergrunds mit dem Rasenmäher nicht zu bewältigen ist, versuchen Sie es doch mal mit der guten alten Sense.

DIE ERSTE BESCHNEIDUNG

Eine Legende aus dem Alten Griechenland erzählt von einem wilden Esel, der in einen Weinberg eindrang und dort mehrere Weinstöcke bis auf den Stamm abknabberte. Der Zorn des Gärtners schlug in helle Freude um, als er sah, daß sich die abgefressenen Reben schnell erholten und weit mehr Trauben trugen als die anderen Stöcke. Er beschloß, den Wein fortan auch selbst zurückzuschneiden, und sein Experiment wurde mit einer überaus reichen Ernte belohnt, so daß sein Volk »diese wunderbare Erfindung würdigte, indem es dem Tier an einem der schönsten Flecken der Provinz eine marmorne Statue errichtete, als Dank für den Reichtum an Wein«.

DIE GESCHICHTE DES SCHNEIDENS

Mit ziemlicher Sicherheit war das erste, vorsätzlich von Menschenhand beschnittene Gehölz ein Weinstock um 6000 v. Chr. in Armenien. Kurioserweise führten die zivilisierten Völker, die sich langsam über Babylonien, Ägypten, Griechenland und das Römische Reich nach Westen hin ausbreiteten, Weinstöcke und die dazugehörigen Schneidewerkzeuge mit sich. 100 Jahre vor Aufkommen des Christentums hatte der Wein England erreicht.

Während der sechs Jahrtausende bis zu Beginn der Renaissance in Europa blieben die elementaren Schneidewerkzeuge im wesentlichen unverändert. Die Werkzeuge der Alten Römer und der Britannier hatten beide eine lange, gebogene Klinge, die aussah wie das Blatt einer Hippe aus unserem Jahrhundert. Es gab zwar Modelle, die mit einem zusätzlichen Spieß zum Feuerschüren und einer Axt zum Holzhacken ausgerüstet waren, aber die Hauptaufgabe dieser alten Werkzeuge war das saubere Kappen von Zweigen und Ästen. Von dem römischen Exemplar stammen die einfachen Spalierwerkzeuge ab, mit denen die Zweige der Obstbäume am Spalier in eine flache Form geschult werden, damit jeder Trieb gleich viel Sonne abbekommt.

Die Sense, der Vorläufer aller Erntegeräte, hat sich ebenfalls aus diesem Gerät entwickelt. Die ersten Bauern ernteten ihr Getreide, indem sie die Pflanzen mitsamt der Wurzel aus dem Boden zogen. Die mesopotamischen Kulturen des Mittleren Ostens ernteten bereits mit Schneidegeräten. Aber erst im Römischen Reich, als bei der Ernte auf großen Ländereien in Gallien und anderen Provinzen maximale Ausbeute bei minimaler Arbeitskraft gefordert war, entstand eine Urform der heutigen Sense.

Dieses grifflose Werkzeug sah der heute gebräuchlichen Sense zwar nur entfernt ähnlich, hatte aber wie diese auch einen langen Stiel, ein quer sitzendes Blatt und wurde vom Bauern mit einer geschmeidigen Bewegung aus der Hüfte hin- und hergeschwungen. Die Sense war den Bauern Europas damals ein kostbarer Besitz, oft ihr einziges Werkzeug mit Metallblatt. Das Werkzeug, das manchmal mehr wert war als das beste Nutztier, kostete den mittelalterlichen Landwirt schätzungsweise ein Viertel seiner Jahreseinnahmen.

Der Siegeszug der Schneidewerkzeuge wurde durch das Aufkommen gestutzter Hecken weiter vorangetrieben. Wegen ihrer mauerähnlichen Funktion kamen sauber geschnittene Hecken im 15. und 16. Jahrhundert groß in Mode, und Werkzeuge zum schonenden, effektiven Heckenschnitt mußten entwickelt werden. Niemand weiß, wer die Heckenschere erfunden hat. Wie dem auch sei, sie ist jedenfalls das erste Gartenwerkzeug, das auf dem Scherenprinzip beruht, und damit Urahne all unserer Garten-, Baum- und Astscheren.

Erst im 19. Jahrhundert war die Familie der modernen Gartenschneidewerkzeuge komplett. In einer Gartenenzyklopädie aus dem Jahr 1822 findet nicht nur die Asthaue Erwähnung, sondern auch alle Arten von Meißeln, Äxten, Sägen, Scheren, Sensen, Ritzern, Rindenschälern und Mooskratzern. Die Krönung der Werkzeugherstellung im 19. Jahrhundert waren jedoch die französischen Baumscheren, auch ›Secateurs‹ genannt: leichte, bequem mit einer Hand zu bedienende Scherenwerkzeuge, die mühelos Zweige von mehr als 2,5 cm Durchmesser kappen konnten. Das Prinzip der Baumschere verbreitete sich schnell und wurde auf langstielige Astscheren übertragen, mit denen dickere Äste geschnitten werden konnten. Später montierte man die Schere auf eine lange Stange und bediente sie mit einem Zugmechanismus: Die furchterregende Raupenschere war geboren.

Das einzige Schneidewerkzeug, das sich nie verändert hat, ist die Axt. Die Tatsache, daß ihre Form über 8 000 Jahre praktisch unangetastet blieb, kürt die Axt zum beständigsten Traditionswerkzeug der Welt.

DAS SCHERENPRINZIP

Sämtliche Garten-, Baum- und Astscheren basieren auf dem Prinzip, daß zwei in einem Drehpunkt verbundene Blätter gegeneinander bewegt werden, um zu schneiden. Normalerweise gleiten die beiden Schenkel aneinander vorbei, um eine saubere Schnittstelle zu hinterlassen. Scheren, bei denen ein geschärftes Obermesser auf einen flachen Amboß trifft, quetschen den Schnitt an den Rändern. Sie sollten deshalb möglichst nur zum Ausputzen abgestorbener Äste eingesetzt werden.

Scheren unterscheiden sich hauptsächlich in der Größe der Blätter und Griffe. Zierliche Ikebanascheren zum Beispiel erweisen sich beim Ausputzen des Pflaumenbaums als nutzlos, und eine Astschere würde den Heckenschnitt verpfuschen. Schnittblumen können zwar mit einer Baumschere geschnitten werden, leiden aber unter deren kräftigen Schenkeln. Setzen Sie dagegen eine leichte Blumenschere ein, leben Ihre Schnittblumen wie auch die Mutterpflanzen erheblich länger.

Die Blumenschere

In der traditionellen Küche eines Eigenheims mit Garten steht meist ein Körbchen mit den unverzichtbaren Utensilien der Hausfrau: Nadel und Faden, eine saubere Tasse, ein paar Bonbons für die Kinder und eine kleine Blumenschere. Diese kleine Schere mit den roten Griffen begleitet ihre Besitzerin mehrmals am Tag in den Garten, um dort verwelkte Blüten abzuschneiden oder für Schnittblumen zu sorgen. Und wenn die Hausfrau und Gärtnerin auf dem Weg zum Blumenbeet ein allzu vorwitziges Ästchen am Wacholder entdeckt oder in den Kübeln mit dem Japan-Ahorn etwas erspäht, was dort nicht hingehört, erweist sich die kleine Schere als nützliche Helferin.

Die Wahl der Blumenschere

Die Wahl der Blumenschere richtet sich nach dem Verwendungszweck. Erfahrene Gärtner haben oft zwei verschiedene Scheren: eine kurze, leicht zu führende Schere zum Kappen der Blumenstiele auf der Gärtnerbank und eine lange, präzise Schere, mit der man leicht an die Blumen im Garten herankommt. Für die Obsternte gibt es Spezialscheren mit abgestumpften Spitzen. Andere Modelle mit kleiner, aber kraftvoller Hebelübersetzung wiederum sind ideal, um die empfindlichen Holzstämme der Bonsais fachgerecht zu beschneiden. Überlegen Sie also genau, bevor Sie sich entscheiden. Denn die hübsche Ikebanaschere kann sich im dicht bepflanzten Staudenbeet schlicht als unbrauchbar erweisen. Nicht jedes überzeugend aussehende Werkzeug bietet das richtige Gewicht und Gefühl.

Probieren Sie aus, ob sich die Scherenblätter leicht öffnen und schließen lassen, ohne im Drehpunkt zu wackeln, und überzeugen Sie sich von der Material- und Konstruktionsqualität. Früher waren die Griffe der Blumenscheren aus Stahl oder Legierung und hatten einen Kunststoff- oder Vinylüberzug, um die Hände des Gärtners zu schonen. Durch die modernen Integralgriffe aus Verbundkunststoff sind die Werkzeuge heute leichter, ohne jedoch an Kraft eingebüßt zu haben. Einige Gärtner schwören immer noch auf das stattliche Gewicht der Metallgriffscheren, die meisten aber bevorzugen heute die leichten Verbundmaterialien.

Der Gebrauch der Blumenschere

Wenn Sie Schnittblumen aus dem Garten holen, sollten Sie darauf achten, die Stiele möglichst lang zu lassen, damit Sie später beim Arrangement in der Vase die Höhe noch variieren können. Außerdem sind scharfe Schneiden unentbehrlich. Ein ausgefranster Schnitt beschädigt und verschließt die Wassergefäße im Stengel und läßt die Blume schon bald verwelken.

Die einfachste und vielseitigste Blumenschere hat gerade, aneinander vorbeigleitende Kohlenstoff- oder Edelstahlschneiden von 5 bis 13 cm Länge.

Einige Gärtner schwören immer noch auf das stattliche Gewicht der Metallgriffscheren, die meisten aber bevorzugen heute die leichten Verbundmaterialien.

Griffe und Blätter sind aufgrund ihrer schlanken Form für die Arbeit zwischen dichtstehenden Stengeln geeignet, und das Aneinandervorbeigleiten der Schenkel ermöglicht glatte, präzise Schnitte bei frischen Gartenblumen. Floristen bevorzugen Modelle mit einer Kerbe oberhalb des Drehpunkts, um kleine Zweige oder Blumendraht zu schneiden.

AUSPUTZSCHERE: Diese Langblattschere hat zwar keine richtige Spitznase, an einem dicht mit Kornblumen bewachsenen Plätzchen bekommt sie jedoch spielend jeden der zarten Stengel einzeln zu fassen. Die Traubenlesechere mit ihren abgestumpften Spitzen, die speziell für die fruchtschonende Obsternte entwickelt wurde, hat dieselben Vorzüge wie die Ausputzschere und vermeidet zusätzlich Verletzungen des Schnittguts.

BLÜTENSCHERE: Diese Edelstahlschere hat lange Augengriffe für Daumen und Zeigefinger und sehr kurze, gerade und spitze Blätter. Das fragile Aussehen täuscht: Die Blütenschere ist ein robustes Werkzeug mit kraftvoller Hebelübersetzung. Bonsai-Spezialisten benutzen sie zum Stutzen kleiner Holzstämme, dort wo Präzisionsarbeit gefordert ist.

IKEBANASCHERE: Mit ihren stämmigen, gebogenen Blättern aus Kohlenstoffstahl und den Schmetterlingsgriffen bietet die Ikebanaschere einen schönen Anblick. In dicht bewachsenen Beeten ist sie wegen ihrer dicken Griffe fehl am Platz, aber zum Anschneiden von Schnittblumenstielen, Blüten und kleinen Zweigen für Blumenarrangements ist sie geradezu ideal. Ganz gleich, in welchem Winkel Sie die Schere halten, Ihre Finger bleiben sicher in den Augen sitzen.

PRÄSENTIERSCHERE: Wie oft haben Sie sich schon gereckt und gestreckt, um eine in der hintersten Reihe des Randbeets stehende Blume zu erwischen? Mit weit ausgestrecktem Arm gelingt es Ihnen gerade noch, die Scherenblätter um den Stengel zu legen, aber die andere Hand hinzuzunehmen, um die geschnittene Blume aufzufangen, ist unmöglich. Die Präsentierschere – ein unheimliches Gerät, das wie eine Blumenschere aussieht, jedoch an einer Schneide zusätzlich mit einer kleinen Metallklemme versehen ist – greift das Schnittgut vorsichtig auf und verhindert, daß es auf die Erde fällt.

DAS AUSBLÜTEN

Die einfachste Methode des Ausputzens ist das Ausblüten. Schneidet man das Abgeblühte von Einjährigen ab, bevor sie Samen bilden, kommen neue Blüten. Oft läßt sich die verwelkte Blüte einfach mit Daumen und Zeigefinger abkneifen.

Sauberer und schonender funktioniert das Abschneiden mit einer schlanken, geraden Blumenschere, die manchmal nicht viel größer als eine Nagelschere ist.

Schneiden

Blumenscheren

1. Blütenschere:
Diese schöne, leichte Schere aus hochwertigem rostfreien Kohlenstoffstahl kommt ursprünglich aus der Bonsai-Kunst. Die kleinen Scherenblätter stehen für präzise Schnitte, und die Augengriffe passen in jede Hand. Ideal für das Ausputzen von prämierten Stauden.
LÄNGE: 18 CM
GEWICHT: 90 G
BLATTLÄNGE: 4 CM

2. Allzweckschere:
Handliche Universalschere für drinnen und draußen. Die vinylüberzogenen Griffe mit großen Augen garantieren ein angenehmes Arbeiten. Die scharfen Edelstahlklingen rosten nicht. Außer für Blumen und Zweige ist diese Schere auch ideal zum Schneiden von Schnur, Papier und anderen Materialien.
LÄNGE: 16 CM
GEWICHT: 60 G
BLATTLÄNGE: 4 CM

3. Blumenschere (Fa. Fiskars):
Leichte, elegante Auslichtschere in hochwertiger Ausführung. Die kurzen, präzisen Scherenblätter aus Kohlenstoffstahl gleiten beim Schneiden aneinander vorbei. Die geraden Griffe sind gepolstert und liegen angenehm in der Hand. Die richtige Wahl zum leichten Ausputzen, Auslichten und Blumenschneiden.
LÄNGE: 15 CM
GEWICHT: 50 G
BLATTLÄNGE: 4 CM

4. Obst- und Blumenschere:
Robuste Schere für anspruchsvollere Aufgaben, kraftvoller als die durchschnittlichen Ausputzscheren. Die Schneiden aus hochwertigem geschmiedeten Kohlenstoffstahl schaffen auch dickere Obstzweige und Blumenstengel. Einfache Bypass-Konstruktion und Griffsperre.
LÄNGE: 20 CM
GEWICHT: 150 G
BLATTLÄNGE: 6 CM

5. Ikebanaschere:
Diese einzigartige Schere mit den Schmetterlingsgriffen wird hauptsächlich von Ikebanafreunden verwendet, ist aber auch dem Hobbygärtner beim Schneiden von Blumen für hübsche Sträuße und Gestecke eine große Hilfe. Mit den scharfen, präzisen Scherenblättern können problemlos Blumenstiele und Zweige geschnitten werden.
LÄNGE: 20 CM
GEWICHT: 230 G
BLATTLÄNGE: 6 CM

6. Ausputzschere:
Als schlanke, zartere Schwester der Obst- und Blumenschere ist die japanische Ausputzschere genau das Richtige zum Ausblüten, Beschneiden und Präzisionsauslichten. Auch für die Obsternte und für Schnittblumen geeignet, da die spitzen Schneiden sich überall ihren Weg bahnen. Hochwertige Kohlenstoffstahlblätter, Bypass-Konstruktion, einfache Griffsperre.
LÄNGE: 18 CM
GEWICHT: 100 G
BLATTLÄNGE: 5 CM

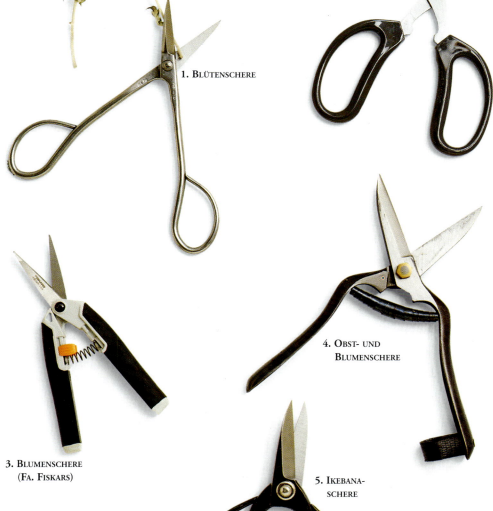

1. Blütenschere
2. Allzweckschere
3. Blumenschere (Fa. Fiskars)
4. Obst- und Blumenschere
5. Ikebanaschere
6. Ausputzschere

DIE BAUMSCHERE

Das Geheimnis der französischen Baumschere des 19. Jahrhunderts, des ›Secateur‹, lag in ihren präzise schneidenden und perfekt sitzenden Blättern, die beim Zusammendrücken der Griffe sauber aneinander vorbeiglitten (Bypass-Konstruktion). Durch die leicht gebogene Form der Oberschneide setzte die Schere einen glatten ›ziehenden Schnitt‹ – das obere Scherenblatt zieht sich wie ein Messer durch das Holz – anstelle eines schnittgutverletzenden ›Quetschschnitts‹.

Heutzutage zählt die Baumschere zu den wichtigsten Schneidewerkzeugen im heimischen Garten. Die ursprünglich für leichte Ausputzarbeiten an Bäumen und Sträuchern wie Apfelbaum, Blaufichte oder Rhododendron entwickelte Baumschere macht auch beim Schneiden von Stecklingen bei der Pflanzenzucht eine gute Figur. Und wenn gerade nichts besseres zur Hand ist, schneidet sie auch Blumen, entfernt unerwünschte Brombeerausläufer, befreit Erdbeerpflanzen von welken Blättern oder hilft bei der Tomatenernte.

Manche Gärtner hängen ganz besonders an ihrer Baumschere und verleihen sie selbst dem sympathischsten Nachbarn nur sehr ungern.

Damit Ihre Baumschere Ihnen lange erhalten bleibt, lohnt es sich, in ein kleines Lederhalfter für den Gürtel zu investieren. Die Schere paßt zwar auch in die Hosentasche, aber wenn Sie sich erst einmal drei oder vier Taschen ruiniert haben, werden Sie die Vorteile eines Gürtelhalfters zu schätzen wissen. Überdies gibt Ihnen das Gewicht der Halftertasche am Gürtel die Gewißheit, daß das Werkzeug gut aufgehoben ist und nicht irgendwo im Garten herumliegt.

DIE WAHL DER BAUMSCHERE

Bei den meisten Gartenwerkzeugen wird zwischen ›Hobby‹- und ›Profi‹-Qualität unterschieden. Erstere ist allerhöchstens ausreichend, letztere hingegen zuverlässig und ein Stück fürs Leben. Interessanterweise finden in Sachen Baumschere auch bei den Hobbygärtnern die Profimodelle den größten Anklang – obwohl sie vom führenden Hersteller als Zielgruppe überhaupt nicht angesprochen werden.

Da Baumscheren die am häufigsten benutzten Schneidewerkzeuge sind, müssen sie in Konstruktion und Qualität absolute Spitze sein. Testen Sie Ihr Exemplar im Geschäft, indem Sie die Schere in die Hand nehmen und auf- und zubewegen. Stimmt das Gewicht? Liegt die Schere gut in der Hand? Kom-

ANATOMIE EINER BAUMSCHERE

Saftrille auf dem Amboßblatt zur Saftableitung vom Drehpunkt weg

Schweizer Blatt, präzisionsgeschliffen, für glatte Schnitte

Stoßdämpfender Anschlagpuffer

Einzigartige Sternmutter und separater Sicherheitsverschluß

Rostfreie Schneckenfeder für lange Lebensdauer der Schere

Geschmiedete Griffe aus Metallegierung, biegefest und bruchsicher

men Sie mit ihr auch an unwegsame Stellen, ohne gesunde Zweige zu verletzen? Lassen sich die Klingen öffnen und schließen, ohne zu schleifen? Sitzt der Sicherheitsverschluß so, daß er bequem mit einer Hand zu bedienen ist? Die besten Baumscheren geben ihrem Besitzer ein beruhigendes Gefühl, wenn dieser 18 Meter über dem Erdboden in einer Eiche herumkraxelt und seine Schere aus dem Holster zieht, um ein paar vertrackt sitzende Schößlinge oder Wasserreiser zu kappen.

Bei der Qualitätsbestimmung von Baumscheren sollten Sie ferner darauf achten, daß die Blätter aus gehärtetem Stahl und leicht auszuwechseln sind. (Natürlich werden die Schneiden zunächst immer wieder geschärft, aber nach langem Gebrauch wollen Sie sie vielleicht doch erneuern, um nicht gleich die ganze Schere wegwerfen zu müssen.) Die besten Griffe sind aus einer leichten, stabilen Aluminiumlegierung mit Vinylüberzug gefertigt. Der Sicherheitsverschluß sollte leicht ein- und ausrasten, und die Feder, die den Drehpunkt unter Spannung hält, muß sich weichgängig zusammendrücken lassen. Im Idealfall greift der untere Schenkel sauber in das Schneideblatt und verfügt über eine Saftrille, die klebrigen Pflanzensaft ableitet.

Ein weiterer Vorteil, den nur die Spitzenmodelle bieten, sind auswechselbare Bauteile. Jedes Teil der Schere kann mühelos abmontiert und ersetzt werden – sofern Sie ein Ersatzteil parat haben –, so daß die Schere im Handumdrehen wieder einsatzbereit ist.

Bei den meisten Gartenwerkzeugen spielt es keine Rolle, ob Sie Rechts- oder Linkshänder sind. Nicht so bei den Baumscheren. Das nur auf einer Seite abgeschrägte Schneideblatt muß auf der Schnittfläche zum Baum hin zu liegen kommen – mit anderen Worten, das Blatt, das für einen sauberen, glattkantigen Schnitt verantwortlich ist, befindet sich immer zwischen Ihrer Hand und dem Mutterzweig oder Stamm. Linkshänder sollten also nur mit Linkshandmodellen arbeiten.

Der Gebrauch der Baumschere

Das einzige, was man bei diesen Werkzeugen falsch machen kann, ist, sie auf Zweige anzusetzen, die zu dick oder zu hart für sie sind. Ein Gärtner, der einem dicken Stamm mit seiner Baumschere zu Leibe rückt, ist schon ein komischer Anblick. Mal dreht er die Hand links herum, mal rechts herum, so als veranstalte er ein Tauziehen mit der widerspenstigen Pflanze. Das Ergebnis einer solchen Auseinandersetzung ist für beide, Pflanze wie Baumschere, ver-

WANN BESCHNEIDET MAN ZIERGEHÖLZE?

Um den Blütenreichtum Ihrer Sträucher zu erhalten, müssen Sie die verwelkten Blüten rechtzeitig abschneiden. Spätblüher wie die Hortensie bilden ihre Blüten auf frischen Trieben aus und werden daher zu Beginn des Frühjahrs kräftig zurückgeschnitten. Frühlingsblüher und Sträucher, die im Juni blühen, werden erst nach der Blüte verjüngt. Für die dünneren Zweige tut es zwar auch eine Blumenschere, das beste Schneidewerkzeug für diese Arbeit ist aber zweifelsohne eine gute Baumschere. Die scharfen, gebogenen Scherenblätter setzen präzise Schnitte in dünne Ästchen ebenso wie in 1 cm dicke Zweige.

heerend. Meistens wird beim Schneiden Rinde vom Stamm abgeschält, was die Infektionsgefahr drastisch erhöht, und die Schere wird derart verdreht, daß sich der Zapfen lockert oder die Blätter verbiegen und beim Schneiden gegeneinanderschleifen.

Abgestorbene Zweige, die in der Regel zäher sind als frische Triebe, kappt man besser mit einer speziellen Amboßbaumschere. Dieses Werkzeug, dessen Schneideblatt sich gegen einen schmaleren feststehenden Amboß bewegt, hat eine enorme Schneidekraft, auch ohne daß man groß an ihm herumzerren muß. Bei richtig dicken Ästen kann auch die beste Baumschere nichts ausrichten – hier muß die Astschere ran.

Bei richtig dicken Ästen kann auch die beste Baumschere nichts ausrichten – hier muß die Astschere ran.

BYPASS-BAUMSCHERE: Für allgemeine Schneidearbeiten an Gehölzen mit bis zu 2 cm dicken Zweigen ist eine zweiklingige Bypass-Baumschere die beste Wahl. Dieses Werkzeug funktioniert nach demselben Prinzip wie die Haushaltsschere, wobei seine Klingen leicht gebogen sind, um den Zweig oder Ast in der richtigen Position zu halten und präzise Schnitte zu setzen, ohne zu quetschen (keine Infektionsgefahr). Die obere Schneide ist in der Regel nur auf der Außenseite abgeschrägt und hohlgeschliffen. Die Innenseite dagegen gleitet leichtgängig an der unteren, ungeschliffenen Klinge vorbei und setzt dabei einen sauberen, geraden Schnitt. Mit den schmalen Scherenblättern können überflüssige Zweige exakt am Stamm abgetrennt werden, ohne daß ein Stumpf stehenbleibt.

Die zweiklingigen Baumscheren von Felco – einer ausschließlich auf Gartenscheren spezialisierten Schweizer Firma, die 1945 gegründet wurde – setzen Maßstäbe für die gesamte Konkurrenz. Der Fachhandel bietet zahlreiche mehr oder weniger erfolgreiche Kopien anderer Hersteller an. Es gibt sogar leichte zweiklingige Baumscheren, die sich nur wenig von der Blumenschere unterscheiden. Ein Großteil der wirklich guten Modelle jedoch funktioniert nach dem Prinzip der Felco-Baumscheren.

Einzige Ausnahme sind die Bypass-Baumscheren von Sandvik. Bei diesen Werkzeugen liegt der Drehpunkt seitlich versetzt zur Mittelachse der beiden Scherenblätter. Dadurch wirkt beim Schneiden mit gleichem Druck mehr Kraft auf den Zweig. Das Werkzeug neigt sich beim Zusammendrücken der Griffe nach unten in die Schnittstelle und drückt die obere Klinge sanft in das Holz. Fazit: Die Sandvik-Baumscheren übertragen bei gleichem Druck auf den Griff etwas mehr Kraft als herkömmliche Baumscheren.

Das Konzept für diese Baumscheren soll ursprünglich in den 1920er Jahren von Konstrukteuren der Firma Felco entwickelt worden sein. Unverständlicherweise setzte Felco seine Idee nie in die Tat um, bis einige Jahre später die Firma Sandvik – ein namhafter Werkzeughersteller, der bei uns besser für seine Einsatzbohrer und Bandschleifer bekannt ist – beschloß, auch Gartenwerkzeuge herzustellen. Sandvik schlug Felco vor, den auf Eis gelegten Entwurf umzusetzen und die Lizenz zu übertragen. Felco lehnte ab, mit dem

Hinweis, der Entwurf sei nicht patentiert, und Sandvik solle das Werkzeug ruhig selbst produzieren.

AMBOSSBAUMSCHERE: Der armen Amboßbaumschere wird viel Schlechtes nachgesagt, obwohl sie durchaus ihre Vorteile hat. Amboßbaumscheren sind etwa genauso groß wie Bypass-Modelle, funktionieren aber nach einem grundverschiedenen Prinzip. Anders als bei den zweiklingigen Baumscheren trifft bei ihnen das Schneideblatt auf eine fingerbreite Auflagefläche, den Amboß, und schneidet das Schnittgut, als läge es auf einem kleinen Hackklotz. Nachteil dieser Konstruktion ist die Amboßbreite, die ein Arbeiten direkt am Stamm unmöglich macht. So bleibt immer ein kleiner Aststumpf stehen, der anfällig ist für Bakterien und Pilzbefall. Außerdem macht die Amboßbaumschere eher quetschende als ziehende Schnitte, eine weitere Quelle für Krankheiten.

Für das Ausputzen harter, verholzter, abgestorbener Äste und Zweige jedoch gibt es nichts besseres als eine Amboßbaumschere. Sie schneidet butterweich, ohne daß der Gärtner sie hin- und herdrehen oder mit Gewalt zusammendrücken muß. Ein kurzer Druck auf den Griff, und das Blatt kommt auf dem Messingamboß zu liegen.

Die Ratschenbaumschere: Diese Variante der Amboßbaumschere ist eine kleine Revolution in Sachen Baumscherenkonstruktion. Der Ratschenmechanismus erhöht die Schneidekraft um 30%, so daß auch weniger kräftige Gärtnerhände 2 cm dicke frische bzw. sogar 4 cm dicke abgestorbene Zweige schaffen.

Die Romulusschere: Dieses wunderbare Werkzeug erinnert mit seinem Triebkranz-verzierten Metallkörper an einen altmodischen vernickelten Revolver. Die Romulusschere setzt von allen Amboßbaumscheren die saubersten Schnitte, weil sie nach dem Sägeprinzip funktioniert. Beim Zusammendrücken der Griffe zieht sich die Schneideklinge wie ein Brotmesser über den Zweig, während der Amboß sauber nach vorne gleitet.

VORSICHT, TRIEBKNOSPEN!

Es gibt drei Arten von Triebknospen, die noch vor dem Rückschnitt ›versorgt‹ werden wollen. Triebknospen am Astende werden geschnitten, damit die Wachstumsenergie der Pflanze in den Ast fließt und das Gehölz dichter wird. Umgekehrt führt das Schneiden von querstehenden Triebknospen zu einer Energieumleitung auf den Endtrieb, für eine größere Kronenform.

Latente Triebknospen oder ruhende Augen, die sich als kleine Beulen auf dem Ast zeigen, brechen nur auf, wenn höher wachsende Triebe entfernt werden.

Baumscheren

1. **Klassische Baumschere** (Fa. Freund)
2. **Baumschere mit Schneckenfeder** (Fa. Freund)
3. **Starke Baumschere** (Fa. Sandvik)
4. **Rosenschere** (Fa. Leyat)
5. **Baumschere** (Fa. Sandvik)
6. **Starke Baumschere** (Fa. Fiskars)
8. **Ergonomische Baumschere** (Fa. Fiskars)
9. **High-Tech-Baumschere** (Fa. Freund)
10. **Ratschen-Baumschere**
11. **Schnapp-Schnitt-Baumschere**

1. **Klassische Baumschere (Fa. Freund):** Das klassische Bypass-Modell ist extrem robust. Ein nüchternes Werkzeug mit einfacher Drehpunkteinstellung mit Schraube und Mutter, offener Spiralfeder und ohne Anschlagpuffer.
LÄNGE: 20 CM
GEWICHT: 270 G

2. **Baumschere mit Schneckenfeder (Fa. Freund):** Einfache Baumschere, in Design und Konstruktion ähnlich wie die klassische Baumschere. Eine Schneckenfeder ersetzt die traditionelle offene Spiralfeder. Haken am Griff für praktische Aufbewahrung.
LÄNGE: 20 CM
GEWICHT: 250 G

3. **Starke Baumschere (Fa. Sandvik):** Diese Bypass-Baumschere für schwere Schneidearbeiten brilliert mit Scherenblättern aus gehärtetem Kohlenstoffstahl mit Xylanbeschichtung (abriebfest, rostfrei), Saftrille und Schnellverschluß. Für bis zu 2,5 cm dicke Zweige. Spitzenkonstruktion mit auswechselbaren Teilen.
LÄNGE: 23 CM
GEWICHT: 260 G

4. **Rosenschere (Fa. Leyat):** Spezialschere zum Auslichten und Schneiden von Rosen mit Greifvorrichtung für das stachelige Schnittgut. Schweizer Fabrikat, präzisionsgeschliffene Klingen aus Stahllegierung. Die kunststoffüberzogenen Griffe stehen in ›halboffener‹ Position und sind auch etwas für Gärtner mit kleinen Händen. Alle Teile sind auswechselbar.
LÄNGE: 20 CM
GEWICHT: 240 G

5. **Baumschere (Fa. Sandvik):** Zweiklingige Baumschere mit Stahlgriffen und Kohlenstoffstahlblättern für kleinere Hände; preisgünstiger als die Starke Baumschere von Sandvik. Ideal zum Schneiden dünnerer Zweige und zum Ausputzen von Kübelpflanzen.
LÄNGE: 20 CM
GEWICHT: 290 G

6. **Starke Baumschere (Fa. Fiskars):** Diese einzigartige Baumschere mit verstärkten, gummiüberzogenen Harzgriffen funktioniert nach mehreren Prinzipien. Wie schon andere Modelle von Fiskars, ist auch dieses für Rechts- und Linkshänder konzipiert und hat einen Fingerschutz am unteren Griff.
LÄNGE: 18 CM
GEWICHT: 270 G

7. **Baumschere (Fa. Corona):** Zweiklingige Baumschere mit Drahtschneider und patentiertem ›Spitzbogen‹-Design. Das auswechselbare Schneideblatt aus geschmiedetem Kohlenstoffstahl kappt Zweige bis 2,5 cm Ø. Vinylüberzogene Griffe.
LÄNGE: 22 CM
GEWICHT: 320 G

8. **Ergonomische Baumschere (Fa. Fiskars):** Ideal für leichtes Ausputzen und Zimmerpflanzenpflege. Die verstärkten Harzgriffe mit Überzug aus Kunstgummi machen das Werkzeug strapazierfähig und handfreundlich. Drahtschneider. Modell für Rechts- und Linkshänder mit Fingerschutz am unteren Griff.
LÄNGE: 23 CM
GEWICHT: 200 G

9. **High-Tech-Baumschere (Fa. Freund):** Modernes Design. Zweiklingige Baumschere mit schmutzgeschützter Schneckenfeder, Drehpunktregulierung per Schlitzschraube, die mit einem Zehnpfennigstück eingestellt werden kann. Modell für Rechts- und Linkshänder mit Anschlagpuffer und integriertem Verschluß.
LÄNGE: 22 CM
GEWICHT: 300 G

Schneiden

12. Felco Nr. 8
13. Felco Nr. 2
14. Felco Nr. 7
15. Felco Nr. 9
16. Felco Nr. 13
7. Baumschere (Fa. Corona)
17. Felco Nr. 30
8. Ergonomische Baumschere (Fa. Fiskars)
18. Felco Nr. 6

10. **Ratschenbaumschere:** Dank des Ratschenmechanismus dieser Amboßschere gelingt es auch weniger kräftigen Gärtnerhänden, Zweige bis 2 cm Durchmesser zu kappen. Mit ihrer einzigartigen, patentierten Hebelkonstruktion greift die Schere den Zweig und durchtrennt das Holz schrittweise. Scherenblätter aus gehärtetem Stahl mit Teflonbeschichtung, grellgelbe Kunststoffgriffe. Eine erschwingliche, leichte Variante, für die sich viele Gärtner entscheiden.
LÄNGE: 18 CM
GEWICHT: 110 G

11. **Schnappschnitt-Baumschere:** Profimodell mit Amboß zum Schneiden von bis zu 1,5 cm dicken Zweigen. Bezahlbare Alternative mit überdurchschnittlich guter Konstruktion: S-förmige, 4 cm breite Teflonblätter, Vinylgriffe, auswechselbarer Wendeamboß aus Messing. Ideal zum Ausputzen abgestorbener Zweige und Äste.
LÄNGE: 20 CM
GEWICHT: 310 G

BAUMSCHEREN VON FELCO
Felco-Baumscheren sind bekannt für ihre Spitzenqualität und ihre auswechselbaren, hochwertigen Kohlenstoffstahlblätter. Die ergonomisch geformten Griffe aus geschmiedeter Metallegierung sind mit Softgummi überzogen. Die in der Schweiz produzierten Scheren sind zwar nicht billig, aber die Investition zahlt sich auf jeden Fall aus. Felcos gibt es in vielen Größen und Formen – hier sind nur einige der beliebtesten Modelle abgebildet.

12. Nr. 8: Der neueste Stand der Technik in Sachen Baumscheren. Rechtshändermodell mit konvex gebogenen Griffen, Saftrille, Amboß, separatem Verschlußteil, Anschlagpuffer und rostfreier Schneckenfeder.
LÄNGE: 20 CM
GEWICHT: 250 G

13. Nr. 2: Die Schere, die Felco berühmt gemacht hat. Saftrille, Drahtschneider, gehärtete Schraube, Anschlagpuffer, Schneckenfeder und Spannhülse gegen Blattüberspreizung.
LÄNGE: 22 CM
GEWICHT: 150 G

14. Nr. 7: Rollgriff für ermüdungsfreies Arbeiten. Leicht angewinkelte Klinge für Schneiden am Stamm, Drahtschneider, Saftrille.
LÄNGE: 22 CM
GEWICHT: 300 G

15. Nr. 9: Felco Nr. 8 für Linkshänder.

16. Nr. 13: Brandneues Modell, das in Zusammenarbeit mit Arbeitsschutzspezialisten entwickelt wurde, schlägt die Brücke zwischen Einhandbaumscheren und Zweihandastscheren. Beim Schneiden dicker Zweige greift der Gärtner mit der freien Hand den verlängerten linken Griff. Ergebnis: volle Schneidekraft bei um 25% reduzierter Muskelkraft.
LÄNGE: 27 CM
GEWICHT: 300 G

17. Nr. 30: High-Tech-Amboßbaumschere mit ergonomischen Griffen und auswechselbaren Blättern. Guter Allzweckschneider.
LÄNGE: 22 CM
GEWICHT: 220 G

18. Nr. 6: Klassisches Design für kleinere Hände.
LÄNGE: 20 CM
GEWICHT: 220 G

DIE HECKENSCHERE

Fordert man die Hilfe von Profigärtnern an, dröhnt einem bald schon das Brummen und Rattern von einem halben Dutzend Motoren um die Ohren: Laubgebläse, Rasenmäher, Elektroheckenschere, Motorfräse und Kettensäge. Spätestens in diesem Moment sehnen Sie sich nach den guten alten Zeiten zurück, als es noch keine Elektrowerkzeuge gab und nur das rhythmische Klipp-Klapp der Heckenschere den Gärtner bei der Arbeit verriet.

Langschneidige Heckenscheren sind der vielleicht größte Prüfstein für nostalgische Gartenfreunde. Der Heckenschnitt war nämlich ein Privileg, das sich viele Söhne und Töchter erst einmal verdienen mußten. Als Grünschnabel mußte man erst lernen, sicher, fest und bequem auf einer Leiter zu stehen und so lange zu schneiden, bis die ungestüme Masse unregelmäßig wachsender Triebe sich in eine sauber geschnittene, formschöne Hecke verwandelt hatte. Während die jüngeren Sprößlinge den Handrasenmäher schoben, die Rasenränder in Form schnitten oder die Kiefernadeln von der Auffahrt fegten, war es für den Herrn Papa ein Hochgenuß, sich gefährlich weit über die große Hecke zu lehnen.

ANATOMIE EINER HECKENSCHERE

Die präzisionsgeschliffenen Blätter haben unten Zähne zum Schneiden hartholziger Zweige.

Anschlagpuffer aus Gummi mindern die Belastung von Händen und Armen.

Röhrenförmige Stahlschäfte mit Gummigriffen erhöhen Komfort und Lebensdauer.

DIE WAHL DER HECKENSCHERE

Die ersten Gartenscheren waren nichts weiter als übergroße Schafscheren. Diese einfachen Werkzeuge wurden aus einem einzigen Stück Metall gefertigt und hatten zwei lange, dreieckige Blätter, die unten mit einer Metallfeder zusammengehalten wurden. Die handermüdenden, begrenzt großen Geräte wurden schon bald durch zweiklingige Scheren abgelöst, deren Blätter mittig in einem Drehpunkt zusammentrafen. Die Griffe aus Holz machten das Werkzeug länger und leichter, und der Drehpunkt sorgte für erhöhte Schneidekraft.

Die Klingen einer modernen Heckenschere sollten aus rostfreiem Edelstahl oder geschmiedetem Kohlenstoffstahl gefertigt sein. Die besten Griffe sind aus Eschenholz, weil sie stoßdämpfend wirken und für eine zuverlässige Zapfen-Metallkragen-Verbindung mit den Scherenblättern geeignet sind. Es gibt auch qualitativ hochwertige Modelle mit durchgenieteter Zapfenverbindung. Was die Konstruktion angeht, ist ein effektiver Anschlagpuffer zwischen den Blättern äußerst wichtig. Dieser stellt sicher, daß die Griffe beim Zusammendrücken weich aufeinandertreffen. Mit langstieligen Heckenscheren erreicht man höher wachsende Triebe auch vom Boden aus. (Man könnte auch eine Leiter nehmen.) Bei einem bestimmten Modell stehen die Scherenblätter zu den Stielen angewinkelt. Dieses

Werkzeug wird häufig von Gärtnern verwendet, die sich beim Schneiden der Rasenkanten nicht bücken wollen, macht sich aber auch beim Stutzen der Höhentriebe einer imposanten Hecke bezahlt.

Der Gebrauch der Heckenschere

Die Arbeit mit der Heckenschere ist ein ständiger Lernprozeß, bis Sie der Hecke keine ›Wellenfrisur‹ mehr verpassen. In der Tat sind die unansehnlichen ›Fehler‹, die Anfänger mit Handheckenscheren fabrizieren, oft der Hauptgrund dafür, daß so viele Gärtner schließlich doch auf eine Elektroheckenschere umsteigen.

Die elektrische Heckenscherenvariante scheint auf den ersten Blick die bessere Lösung zu sein, wenn man das lange, flache Blatt betrachtet. Oft tauscht man jedoch nur ein Problem gegen ein anderes. Mit einer elektrischen Heckenschere ist die Gefahr noch viel größer, die Hecke aus Versehen ›trichterförmig‹ zu schneiden.

Um jedoch ein gesundes Wachstum vom Boden bis zur Spitze zu gewährleisten, muß die Hecke leicht pyramiden- oder kegelförmig geschnitten werden. Der untere Heckenbereich sollte etwas breiter gehalten werden als der obere, damit alle Blätter genügend Licht bekommen. Allzu hastige Heckenspezialisten, die sich nicht die Zeit nehmen, ihr Werk immer wieder gründlich aus allen Blickwinkeln zu betrachten, schneiden gewöhnlich eine umgekehrte Pyramide. Bedauernswertes Ergebnis ist eine Hecke, die aussieht, als stehe sie auf Stelzen, weil das untere Geäst aufgrund von Lichtmangel völlig kahl ist.

Richten Sie sich also nach der bewährten Regel. Halten Sie die Schere in gebührendem Abstand zur Brust und behalten Sie diese Position während der gesamten Schneidearbeit bei. Für höhere, tiefere oder seitliche Schnitte treten Sie einen Schritt näher an die Hecke heran, statt die Arme auszustrecken. Und wenn die unteren Zweigpartien an die Reihe kommen, gehen Sie in die Hocke und behalten Sie Ihre Grundstellung bei. Wer sich daran hält, kann sicher sein, daß er seine Hecke weder ›skalpiert‹ noch ›trichtert‹, und daß die kleinen Unebenheiten, die seine Arbeit hinterlassen hat, in dem überwältigenden Eindruck einer gesunden, prächtig gedeihenden Pflanzenreihe untergehen.

Verschiedene Scherenmodelle

Trotz des Siegeszugs der Elektroscheren hat sich die Qualität der Handheckenscheren im Laufe der Jahre stark verbessert. Die besten Modelle sind aus gesenkgeschmiedetem Kohlenstoffstahl gefertigt und haben sorgfältig durchgenietete Griffe mit Zapfenverbindung. Noch vor 30 Jahren hatten Heckenscheren zwei gerade Klingen und mit viel Glück einen Astabschneider neben dem Drehpunkt für die dickeren Zweige.

Seitdem gibt es eine Unzahl brillanter Erfindungen, die das Heckenschneiden zu einem weniger frustrierenden und unsicheren Unterfangen

Die wichtigste Regel beim Schneiden mit Heckenscheren ist, einen Schritt auf die Hecke zuzugehen, statt die Arme auszustrecken, um Problemzonen zu erreichen. Nur so ist ein einwandfreier ebener Schnitt gewährleistet.

machen. Gewitzte Klingenformen und eine breitere Größenpalette lassen dem Gärtner mehr Auswahl. Gezackte und gewellte Schneiden sorgen dafür, daß das Schnittgut nicht so leicht wegrutscht, und beseitigen aufsässige Zweige, die den Gärtner früher zur Verzweiflung brachten. Kleinere Modelle hingegen sind wendig und schnittpräzise.

GEZACKTE SCHNEIDEN: Soll eine Klinge das Schnittgut besonders gut halten, muß die Schneide gezackt sein. Dabei geht zwar ein wenig Schnittgeschmeidigkeit verloren, und die Zacken (nur an einer Klinge, unten am Drehpunkt) tendieren leider dazu, Pflanzensaft und -fasern anzusammeln, aber eine gezackte Schneidkante kriegt auch den widerspenstigsten Zweig zu fassen, so daß der Heckenschnitt formschön und eben wird. Eine langstielige Heckenschere mit Zackenblatt (am Drehpunkt) kann bis zu 1,5 cm dicke Zweige halten und sauber durchtrennen. Noch besser ist eine Heckenschere mit gewellter Klinge, eine Spezialität des deutschen Herstellers Freund.

WELLENSCHNEIDEN: Heckenscheren mit dem einzigartigen Wellenschliff halten das Schnittgut, ohne Schmutz anzusammeln oder die Schnittstelle aufzurauhen. Andererseits fransen die Wellen, die über die gesamte Länge beider Klingen laufen, den Schnitt häufig aus.

MINI-HECKENSCHERE: Für dichte oder empfindliche Hecken gibt es die Allzweck-Heckenschere in Miniaturausführung. Ein japanisches Modell dieser Art erinnert an eine verkleinerte Wünschelrute. Durch ihre geringe Größe ist sie leicht zu handhaben und deshalb für schwierige Stellen geeignet. In Form und Design gleicht sie der klassischen Heckenschere.

DER HECKENSCHNITT

Hecken werden geschnitten, indem man die Triebe zurechtstutzt, um eine glatte, saubere Oberfläche aus dicht wachsenden Heckenpflanzen zu erhalten. Hekkenscheren haben lange Blätter, mit deren Hilfe die Hecke in Trapezform geschnitten wird, die sich nach oben hin verjüngt.

Obwohl Hecken während der Wachstumsphase mehrmals geschnitten werden können, hört man mit dem Schneiden am besten Ende Juli auf, damit neue Triebe kräftiger und weniger frostempfindlich werden.

SCHNEIDEN

Heckenscheren

1. ALLZWECKHECKENSCHERE
2. JAPANISCHE HECKENSCHERE
3. LANGSTIELIGE HECKENSCHERE
4. WELLENBLATTHECKENSCHERE
5. BEIDHANDHECKENSCHERE
6. MINI-HECKENSCHERE

1. ALLZWECKHECKENSCHERE: Erschwingliche Standard-Heckenschere, die normale Eigenheimhecken leichtgängig und präzise stutzt. Blätter aus geschmiedetem Kohlenstoffstahl mit wärmebehandelten Schneiden, die lange scharf bleiben. Trotz einfachem Schraubendrehpunkt gute Balance. Die Hartholzgriffe verteilen das Gewicht gleichmäßig auf beide Hände.
LÄNGE: 50 CM
GEWICHT: 800 G
BLATTLÄNGE: 20 CM

2. JAPANISCHE HECKENSCHERE: Klassische, den japanischen Scheren nachempfundene Heckenschere, die sich durch eine leichte Konstruktion aus Aluminiumlegierung mit teflonbeschichteten Blättern auszeichnet. Die Klingen sind so geformt, daß sie sich in den Schnitt hineinsenken und präzise schneiden. Drehpunktschraube zur Einstellung der Messervorspannung und dünne Griffe aus Aluminiumrohr mit Harzüberzug für maximale Kontrolle und Balance bei minimalem Gewicht. Ideal für Feinarbeiten.
LÄNGE: 50 CM
GEWICHT: 550 G
BLATTLÄNGE: 17 CM

3. LANGSTIELIGE HECKENSCHERE: In Frankreich entwickelte Schere in Spitzenqualität. Lange Stiele für große Reichweite ohne Einbußen in Balance oder Gewichtsverteilung. Die Blätter aus gehärtetem Kohlenstoffstahl sind präzisionsgeschliffen und zur Reibungsreduzierung nachpoliert. Die Schneide einer Klinge ist am unteren Ende gezackt, um bis zu 1,5 cm dicke Zweige für einen sauberen Schnitt zu halten; Stahllager für perfekte Justierung der Blätter. Stiele mit rostfreier Epoxydbeschichtung, Gummigriffen und Anschlagpuffern.
LÄNGE: 75 CM
GEWICHT: 1,4 KG
BLATTLÄNGE: 25 CM

4. WELLENBLATTHECKENSCHERE: Eine gewellte Schneide für sicheres Festhalten des Schnittguts unterscheidet diese Schere von ihren Artgenossinnen. Die gesenkgeschmiedeten hohlgeschliffenen Stahlblätter sind rostfrei verchromt. Stufenweise einstellbare Messervorspannung. Hartholzgriffe mit stoßdämpfenden Anschlagpuffern.
LÄNGE: 55 CM
GEWICHT: 1,4 KG
BLATTLÄNGE: 23 CM

5. BEIDHANDHECKENSCHERE: Leichte, wendige Beidhandschere mit langen Blättern. Mit der hochwertigen Konstruktion aus besonders kräftigen, hohlgeschliffenen, antihaftbeschichteten Stahlblättern für besonders weichen Schnitt ist diese Heckenschere eine Klasse besser als die durchschnittlichen Modelle. Messervorspannung per Einstellschraube. Stiele aus robustem Stahlrohr mit Weichkunststoffgriffen und Gummianschlagpuffern. Schneidet 1,5 cm dicke Zweige.
LÄNGE: 55 CM
GEWICHT: 1 KG
BLATTLÄNGE: 25 CM

6. MINI-HECKENSCHERE: Allzweckheckenschere in Miniaturausführung, gleiche Konstruktion. Ideal für enge Bereiche.
LÄNGE: 40 CM
GEWICHT: 550 G
BLATTLÄNGE: 15 CM

DIE ASTSCHERE

Gärtner, die noch nie mit einer Astschere gearbeitet haben, halten dieses Werkzeug oft für völlig überflüssig. Wenn der Zweig dünn genug für eine Baumschere ist, warum dann keine benutzen? Und wenn er zu dick ist, gibt es doch die Astsäge!

Gewöhnlich kann man solche Leute in zwei typischen Stellungen beobachten: Entweder sie drehen und wenden ihre Baumschere mit aller Kraft, spannen jeden verfügbaren Muskel an, um das verflixte Holz zu durchtrennen, oder sie lassen sich mit der Astsäge von einem auf- und abwippenden Zweig ärgern, während sie vergeblich versuchen, das Sägeblatt anzusetzen.

Astscheren sind nur für eine einzige Aufgabe gemacht; erfüllen diese aber mit Bravour: Die Astschere schneidet mittelgroße Zweige, die für die Baumschere zu dick und für die Astsäge zu dünn sind. Sie wird vorzugsweise in Weinbergen und Obstgärten eingesetzt, aber auch in den Gärten der Eigenheime wäre sie das ideale Gerät für gut ein Drittel der Äste und Zweige, die man schneiden kann. Für die restlichen zwei Drittel nimmt man am besten eine Baumschere (für die dünneren Zweige) bzw. eine Astsäge.

DIE WAHL DER ASTSCHERE

Eine große Reichweite und die Hebelübersetzung sind die beiden wesentlichen Vorteile der Astschere gegenüber der Baumschere. Beide Scheren haben praktisch identische Blätter (es gibt sie als Bypass- und als Amboßmodell), aber die Stiele einer Astschere sind zwischen 40 und 90 cm lang. Mit ihrer Hilfe gelangt man höher und weiter in den Baum und profitiert von einer enormen, kraftsparenden Hebelwirkung.

Die kürzeren Modelle haben in der Regel Stahlschäfte, bei den längeren sind diese meist aus Aluminium oder einer Aluminiumlegierung gefertigt. Ganz gleich, für welche Stiellänge Sie sich entscheiden, das Werkzeug sollte auf alle Fälle mit strapazierfähigen Puffern aus Gummi oder einem anderen elastischen Material versehen sein. Die Puffer stoppen den Schnitt, sobald die Scherenblätter geschlossen sind. Selbst ohne Ratschenmechanismus, Getriebeübersetzung oder beides schafft die Astschere doppelt so dicke Hölzer wie eine vergleichbare Baumschere.

Wie bei allen Schneidewerkzeugen für den Garten sollte auch die Schneide der Astschere aus hochwertigem Kohlenstoffstahl gefertigt sein. Beide Klingen müssen stabil und fest auf den Stielen sitzen. Wer sich eine Astschere zulegen will, sollte vorher außerdem den Drehpunkt genauestens begutachten. Ist er robust genug, und lassen sich die Blätter reibungslos auf- und zuklappen? Zu guter Letzt sollten Sie sicherstellen, daß die Schneidekapazität auch Ihren Bedürfnissen entspricht.

Achten Sie beim Schneiden mit der Astschere darauf, den Körper nicht zu verdrehen. Versuchen Sie, immer gleich mit der Schnitthöhe zu stehen, und schneiden Sie mit einer entspannten, geschmeidigen Bewegung, um schnelles Ermüden zu vermeiden.

Der Gebrauch der Astschere

Im Vergleich zur Baumschere ist die Astschere ein schweres Werkzeug. Nur ein entspanntes Arbeiten führt zum Ziel; angespannte, hochgezogene Schultern hingegen lassen den Gärtner schon bald ermüden. Stellen Sie sich also beim Schneiden bequem hin und vermeiden Sie irgendwelche Verrenkungen, um auch noch den Ast ganz hinten zu erwischen – dadurch geht es auch nicht schneller! Korrigieren Sie lieber erst Ihre Position und Ihre Körperhaltung und legen Sie dann los.

Versuchen Sie nie, einen Ast in mehreren Schritten zu durchtrennen. Setzen Sie die Schere genau dort an, wo Sie den Schnitt haben wollen, und kappen Sie das Holz mit einer einzigen, kräftigen Bewegung. Schaffen es die Klingen nicht, prüfen Sie, ob sie auch gut geschärft sind. Wenn nicht, ärgern Sie sich nicht, sondern schleifen Sie die Schneide nach, bevor Sie einen neuen Versuch wagen. Wenn es dann immer noch nicht klappt, nehmen Sie eine Astsäge zur Hand.

Einfache Astschere: Astscheren werden immer effizienter. Im Moment liegt die Obergrenze bei Ästen mit 7,5 cm Durchmesser; solche Brocken werden mit dem 95 cm langen Corona-Modell bewältigt. Dieses schwere Werkzeug, das von Förstern zum Roden von Jungbäumen eingesetzt wird, wird wegen seines Gewichts oft mit einem Schulterstützgurt verkauft.

Astscheren werden hauptsächlich anhand ihrer Form und Aufgabe unterschieden. Scheren mit schmalen Klingen beispielsweise sind ideal für Arbeiten in engen Bereichen, und solche mit abgestumpften Spitzen und ›Papageienschnäbeln‹ werden sogar beim Enthornen von Rindern eingesetzt.

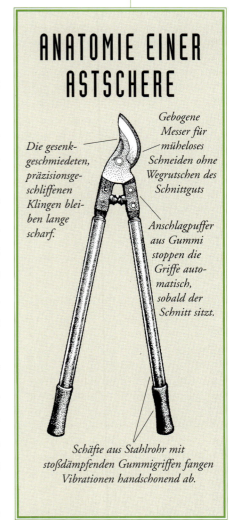

ANATOMIE EINER ASTSCHERE

Die gesenkgeschmiedeten, präzisionsgeschliffenen Klingen bleiben lange scharf.

Gebogene Messer für müheloses Schneiden ohne Wegrutschen des Schnittguts

Anschlagpuffer aus Gummi stoppen die Griffe automatisch, sobald der Schnitt sitzt.

Schäfte aus Stahlrohr mit stoßdämpfenden Gummigriffen fangen Vibrationen handschonend ab.

Spezial-Astschere: Cleveren Physikern ist es gelungen, die Schneidekraft kürzerer Astscheren zu erhöhen, indem sie einen Ratschen- oder Getriebemechanismus in den Drehpunkt einbauten. Es gibt Amboßastscheren mit einer Zweitschraube, mit deren Hilfe der Schnitt erst richtig perfekt wird. Am verwegensten sieht die sogenannte Maxi-Ratschenschere aus, ein stattliches Werkzeug mit Hickoryholzstielen, das in mehreren leichtgängigen Abschnitten Äste bis 5 cm Durchmesser durchtrennen kann.

Astscheren mit Getriebeübersetzung funktionieren ähnlich wie die mit Ratschenmechanismus, nur automatisch, damit man nicht mehrmals mit den Stielen ›pumpen‹ muß.

Astscheren

1. Bypass-Astschere aus Aluminium (Fa. Corona): Schlanke, zweiklingige Astschere mit einzigartiger Konstruktion, die Äste bis 6 cm Ø in Sekundenschnelle durchtrennt. Mit Hilfe der gesenkgeschmiedeten Kohlenstoffstahlblätter mit glattem Harzüberzug läßt sich das Schnittgut leicht heranziehen. Kraftersparnis beim Schneiden von bis zu einem Drittel gegenüber herkömmlichen Klingen. Leichte Aluminiumstiele mit Anschlagpuffern und Gummigriffen. Erstklassige Qualität und gute Schnittkontrolle bei geringem Gewicht.
LÄNGE: 65 CM
GEWICHT: 1,2 KG

2. Kombi-Astschere: Diese grobe Astschere kombiniert das weiche Schneideverhalten einer Bypass-Schere mit zusätzlicher Hebelübersetzung. Ergebnis: hohe Kraftübersetzung wie beim Radfahren mit niedrigem Gang. Kräftiges Schneideblatt aus gesenkgeschmiedetem Stahl und Chromuntermesser zum Heranziehen von bis zu 5 cm dicken Zweigen. Stahlschäfte mit langen, halbstieligen Gummigriffen für mehr Komfort beim Zudrücken. Profiwerkzeug.
LÄNGE: 80 CM
GEWICHT: 1,5 KG

3. Amboßastschere (Fa. Timberline): Amboßastschere der Spitzenklasse für 4,5 cm dicke Äste. Schneideblatt aus gehärtetem Stahl mit Teflon-S-Beschichtung und Amboß aus Messing, beides auswechselbar. Zusätzliche Getriebeübersetzung für mehr Kraft. Hartholzstiele. Die Amboßastschere ist von allen hier abgebildeten Modellen die schwerste und taugt eher für grobe Schnittarbeiten.
LÄNGE: 75 CM
GEWICHT: 2,5 KG

4. Astschere mit 1,50 m Reichweite: Länger als Nr. 7, aber nicht so lang wie die Scheren auf Seite 159. Die ideale Teleskopschere für Hobbygärtner steht für große Reichweiten und präzise Schnittkontrolle. Beide Modelle, 1,50 m und 60 cm, zeichnen sich durch ein hartes, verchromtes Stahlblatt aus, das den Zweig zuerst schneidet und dann auffängt. Die hier abgebildete Schere hat einen armschonenden Abzuggriff für ermüdungsfreies Arbeiten. Stiel aus Fiberglas.
LÄNGE: 1,50 M
GEWICHT: 650 G

5. Weinbergastschere: Attraktive Astschere, langlebig und kunstvoll gefertigt. Die ursprünglich für den Rückschnitt von Reben konzipierte Schere schneidet zartes Schnittgut präzise und ist dennoch so lang wie eine durchschnittliche Astschere. Die geschmiedeten Kohlenstoffstahlblätter sind auswechselbar, und die stattlichen, soliden Hartholzstiele verteilen das Gewicht gleichmäßig auf beide Hände. Ideal zum Schneiden dünnerer Zweige von Obstbäumen und Ziergehölzen.
LÄNGE: 65 CM
GEWICHT: 1 KG

1. BYPASS-ASTSCHERE AUS ALUMINIUM (FA. CORONA)

2. KOMBI-ASTSCHERE

7. ASTSCHERE MIT 60 CM REICHWEITE

6. FELCO NR. 21

8. GROSSE, GROBE BYPASS-ASTSCHERE (FA. SANDVIK)

SCHNEIDEN

3. **Ambossastschere (Fa. Timberline)**

4. **Astschere mit 1,50 m Reichweite**

5. **Weinberg-Astschere**

9. **Maxi-Ratschen-Astschere**

10. **Kleine, grobe Astschere (Fa. Sandvik)**

11. **Mini-Astschere**

6. **Felco Nr. 21:** Bypass-Astschere mit demselben hohen Standard wie die Felco-Baumscheren: geschmiedete Schäfte aus Metalllegierung mit roten Kunststoffgriffen, stoßdämpfenden Anschlagstoppern und hohlgeschliffenen Stahlblättern für 4 cm tiefe Schnitte. Amboßblatt mit Saftrille, Sternenmutter im Drehpunkt und separates Verschlußteil.
LÄNGE: 65 CM
GEWICHT: 2,2 KG

7. **Astschere mit 60 cm Reichweite:** Der ›verlängerte Arm‹ des Gartenfreunds für Äste bis 1 cm Ø. Leichter Fiberglasstiel mit verchromten Stahlblättern. Abzuggriff für ermüdungsfreies Arbeiten.
LÄNGE: 60 CM
GEWICHT: 400 G

8. **Grosse, grobe Bypass-Astschere (Fa. Sandvik):** Diese zweiklingige Astschere für schwere Schneidearbeiten ist aus den besten Materialien gefertigt und entsprechend teuer. Das aus den Weinbaugebieten Frankreichs stammende Werkzeug schneidet Zweige bis 5 cm Ø, ohne die Schnittstelle zu quetschen. Stahlkonstruktion mit auswechselbaren Kohlenstoffstahlblättern mit zwei Schneideradien: Zuerst wird ein tiefer Schnitt gesetzt, dann klappt die Schere zu. Das abgebildete Modell hat Aluminiumschäfte mit Gummigriffen und Anschlagpuffern.
LÄNGE: 80 CM
GEWICHT: 1,8 KG

9. **Maxi-Ratschen-Astschere:** Dieses Werkzeug für schwere Schneidearbeiten funktioniert nach demselben Prinzip wie die Ratschenbaumschere (Seite 149) und ist die derzeit größte Ratschenastschere auf dem Markt. Sie kappt Zweige bis 5 cm Ø, als wär's ein Kinderspiel. Der Benutzer drückt in mehreren Schritten die Griffe gegeneinander, wobei bei jeder Bewegung die Klingen aus wärmebehandelter Stahllegierung ein Stück weiter in das Holz gleiten, bis der Schnitt perfekt ist. Ausgezeichnetes Werkzeug für großflächiges, kraftsparendes Arbeiten.
LÄNGE: 70 CM
GEWICHT: 1,6 KG

10. **Kleine, grobe Astschere (Fa. Sandvik):** Kleine Variante der großen, groben Astschere von Sandvik (Nr. 8). Schneidekapazität: 3 cm. Gute Schnittkontrolle für Gartenfreunde von kleiner Statur. Der wesentliche Unterschied zu ihrer großen Verwandten ist die rote, rostfreie Epoxydbeschichtung der Stahlschäfte.
LÄNGE: 60 CM
GEWICHT: 1 KG

11. **Mini-Astschere:** Guter Kompromiß für den Fall, daß die Baumschere zu kurz und die Standardastschere zu lang oder unhandlich ist. Die Blätter aus geschmiedetem Kohlenstoffstahl gleiten aneinander vorbei. Die Schäfte aus Stahllegierung sind mit Gummigriffen gepolstert.
LÄNGE: 40 CM
GEWICHT: 900 G

Die Raupenschere

Wer ganz oben in der Krone schneiden oder die Früchte eines großen, alten Apfelbaums ernten will, der braucht entweder eine Leiter oder eines dieser langstieligen, äußerst praktischen Werkzeuge: eine Raupenschere, einen Obsternter oder eine Stangenastsäge.

Die Raupenschere ist eigentlich nichts weiter als eine Astschere, die an einer bis zu 5 m langen Teleskopstange befestigt ist. Am oberen Ende sitzt eine Art Haken, der direkt am Stamm über den Ast angelegt wird. Ein scharfes, bewegliches Stahlmesser wird dann mit Hilfe eines Zugseils durch das Holz gezogen.

Mit einer guten Raupenschere trennt man spielend leicht bis zu 4 cm dicke Äste durch. Einige Modelle sind sogar zusätzlich mit einem Sägeblatt ausgerüstet, so daß man mit einem einzigen Werkzeug sowohl mittlere als auch dickere Äste stutzen kann. Der Trick beim Arbeiten mit der Raupenschere ist, saubere Schnitte zu setzen, ohne von den herabfallenden Ästen und Zweigen getroffen zu werden.

Um die rotbackigsten, saftigsten Äpfel zu erwischen – jene, die die Sonne am meisten verwöhnt hat – ist eine Raupenschere nicht das richtige Werkzeug. Denn sobald man die Prachtexemplare vom Stiel getrennt hat, fallen sie schwer auf den Boden und platzen auf. Obsternter eignen sich viel besser für diese Aufgabe. Diese 60 bis 150 cm langen Geräte schneiden das Obst an entlegenen Ästen ab und fangen es in einem Beutel auf, so daß es sicher zur Erde geholt werden kann.

DER BAUMSCHNITT

Wenn Sie einen Scheit Brennholz trennen, bleibt die Schnittfläche unverändert, weil das Holz tot ist. Kappen Sie dagegen die Spitze eines Eichenzweigs, sprießen nach einiger Zeit an der Schnittstelle drei oder vier neue Triebe. Bei jedem Schnitt sollten Sie sich daher genau die Folgen überlegen. Bäume können praktisch das ganze Jahr über geschnitten werden, außer in der ersten Wachstumsphase im Frühling. Um Wurzelschößlingen und Wasserreisern – diesen kleinen, häßlichen Trieben, die direkt aus dem Boden schießen oder senkrecht aus einem Ast treiben – den Saft abzudrehen, wartet man besser bis zum Spätsommer, wenn der Baum Energie speichert.

Wenn Sie keinen bestimmten Effekt erzielen wollen (z.B. einen Kugelschnitt), kürzen Sie die Zweige beim Baumschnitt bis auf den jeweiligen Muttertrieb.

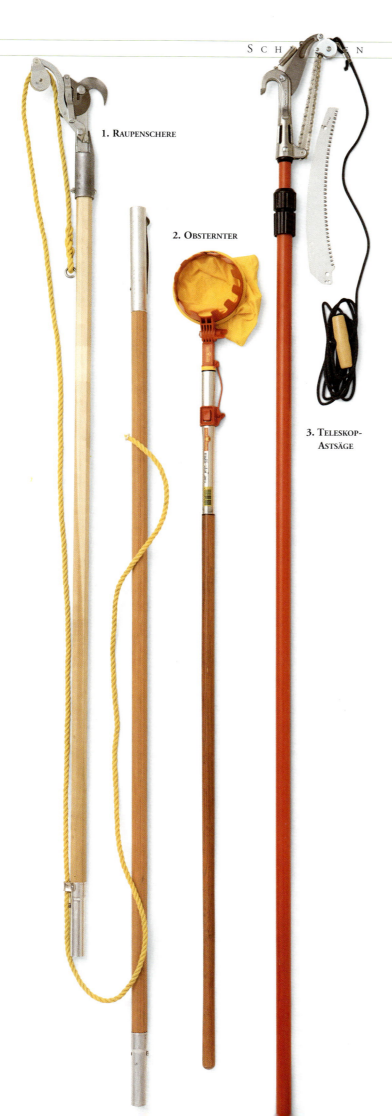

1. RAUPENSCHERE
2. OBSTERNTER
3. TELESKOP-ASTSÄGE

Raupenscheren

1. **RAUPENSCHERE:** Der lange, robuste und dennoch leichte Stab aus Douglastannenholz ist durch eine Aluminiumtülle mit den Kohlenstoffstahlklingen verbunden. Die Raupenschere kann je nach Schneidearbeit mit einer Astschere oder einem Sägeblatt aus geschmiedetem Stahl ausgerüstet werden. Zugmechanismus mit Nylonschnur und hoher Federspannung. Schneidet Äste mit bis zu 3 cm Ø.
STANGENREICHWEITE EINFACH: 1,80 M
STANGENREICHWEITE MIT VERLÄNGERUNG: 3,65 M
GEWICHT OHNE VERLÄNGERUNG: 900 G

2. **OBSTERNTER:** Der Obstbeutel kann mit und ohne einen Verlängerungsstiel aus Fiberglas verwendet werden. Der Plastikrahmen hält den luftdurchlässigen Stoffbeutel weit auf und pflückt mit seinen nach oben zeigenden Zacken sanft das Obst von den Zweigen.
GEWICHT: 900 G

3. **TELESKOP-ASTSÄGE:** Astsäge mit Teleskopstab. Chromhaken und Adapter aus Stahlrohr zur Befestigung des Sägeblatts aus geschmiedetem Kohlenstoffstahl. Schneidegerät der Spitzenklasse.
TELESKOPSTAB (AUSGEZOGEN): 4,20 M
GEWICHT: 2,3 KG

DIE ASTSÄGE

Die Astsäge, das gefährlichste aller Gartenwerkzeuge, erinnert an Schwert und Lanze der alten Ritter. Baumspezialisten setzen zwar auch Kettensägen ein, um die ganz dicken Äste abzutrennen, bevorzugen jedoch eigentlich immer noch die gute alte, schnell und leise arbeitende, dreikantige Qualitätshandsäge – eine kurze für die Feinarbeiten, eine 60 cm lange, gebogene mit Spezialzahnung für dicke Seitentriebe bis zu 20 cm Durchmesser oder eine Teleskopzugsäge für die Äste hoch oben in den Wipfeln.

Das Prinzip des Schneidens war bereits in der frühen Geschichte der Menschheit bekannt: je dünner das Blatt, umso mehr Druck wirkt auf die Schnittfläche. Mit der Entdeckung des Feuersteins lernten unsere Vorfahren bald, diesen auf einer Seite zu einer scharfen Kante zu behauen, um damit zu schneiden, zu spalten und zu kratzen.

Der Schritt zur Säge erforderte allerdings, diesen Vorgang entlang der gesamten Schneidkante in gleichen, gegenüberliegenden Winkeln zu wiederholen. Möglicherweise haben sich die Erfinder der Säge von den Kieferknochen wilder Tiere inspirieren lassen, eine moderne Säge jedoch ist sehr viel komplexer aufgebaut. Das Blatt muß dick genug sein, um nicht zu brechen, wenn es gezogen oder geschoben wird. Die Sägezähne sollten leicht vom Blatt abgewinkelt sein, damit eine Rille, die sogenannte Kerbe, in das Sägegut gerissen wird und das Blatt Platz hat, um hin- und herzugleiten. Je nachdem, ob die Zahnung nach vorne oder hinten gebogen ist, schneidet die Säge bei der Schiebe- oder der Ziehbewegung. In gewissen Abständen gibt es tiefer liegende Lücken (auch ›Tuttle‹-Zähne genannt), die Sägemehl aus der Kerbe transportieren.

So einfach sie auch aussieht, die Astsäge ist ein Triumph der Technik. Während der Zimmermann in aller Ruhe auf dem Werktisch ein ausgemessenes Stück Holz zurechtsägt, muß der Gärtner genau berechnen, wo er einen zwei Zentner schweren Ast durchtrennt, damit dieser zur richtigen Zeit auf die vorgesehene Stelle hinunterfällt, und das möglichst ohne die Stammrinde zu verletzen. Aus diesem Grund muß das Blatt einer Astsäge in enge Astgabelungen passen, muß eingewachsene Rinde sauber durchtrennen, von beiden Seiten und aus jedem beliebigen Winkel zu bedienen sein und glatte, präzise Schnitte setzen.

SAUBERE SCHNITTE

Der gesamte Wasser- und Energiekreislauf des Baums findet in einer dünnen Gewebeschicht zwischen Rinde und Holz statt. (Kern- und Splintholz dienen nur als Stabilisatoren und Nahrungsspeicher.) Wer beim Beschneiden ein Stück Rinde abschält oder die Schnittstelle ausfranst, verschafft Bakterien und Pilzen direkten Zugang in das System »Baum«. Auch beim Menschen entzündet sich eine tiefe Schnittwunde, wenn man sie nicht säubert.

Schnittwunden am Baum lassen sich nicht einfach verbinden, und antibakterielle Tinkturen auf Asphaltbasis nützen auch nicht viel; schlimmstenfalls versiegeln sie die Wunde mitsamt Bakterien. Der beste Schutz ist ein sauberer Schnitt, weil dieser dem natürlichen Abbrechen eines Asts direkt am Stamm nachempfunden ist. In und unter dem Astansatz leben Zellen, die darauf spezialisiert sind, die Wunde vom restlichen Baum abzuschotten (Kammerbildung), und die die Schnittstelle auf natürlichem Weg mit einer hübschen, gleichmäßigen Kallusschicht überziehen.

Die Wahl der Astsäge

Mit einer guten Säge wird das Ausputzen zum wahren Vergnügen. Mit einer weniger guten passiert schon mal ein kleiner ›Schnitzer‹, und auch die Verletzungsgefahr erhöht sich. Ein Sägeblatt aus gehärtetem Stahl ist ein absolutes Muß. (Schnippen Sie testweise mit dem Fingernagel gegen das Blatt – wenn es klingt, ist der Stahl gehärtet.) Ferner sollten Sie darauf achten, daß Blatt und Griff fest und stabil miteinander verbunden sind. Besonders bei Klappsägen kann sich die Griffverbindung mit der Zeit gefährlich lockern.

Heutzutage haben viele Modelle einen Kunststoffgriff. Griffe aus Holz liegen jedoch angenehmer in der Hand und dämpfen die Stöße effektiver als die Kunststoffvarianten. Außerdem sind Holzgriffe schöner anzusehen. Kleine Astsägen haben üblicherweise einen offenen ›Bananengriff‹, der sehr handfreundlich ist. (Manche Exemplare weisen sogar Einbuchtungen für die Finger auf!) Unter praktischen Aspekten ist jedoch ein D-Griff die bessere Wahl, weil er immer fest in der Hand sitzt, ob Sie nun von oben nach unten oder von unten nach oben sägen.

Beim Ausputzen mit der Astsäge sollten Sie das Schnittgut immer mit der freien Hand stützen.

Der Gebrauch der Astsäge

Bei sachgerechtem Gebrauch ist die Astsäge eine unschätzbare Hilfe, wenn es darum geht, Bäume in Form zu bringen und gesund zu erhalten. Wenn das Werkzeug allerdings in die falschen Hände gerät, kann es größere Schäden anrichten als jedes andere Gartengerät.

Vergewissern Sie sich also, daß Sie ausschließlich abgestorbene, kranke, quer oder riskant wachsende Äste absägen. Der Schnitt wird normalerweise am Astansatz gesetzt, nicht stammbündig oder irgendwo in der Astmitte. Wichtig ist vor allem eine glatte, saubere Schnittstelle. Kurze, leichte Äste können Sie mit einer Hand stützen und auffangen, größere Exemplare sollten mit dem Dreistufenschnitt (siehe Kasten auf Seite 162) angegangen werden.

Oft werden Äste nur deshalb entfernt, weil sie im Weg sind. Entweder ragen sie in die Einfahrt hinein, oder sie stoßen an Dachziegel oder Fensterscheiben. Um Abhilfe zu schaffen, schneiden viele Eigenheimbesitzer die Äste nur so weit zurück, daß sie nicht mehr stören. Fälschlicherweise wird angenommen, daß der Baum auf diese Weise den geringsten Schaden nimmt.

Doch binnen eines Jahres sprießen aus der Schnittstelle frische Triebe, und das ursprüngliche Problem verdrei- oder vervierfacht sich. Die Zweiglein entpuppen sich dann auch sehr bald als neue Hindernisse.

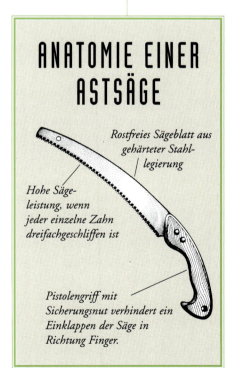

ANATOMIE EINER ASTSÄGE

Rostfreies Sägeblatt aus gehärteter Stahllegierung

Hohe Sägeleistung, wenn jeder einzelne Zahn dreifachgeschliffen ist

Pistolengriff mit Sicherungsnut verhindert ein Einklappen der Säge in Richtung Finger.

Einfache Astsäge: Der wichtigste Teil einer Säge ist das Sägeblatt. Allgemein gilt, daß lange Blätter mit wenigen tief liegenden Zähnen saftige, dicke Äste am besten zerlegen. Kurze Blätter mit einer dichteren Zahnung pro Maßeinheit hingegen setzen feine Schnitte in dünne Äste.

Vor nicht allzu langer Zeit noch hatten die meisten Astsägen Lanzenzähne. Jeder Zahn war dreieckig geformt und nur bei den besseren Modellen auf einer Seite abgeschrägt, bei den Standardmodellen hingegen nicht. Große Sägen zeichneten sich durch sogenannte Räumlücken aus, die sich mit den Lanzenzahnsätzen abwechselten. Diese Räumlücken bestimmen die Schnittiefe und befördern das Sägemehl aus der Kerbe.

Auch heute noch gibt es Lanzenzahn-Sägen (gute wie schlechte) auf dem Markt, aber sie haben in den letzten Jahren Konkurrenz bekommen: die Japansägen mit ihrem neuartigen, dreikantigen (aus Japan importierten) Sägeblatt. Jeder Zahnsatz an dem dreieckigen Blatt hat drei verschiedene Schrägungen. Die Zähne reinigen sich selbst, weil der Blattkörper sich von der Zahnung aus nach oben hin verjüngt. Das durch die Zähne aufgewirbelte Sägemehl fliegt also aus der Kerbe zum Blattrücken. Die meisten Gärtner möchten auf diese außergewöhnlich schnell und leichtgängig arbeitenden Astsägen nicht mehr verzichten.

Gebogene Astsäge: Diese Sägen schneiden nur auf Zug. Für leichtes Ausputzen eignet sich am besten ein kleines Modell (etwa 30 cm lang), bei schwereren Schneidearbeiten ist die doppelte Länge gerade richtig. Wer viele Bäume im Garten hat, ist gut beraten, sich gleich beide Modelle zuzulegen. Fachleute empfehlen eine Säge mit einer Doppelschneide (also einer Sägekante oben und unten), die auf der einen Seite fein und auf der anderen grob gezahnt ist.

Dieses Werkzeug ist jedoch nur etwas für erfahrene Gärtner, da die Gefahr besteht, mit der Zahnung auf der Rückseite den falschen Ast zu erwischen. Sind Sie Besitzer von zwei guten Astsägen, sollten Sie diese in einer Doppellederscheide aufbewahren.

Klappsäge: Gärtner, die ihre Bäume nur gelegentlich beschneiden, bevorzugen vielleicht eine Astsäge, die keine Scheide braucht. Hier zeigt die Klappsäge, was sie kann: Sie paßt in jede Hosentasche und läßt sich bis zum nächsten Einsatz sicher verstauen. Die

---

DER DREISTUFEN-SCHNITT

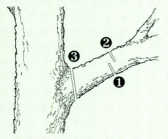

Wer einen dicken Ast sauber abtrennen will, muß als erstes das lange Stück entfernen. Der Dreistufenschnitt schützt Gärtner und Baum gleichermaßen. Schneiden Sie den Ast zunächst ein paar Zentimeter vom Ansatz entfernt von unten ein. Der Schnitt sollte mindestens ein Drittel der Astdicke tief sein. (Vorsicht: Wenn Sie tiefer einschneiden, kann es passieren, daß der Ast durch sein Eigengewicht heruntergedrückt wird und Ihr Sägeblatt einklemmt!) Setzen Sie danach den zweiten Schnitt von oben, etwa noch vier Zentimeter weiter vom Stamm entfernt, und durchtrennen Sie den Ast, so daß der größte Teil abfällt. Wenn dabei die Rinde einreißt, wird sie automatisch am Unterschnitt gestoppt. Erst dann sägen Sie den restlichen Aststummel am Ansatz ab. Achten Sie immer darauf, daß das Schnittgut keinen Schaden anrichten kann, wenn es schließlich herunterfällt.

Hauptsache ist, daß das Blatt der Klappsäge im offenen wie auch im geschlossenen Zustand gut gesichert ist. Die Sicherung ist nicht nur zum Schutz von Kindern gedacht, wenn sie das Werkzeug mal in die Finger bekommen, sondern soll den Gärtner auch bei der Arbeit schützen. Ein wackeliges Blatt beschwört förmlich ausgefranste Schnittstellen und blutige Finger herauf.

ASTSÄGE MIT GERADEM RÜCKEN: Kleine, gerade Astsägen gibt es mit Lanzen- und mit Dreikantzahnung. Eine Astsäge mit geradem Rücken kann hier jedoch nicht empfohlen werden, da die gebogene Variante entscheidende Vorteile hat. Das gebogene Blatt trägt dazu bei, daß die Zähne leichter in das Holz greifen, und ermöglicht schnelleres, leichteres Schneiden. Darüber hinaus läßt sich die Spitze einer gebogenen Astsäge viel leichter in unwegsames, enges Geäst einführen.

ABLÄNGSÄGE: Die größten Sägen unter den wenigen geraden Astsägen sind die Ein- oder Zweimann-Ablängsägen. Diese Werkzeuge arbeiten auf Zug und auf Druck, und werden hauptsächlich zum Fällen von Bäumen oder Schneiden von sehr dicken Ästen eingesetzt. Zwischen den einzelnen Lanzenzähnen liegen tiefe Räumlücken, die die großen Holzspäne abführen. Bei den besseren Modellen verjüngt sich das Blatt nach oben hin (wie das Dreikantblatt), um zu verhindern, daß sich das Sägemehl in der Kerbe festsetzt. Angeblich soll ein guter Säger mit einer Ablängsäge die Leistung einer Kettensäge erreichen können. Ein weiterer Vorteil ist, daß die Lanzenzähne leichter nachgeschliffen werden können, als die Zähne der Dreikant- oder Kettensäge.

BÜGELSÄGE: Für den Rundholzschnitt bevorzugen die meisten Gärtner eine Bügelsäge. Das schmale, stegartige Blatt wird in einen leichten Metallbügel oder -bogen eingespannt. Mit der Bügelsäge läßt sich flink arbeiten. Ihr einziger Nachteil ist die Breite des Bügels selbst. Beim Sägen von Holz mit mehr als 30 cm Durchmesser stößt der Bogenrücken gegen den Ast, und man kann nicht mehr weitersägen.

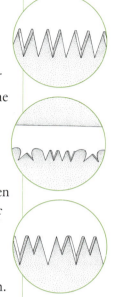

Ein Blatt mit klassischer Lanzenzahnung (oben) ist keine schlechte Wahl, sofern die dreieckigen Zähne auf einer Seite abgeschrägt sind; größere Sägen haben Räumlücken (Mitte) zwischen den Zahnsätzen, die die Kerbe von Sägemehl befreien; Dreikantblätter oder Japansägen (unten) sind vor allem wegen ihrer sauberen Schnitte und selbstreinigenden Zähne beliebt.

Astsägen

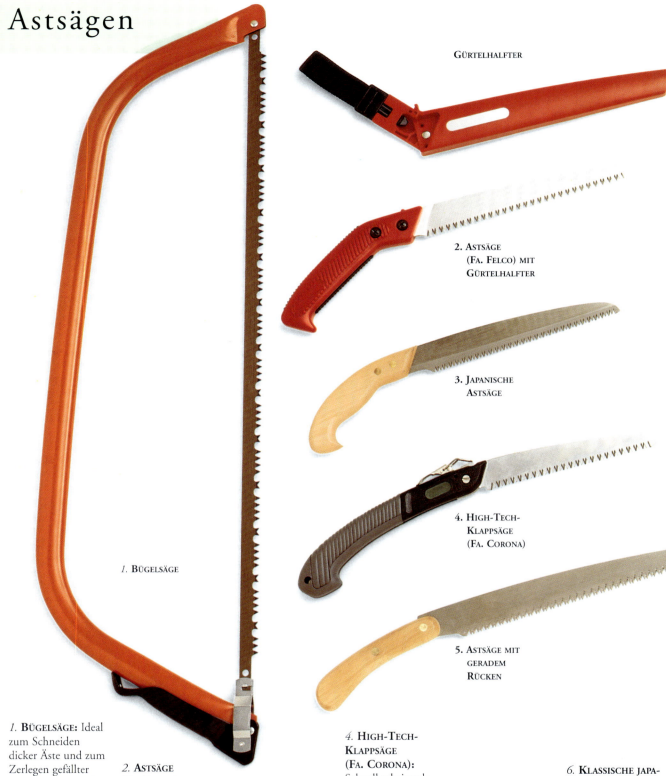

GÜRTELHALFTER

1. BÜGELSÄGE
2. ASTSÄGE (FA. FELCO) MIT GÜRTELHALFTER
3. JAPANISCHE ASTSÄGE
4. HIGH-TECH-KLAPPSÄGE (FA. CORONA)
5. ASTSÄGE MIT GERADEM RÜCKEN

1. **BÜGELSÄGE:** Ideal zum Schneiden dicker Äste und zum Zerlegen gefällter Bäume. Die Bügelsäge mit Feinschnittblatt arbeitet auf Zug und auf Druck. Unverzichtbares Werkzeug bei schweren Schneidearbeiten. Das abgebildete Spitzenmodell hat mechanische Spannhebel und einen steifen Stahlrahmen, die das 75 cm lange Blatt fest im Griff haben.
LÄNGE: 85 CM

2. **ASTSÄGE (FA. FELCO) MIT GÜRTELHALFTER:** Die gerade, feststehende Astsäge steckt in einem Plastikhalfter. Das Modell zeichnet sich durch ein patentiertes, abriebfestes, spitz zulaufendes 25-cm-Sägeblatt aus, das Äste bis 15 cm Ø auf Zug durchtrennt. Auswechselbares Blatt.
LÄNGE: 42 CM

3. **JAPANISCHE ASTSÄGE:** Klassische Astsäge mit polierten Holzgriffen und einzigartig gewinkeltem Blatt. Die Zahnung schneidet exakt auf Zug. Die formschöne Säge liegt bequem in der Hand, hat aber ihren Preis.
BLATTLÄNGE: 22 CM
LÄNGE: 36 CM

4. **HIGH-TECH-KLAPPSÄGE (FA. CORONA):** Schnell arbeitende Klappsäge mit auswechselbarem 18-cm-Blatt aus Stahllegierung, schneidet Äste bis 10 cm Ø auf Zug. Impulsgehärtete Zähne mit Dreifachschliff für eine besonders hohe Sägeleistung. Ergonomischer Polypropylengriff mit Stellsicherung.
LÄNGE: 40 CM

5. **ASTSÄGE MIT GERADEM RÜCKEN:** Lange, feststehende Astsäge mit Feinschnittblatt für sauberes Schneiden auf Zug. Das 27 cm lange Blatt sitzt auf einem Hartholzgriff.
LÄNGE: 40 CM

6. **KLASSISCHE JAPANISCHE KLAPPSÄGE:** Aus Japan kommen einige der schönsten Schneidewerkzeuge, und dieses Prachtstück ist eins davon. Langer, glatter, gerader Hartholzgriff, 25 cm langes Klappblatt aus Stahl für saubere Schnitte auf Zug. Ideal für Zweige bis 10 cm Ø. Lederschlaufe zum Aufhängen.
LÄNGE: 55 CM

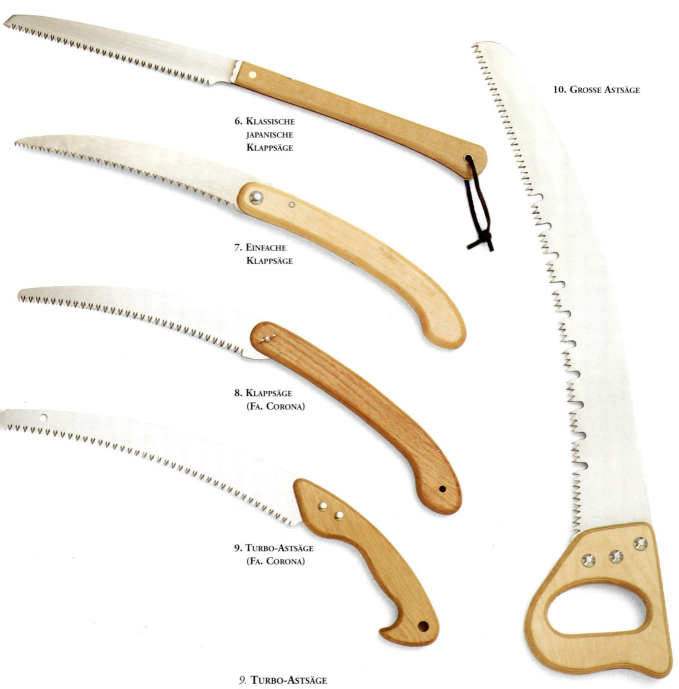

6. Klassische japanische Klappsäge

7. Einfache Klappsäge

8. Klappsäge (Fa. Corona)

9. Turbo-Astsäge (Fa. Corona)

10. Grosse Astsäge

7. **Einfache Klappsäge:** Eine weitere Klappsägenvariante mit typischen, einfachen, dreieckigen Zähnen, die nur auf einer Seite geschliffen und ein wenig nach einer Seite angewinkelt sind. Das 25 cm lange Blatt schneidet nur auf Zug. Früher ein beliebtes Modell, das fast vollständig von den Japansägen verdrängt wurde.
LÄNGE: 53 CM

8. **Klappsäge (Fa. Corona):** Klassische Klappsäge im japanischen Stil. Das gebogene, 33 cm lange, präzisionsgeschliffene Blatt schneidet auf Zug.
LÄNGE: 52 CM

9. **Turbo-Astsäge (Fa. Corona):** Astsäge mit besonders langer, gebogener Schneide. Impulsgehärtete Zähne, jeder einzelne dreifachgeschliffen, für eine dreimal so hohe Schneideleistung wie bei herkömmlichen Sägen. Das 33 cm lange, rostfreie Blatt aus gehärteter Stahllegierung schneidet Äste bis 25 cm Ø auf Zug. Hartholz-Pistolengriff mit Sicherungsnut und Loch zum Aufhängen.
LÄNGE: 50 CM

10. **Grosse Astsäge:** ›Ausgewachsene‹, qualitativ hochwertige Säge mit einzeln geschliffenen Zähnen, die große Äste auf Zug und auf Druck schnell und präzise schneidet. 55 cm langes Stahlblatt mit Zahnung einer Ablängsäge und großen Räumlücken zur Spanabfuhr. Hartholzgriff.
LÄNGE: 70 CM

Schlagwerkzeuge

Entlang der Landstraßen Südeuropas und in den abgelegensten Gegenden Großbritanniens findet man immer noch ganze Wäldchen mit jahrhundertealten, gestutzten Eichen, deren Stämme stark und kräftig wurden, während ihre Zweige und Äste darauf warten, alle paar Jahre als Brennholz geschnitten zu werden. Diese Bäume sind wunderschön anzusehen, gut gepflegt und uralt. Sie haben sämtliche Schlagwerkzeuge der jüngsten Menschheitsgeschichte am eigenen Leib erfahren: Äxte, Sägen, Hämmer und Keile.

Der Holzfäller, der sich einst um solche Haine kümmerte oder tief im Wald Bäume fällte und Nutzholz schlug, gehörte so selbstverständlich in die Landschaft, daß er in vielen Märchen als Heldenfigur auftaucht. Seine Arbeit war schwer und schlecht bezahlt, spielte aber wie die der Bauern, Kräutersammler und Handwerker für das tägliche Leben eine entscheidende Rolle.

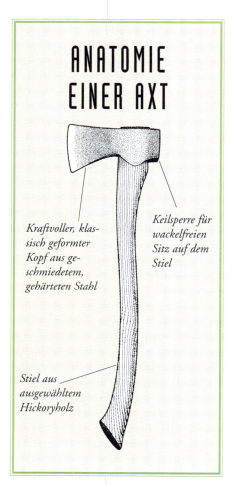

ANATOMIE EINER AXT

Kraftvoller, klassisch geformter Kopf aus geschmiedetem, gehärteten Stahl

Keilsperre für wackelfreien Sitz auf dem Stiel

Stiel aus ausgewähltem Hickoryholz

Waldarbeit war früher viel verbreiteter als heute. Die alte englische Bauernregel ›Spalte das Holz noch vor Ostern‹ weist darauf hin, daß Bäume traditionell im späten Winter oder in den ersten Frühlingstagen gefällt wurden. Ein frisch gefällter Baum besteht fast zur Hälfte aus Wasser. Um brauchbares Brennholz abzugeben, muß das Holz mindestens einen Sommer lang trocknen, bis der Wasseranteil auf unter 25% gesunken ist. Mit einem guten Schlagwerkzeug wird der Stamm in runde Klötze zerteilt, die dann so rasch wie möglich gespalten werden, damit sie besser trocknen können. Holz läßt sich leichter zerlegen, wenn es noch grün ist, und trocknet schneller, wenn die Schnittstellen der frischen Luft ausgesetzt sind. Je schneller das Holz trocknet, umso schlechtere Karten haben Schimmel und Fäulnis. Bei Ästen, die zu dünn zum Spalten sind, schält man ein Stück Rinde mit dem Beil ab, um das Kernholz freizulegen.

Die Axt

Seit ihrer Erfindung zierten viele verschiedene Kopfformen die Axt. Das große, robuste Dayton- oder Ohiomodell beispielsweise (bei uns auch ›Yankee-Axt‹ genannt) hat ein gerades Blatt und wurde ursprünglich im Westen der USA zum Schlagen von Laub- und Nadelbäumen eingesetzt.

Die Pionieraxt hat eine etwas kleinere Fase und einen kürzeren Stiel und wurde von den Pionieren eingeführt, die in ungerodete Gebiete vordrangen, um Karten anzulegen und den Nutzholzwert zu schätzen. Diese Kundschafter benötigten ein weniger klobiges Werkzeug, das jedoch groß genug sein mußte, um einen Pfad zu schlagen und Holz für die Qualitätsbewertung zu schneiden. Hat das Blatt eine Art ›Wespentaille‹, ist es wie geschaffen für das relativ weiche Holz von Nadelbäumen.

Jede Axtform, die bis in das Zeitalter der Massenproduktion überlebt hat, kann auf mindestens ein Dutzend andere Modelle als Vorfahren zurückblicken. Äxte vom Fließband sind in der Regel geschliffen und lackiert, damit sie einheitlich aussehen. Seitdem jedoch bestimmte Äxte nicht mehr professionell in der Holzwirtschaft eingesetzt werden, haben sich mehrere Hersteller auf die traditionelle Handwerkskunst zurückbesonnen und lassen jede Axt von einem einzigen Handwerker in der Schmiede fertigen. Die schöne, grob behauene, unlackierte Oberfläche und das stattliche Gewicht dieser Äxte geben einem das gute Gefühl, mit einem Werkzeug zu arbeiten, das Geschichte hat.

Ob handgeschmiedet oder maschinengefertigt – eine gute Axt erkennen Sie an einigen simplen Dingen. Bei lackierten Blättern sollten Sie darauf achten, daß der Lack Risse im Metall und Schmiedefehler nicht überdeckt. Unebene, rauhe Oberflächen bergen die Gefahr, daß an den Schwachstellen später Scharten oder Risse entstehen. Auch der Stiel muß vor dem Kauf sorgfältig begutachtet werden. Obwohl im Prinzip auch andere Harthölzer geeignet sind, ist Hickory doch das beste Holz für Axtstiele. Aber auch hier gilt: Eine gleichmäßige Maserung ohne Augen ist unverzichtbar. Unregelmäßig gemasertes Holz von Bäumen, die einer Dürreperiode oder anderen schädlichen Einflüssen ausgesetzt waren, spaltet sich leicht entlang der dünnen Stellen; knorriges Holz bricht an den Augen.

Nehmen Sie das Werkzeug vor dem Kauf in die Hand und probieren Sie aus, ob es Ihrer Körpergröße und Ihrem Körpergewicht entspricht. Äxte sind im Durchschnitt 38 bis 76 cm lang und haben Blätter von 600 g bis 1,6 kg. Welche Größe für Sie die richtige ist, können Sie nicht durch bloße Inaugenscheinnahme beurteilen. Was nützt die beste Axt, wenn Sie nicht länger als zehn Minuten am Stück damit arbeiten können?

Bei der Arbeit mit der Axt kommt es auf den richtigen Schwung an. Gehen Sie zunächst leicht in die Knie und schwingen Sie die Axt mit einer weiten, kräftigen, kontrollierten Bogenbewegung über den Kopf. Beim Hakken von kleineren Holzscheiten konzentrieren Sie sich auf die unten liegende Klotzseite, nicht auf die obere. Allein die Vorstellung, der Holzklotz sei bereits durchtrennt, stärkt Willens- und Schlagkraft des Arbeiters. Wer mit solcher Wucht schlagen will, muß sich natürlich vorher versichern, daß das Stück Holz fest auf einem stabilen Hackblock liegt. Nichts macht ein Axtblatt stumpfer, als wiederholt in die Erde gerammt zu werden.

Und noch etwas – haben Sie Geduld. Es braucht eine Menge Übung, bis man wirklich fachgerecht und sicher mit der Axt umgehen kann.

So schlagen Sie richtig:

Greifen Sie beim Aufschwung mit den Händen weit auseinander. Führen Sie dann die Hände am Stielende zusammen, bevor Sie die Axt im Bogen nach unten bewegen. Halten Sie die Knie leicht gebeugt und geben Sie dem Schlag nach, indem Sie die Schultern beim Abschwung zum Schnittgut hin bewegen.

Einfache Axt: Es gibt kaum ein einfacheres, eleganteres Werkzeug als die Axt. Sie hat einen deltaförmigen Kopf und einen sanft geschwungenen Stiel, auch Helm genannt.

Vor noch nicht allzu langer Zeit wurden Äxte vom Dorfschmied hergestellt, der sich in der Blattform nach den Wünschen seiner Kunden richtete oder die Formen nachschmiedete, die in dem jeweiligen Landstrich Tradition waren. Die ›Yankee‹-Form beispielsweise hat eine gerade Schneide, und ihre Wangen enden in einer kleinen Fase, mit der nicht zu spaßen ist. Ihr Kopf ist weder dick- noch dünnwandig, so daß sich die Axt sowohl zum Spalten als auch zum Schneiden von Holz eignet. Im Gegensatz dazu hat die ›Michigan‹-Form hohlgeschliffene Wangen, um ein Festklemmen im Schnittgut zu vermeiden.

Axt mit Doppelschneide: Das wuchtige, schwere Werkzeug zum Fällen, Schneiden und Spalten (und im Notfall auch zum Werfen) war einst das Symbol für die Kraft der Holzfäller. Der sachgerechte Gebrauch verlangt jedoch ein großes Maß an Umsicht und Können. Zwei scharfe Kanten sind besser als eine, aber die zweite stellt eine ständige Gefahr für Dinge und Personen dar, die hinter dem Arbeiter stehen. Wenn Sie also vorhaben, ganze Bäume mit der Axt zu fällen, ist das doppelschneidige Modell genau das Richtige für Sie. Anderenfalls tut es auch die einfache Variante.

Axt mit einfacher Schneide: Diese Axt ist ein robustes Schlagwerkzeug. Ein geschickter Holzhacker kann damit praktisch alle Weich- und viele Hartholzstämme zerlegen. Und beim Schlagen von Anzündholz und kleineren Brennholzscheiten aus Holzklötzen ist die einschneidige Axt unübertroffen.

Spaltaxt: Zum Spalten von Hartholz – Bergahorn beispielsweise – nimmt man am besten eine Spaltaxt. Dieses Werkzeug wiegt genausoviel wie die schwerste einschneidige Axt und hat einen 1,6 bis 1,8 kg schweren Kopf, der sich von der Schneide zum Stiel hin stark verbreitert. Diese besondere Form drückt die Fasern beim Eindringen des Blatts auseinander, so daß sich das Holz leichter spalten läßt.

Spalthammer und Holzhammer

Spalthämmer und Holzhämmer sind die schwersten Schlagwerkzeuge und werden für die gröbsten Holzarbeiten gebraucht. Obwohl die Spaltaxt schon sehr robust ist, bricht sie auseinander, wenn man ihr mit einem Hammer auf den Kopf schlägt. Ein Spalthammer wiegt im Vergleich etwa 1 kg mehr und trifft mit derselben Kraft auf das Holz wie ein Holzhammer. Und sollte sich der Spalthammer einmal im Holz verkeilen, kann man ihn problemlos herausschlagen, ohne daß sein Kopf Schaden nimmt. Überdies läßt sich das stumpfe Ende auch als Holzhammer benutzen, um einen losen Keil ins Holz zu treiben.

Die Kombination von Holzhammer und Keil ist ein wenig umständlich, weil man zuerst den Keil am Holz ansetzen muß, bevor man ihn einschlägt.

Wenn der Klotz über einen geeigneten Spalt verfügt oder das Holz weich genug ist, um die Keilspitze mit ein, zwei leichten Hieben einzuschlagen, ist das Ganze kein Problem. Bei festem, hartem Schnittgut jedoch gestaltet sich die Sache etwas schwieriger.

Das Beil

Das Beil unterscheidet sich von der Axt vor allem durch seine Größe. Eine Axt muß mit beiden Händen geschwungen werden, ein Beil führt man mit einer Hand. Aus diesem Grund ist das Beil das ideale Werkzeug zum Spalten von Anzündholz, zum Anspitzen von Tomatenstangen oder für sonstige Arbeiten, bei denen das Schnittgut mit einer Hand gehalten werden muß.

Die meisten Gartenfreunde haben ein vielfältig einsetzbares Standardbeil; es gibt jedoch auch Spezialmodelle, die auf spezielle Aufgaben zugeschnitten sind.

Das Pfadfinderbeil: Alle kleinen Pfadfinder wünschen sich nichts sehnlicher als ein eigenes Beil. Das auch als Campingaxt bezeichnete kleine, leichte Werkzeug ist in der Regel aus einem einzigen gehärteten Stück Stahl geschmiedet und sein Stiel ist mit einem Gummiband umwickelt. Beim Zelten macht es sich auf vielerlei Art nützlich: Es kappt dünne Zweige, schneidet Anzündholz, spitzt Zeltpflöcke an und treibt sie in den Boden. Einige Modelle haben sogar eine Kerbe am Hinterkopf zum Herausziehen von Nägeln.

Das Brennholzbeil: Um Anzündholz zu hacken, hat dieses Werkzeug eine breitere Schneide als die meisten seiner Pendants. Der handfreundliche Stiel ist zum Kopf hin überdurchschnittlich stark gebogen, damit der Kaminliebhaber nicht so schnell ermüdet, wenn er den Wintervorrat an Scheiten spaltet.

Das japanische Beil: Dieses fällt durch seine außergewöhnliche Form auf. Das handgefertigte, glänzende Werkzeug aus Verbundstahl sieht aus wie eine Kreuzung aus Fleischermesser und Samuraischwert. Japanische Beile haben nicht nur dieselbe Schneidleistung wie westliche Beile, sondern eignen sich mit ihren langen Blättern, die in beide Richtungen schneiden, auch hervorragend zum Roden von Gestrüpp.

Hau- und Schlagwerkzeuge

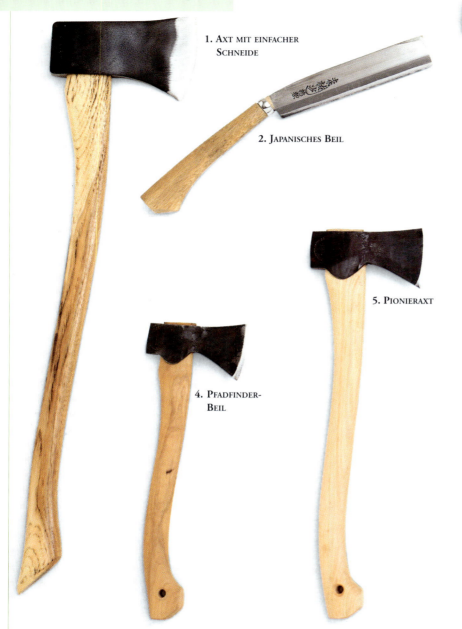

1. Axt mit einfacher Schneide
2. Japanisches Beil
3. Schwedische Axt
4. Pfadfinder-Beil
5. Pionieraxt
6. Spaltaxt

ÄXTE, BEILE UND HÄMMER

Eine Qualitätsaxt oder ein Spitzenklassebeil sind Investitionen, die sich jahrzehntelang auszahlen. Die besten Äxte sind handgeschmiedet und von Spezialisten ausgewuchtet. Äxte und Spalthämmer schlagen mühelos Brennholz, fällen Bäume und roden Gestrüpp. Ihr stumpfes Ende, auch Nacken oder Bahn genannt, gibt einen guten Treiber ab. Beile dagegen eignen sich mehr zum Anspitzen von Gemüse- oder Zeltstangen. Die hier abgebildeten Werkzeuge sind hervorragend verarbeitet.

1. AXT MIT EINFACHER SCHNEIDE: Spitzenausführung einer modernen Axt. Sie zeichnet sich durch ein breites Blatt und einen tiefen Nacken aus, der mühelos leichte Hämmerarbeiten übernehmen kann. Gesenkgeschmiedeter, glattgeschliffener Kopf. LÄNGE: 75 CM GEWICHT: 2 KG BLATTBREITE VORN: 12 CM

2. JAPANISCHES BEIL: Dem eher wie ein Hackmesser anmutenden Werkzeug mit dem eleganten, japanischen Design ist seine enorme Schneidleistung nicht anzusehen. Das polierte Blatt aus Verbundstahl sitzt mit einer genieteten Zapfen-Metallkragen-Verbindung am Hartholzgriff. Das Werkzeug ist handgefertigt. Wird mit Transportfutteral geliefert. LÄNGE: 42 CM GEWICHT: 500 G BLATTLÄNGE: 22 CM

3. SCHWEDISCHE AXT: Diese Äxte werden in Schweden einzeln handgeschmiedet und tragen den Namen des jeweiligen Schmiedekünstlers in den Kopf gestanzt. Mit Ausnahme der Schneidkante ist das Gerät unpoliert, ungeschliffen und unlackiert belassen, um seine urwüchsige Schönheit nicht zu verhüllen. Der Griff ist mit einem Ölfinish bearbeitet, das die Holzmaserung besser zur Geltung bringt. LÄNGE: 65 CM GEWICHT: 1,3 KG BLATTBREITE VORN: 10 CM

4. PFADFINDER-BEIL: Handgeschmiedetes Beil schwedischer Herkunft. Leichtes Schlagwerkzeug für den Einsatz beim Camping und leichtes Ausputzen im Garten. LÄNGE: 35 CM GEWICHT: 700 G BLATTBREITE VORN: 8 CM

5. PIONIERAXT: Mittelding zwischen einer ›ausgewachsenen‹ Axt und einem Beil. Das Leichtgewicht ist ideal für Arbeiten im Garten und beim Camping. Der kurze Stiel verlangt Umsicht beim Hacken. LÄNGE: 53 CM GEWICHT: 1 KG BLATTBREITE VORN: 8 CM

Schneiden

7. Schwedischer Spalthammer

8. Holzhammer

9. Amerikanischer Spalthammer

10. Keil

11. Brennholzhammer

12. Brennholzbeil

6. Spaltaxt: Die Spaltaxt ist der Kompromiß zwischen Spalthammer und Axt. Das nach hinten breiter werdende Blatt drückt die Holzfasern auseinander und verhindert, daß sich das Werkzeug verkeilt.
LÄNGE: 75 CM
GEWICHT: 2,2 KG
BLATTBREITE VORN: 6 CM

7. Schwedischer Spalthammer: Der Spalthammer wird in der Regel zum Schlagen von Brennholz eingesetzt. Dieses handgeschmiedete Modell aus Schweden hat einen nach hinten breiter werdenden Kopf, der die Holzfasern beim Schneiden auseinanderdrückt. Der Blattrücken ist schmal und bietet einen guten Drehpunkt, um das Werkzeug wieder herauszuhebeln, wenn es das Holz nicht gleich beim ersten Hieb spaltet. Der Nacken ist flach genug, um Stahlkeile einzuschlagen.
LÄNGE: 80 CM
GEWICHT: 3,5 KG
BLATTBREITE VORN: 6 CM

8. Holzhammer: Das einfachste aller Werkzeuge hat einen 3,6 kg schweren, gesenkgeschmiedeten Kopf und einen Stiel aus Hickoryholz. Holzhammer zum Einschlagen von Pfosten und Keilen und zum Zertrümmern von Felsbrocken und Beton.
LÄNGE: 90 CM
GEWICHT: 4 KG
KOPFBREITE: 9 CM

9. Amerikanischer Spalthammer: Mit seinen 3 kg hat der Kopf dieses Werkzeugs genau das richtige Gewicht, um Brennholz zu schlagen.
LÄNGE: 80 CM
GEWICHT: 3,5 KG
BLATTBREITE VORN: 9 CM

10. Keil: Dieser Standardkeil aus geschmiedetem Stahl wird in kleinen Holzspalten angesetzt und trennt auch das härteste Holz. Früher arbeitete man mit Holzkeilen, heute hingegen werden überwiegend Stahlkeile verwendet.
LÄNGE: 20 CM
GEWICHT: 1,7 KG
BLATTBREITE VORN: 6 CM

11. Brennholzhammer: Dieses in Maine (USA) hergestellte Werkzeug funktioniert wie ein kleiner Spalthammer und wird nur mit einer Hand geführt. Extrem nützliches Gerät für Eigenheimbesitzer. Gesenkgeschmiedetes Blatt aus Kohlenstoffstahl und formschöner Stiel aus Hickoryholz.
LÄNGE: 45 CM
GEWICHT: 2 KG
BLATTBREITE VORN: 8 CM

12. Brennholzbeil: Leichtgewicht mit breit ausgestelltem Blatt und geschwungenem Stiel, der sich am oberen Ende verdickt. Ein wahrer Spezialist für leichtes Holzhacken. Gesenkgeschmiedeter Kopf aus Kohlenstoffstahl und Hickoryholzstiel.
LÄNGE: 45 CM
GEWICHT: 1 KG
BLATTBREITE VORN: 10 CM

RODEWERKZEUGE

Es gibt eine Maschine namens ›Buschwolf‹, die brüllend und Rauch spuckend alles im Gelände zermalmt, was ihr im Weg steht. Wer jedoch nur kleine Parzellen seines Garten roden will, kommt mit ein paar guten Handwerkzeugen prima zurecht. Wie seine Vorfahren wird er diese mühsame, aber befriedigende Arbeit in vollen Zügen genießen.

Stellen Sie sich eine Gruppe sensenschwingender Bauern vor, wie sie über einen Hügel ziehen, ihre Sensen in der untergehenden Sonne aufblitzen lassen und die Ähren, die gerade noch hoch auf den Halmen sitzen, mit einem sanften Streich ernten. Die Männer gehen mit rhythmischem Schwung in der ersten Reihe; hinter ihnen harken Frauen und Kinder mit Holzrechen das Heu in Haufen zusammen oder binden das Getreide zu Garben.

Oder denken Sie nur an den Gärtner mit seiner Hippe – wie ein Ritter sieht er aus, wenn er eine Schneise in eine wuchernde Hecke schlägt.

Zweifelsohne ist das Roden oder Mähen mit Handwerkzeugen eine mühsame, anstrengende Sache. Die fachgerechte Handhabung eines guten Werkzeugs und die gesunde, wohlige Müdigkeit am Abend können aber auch äußerst befriedigend sein. Wenn Sie ein Vollbad mit Mineralsalzen nach der harten Rodearbeit nehmen, fühlen Sie sich wie neu geboren!

Die Wahl der Rodewerkzeuge

Im 19. Jahrhundert setzten europäische Bauern Rodewerkzeuge für die Getreideernte ein, oder sie rodeten Ödland mit ihnen; heute dagegen werden sie vor allem dazu gebraucht, brachliegende Flächen wieder urbar zu machen. Machete, Reisighippe, Rodeaxt oder Hippe rücken Gehölzen, Rebstöcken und jungen Bäumen auf den Pelz; Sense oder Grashaue machen dem Unkraut am Gartenrand den Garaus, bevor es Samen bilden kann, und Schwungblatt oder Graspeitsche stecken ihre langen Nasen in überwucherte Ecken, in die kein anderes Werkzeug vordringt.

Sämtliche Rodegeräte sind Schwergewichte, die mit einem Blatt aus Kohlenstoffstahl und einer festen Kopf-Stiel-Verbindung ausgerüstet sind. Sie lassen sich hauptsächlich anhand der Stiellänge unterscheiden. Kurzstielige Rodewerkzeuge wie Hippen und Macheten sind für Arbeiten auf begrenzten Flächen vorgesehen. Dabei packt man die zu rodende Pflanze mit einer Hand, und schlägt sie mit der anderen unten ab. Die langstieligen Geräte wie Reisighippen, Yorkshire-Sicheln und Sensen sind für größere Flächen gedacht.

Der Gebrauch von Rodewerkzeugen

Die Sense ist das ausgeklügeltste Rodewerkzeug: Mit einer halb kreisenden Bewegung schlägt der Mäher das Blatt flach ins Gras, immer im gleichen

Rhythmus und gebührendem Abstand zu den Beinen, so daß Verletzungen ausgeschlossen sind. Sicheln, Reisighippen, Macheten und Rodeäxte sind allesamt extrem gefährlich, wenn sie nicht umsichtig geführt werden. Hierbei ist die wichtigste Regel, das Werkzeug nie so zu schwingen, daß ein Arm oder ein Bein im Weg ist. (Natürlich versteht sich das von selbst, aber am Ende eines langen Arbeitstags gerät man leicht in Versuchung, ein, zwei Hiebe zum Körper hin zu machen.) Der Schlüssel zum Erfolg bei sämtlichen Rodewerkzeugen ist, locker und entspannt zu arbeiten, vor allem in den Schultern, Ellbogen und in der Hüfte. Das Gerät sollte mit einer gleichmäßigen Bewegung aus der Taille heraus (nicht aus den Armen) frei geschwungen werden.

Machete und Hippe eignen sich am besten, um Bodengestrüpp, Unkraut, Reben und vor allem wucherndes Gehölz wie Brombeersträucher zu entfernen. Blatt und Stiel beider Werkzeuge sind kurz, damit der Gärtner mit einer Hand den Störenfried greifen und mit der anderen schneiden kann. Beide Geräte sind schwer genug, um harte, verholzte Zweige zu kappen, und das an der Spitze stark gebogene Blatt der Hippe sorgt zusätzlich dafür, daß das Schnittgut beim Schneiden nicht so leicht wegrutscht. Beim Umgang mit diesen Handwerkzeugen ist äußerste Vorsicht geboten, wenn man bedenkt, daß die besseren Modelle aus gehärtetem Stahl und oft rasiermesserscharf sind. Macheten werden übrigens häufig in Baumschulen oder bei der Zucht von Weihnachtsbäumen eingesetzt, um mit ihrer großen, scharfen Klinge neue Triebe zu entfernen.

Die Rodeaxt ist eine Kreuzung aus Axt, Bügelsäge und Reisighippe. Sie wird ein- oder beidhändig wie ein Golfschläger geschwungen und kappt alle Arten von Gestrüpp bis hin zu jungen Bäumen.

Wer ein brachliegendes Feld, das über und über mit kleinen Götterbaum-, Schwarzkirsch-, Holunderbeer- oder Akazienschößlingen bewachsen ist, wieder urbar machen will, sollte unbedingt zu einer langstieligen Hippe greifen. Das auch als Strauchhippe, Reisighippe oder Yorkshire-Sichel bekannte Werkzeug hat ein scharfes, gebogenes Blatt und einen Schaft, der wie bei einer Schaufel geformt ist. Der Benutzer kann das Werkzeug mühelos mit beiden Händen schwingen und landet mit einer einzigen, geschmeidigen Bewegung im unteren Stammende eines Schößlings, ohne sich bücken zu müssen. Das gebogene Blatt erhöht überdies nicht nur die Schneideleistung, sondern verhindert auch, daß sich die scharfe Kante in den Boden bohrt.

Sense: Die gute alte Sense und ihre kleine Schwester, die Sichel – beides Meisterwerke der Schmiede- und Tischlerkunst – sahen früher mit ihrem gebogenen Blatt und dem geschwungenen Stiel wie exotische Wasservögel aus. Früher wurde das Blatt aus Verbundmetall maßgeschmiedet, wobei der Stahlanteil für die Schärfe und der Eisenanteil für die Formbarkeit des Materials zuständig waren. Eine gute Sense oder Sichel war scharf genug, um ein Band in

Halten Sie den Arm, der den oberen Sensengriff führt, im Ellbogen leicht gebeugt und strecken Sie den unteren Arm weit aus. Halten Sie die Sense in einem Winkel von 30° bis 45° zum Boden und schwingen Sie sie in einem leichten Bogen aus der Hüfte, nicht aus den Armen.

der Luft zu durchtrennen, wenn sie aber auf einen Felsbrocken traf, war sie weich genug, um nachzugeben, ohne zu brechen.

Moderne Sensen sind sehr viel leichter geworden. Die Modelle mit gestanztem Blatt und Eschenholzstiel sind zwar ganz brauchbar, die besten Vertreter ihrer Art stammen jedoch aus Österreich. Das handgeschmiedete Blatt ist formschön geschwungen und verjüngt sich kurz vor der Verbindung mit dem Stiel (dem sogenannten Baum) zu einem dünnen Steg. Der Stiel ist relativ schlank und wird aus Eschenholz oder leichtem Aluminium gefertigt.

Ein leichtes Sensenblatt ist ideal für die Heuernte, ein schwereres hingegen kommt sogar mit leichtem Bodengestrüpp zurecht. Das A und O für kraftvolles Mähen ist eine gleichmäßige Drehbewegung aus der Hüfte. Bleibt die Sense einmal an einem zu dicken Schnittgut hängen, bekommen Sie das am eigenen Leib zu spüren. Nichtsdestotrotz sollte man es bei Wiesen mit rauhem, steinigen Untergrund immer zuerst mit einer Sense probieren. Wo sich ein kräftigeres Werkzeug als zu gefährlich entpuppen kann, fegt die Sense geschmeidig über mögliche Hindernisse hinweg, so daß das Gras am Ende des Tages wie eine Decke über dem Land liegt.

SICHEL: Die Sichel hat dieselben Vorteile wie die Sense (und die Grashaue), ist jedoch ein kurzstieliges Einhand-Gerät, das im Bücken eingesetzt wird. Wer nur einen kleinen Flecken Gras oder Unkraut mähen will, wird mit einer Sichel viel Freude haben. Durch die bodennahe Arbeitsweise eignet sich die Sichel hervorragend für rauhe, unebene Flächen, wo Findlinge und andere Hindernisse auf dem vermeintlich glatten Boden im Gras lauern können.

SCHWUNGBLATT (ODER GRASPEITSCHE): Dieses kuriose Gerät hat starke Ähnlichkeit mit einem Golfputter, mit seinen zwei blinkenden Zahnreihen. Das auf beiden Seiten gezahnte Blatt schneidet Gras und Wildkräuter mühelos, wenn man es wie einen Golfschläger über die Wiese schwingt. Die Zahnung ist das Besondere an der Graspeitsche, weil sie damit auch noch den kleinsten Halm erwischt – ein entscheidender Vorteil gegenüber der Sense.

ANATOMIE EINER SENSE

Flügelschrauben zum Einstellen der Griffhöhe

Der leichte Stiel, auch Baum genannt, ist aus luftgetrocknetem Eschenholz gefertigt.

Gedengeltes Stahlblatt, das weich genug ist, um nachzugeben, aber nicht zu brechen, wenn es auf einen Felsbrocken trifft.

SCHNEIDEN

Sensen

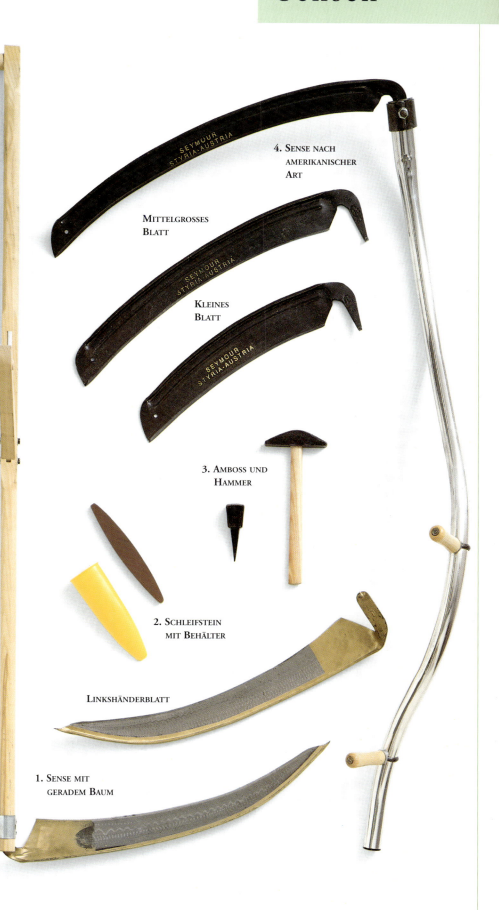

1. **SENSE MIT GERADEM BAUM:** Qualitativ hochwertige, zweigriffige, europäische Sense mit geradem Baum aus leichtem Eschenholz. Sensenblatt aus gehärtetem Stahl für Rechtshänder ausgerichtet. Ideal zum Mähen großer Flächen mit hohem Gras. Das Linkshänderblatt ist ebenfalls abgebildet.
LÄNGE: 1,60 M
GEWICHT: 1,8 KG
BLATTLÄNGE: 65 CM

2. **SCHLEIFSTEIN MIT BEHÄLTER:** Der Plastikbehälter wird mit Wasser gefüllt am Gürtel getragen, damit der Mäher seine Sense auf dem Feld wiederholt nachschleifen kann.

3. **AMBOSS UND HAMMER:** Mit Amboß und Hammer kann man ein verbogenes Sensenblatt wieder geradebiegen.

4. **SENSE NACH AMERIKANISCHER ART:** Moderne Ausgabe der klassischen, amerikanischen Sense mit gebogenem Baum aus überaus leichtem, wartungsfreiem Aluminium, statt des herkömmlichen Holzstiels. In der Abbildung sehen Sie zusätzlich drei Sensenblätter, die je nach Mähgut ausgewechselt werden können.
LÄNGE: 1,50 M
GEWICHT: 2,3 KG
BLATTLÄNGE: 75 CM
(MITTELGROSSES BLATT: 65 CM;
KLEINES BLATT: 50 CM)

Rodewerkzeuge

1. **Amerikanische Reisighippe:** Dieses vorzügliche Rodegerät hat leider noch nicht viele Hobbygärtner überzeugt. Enthauptet Büsche und 4 cm dicke Bäume mit einem Hieb. Das Werkzeug ist extrem robust: doppelkantiges, solide geschmiedetes, hippenförmiges Stahlblatt, mit flachem Hickorystiel.
Länge: 1,30 m
Gewicht: 1,8 kg
Blattlänge: 35 cm

2. **Irische Reisighippe:** Vielseitiges Werkzeug für unterschiedlich schwere Rodearbeiten, vom Beschneiden und Ausputzen bis zum Abästen gefällter Bäume. Vernietete, solide geschmiedete Tülle mit Metallkragen, Blatt aus gehärtetem Kohlenstoffstahl und gerade gemaserter Eschenholzstiel.
Länge: 1,35 m
Gewicht: 1,8 kg
Blattlänge: 35 cm

3. **Schwungblatt:** Das Rodewerkzeug für schwere, großflächige Arbeiten erinnert in der Form an ein Buschmesser, ist aber größer und schwerfälliger. Ideal für kräftige Gärtner und massige Sträucher. Solide geschmiedetes Blatt aus Kohlenstoffstahl mit Hickoryholzstiel. Schneidet beim Vor- und Zurückschwingen in beide Richtungen.
Länge: 1,05 m
Gewicht: 1,7 kg
Blattlänge: 30 cm

4. **Buschmesser:** Das auch als Graspeitsche bekannte wendige Gerät ist eine erschwingliche, leichtgewichtige Alternative, wenn es ums Mähen hoher Gräser geht (besonders zwischen Bäumen und Felsen). Schwerere Arbeiten sollte man besser anderen Mähwerkzeugen überlassen. Das feingezahnte Blatt schneidet in beide Richtungen und sitzt auf einem Stahlschaft mit geformtem Holzgriff.
Länge: 1,10 m
Gewicht: 700 g
Blattlänge: 25 cm

5. **Gezahnte Grashaue:** Dieses Werkzeug ist die gezahnte Version der klassischen Handsichel. Die Zähne halten dickeres Gehölz (z.B. Bambus) in fester Schneideposition. Handgeschliffenes Blatt aus gehärtetem Stahl und Hartholzgriff.
Gewicht: 180 g
Blattlänge: 45 cm
Grifflänge: 13 cm

6. **Allzweckmachete:** Rodewerkzeug für mittelschwere Arbeiten, die die klassische Machete unterfordern. Dieses Modell kann mühelos auch von Amateuren geführt werden und ist ideal zum Zerkleinern, Beschneiden und Roden von Sträuchern und Dornengewächsen. Handgeschliffenes Blatt aus Stahllegierung und geschwungener Buchenholzgriff.
Länge: 45 cm
Gewicht: 450 g
Blattlänge: 30 cm

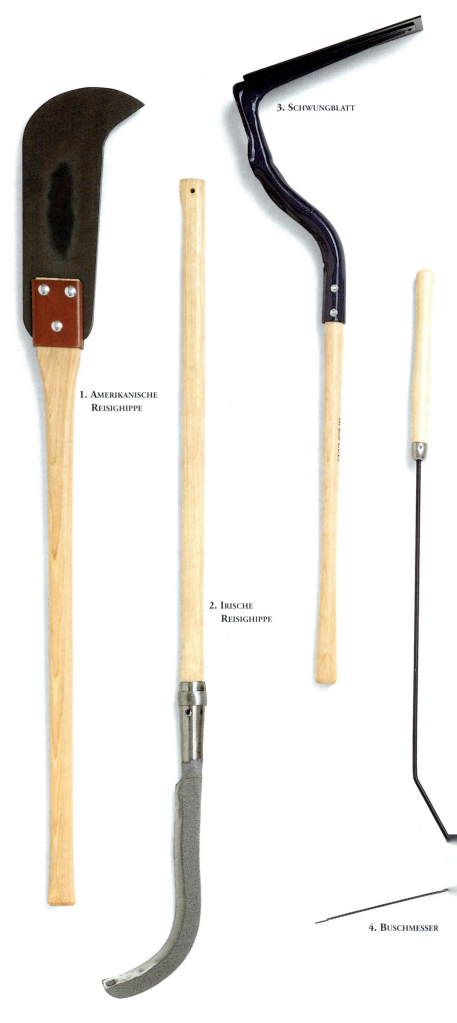

3. Schwungblatt
1. Amerikanische Reisighippe
2. Irische Reisighippe
4. Buschmesser

SCHNEIDEN

5. Gezahnte Grashaue
6. Allzweckmachete
7. Doppelkantiger Dickichtschneider
8. Reisighippe
9. Langstielsichel
11. Japanische Sichel
12. Handsichel
Krokodilmachete

7. DOPPELKANTIGER DICKICHTSCHNEIDER: Dieses einzigartig geformte Spezialgerät wird hauptsächlich von Profis zum Roden großer Flächen benutzt. Das rechteckige Blatt aus Kohlenstoffstahl ist auf beiden Seiten geschliffen (eine Seite ist gezackt) und schneidet beim Schwingen in beide Richtungen. Das Blatt ist mit einem geraden Hickorystiel verschraubt.
LÄNGE: 1 M
GEWICHT: 1,1 KG
BLATTLÄNGE: 35 CM

8. REISIGHIPPE: In Sachen Handlichkeit und Gewicht ein guter Kompromiß zwischen einer Sichel und einem Dickichtschneider. Die Reisighippe eignet sich zwar sowohl zum Mähen als auch zum Roden, ist aber wegen ihres kurzen Blatts eher bei letzterem zu empfehlen. Blatt aus gehärtetem Kohlenstoffstahl, Hartholzgriff.
LÄNGE: 55 CM
GEWICHT: 400 G
BLATTLÄNGE: 15 CM

9. LANGSTIELSICHEL: Dieses Werkzeug zum Beseitigen von Gestrüpp und Dickicht ist eigentlich eine Sense. Beim Mähen wird es zwar auch hin- und hergeschwungen, hat aber nur einen einfachen, geraden Eschenholzstiel anstelle des klassischen Sensenbaums.
LÄNGE: 1,30 M
GEWICHT: 750 G
BLATTLÄNGE: 30 CM

10. KROKODILMACHETE: Diese große, recht preiswerte Machete hält jahrelanger harter Arbeit, rauher Witterung und dicken Dornensträuchern stand. Das in England hergestellte Werkzeug hat ein rostfreies, handgewalztes Blatt aus Kohlenstoffstahl und einen Buchenholzgriff mit Kupferdrahtumwicklung.
LÄNGE: 70 CM
GEWICHT: 500 G
BLATTLÄNGE: 55 CM

11. JAPANISCHE SICHEL: Die auch als ›Kama‹ bezeichnete, leichte Handsichel aus Japan mäht vor allem Gras an den Stellen, für die ein Dickichtschneider oder eine Sense zu groß sind. Kurzes, handgeschmiedetes Blatt aus Verbundstahl für optimale Schneidekontrolle.
LÄNGE: 40 CM
GEWICHT: 250 G
BLATTLÄNGE: 18 CM

12. HANDSICHEL: Das abgebildete Modell ist eine hochwertige englische Handsichel zum Mähen von Gras, dort, wo die Sense nicht hinkommt. Beidseitig geschliffenes Blatt aus gehärtetem Kohlenstoffstahl, für Rechts- und Linkshänder. Griff aus poliertem Hickoryholz.
GEWICHT: 250 G
BLATTLÄNGE: 35 CM
GRIFFLÄNGE: 13 CM

KAPITEL SIEBEN

BEWÄSSERN

Es geht doch nichts über die direkte Nähe zur Natur, wenn man, in jeder Hand eine Gießkanne, in den Garten geht, um die Pflanzen zu wässern. Man füllt die Kannen am Wasserhahn und balanciert sie, eine links und eine rechts, vorsichtig zum Beet, ganz wie die Bauern in alten Tagen, die ihre Wassereimer an einem Joch über den Schultern schleppten. Dann stellt man die Gießkannen neben dem vertrockneten Busch oder den jungen Sämlingen ab und beginnt ganz vorsichtig zu gießen. Dabei beobachtet man, wie das Wasser in tausend feinen Strahlen hervorsprudelt und sanft auf die Erde niederregnet.

> *Wir pflügen die Felder, und streuen*
> *Den guten Samen über das Land,*
> *Genährt und gewässert wird es jedoch*
> *Durch des allmächtigen Gottes Hand.*
> *Er bringt den Schnee im Winter,*
> *Die Wärme quillt das Korn,*
> *Die Winde und den Sonnenschein,*
> *Und sanften, frischen Regen.*
>
> — Jane Montgomery Campbell

Beim Wässern kann der Gärtner ganz unmittelbar und regelmäßig beobachten, wie es seinen Pflanzen geht. Hier verfärbt sich ein Blatt gelb, da hat eine Schnecke eine Ecke angefressen, und dort bringt das Gewicht des Wassers eine gelbe Lilie ins Wanken – vielleicht muß der Stiel gestützt werden?

Der Garten muß regelmäßig und gleichmäßig gewässert werden. Das Wasser darf nicht die jungen Sprößlinge erschlagen, an den Blättern reißen oder Pfützen bilden. Gießwasser sollte schonender und gezielter zugeführt werden als natürlicher Regen, der gerne allzu lange auf sich warten läßt, um dann plötzlich sturzbachartig vom Himmel zu fallen.

Was gibt es Schöneres als eine gut gewässerte, gesunde junge Pflanze! Wasser macht die Nährstoffe aus dem Boden für die Pflanze verfügbar. Es reagiert mit Kohlendioxid und bildet die lebensnotwendigen Zucker, die die Pflanze ernähren und den Zellen ihren Kraftstoff liefern.

Die Zellen nehmen Wasser auf und quellen, werden saftig und fühlen sich elastisch an. Bei schnell wachsenden Pflanzen wie Mais kann man diese Veränderungen förmlich sehen. Die Blätter winden sich aus dem Boden, an der Spitze leicht gebogen, wie vom rasanten Tempo ihres Aufstiegs. Aber ohne Wasser sinken die Blätter wieder kraftlos herab, die Spitzen werden braun, Staub sammelt sich an, und das Wachstum der Pflanze kommt zum Erliegen.

Den Garten kennenlernen

Die große Kunst und Freude des Gießens besteht darin, die Pflanzen gesund zu halten, wenn die Natur sie eine Weile vernachlässigt. Daher gehört es zu den Aufgaben jedes Gärtners, zunächst zu lernen, wann und wieviel gegossen werden muß. Mit Faustregeln kommt man hier nicht weit. Der Gärtner muß seinen Garten durch ständige Beobachtung erst einmal richtig kennenlernen. Wo ist der Boden leicht, wo schwer? Wo sind die tiefliegenden Parzellen und wo die höherliegenden? Wo ist die Sonne am heißesten und trocknet den Boden aus? Ziel ist es, die optimale Feuchtigkeit im Boden konstant zu halten. Genug, damit die Pflanze wachsen kann, aber auch nicht zuviel, damit das Wasser nicht die Luft verdrängt und die Wurzeln erstickt. Der ›magische‹ Sättigungspunkt variiert je nach Bodenbeschaffenheit, Luftfeuchtigkeit und individuellen Pflanzenbedürfnissen. Um zu messen, ob Sie genug gegossen haben, graben Sie mit einer Blumenkelle ein 15 cm tiefes Loch in die Erde und befühlen den Boden des Lochs mit dem Finger. Ist er feucht, war die Wassergabe ausreichend. Ist er trocken, müssen Sie nochmal gießen.

> ### BODENPROBE AUFS EXEMPEL
>
> Um den Bodentyp grob zu bestimmen, drückt man einen Klumpen Erde in der Hand zusammen. Hält der Klumpen locker die Form, und bleibt ein wenig von der Erde an der Handfläche kleben, handelt es sich um Lehmboden. Pappt der Klumpen fest zusammen und fühlt sich schmierig an, hat er einen hohen Tonanteil. Wenn der Klumpen sofort auseinanderfällt, ist es sandiger Boden.

Will man herausfinden, wieviel Wasser notwendig ist, muß man mehr über den Boden erfahren. Tonerde sollte zum Beispiel ganz langsam und seltener gegossen werden als Lehmboden, weil sie das Wasser hält und sich dadurch Staunässe bildet. Ein sandiger Boden hingegen leitet das Wasser so schnell ab, daß er häufig und gut gegossen werden muß. Noch besser ist jedoch, eine gute Portion Kompost unterzumischen, der die Beschaffenheit beider Bodenarten optimiert, so daß sie mit dem Lehmboden mithalten können.

Wie häufig gegossen werden muß, hängt auch von der Luft ab. Man muß zwar nicht ständig die aktuelle Luftfeuchtigkeit messen, sollte aber wissen, daß welke Tomatenblätter mehr mit einem heißen Tag und trockener Luft zu tun haben können als mit mangelnder Feuchtigkeit im Boden. Trockene Luft läßt das Wasser in der Pflanze schneller nach oben steigen und durch die winzigen Poren verdunsten. So mag zwar genügend Wasser im Boden vorhanden sein, aber es kann vielleicht nicht schnell genug nach oben gelangen, um die Blätter zu versorgen. In einem solchen Klima sollten sie die Blätter leicht besprengen.

Es gibt eine simple Methode, den Niederschlag zu messen: Man braucht dazu lediglich ein leeres Glas offen in den Garten zu stellen und am Ende der Woche den Inhalt zu messen. Steht das Wasser mindestens 2,5 cm hoch im Glas, ist der Garten ausreichend mit Feuchtigkeit versorgt.

Über diese Grundregeln hinaus ist es hilfreich, seine Pflanzen und ihren Wasserbedarf genau zu kennen. Eine bestimmte Rose oder Zinnie mag das kühle Naß vielleicht nur am Stamm und nicht auf den Blättern. Die Tomate liebt es, von oben bis unten abgebraust zu werden, muß aber dank ihrer tiefen Wurzeln nicht so häufig gegossen werden wie die benachbarten Kohlköpfe und Zwiebeln.

Der erfahrene Gärtner bezieht die Faktoren Bodenstruktur, Luftfeuchtigkeit und Pflanzenbedürfnisse in die Wahl der Gießgeräte mit ein. Mit der Gießkanne lassen sich Wassermenge und Gießgeschwindigkeit auf kleinen Flächen am besten kontrollieren, allerdings muß sie häufig aufgefüllt werden. Mit dem Gartenschlauch kann man anhand der Düse oder des Wasserstops jede beliebige Wassermenge zielgenau an die gewünschte Stelle befördern. Und im Gegensatz zur Gießkanne kann man ihn einfach anstellen und eine gute Weile laufenlassen, während man selbst vielleicht eine Tasse Kaffee trinkt. Sprenger eignen sich aufgrund ihrer gleichmäßigen, großflächigen Sprühung vor allem zum Berieseln von Rasen. In trockenen Gegenden, in denen das Wachstum tiefer Wurzelsysteme insbesondere im Gemüsegarten oder Randbeet gefördert werden soll, sind Sprühschlauch oder Reihentropfer die beste Wahl.

DEN BODEN ANALYSIEREN

Um die relativen Anteile von Sand, Muttererde und Ton in einem Boden zu bestimmen, füllt man ein Schraubglas zu zwei Dritteln mit Wasser und gibt eine Blumenkelle voll Erde hinzu. Schütteln Sie das Glas, bis sich die Erde im Wasser gelöst hat, und stellen Sie es ab. Nach zwei Minuten markiert man die Höhe des Bodensatzes (Sandanteil). Nach drei Stunden markiert man den Bodensatz wieder. Der Abstand zwischen erster und zweiter Markierung entspricht dem Erdanteil. Am nächsten Morgen markiert man erneut die Höhe des Bodensatzes. Der Zwischenraum zwischen zweiter und dritter Markierung entspricht dem Tonanteil. Sind die drei Bestandteile etwa gleich stark vertreten, handelt es sich um Lehmboden. Besteht ein Ungleichgewicht, hat der Boden eine größere bzw. geringere Durchlässigkeit für Wasser als Lehm.

DIE GESCHICHTE DER BEWÄSSERUNG

Bewässerung und Gartenbau sind untrennbar miteinander verbunden. So entstand und florierte die erste Landwirtschaft entlang großer Flüsse, wo die Natur den Gärtnern vormachte, wie man das Land bewässert.

Der wohl über lange Jahre erfolgreichste Ackerbau der Welt wurde im ägyptischen Nilbecken betrieben, einer Gegend, der die jährliche Überschwemmung, wenn der Fluß über die Ufer trat, Fruchtbarkeit und somit Reichtum bescherte. So kam es, daß das jährlich wiederkehrende Naturereignis nicht mit Schrecken erwartet, sondern vielmehr freudig begrüßt wurde. Es brachte den Feldern und Gärten nicht nur Wasser, sondern hinterließ auch eine Schicht aus organischen Rückständen, die den Boden einmal im Jahr düngte. Im sogenannten Zweistromland zwischen Euphrat und Tigris versorgten die beiden Ströme viele Generationen mit reichlich Wasser und speisten das erste großangelegte Bewässerungssystem der westlichen Welt.

Zwar führten die Flüsse das Wasser herbei, aber noch immer war es Aufgabe der Gärtner, das lebenspendende Naß, insbesondere in den Trockenmonaten, zu verteilen. Jahrhundertelang hat man das Wasser aus natürlichen Wasserläufen geschöpft: mit den Händen, mit Hilfe von Eimern oder genialen Bewässerungsapparaten wie der archimedischen Schraube, die das Wasser durch Kanäle, Gräben oder Rohre auf die Felder pumpte. Man machte sich die Gesetze der Schwerkraft zunutze, um das Wasser direkt an der Pflanze entlangzuleiten. Wo kein Reihenanbau möglich war, blieb dem Bauern nichts anderes übrig, als das Wasser in Radwagen zu transportieren und mit Schöpfeimern auf die Felder zu verteilen. So war es zwar möglich, das Wasser dorthin zu schaffen, wo es fehlte, aber die Bewässerung erfolgte oft zu schnell, zu langsam oder zu unpräzise. Bei der Reihenbewässerung bekamen die Pflanzen, die näher an der Quelle standen, mehr Wasser als die am Ende der Reihe. Bei der Handbewässerung wurden die Eimer oft so schwallartig geleert, daß der Wasserstrahl die Sämlinge wegschwemmte.

Moderne Bewässerungsgeräte machten den Gartenbau im großen Stil erst möglich und verwandelten das Gärtnern von einem Zeitvertreib einiger weniger Wohlhabender – die sich eine Schar Gärtner mit Eimern leisten konnten – zu einem Vergnügen für jedermann. Die Gießkanne, eine große Erfindung des späten 16. Jahrhunderts, ist erst Ende des 19. Jahrhunderts wirklich verbreitet. Der Schlauch, der Rasensprenger oder Sprinkler und die Tröpfchenbewässerung sind erst später hinzugekommen.

DIE ERSTEN GIESSKANNEN

So simpel sie aussieht, die Gießkanne ist doch ein technisches Meisterstück. Der Eimer ist dagegen ein grobes Gerät. Man kann zwar Wasser darin transportieren, aber versuchen Sie einmal, behutsam damit zu gießen. Der einfache Geniestreich der Gießkanne ist, daß sie sich schnell füllen läßt, das Wasser aber nur langsam abgibt. Und sie beschränkt die Bewässerung auf die vorgesehene Stelle und verhindert so eine unbeabsichtigte breitflächige Versorgung verstreuter Unkräuter.

GEBURTSSTUNDE DER GIESSKANNE

Obwohl die Gießkanne aussieht wie ein antikes Gerät, gibt es das deutsche Wort ›Gießkanne‹ erst seit dem 17. Jahrhundert. Über ein Jahrzehnt später fühlte sich ein Gartenschreiber noch immer gezwungen zu erklären, worum es sich bei dem Gerät handelt: »Es imitiert den Regen, der vom Himmel fällt«, konstatierte er. »Wenn man es vornüber kippt, speit es Wasser aus tausend Löchern, die in eine Art Kopf eingelassen sind.«

1885 führte der gescheiterte koloniale Vanillepflanzer John Haws eine neuartige Gießkanne ein, die die Vorzüge der englischen und französischen Kanne in sich vereinte.

Die Gießkanne kam jedoch nicht in ihrer jetzigen Form ›auf die Welt‹. Ein Jahrhundert vor Aufkommen der ersten Kannen gab es eine Vielzahl tollkühner Experimente. Darunter auch ein Tontopf, der an eine große, hohle Artischocke erinnerte, übersät mit kleinen Perforationen. Der Trick bestand darin, den Daumen über ein Loch an der Oberseite zu legen, während man das Gerät füllte. Nahm man ihn dann weg, wurde das Vakuum aufgehoben, und das Wasser lief heraus. Dieser Tontopf hatte eine ganz feine Sprühung, aber die Hälfte des Wassers muß auf den Füßen des Gärtners gelandet sein.

Der erste Wasserkübel mit Tülle war ebenfalls aus Ton. Brause, Tülle und Topf waren aus einem Stück geformt. Die Löcher waren viel zu groß, und das Ganze sah nicht sehr elegant aus. Trotzdem stellte das Werkzeug gegenüber früheren Modellen eine enorme Verbesserung dar.

Während des 19. Jahrhunderts, nach vielen weiteren Versuchen, entbrannte eine lebhafte Debatte darüber, welche nun die bessere Gießkanne sei, die französische oder die englische. Englische Kannen waren groß und stämmig und besaßen zwei Handgriffe – einen quer über der Einfüllöffnung und einen am Kannenrücken. Man konnte sie mit einer Hand tragen, aber zum Gießen brauchte man beide Hände.

Französische Gießkannen hatten eine eher ovale Form, so daß man sie bequem tragen konnte, ohne sich das Bein oder das Knie daran zu stoßen. Ihr eigentlicher Vorteil jedoch war der Handgriff, der von der vorderen Spitze bis zu einem Punkt auf halber Rückenhöhe verlief. So konnte man die Kanne bedienen, indem man ganz einfach eine Hand den Griff entlang nach hinten zog, bis das Wasser aus der Brause sprudelte.

Der ›Kannenstreit‹ wurde jedoch nicht zugunsten der Franzosen entschieden. 1885 führte der gescheiterte Vanillepflanzer John Haws eine neuartige Gießkanne ein, die die Vorzüge der englischen und französischen Kanne miteinander verband. Was er bei beim Anbau von Vanille an Geld eingebüßt hatte, verdiente er mit Gießkannen wieder hinzu. Der Name Haws in Verbindung mit dem typischen Weißdornbeeren-Emblem ist auch in Deutschland ein Synonym für Gießkannen bester Qualität. Haws-Kannen sind für den Transport mit zwei Handgriffen versehen, wobei der hintere wie bei den französischen Modellen gebogen ist, so daß man zum Gießen nur eine Hand benötigt. Die Kanne selbst wie auch der erhöhte Einfüllstutzen haben eine ovale Form. Als Gießkannen zum Füllen noch in große Wassertanks getaucht wurden, konnte man eine Haws-Kanne mit einem Fassungsvermögen von 9 Litern in 5 Sekunden und ein Paar dieses Gerätes in nur 15 Sekunden füllen.

Druckwassergiessen

Um 1850, als die ersten Druckwassersysteme in Europa und Amerika auftauchten, gehörte der Gummischlauch bereits zur Standardausrüstung der Feuerwehrleute. Plötzlich, an den heimischen Wasserhahn angeschlossen, ermöglichte er es dem Durchschnittsbürger, zu gärtnern wie die reichen Leute. Der Vorstadtgarten wurde modern, mit seinen breiten Rasenflächen, Solitärbäumen, schmalen Pfaden und verstreuten Blumenbeeten. Mehr als 50 Jahre später verlegten in England die großen Gartenbauer der Zeit König Edwards, allen voran Gertrude Jekyll und William Robinson, den englischen Landhausgarten vom Vorgarten hinaus in die freie Natur. Der Schlauch war dabei von unschätzbarem Wert.

Sobald die Druckwasserversorgung möglich war, machten sich Hunderte von Erfindern daran, Systeme zu entwickeln, um Druck zur Verteilung von Wasser einzusetzen. Gartenbaukataloge des späten 19. Jahrhunderts sind voll mit Erfindungen, von denen einige den modernen Rasensprengern bereits recht ähnlich sind, während andere aussehen wie Weltraumschiffe. Nutzen Sie den Sprenger bei Sonnenschein, verdunstet die Hälfte des Wassers schon, bevor es in den Boden eindringen kann. Deshalb schwören heute viele Gärtner, die einst den Impulssprenger einsetzten, auf die Tröpfchenbewässerung. Im Gegensatz zum Drehsprenger arbeitet die Tröpfchenbewässerung (auch Drip-System genannt) langsam und gleichmäßig.

TRÖPFCHENBEWÄSSERUNG

Die modernen Drip-Systeme verbreiteten sich erst in den 1960er Jahren, als neuartige Kunststoff-Formverfahren den Weg für die Herstellung von elastischen Rohren mit Hunderten kleiner Reihentropfer bereiteten, die weder verstopfen noch platzen.

Das Wasser unterirdisch zu verteilen, beschäftigte schon viele Experten in der Geschichte. Thomas Hyl beschrieb 1570 die beste Art Sämlinge zu gießen. Er schlug vor, mit einem Setzholz ein schräges Loch von der Bodenoberfläche zu den Wurzeln zu bohren, »und so die Wurzeln unterirdisch zu gießen, da Wasser auf der Erdoberfläche fault und tötet«. Ebenso empfahl er, einen Wasserbehälter mit einem Docht im Boden neben den Pflanzen aufzustellen, damit das langsam herauströpfelnde Wasser die Pflanzen gleichmäßig tränken kann. Clevere Tomatenzüchter gehen seit über einem Jahrhundert genauso vor, indem sie zwei kleine Löcher in eine Blechdose bohren und diese dann neben die Tomaten in den Boden setzen.

Die Tröpfchenbewässerung erfolgt nach dem gleichen Prinzip: Ein Spezialschlauch ermöglicht es, ein großes Gebiet kontinuierlich zu bewässern, ohne sich weiter darum kümmern zu müssen. Die Israelis, die in einem Land mit geringem Wasservorkommen und salzigen Böden leben, waren echte Pioniere in der Bewässerungstechnik. Gemäß einer Legende wurde die Tröpfchen-

DER SCHLAUCH

Vor 2000 Jahren wurde das Wasser durch Bewässerungsgräben zu den Pflanzen geleitet. Die Alten Römer und die Mönche des Mittelalters verwendeten Blei- oder Tonrohre als Wasserleitungen. In den großen Moorgärten in Granada lief das Wasser durch Treppengeländer aus Halbrohren hinunter in den Garten. Aber bis Mitte des 19. Jahrhunderts hatte niemand mit einem elastischen, tragbaren Gerät aufgewartet, das Wasser 30 Meter und mehr von der Quelle wegführen konnte.

bewässerung erfunden, als ein israelischer Ingenieur und Obstplantagenbesitzer feststellte, daß ein Baum in der Nähe einer leckenden Rohrverbindung im Vergleich zu den anderen prächtig gedieh. Dieser Vorfall leitete angeblich 20 Jahre dauernde Bemühungen zur Entwicklung von ›Leckrohren‹ ein – in der Regel Plastikrohre mit Hunderten kleiner Bewässerungsöffnungen –, die eine bestimmte Wassermenge gleichmäßig und langsam in den Boden abgaben. Dieses Konzept hatte zweierlei Vorteile: Erstens gelangte das Wasser direkt zur Pflanzenwurzel, anstatt irgendwo auf dem Weg zu versickern oder zu verdunsten, und zweitens schwemmte es Salze und andere schädliche Mineralien weiter unten im Grundwasserspiegel von den Pflanzenwurzeln weg.

Die einzige Maßnahme, die die Tröpfchenbewässerung schlagen kann, hat nichts mit Technik, sondern mit Einsicht zu tun. Wer einen Garten anlegen will, der möglichst wenig künstliche Bewässerung verlangt, sollte sich für solche Pflanzen entscheiden, die in dem jeweiligen Klima auch ohne viel zusätzliche Bewässerung wachsen. Außerdem ist es sinnvoll, den Boden gut vorzubereiten und dick zu mulchen. Vielleicht verzichtet man besser auf den grünen Rasen und die exotischen Pflanzen mit hohem Wasserbedarf und legt den Schwerpunkt lieber auf heimische Gewächse mit tiefen Wurzeln, die auch mal ein paar Tage ohne Wasser auskommen. Mit diesem System wäre man dann wieder bei den Alten Ägyptern angelangt, die es vorzogen, mit der Natur zusammenzuarbeiten, anstatt sie verbessern zu wollen.

DIE GRUNDPRINZIPIEN DER BEWÄSSERUNG

Wenn das Wässern eine Kunst ist, dann müssen Gärtner, genau wie Künstler, die richtigen Werkzeuge für ihr Werk wählen.

Wenn das Wässern eine Kunst ist, dann müssen Gärtner, genau wie Künstler, die richtigen Werkzeuge wählen. Ein gewissenhafter Künstler würde niemals einen billigen Pinsel oder eine Palette mit minderwertigen Farben verwenden. Genauso sollte der Gärtner immer nur die besten Werkzeuge anschaffen, die zu den Bedürfnissen seines Gartens passen.

Es gibt vier Grundregeln, die man bei der Bewässerung beachten muß: Erstens sollte der Wasserstrahl fein genug sein, um die Pflanzen nicht zu beschädigen, keine Pfützen zu bilden und die Erde nicht fortzuspülen. Zweitens muß das Wasser gleichmäßig an die durstigen Pflanzenwurzeln verteilt werden. Drittens muß die Wasserversorgung auch im hintersten Winkel des Gartens gewährleistet sein, und viertens sollte das kostbare Naß dem Boden auf eine Art zugeführt werden, bei der möglichst wenig verschwendet wird.

Bei Wahl und Gebrauch von Bewässerungsgeräten stellt sich immer die Frage, für welche dieser Prinzipien der Gärtner und für welche das Gerät verantwortlich ist. Eine Gießkanne zum Beispiel hat einen feinen Sprühstrahl und ermöglicht es dem Gärtner, gezielt dort zu gießen, wo es nötig ist. Allerdings muß er die schwere Kanne tragen und das Wasser vorsichtig verteilen. Ein Schlauch oder Sprenger transportiert zwar das Wasser für den Gärtner, dafür muß dieser jedoch den Wasserstrahl justieren, bis er fein genug ist und das Wasser dort landet, wo es hin soll. Selbst ein noch so praktisches Drip-System muß überprüft werden, um sicherzustellen, daß keiner der Tropfer verstopft ist oder die Leitung von einem Spatenstich versehentlich durchtrennt wurde.

Die Giesskanne

Das Wässern mit Gießkannen ist kein Zuckerschlecken, macht aber große Freude, weil man die Pflanzen bei der manuellen Bewässerung genau betrachten kann. Und einmal vor Ort sieht man dann nicht nur, wie schön alles wächst und gedeiht, sondern auch, was alles dringend noch getan werden muß.

Der Purist liebt es vielleicht, mit einer großen Gießkanne jeden Winkel des Gartens zu versorgen, aber selbst der faulste Gärtner wird ein, zwei Kannen für Terrassen- und Balkonpflanzen oder Hängekörbe sein Eigentum nennen wollen. Der Vorteil beim Gießen mit Gießkannen ist, daß man schnell herausfindet, welche Pflanze wieviel Wasser braucht, und dementsprechend dosieren kann. Selbst wenn man einmal eine Woche verreist, kann man dem Nachbarn ganz genaue Gießanweisungen geben, ohne befürchten zu müssen, daß er einen angeschlossenen Schlauch auslegt und vergißt, ihn wieder abzudrehen.

ANATOMIE EINER GIESSKANNE

Zwei Handgriffe sorgen für eine gute Balance.

Der kuppelförmige Deckel schützt gegen Überschwappen beim Gießen.

Die Kanne aus galvanisiertem Stahl ist robust und relativ leicht.

Die abnehmbare Brause kann durch verschieden feine Sprühaufsätze ersetzt werden.

Die Wahl der Giesskanne

Die wesentlichen Komponenten einer guten Gießkanne sind Tülle und Brause. Die Tülle sollte etwas über den Einfüllrand hinausragen, damit das Gießgerät bis zum Rand gefüllt werden kann, ohne überzuschwappen. Die Qualität des Sprühstrahls hängt im Grunde von der Brause ab, dem perforierten Aufsatz am freien Tüllenende. Eine billige Plastikbrause, ganz gleich wie viele Löcher sie hat, wird nicht sehr lange halten. Die Löcher werden mit der Zeit größer und setzen sich gerne zu. Die besten Brausen sind die aus Messing, da ihre Löcher sich nicht ausweiten und einfach zu reinigen sind.

Gießkannenbrausen gibt es in zwei Formen: rund und oval. Erstere Variante wirkt unerschütterlich und sachlich. Bei guten Kannen kann die Brause mit dem Gesicht nach oben oder nach unten aufgesetzt werden. Runde Brausen erzeugen eine sanfte Berieselung für Sämlinge, die ovalen mit ihrem kräftigeren Strahl dienen eher dazu, große Pflanzen am Stamm zu wässern.

Die eleganter aussehenden ovalen Brausen kamen 1830 auf. Wird die Brause himmelwärts aufgesteckt, sprüht das Wasser in einem hauchfeinen Strahl heraus. Durch den geringen Wasserdruck wird der Strahl beim Austreten leicht gebremst, so daß das Wasser immer nur mit der Wucht seines eigenen Gewichts auf den Boden fällt. Zeigt die ovale Brause erdwärts, strömt das Wasser zwar stärker und schneller heraus, aber auch dann ist der Strahl noch sanft genug, um zarte Pflanzen damit zu befeuchten.

Zwei Spezialgießkannen benötigen andere Brausen. Die Nebelkanne funktioniert eigentlich eher wie ein Wasserzerstäuber und wird im Freien kaum gebraucht. Im Haus ist sie gut zum Befeuchten der Saatkisten geeignet und verhindert, daß die Blätter zu sehr austrocknen. Zimmerpflanzen und winzige Sämlinge reagieren jedoch auch gut auf die kleinen Gummiballon-Wasserspender mit runder Brause. Durch unterschiedlich starkes Drücken des Ballons können Gießgeschwindigkeit und Wassermenge reguliert werden.

Es gab einmal eine Zeit, da waren gute Gießkannen aus Kupfer oder galvanisiertem Stahl gefertigt. Kupfer war kräftig, verbeulte jedoch leicht, war ziemlich schwer und darüber hinaus sehr teuer. Heute sieht man nur noch wenige Kupferkannen im Garten, es sei denn zu Dekorationszwecken.

Galvanisierter Stahl jedoch ist noch immer das bevorzugte Material erfahrener Gärtner. Eine solche Kanne wiegt ungefüllt bis zu 2 kg und gefüllt rund 10 kg, und doch ist sie schön und haltbar. Außerdem fühlt sich der zinkbeschichtete Stahl gut an.

Für jedes Material empfiehlt es sich, gleich zwei Kannen anzuschaffen, damit man zur besseren Balance eine in jeder Hand tragen kann. Traditionell hatte man eine grün lackierte und eine rot lackierte Kanne – die rote für Wasser mit Dünger, die grüne für klares Wasser.

Jahrelang waren Plastikgießkannen als ganz schlechter Ersatz in Verruf, aber inzwischen werden sie sogar von Haws hergestellt. Sie sind nicht nur billiger in der Produktion und folglich viel günstiger im Preis, sondern darüber hinaus auch sehr viel leichter als Gießkannen jedes anderen Materials. Eine vergleichbare Größe wiegt vielleicht 200 g statt 2 kg. Außerdem können sie weder scheppern noch verbeulen.

Leider paßt auf eine normale Plastikgießkanne keine feine Kupferbrause. Die mitgelieferten Plastikbrausen eignen sich jedoch ganz gut zum Wässern von Terrassenkübeln.

Der Gebrauch der Giesskanne

Das Gewicht der Gießkanne ist trügerisch. Selbst wenn sie im leeren Zustand schön leicht ist, muß man doch das beträchtliche Gewicht von Wasser berücksichtigen – vor allem wenn man sich im Geschäft für ein besonders großes Modell entscheidet. Wichtig ist, die Schultern ganz locker zu lassen, wenn man die Gießkanne nach dem Füllen hochhebt. Stellen Sie die Kanne zum Füllen

Versuchen Sie immer, das Gewicht auszugleichen, indem Sie zwei Gießkannen auf einmal tragen. Lassen Sie Ihre Arme und Schultern durch das Kannengewicht locker nach unten ziehen.

auf den Boden, gehen Sie dann in die Knie und heben die Kanne an. Halten Sie den Rücken beim Aufnehmen der Kanne und beim Gießen immer gerade. Wenn Sie Ihre Pflanzen aus nächster Nähe gießen möchten, knien oder hocken Sie sich lieber hin.

Versichern Sie sich vor dem Gießen, daß die Brause fest auf der Tülle sitzt und in die gewünschte Richtung zeigt. Die nach oben gerichtete Brause gibt einen ganz feinen, sanften Sprühstrahl frei, die nach unten gerichtete einen festeren, kräftigeren ›Regen‹.

DIE HAWS-METALLGIESSKANNE: Haws-Kannen lassen sich bequem tragen, füllen und ausgießen und sind noch immer der Maßstab für andere Gießkannen. Die Firma Haws stellt heute Gießkannen aus verschiedenen Materialien von Kupfer bis Kunststoff her. Auf der Suche nach einer großen, leistungsstarken Kanne werden Ihnen die Modelle Haws immer wieder begegnen.

DIE FRANZÖSISCHE GIESSKANNE: Eine französische Gießkanne kann heute ebensogut in Taiwan wie in Lyon hergestellt sein, nur das Prinzip bleibt immer dasselbe: ein einziger schlanker, gebogener Handgriff zum Tragen und zum Gießen.

Größere Ausführungen dieses Kannentyps sind für gewöhnlich etwas unbequem zu handhaben, die mittleren und kleinen Größen haben jedoch entscheidende Vorteile. Sie lassen sich vergleichsweise einfach mit einer Hand bedienen, da die Hand den Griff immer an der gerade günstigsten Stelle greifen kann und daran entlanggleitet, um den Wasserdruck auf die Brause zu regulieren.

Ein aktuelles Modell der französischen Gießkanne geht auf ein klassisches Design der ganz frühen Gießkannen zurück. Ihre verlängerte Tülle verjüngt sich an der Spitze und macht eine Brause überflüssig. Das schöne, einfach gebaute Modell aus verzinktem Metall ist einer der Favoriten für Zimmer- und Terrassenpflanzen.

DIE TREIBHAUSGIESSKANNE: Wie ein langer, schlanker Arm biegt sich die Tülle dieser Stahlkanne weit nach vorne. Die ursprünglich für Treib- und Gewächshäuser entwickelte Kanne ist ideal zum Wässern von schwer zugänglichen Pflanzen im hinteren Teil des Beetes oder in den Hängekörben.

Wie ein langer, schlanker Arm biegt sich die Tülle der Treibhausgießkanne weit nach vorne.

Gießkannen

1. HAWS' TRADITIONAL: Dieser Allzweck-Stahlgießkanne, 1886 patentiert, verdankt die Firma Haws ihren Erfolg. Sie wird von Gartenbauern in der ganzen Welt benutzt. Gerät aus dickwandigem, galvanisiertem Stahl mit rostfreiem Zinküberzug, ideal für den täglichen Einsatz im Freien. Die Tülle ist mit einer geschweißten Strebe gestützt, der obere Handgriff dient zum Tragen, der seitliche zum Gießen. Das abgebildete Modell trägt eine Messingbrause mit Gummirücken. Alles in allem eine erschwingliche Metallkanne.
INHALT: 9 L

2. PRAKTISCHE GIESSKANNE AUS POLYÄTHYLEN: Die Kunststoffausführung des einzigartigen Haws-Designs hat ein rechtwinkliges Stützrohr, eine schwappsichere Einfüllöffnung und eine Messingbrause. Manche Gärtner bevorzugen Plastikkannen, weil sie preiswerter, rostfrei und pflegeleichter sind als Stahlgeräte.
INHALT: 7 L

3. FRANZÖSISCHE GIESSKANNE: Die feuerverzinkte Stahlkanne mit hoher ovaler Form und großer Einfüllöffnung wurde in Südfrankreich entwickelt. Ein einziger breiter Handgriff überspannt die gesamte Kanne. Die besondere Konstruktion ermöglicht einhändiges Gießen: die Kanne kippt sanft nach vorn, wenn der Benutzer seine Hand am Griff zurückzieht (kein Gleichgewichtsverlust, handgelenkschonend). Große Messingbrause mit Rücken aus galvanisiertem Stahl. Faßt 10 l, ist jedoch in verschiedenen Größen erhältlich.

4. HAWS' PROFESSIONAL (MIT GIRAFFENHALS): Die gefüllte Kanne sorgt für eine gleichmäßige Gewichtsverteilung und einen langen gleichmäßigen Strahl. Dank des langen Halses lassen sich mit ihr bequem auch schwierige Stellen bewässern. Durch die Halslänge entsteht ein starker Druck auf die Brause für einen weiten, schönen Sprühstrahl. Die Kanne aus dickwandigem Stahl mit rostfreiem Zinküberzug hält viele Jahre. Nach oben gerichtet erzeugt die abnehmbare Messingbrause eine feine Berieselung.
INHALT: 9 L (HIER ABGEBILDET) ODER 4,5 L

1. HAWS' TRADITIONAL
2. PRAKTISCHE GIESSKANNE AUS POLYÄTHYLEN
6. TERRASSENGIESSKANNE
5. TREIBHAUSGIESSKANNE
8. HANDLICHE GIESSKANNE

5. **Treibhausgiesskanne:** Diese langhalsige Kanne aus lackiertem, galvanisierten Stahl ist speziell für die Bewässerung in Treib- und Gewächshäusern konzipiert. Die Messingverlängerung gibt einige Zentimeter zu, und die kleine himmelwärts gerichtete Brause erzeugt einen leichten Sprühregen, der junge Sprößlinge nicht wegschwemmt.
INHALT: 6 L

6. **Terrassengiesskanne:** Diese kleine Gießkanne hat eine extra lange Tülle und eine nach oben gerichtete Messingbrause zur schonenden Bewässerung von Topf- und Hängepflanzen. Mit der leichten, wendigen Kanne erreicht man auch ›unerreichbare‹ Stellen. Dank der gedrungenen Form paßt das Modell auch unter den normalen Hauswasserhahn.
INHALT: 4 L

7. **Pulverbeschichtete Giesskanne mit Messinggriff:** Eine elegante Version der Standard-Metallgießkanne. Kanne aus beschichtetem, galvanisierten Stahl mit zwei unverwüstlichen Messinggriffen.
INHALT: 9 L

8. **Handliche Giesskanne:** Die beste Wahl unter den Zimmerkannen. Das Haws-Design aus Polyäthylen hat sämtliche Vorzüge der großen Modelle in einer kleineren pflegeleichten und platzsparenden Ausführung. Durch ihr geringeres Fassungsvermögen eignet sie sich hervorragend zum Gießen einzelner Topfpflanzen.
INHALT: 1 L

9. **Kupfergiesskanne:** Eine kleine Version der Standardkanne von Haws. Ihr Vorteil: Das Kupfer setzt mit den Jahren Patina an. Die Tülle ist näher am Kannenboden angesetzt, um das Gießen noch leichter zu machen, und der schwanenhalsartige Brausenansatz aus Messing sorgt für zusätzliche Länge. Die kleine ovale Messingbrause hat einen feinen Sprühstrahl.
INHALT: 1,5 L

10. **Französische Metallgiesskanne:** Die einfache Kanne ist nach dem Prinzip der allerersten Gießkannen gebaut und erinnert mit ihrer hohen, runden Form an eine Konservendose. Sie hat eine lange, tiefe Tülle ohne Stützstrebe, einen weit gebogenen Handgriff und besteht vollständig aus galvanisiertem Metall. Eine gute, leichte Wahl zum Wässern von Topf- und Zimmerpflanzen.
INHALT: 2 L

3. **Französische Giesskanne**

4. **Haws' Professional (mit Giraffenhals)**

7. **Pulverbeschichtete Giesskanne mit Messinggriff**

9. **Kupfergiesskanne**

10. **Französische Metallgiesskanne**

Brausen

1. Galvanisierte Riesenbrause: Die größte unter den Brausen paßt auf die französischen Gießkannenmodelle. Sie hat einen überdurchschnittlich dicken Hals, den man mit einem Stück Fahrradschlauch abdichten kann. Die großen Löcher erzeugen einen kräftigen Strahl für sehr schnelles Wässern. Der lochfreie untere Rand des Messingblatts verhindert ungewolltes Tropfen und Rieseln.

2. Brause mit Gummirücken: Das ausgeklügeltste Modell. Der elastische Gummiansatz paßt auf die meisten Kannentypen. Die Brause erzeugt einen schönen Sprühstrahl, klappert nicht und schlägt keine Ecken aus den Töpfen. Das robuste Messingblatt ist herausnehmbar (pflegeleicht). Zum Gießen mit festem Strahl läßt sich die Brause im Handumdrehen abziehen.

3. Haws-Schraubbrause: Große Rundbrause, vollständig aus Messing gefertigt. Rücken mit Gewindeansatz, Oberseite mit konzentrischen Rillen versteift. Paßt auf traditionelle Gießkannentypen. Klassisch und funktional.

4. Ovale Brause: Die Brause, die Haws berühmt machte. Mit der robusten, nach oben gerichteten Messingseite erzeugt sie in Kombination mit der langen Haws-Tülle einen wunderbar feinen Nieselregen.

5. Standard-Rundbrause: Die Haws-Brause aus solidem Messing glänzt im Neuzustand und setzt mit der Zeit eine wunderschöne blaugrüne Patina an. Das leicht abgeschrägte Rundblatt erzeugt einen weiten, feinen und gleichmäßigen Sprühstrahl und kann in beide Richtungen aufgesetzt werden.

6. Himmelbrause: Französische Brause mit Messingblatt und galvanisiertem Stahlkörper. Paßt auf die kleineren Gießkannen im französischen Stil und kann in beide Richtungen aufgesetzt werden.

7. Langarmige Babybrause: Diese Kombination aus langer Tülle und kleinem Brausenkopf ist speziell für die Haws-Treibhausgießkanne konzipiert. Die extra lange, leicht nach unten gebogene Messingtülle ist perfekt zum Wässern von Zimmer- oder Treibhauspflanzen. Die ovale Babybrause aus Messing paßt sowohl auf die Verlängerung als auch auf sämtliche kleineren Messing- und Kupfergießkannen von Haws.

8. Haws-Kunststoffbrause: Eine Plastikvariante der klassischen Ovalbrause. Paßt auf Haws-Plastikgießkannen und wird in der Regel himmelwärts aufgesteckt. Qualitativ hochwertiges Messinggießblatt für einen schönen, feinen Sprühstrahl.

1. Galvanisierte Riesenbrause
2. Brause mit Gummirücken
3. Haws-Schraubbrause
4. Ovale Brause
5. Standard-Rundbrause
6. Himmelbrause
7. Langarmige Babybrause
8. Haws-Kunststoffbrause

DER SCHLAUCH

Drei der vier Grundprinzipien der Bewässerung werden von der Gießkanne mit Bravour erfüllt: Sie erzeugt einen sanften, lebenspendenden Strahl, bringt das Wasser genau dorthin, wo es gebraucht wird, und benetzt die Fläche gleichmäßig. Die Gießkanne scheitert nur an der vierten Grundregel zur Bewässerung, die lautet: Die Wasserversorgung muß auch ganz hinten im Garten gewährleistet sein. Dafür müßte man die bleischweren Gießkannen über weite Strecken schleppen oder einen wuchtigen Wassertank hinter sich herziehen, um die Kannen immer wieder aufzufüllen.

Der Gartenschlauch bewässert auch unzugängliche Beete mühelos, das Wasser wird aber nicht gerade behutsam verteilt. Die Wasserflut muß mit Düsen, Wasserbrechern oder Sprengern gebremst werden. Auch wenn er weit in den Garten hineinreicht, kann er doch schnell zur tückischen Fußangel werden. Legt man den Schlauch ab, um den Wasserdruck zu regulieren, kann die Gummischlange blitzschnell herumwirbeln und den Gärtner selbst naßspritzen, oder sie springt über den schlauchführenden Pflock und knickt eine Reihe zarter Paprikapflänzchen um.

DIE WAHL DES SCHLAUCHS

Das große Bestreben sämtlicher Schlauchhersteller dieses Jahrhunderts war es, einen starken und zugleich leichten Schlauch zu entwickeln, der nicht knickt und sich nicht verdreht. Der alte Gummischlauch – ein gespritztes Gummirohr mit einem Loch in der Mitte – verwickelte sich nicht nur bei jeder Gelegenheit, sondern war auch sehr schwer. Die Gummiknappheit während des Zweiten Weltkriegs zwang die Hersteller, auf synthetische Stoffe wie Vinyl oder Nylon umzusteigen. Im Schichtverfahren hergestellt, waren solche Synthetikschläuche nicht weniger stabil, aber viel leichter zu handhaben.

Daher sind wirklich gute Schläuche in der Regel nicht aus Gummi. Eine Gummiaußenhaut macht den Schlauch zwar unempfindlich gegenüber UV-Strahlen (im Vergleich zu Plastik oder Vinyl) und birst nicht so leicht wie Kunststoffe. Aber in Sachen Stabilität und Haltbarkeit steht ein guter fünflagiger Vinyl-Nylon-Schlauch mit sehr viel geringerem Gewicht dem Gummischlauch in nichts nach.

Die Lagen oder Schichten, aus denen ein Schlauchkörper aufgebaut ist, entscheiden über die Qualität des Produkts. Die innere Lage, an der das Wasser entlangläuft, besteht immer aus einem schlanken, weichen Rohr. Mit Ausnahme der allerbilligsten Modelle haben alle Schläuche eine zweite Lage aus Kreuz- oder Tricotgewebe, das dem Innenrohr Stabilität verleiht. Weitere ein oder zwei Lagen sorgen für zusätzliche Stabilität und erhöhte Knickresistenz. Die Außenhaut schließlich besteht aus strapazierfähigem Vinyl oder einer Vinyl-Gummi-Mischung, die vor allem kratzfest und UV-beständig sein muß.

Der Gartenschlauch bewässert auch unzugängliche Beete mühelos, das Wasser wird aber nicht gerade behutsam verteilt.

Die Anschluß-teile sind meist die Schwach-stellen eines Schlauchs.

Die Anzahl der Lagen allein ist jedoch nicht ausschlaggebend für die Qualität eines mehrlagigen Schlauchs. Die jeweilige Zusammensetzung und die Qualität der Anschlußteile sind weitere wichtige Faktoren. Hochwertiges Vinyl enthält einen sehr viel höheren Anteil an synthetischen Weichmachern und UV-Hemmstoffen, die es elastischer und witterungsbeständiger machen. Zwei Schläuche können sich äußerlich aufs Haar gleichen, und doch knickt der eine nur minimal und der andere massiv, und während der eine nach einem Jahr platzt, hält der andere noch zehn Jahre durch.

Die Anschlußteile sind meist die Schwachstellen eines Schlauchs. Manchmal reicht es, daß ein Auto darüber fährt oder der Gärtner darauf tritt, und schon leckt der Schlauch für immer. Billige Schläuche haben Anschlüsse aus verzinktem Blech und sind mit O-Ringen abgedichtet, die leicht locker werden und herausfallen. Ein guter Schlauch sollte Messinganschlüsse mit fest integrierten Dichtungsringen haben.

Schläuche werden in Standard-Arbeitsdurchmessern von $1/2''$, $5/8''$, $3/4''$ und $1''$ produziert. Für den haushaltsüblichen Wasserdruck eignen sich am besten Schläuche mit $3/4''$ Durchmesser. Sie wässern den Garten in etwa einem Drittel der Zeit, die ein $1/2''$-Schlauch brauchen würde.

Der Gebrauch des Schlauchs

Regel Nummer 1: Den Schlauch nie draußen in der Sonne liegen lassen! (Gummi ist zwar relativ UV-beständig, aber selbst dieses zähe Material bekommt letztendlich durch ständiges Aufheizen und Wiederabkühlen Risse.) Als zweites sollte man daran denken, daß Schläuche in besonderen Windungen hergestellt und gelegt sind. Halten Sie sich stets an die ursprüngliche Form, wenn Sie Ihren Schlauch aufwickeln. Dabei hilft ein Schlauchwagen (siehe Seite 290). Hier werden Knickstellen wieder ›ausgebügelt‹ und die natürliche Weichaufwicklung des Schlauchs unterstützt.

Einige Schläuche knicken nie, weil sie gar nicht lang oder steif genug dafür sind. Der Kurzschlauch, ein 90 bis 120 cm langes Schlauchstück mit Messingkupplungen an beiden Enden, ist ideal zum Füllen von Gießkannen, oder um nach getaner Arbeit Werkzeuge abzuspritzen. Außerdem kann der Kurzschlauch mit einem zweiten Zapfen bestückt werden, so daß ihn der Gärtner zur Regulierung der Wasserzufuhr aus einem schlecht zugänglichen Wasserhahn einsetzen kann.

Wer sich über knickende Schläuche besonders ärgert, der sollte einen Flachschlauch nehmen. Einige Leinenmodelle sind noch immer im Handel, obwohl sie leicht verfaulen, wenn man sie nicht nach jedem Gebrauch trocknen läßt. Vinylflachschläuche mit Messingkupplungen füllen sich prall mit Wasser und sinken zusammen, wenn der Wasserdruck sinkt. Sie sind elastisch und knicksicher. Für Gartenbesitzer mit begrenztem Lagerraum sind sie eine echte Alternative, da sie sich ganz klein zusammenlegen lassen.

BEWÄSSERUNGSSYSTEME

Ein gutes Tröpfchenbewässerungssystem befeuchtet den Boden langsam, gleichmäßig und direkt bei minimaler Wasserverdunstung. Es bringt das Wasser stets unmittelbar an die Pflanze. Und wie ein gewöhnlicher Schlauch kann es sich über 30 m in den Garten erstrecken.

Ein solches System kann ebensogut aus einem einfachen Tropfrohr bestehen wie aus einem weitläufigen Netzwerk druckgeregelter Kunststoffleitungen, die in regelmäßigen Abständen mit Messingkupplungen versehen sind. Ein Tropfrohr eignet sich für relativ kurze Gemüse- oder Blumenreihen, wo es möglichst gerade und flach auf dem Boden liegen kann. Für größere Gärten und hügeliges Gelände sollte man sich jedoch für ein System entscheiden, das Druckunterschiede aktiv ausgleicht. Bei noch ausgeklügelteren Systemen können Sie gleich den Flüssigdünger hinzufügen.

In Tropfrohren besteht die Gefahr, daß sich die Endtropfer zusetzen. Wenn vereinzelte Pflanzen plötzlich welken, überprüfen Sie das System auf Verstopfungen. Beide Systeme sind relativ bruchempfindlich – also Vorsicht beim Kultivieren!

DAS TROPFROHR: Die ältesten funktionierenden Tröpfchensysteme wurden aus Leinen hergestellt, und das Wasser sickerte auf der gesamten Schlauchlänge heraus. Leinenschläuche haben leider zwei entscheidende Nachteile: Zum einen faulen sie schnell im Boden, und zum anderen geben sie am Schlauchanfang viel mehr Wasser ab als am Schlauchende.

DRIP-SYSTEM: Diese außergewöhnlichen Anlagen sorgen für eine effektive Punktbewässerung. Ein Druckregler verhindert den Wasserrückfluß und reguliert den Druck des Wasserstrahls aus der Hauptquelle. In jedem Endtropfer (die flexiblen Vinylleitungen können mit mehreren hundert davon bestückt werden) befindet sich ein Regler, der eine individuelle Tröpfelung gewährleistet. Die Leitungen können im Prinzip kreuz und quer im Garten verlegt werden, eignen sich aber dennoch am besten für Pflanzreihen. Ferner gibt es Systeme, die das Wasser aus mehreren Nebenleitungen direkt an die Wurzeln eines Strauchs oder einer Gruppe von Staudengewächsen verteilen.

Drip-Systeme können bei einem normalen Wasserdruck von 30 bar betrieben werden. Eine kleine Änderung des Ausgangsdrucks an der Hauptquelle (+/– 2 bar) wirkt sich bei diesen Anlagen weniger auf die ausgegebene Wassermenge aus als bei den Tropfrohren, die nur mit 10 bar laufen.

WURZELBEWÄSSERER

Wenn Sie in Ihrem Garten einen neuen, jungen Baum pflanzen, sollten Sie gleich ein System für die Wurzelbewässerung vorsehen, vor allem, wenn seine Baumscheibe häufig betreten oder gar befahren wird. In diesem Stadium ist es am einfachsten anzulegen, da Sie sowieso ein ausreichend großes Loch freilegen müssen, und die Wurzeln des Baumes werden nicht beschädigt, wie es der Fall wäre, wenn nahe eines schon angewachsenen Baumes gegraben würde. Am einfachsten ist es, ein nicht zu schmales Plastikrohr schräg einzugraben, so daß Sie die Wurzeln darüber bequem gießen können. Das Wasser kommt dem Baum so ohne Verdunstungsverluste zugute.

Schläuche

1. Vinylschlauch
2. Schwarzer Gummischlauch
3. Fünflagiger Schlauch
4. Dreilagiger Schlauch
5. Hitzebeständiger Schlauch
6. Wurzel- und Erdschlauch
7. Tropfrohr
8. Drip-System
9. Flachschlauch
10. Vierlagiger Schlauch

1. Vinylschlauch: Leichtschlauch für mittelschwere Bewässerungsaufgaben aus dualradial verstärktem Röhrenmaterial mit elastischer Vinylbeschichtung. Leichter zu handhaben als ein Gummischlauch. Der Schlauch mit 3/4" Ø und Nylonkupplungen ist druckfest und knicksicher und wird gerne von Gärtnern von kleinerer Statur verwendet.

2. Schwarzer Gummischlauch: Eine gute Wahl für Profigärtner. Er ist vollständig aus biegsamem, verstärktem schwarzen Gummi gefertigt. Erstklassiger 3/4"-Schlauch mit Messingkupplungen.

3. Fünflagiger Schlauch: Das hochwertigste (und steifste) Modell auf dem Markt. Fünflagiger, knicksicherer 3/4"-Schlauch mit doppelt verstärktem Kern aus PVC-Röhrenmaterial und dickwandiger Gummi-Vinyl-Beschichtung. Er ist extrem druckfest und UV-beständig und hat maschinell gefertigte Kupferkupplungen.

4. Dreilagiger Schlauch: Drei Lagen sind das absolute Minimum. Dieses 1/2"-Beispiel ist aus leichtem, verstärkten Vinyl gefertigt und besonders praktisch im Transport. Messingkupplung mit Plastikring für eine wasserdichte Verbindung.

5. Hitzebeständiger Schlauch: Der Industrieschlauch hält Temperaturen bis 90 °C stand. Das hitzebeständige Innenrohr ist mit einer dicken roten Gummischicht verstärkt (da ist keine Verwechslung möglich). 3/4"-Schlauch mit dichter Messingkupplung.

6. Wurzel- und Erdschlauch: 3/4"-Schlauch aus 65% Recyclinggummi von alten Autoreifen. Für eine gleichmäßige, starke Bewässerung von Anbauflächen. Kann über und unter der Erde eingesetzt werden. Bei sachgerechtem Gebrauch ist der Gummischlauch frostbeständig und reißfest und kann mit anderen Schläuchen zu einem Netzwerk verbunden werden. Mit abnehmbarer Verschlußkappe.

7. Tropfrohr: Ein wichtiger Schlauch für dürregeplagte Regionen. Das Profigerät für schwere Arbeiten wässert große Flächen bei minimaler Wasserverdunstung. Einlagiger Gummischlauch mit winzigen Löchern im Abstand von 45 cm und robusten Messingkupplungen.

8. Drip-System: Schlauch aus UV-beständigem Polyäthylen mit Endtropfern (2 l/h) zur langsamen Bewässerung bei minimaler Verdunstung. Tropferabstand: 45 cm. Kann mit anderen Schläuchen oder Rohren verbunden werden. Ein erschwingliches System, das über Winter im Boden bleiben kann.

9. Flachschlauch: Der Schlauch aus Canvasbaumwolle gibt das Wasser langsam an die Pflanzen in seiner Umgebung ab. Er ist leicht zu handhaben und läßt sich zur Lagerung flach zusammenfalten. Messingkupplungen.

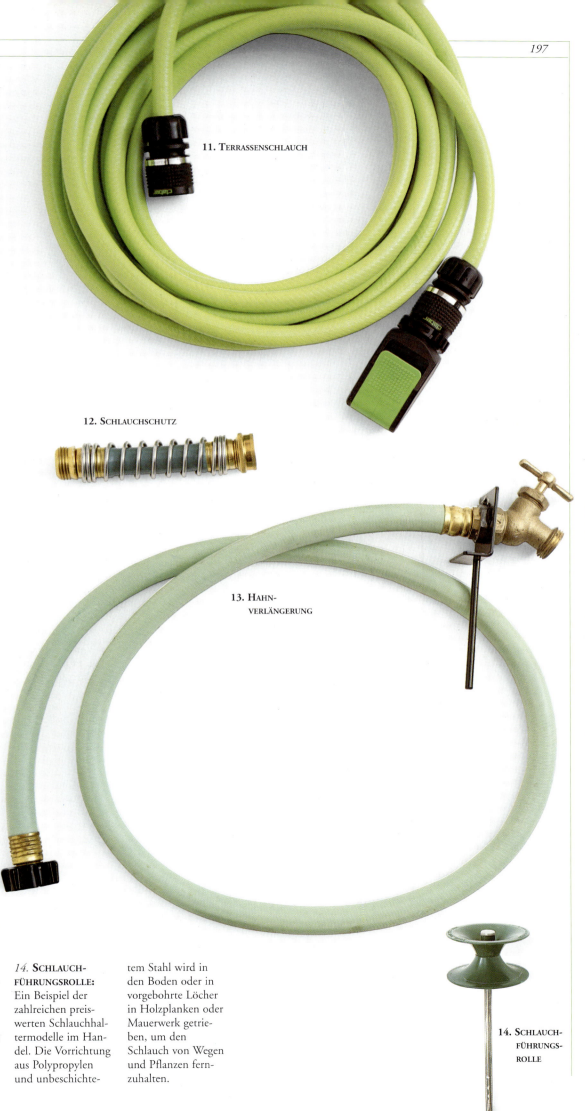

10. **Vierlagiger Schlauch:** Hochwertiger Schlauch, der robuster als die dreilagigen, aber nicht ganz so solide wie die fünflagigen Modelle ist. Adäquates, handliches Gerät für den Heimgärtner. 3/4″-Schlauch aus verstärktem PVC mit Gummi-Vinyl-Beschichtung. Messingkupplungen.

11. **Terrassenschlauch:** Das Spezialendstück ermöglicht die Verbindung mit einem Waschbeckenanschluß. Mit 1/3″ Ø ist dieses Modell dünner als der durchschnittliche Gartenschlauch. Mit Schnappverbindungen zum Schnellentkuppeln.

12. **Schlauchschutz:** Der Spezialschlaucheinsatz mit robuster Stahlfeder und unverwüstlichen Messinggewinden wird zwischen Schlauch und Wasserhahn geschraubt und verhindert schädliches Überdehnen und Abknicken bei variierendem Wasserdurchfluß.

13. **Hahnverlängerung:** Gartenwasserhähne sind häufig von Sträuchern oder ähnlichem verdeckt. Diese dauerhafte Hahnverlängerung macht das Gießen wieder leichter. Solide gefertigter, korrosionsbeständiger Messinghahn mit auswechselbarem Dichtungsring. 45 cm hohe, lackierte Edelstahlhalterung (ohne Abbildung). 1,5 m langer, fünflagiger Verlängerungsschlauch. Der Hahn kann zum Füllen von Eimern und Gießkannen aus der Halterung genommen werden.

14. **Schlauchführungsrolle:** Ein Beispiel der zahlreichen preiswerten Schlauchhaltermodelle im Handel. Die Vorrichtung aus Polypropylen und unbeschichtetem Stahl wird in den Boden oder in vorgebohrte Löcher in Holzplanken oder Mauerwerk getrieben, um den Schlauch von Wegen und Pflanzen fernzuhalten.

Schlauchzubehör

Mit Hilfe eines Schlauchs läßt sich Wasser an jede beliebige Stelle befördern; der unkontrollierte Wasserstrahl, der aus dem Schlauchende hervorsprudelt, kann aber auch großen Schaden anrichten.

Regulieren kann man den Strahl nur, indem man den Daumen auf die Schlauchöffnung drückt. Der beträchtliche Wasserdruck läßt den Daumen jedoch bald ermüden, wenn er für jedes Fleckchen genau die richtige Wassermenge dosiert. Dabei entdeckt er, was sonst noch alles zu tun ist: Eine Pflanze muß gestützt, eine andere möglichst bald geteilt werden, hier müßte man die verwelkten Köpfe abknipsen, und dort wuchert schon wieder Unkraut.

Dieselbe Gartenfreude können Sie jedoch auch genießen, ohne sich mit dem ungebremsten Wasserstrahl abzumühen, denn es gibt Zubehörteile für beide Schlauchenden. Am Hahnende dreht sich eine Schwanenhalskupplung mit, sobald sich der Schlauch bewegt, und verhindert starkes Abknicken, oder ein Schlauchschutz mit Metallspirale stabilisiert den Schlauch am Hahnende, wo er am schnellsten abknickt und den Wasserstrahl in ein dünnes Rinnsal verwandelt. An einen Zwei-Wege-Wasserverteiler mit stufenlos regulierbaren Ausgängen kann der Gärtner zwei Schläuche auf einmal anschließen und dann entweder einen alleine oder beide gleichzeitig bedienen.

Am anderen Ende des Schlauchs (wo das Wasser austritt) regulieren Schlauchdüsen und Wasserbrecher die Kraft des Wasserstrahls.

Düsen und Wasserbrecher regulieren die Kraft des Wasserstrahls.

Die Düse: Es gibt zwei Arten von Schlauchdüsen: feine Spritzdüsen für größere Entfernungen, und Perlatoren, die das Wasser mit Luft versetzen, so daß es sanft in den Boden einsickert. In beiden Fällen geht es darum, einen festen Wasserstrahl so zu verändern, daß er zielgerichtet eingesetzt werden kann und das Wasser nicht in Bächen über den Boden fließt.

Für allgemeine Bewässerungsarbeiten werden Sie sich eher für die erstere Düsenvariante entscheiden. Wer jedoch sichergehen will, daß pilzanfällige Blätter trocken bleiben und das Wasser langsam in die Erde eindringt, sollte eine Perlatordüse vorziehen. Dieses Modell hat außerdem den Vorteil, daß man es anstellen und vorübergehend vergessen kann. Da das Wasser in den Boden eindringen soll, muß man auch dafür Sorge tragen, daß möglichst viel des kostbaren Naß' dorthin gelangt. Dazu ist es nicht nötig, gleich den Regen nachzuahmen, aber auch eine Düse mit festem Strahl, der die Erde umpflügt, ist hier fehl am Platz: Ergebnis eines direkten Vollstrahls ist ein zementartiger oder weggespülter Boden und schlimmstenfalls freigelegte Wurzeln sowie der baldige Tod der Pflanze.

Die Pistolengriffdüse: So ziemlich jeder besitzt heutzutage eine Schlauchspritze mit Pistolengriff. Sie eignet sich ebensogut zum Autowaschen wie für die Abkühlung der Kinder an einem heißen Sommertag. Durch den Druck auf den Handgriff ist der Wasserstrahl stufenlos regulierbar, vom feinen bis zum

Vollstrahl. Für den Garten allerdings ist die Pistolengriffdüse nicht die beste Wahl. Das Drücken des Abzugs ist auf Dauer genauso ermüdend für die Hand wie die Technik mit dem Daumen über dem Schlauchende. Achten Sie deshalb darauf, daß der Griff sich arretieren läßt.

Die Drehdüse: Die älteste und noch immer beste Art von Gartendüsen ist die wunderschöne Messingdrehdüse. Sie läßt sich bequem halten, einfach justieren und verfügt über eine ebenso große Strahlspannbreite wie die Pistolendüse. Wenn man wirklich mal einen festen Vollstrahl braucht (beispielsweise um die Einfahrt sauberzuspritzen), ist die Spritzdüse genau das Richtige. Sie sieht nicht nur aus wie eine Miniaturausgabe eines Feuerwehrstrahlrohrs, sondern hat auch dieselbe Wirkung. Ihr Gegenpart sind die Nebeldüsen: Sie brechen das Wasser in einen feinen Sprühnebel und sind ideal zum Wässern der empfindlichen Neueinsaat.

WASSERBRECHER: Düsen spritzen und sprühen Wasser, Wasserbrecher hingegen lassen es ganz sanft in den Boden rieseln. Das einfachste Modell ist der Fächerkopf, der den Wasserstrahl ähnlich wie die Brause einer Gießkanne in viele kleine Bäche verwandelt. Gießstäbe versetzen das Wasser mit Luft und können dadurch große Wassermengen ganz behutsam abgeben. Um das Wasser langsam über den Wurzeln in den Boden sickern zu lassen, gibt es kein besseres Gerät als die Wasserkugel. Der Gießstab hingegen ist ideal zur Bewässerung von Blumenampeln oder Pflanzen ganz hinten im Beet.

SCHNELLKUPPLUNGEN: Diese ungeheuer praktischen Schlauchverbindungen für Schlauchaufsätze haben viele Hersteller – darunter Claber und Gardena – inspiriert, ein Komplettsystem zu entwickeln, das dem Gärtner für jede Gelegenheit das richtige Gerät an die Hand gibt. Die Düsensysteme basieren auf Schnellkupplungen. Anstatt ein einzelnes Anschlußgerät in eine Standard-Messingkupplung einzuschrauben, braucht man die Aufsätze jetzt nur noch auf die Kupplungen aufzustecken. So kann man mühelos vom Wasserbrecher zur Spritzdüse wechseln, oder bei Bedarf sogar zum Kreissprenger oder Sprühregner. Schläuche mit Schnellkupplungen haben häufig ein Abstellventil an beiden Schlauchenden, den sogenannten Wasserstop. Der Wasserstop am Schlauchende ist ungeheuer hilfreich beim Wechseln der Anschlußgeräte, da der Gärtner das Wasser im Beet oder auf dem Rasen einfach abstellen kann, ohne den Schlauch mit der Hand abknicken oder zum Wasserhahn zurücklaufen zu müssen.

SCHLAUCHHALTER

Um den widerspenstigen Schlauch halbwegs in den Griff zu bekommen, behilft man sich am besten mit einem Schlauchhalter. Er ist häufig mit einer Art Rolle oder Trommel an der Spitze versehen und wird an den Ecken der Gartenbeete fest in den Boden gerammt. Wenn der Schlauch nun um eine Ecke gezogen wird, läuft er an dem Träger oder der Rolle entlang.

Bei Schlauchhaltern gilt es zwei Regeln zu beachten. Erstens müssen sie tief genug in den Boden geschlagen werden, damit sie mit dem Schlauch nicht einfach wieder herausgezogen werden können. Und zweitens brauchen sie genügend Höhe, da ein Schlauch unter Druck selten flach auf dem Boden liegt.

Schlauchzubehör

1. **SPRITZGIESSSTAB:** Das Profigerät für Treibhäuser und Gärtner produziert einen sanften Sprühregen. Es ist leicht und handlich und dient als eine Art Armverlängerung zum Wässern schwer zugänglicher Stellen. Ein-/Ausschaltknopf am Handgriff, Aluminiumstab, Aluminiumbrause mit über 400 Löchern.

2. **TERRASSENGIESSSTAB:** Kurzer Gießstab zum Wässern von Hänge- und Topfpflanzen. Aluminiumstab, Ein-/Ausschaltknopf am Handgriff, Gummidüse und Gummihandgriff.

3. **MESSINGSPRÜHLANZE (FA. HAWS):** Ähnlich wie der Stabregner dient dieses Gerät zur sanften Benetzung von Setzlingen und Sämlingen. Dank seines kegelförmigen, weichen Rundstrahls der vielseitigste Gießstab auf dem Markt. Großes Sprengvolumen und Strahlreichweite von bis zu 2,5 m. Wässert einen kleinen Topf, ohne das Substrat wegzuschwemmen. Aluminiumstab, Messingbrause, Plastikhandgriff.

4. **WURZELLÜFTER FÜR BÄUME UND STRÄUCHER:** Extra langer Gießstab mit T-Griff zur Bewässerung und Belüftung tiefer Wurzeln. Aluminiumstab mit Schlauchanschluß für eine direkte Wasserversorgung. Reduziert die Wasserverdunstung, daher eine gute Wahl für dürregeplagte Regionen.

5. **VIER-STUFEN-GIESSSTAB:** Wie der Spritzgießstab, allerdings mit vier verschiedenen Strahleinstellungen von feinem Sprühnebel bis Vollstrahl. Einstellung durch Drehen des Brausenkopfs. Aluminiumstab, Polyäthylenhandgriff und -brause, Ein-/Ausschaltknopf am Handgriff.

6. **WURZELSPRENGER:** Starkwandiger Stahlspeer zur direkten Bewässerung von Baumwurzeln. Sprüht knapp über dem Boden bis zu 6 m weit. Sollte möglichst beaufsichtigt eingesetzt und häufig versetzt werden.

7. **ZWEI-WEGE-WASSERVERTEILER:** Für den Anschluß von zwei Schläuchen. Aus korrosionsbeständigem Hartplastik mit auswechselbaren Dichtungsringen.

8. **FÄCHERKOPF:** Industriestandard. Schlauchaufsatz aus Gußeisen und robustem Messing. Verwandelt einen Wasserstrahl in starken Sprühregen. Ideal für intensive Bewässerung. Ohne Wasserstopventil.

9. **KUNSTSTOFFKUPPLUNG:** Haltbare, dichte Schlauchverbindung. Set aus Stecker und Gegenstück.

10. **WASSERKUGEL:** Aluminiumkugel zum Anschließen an jedes Schlauchende mit Austrittöffnungen, aus denen das Wasser sanft ›herausblubbert‹. Gründliche, langsame Bodenbewässerung.

11. **IMPULSBRAUSE MIT PISTOLENGRIFF:** Solide gefertigter Schlauchaufsatz aus Kunststoff. Impuls-Handventil zur Kontrolle des Wasserdrucks per Hebel, mit Dauerarretierung. Das strapazierfähige Polypropylen ist korrosionsbeständig und dicht.

12. **IMPULSSPRITZE MIT PISTOLENGRIFF:** Eine modernere Variante der traditionellen regulierbaren Spritzdüse. Ideal für kleine Hände.

13. **DREHBRAUSE:** Zum Aufstecken auf das Schlauchende.

Druckregulierung durch Drücken und Loslassen des Metallhebels. Wasserstrahl stufenlos regulierbar, von feinem Sprühnebel bis Vollstrahl. Solides Gußeisen und Messing.

BEWÄSSERN

5. VIER-STUFEN-GIESSSTAB
6. WURZELSPRENGER
7. ZWEI-WEGE-WASSERVERTEILER
8. FÄCHERKOPF
9. KUNSTSTOFFKUPPLUNG
10. WASSERKUGEL
11. IMPULSBRAUSE MIT PISTOLENGRIFF
14. SPRITZDÜSE
15. ZWILLINGS-KREISREGNER
16. NEBELDÜSE
17. SUPERDÜSE
18. TOPFGIESSSTAB
19. VIER-WEGE-WASSERVERTEILER
20. EINSTELLBARE RUNDDÜSE
21. MESSINGKUPPLUNG

mit haltbaren Messingdüsen.

17. SUPERDÜSE: Einfaches Ein-/Ausschaltventil mit Klapphebel. Außen- und Innengewinde zum Anschluß an beide Schlauchenden. Das Ventil fungiert nicht nur als Wasserstop, sondern auch als Düse und produziert einen starken, geraden Strahl, einen kräftigen Brausenstrahl oder feinen Sprühnebel.

18. TOPFGIESSSTAB: Kurzer Aluminiumgießstab mit Ein-/Ausschaltknopf am Handgriff, ideal zum Wässern von Töpfen und Kübeln. Mit korrosionsbeständiger Plastik-Aluminium-Brause für einen weichen Strahl.

19. VIER-WEGE-WASSERVERTEILER: Korrosionsbeständiger Kunststoffaufsatz für den Anschluß von bis zu vier Schläuchen. Ideal zur Bewässerung in verschiedenen Gartenbereichen. Ausgänge individuell regulier- und absperrbar, konstanter Wasserdruck.

20. EINSTELLBARE RUNDDÜSE: Klassische, rostfreie und solide Messingdüse für Schlauchenden. Strahleinstellung von feinem Sprühnebel bis scharfem Vollstrahl durch Drehen der Düse.

21. MESSINGKUPPLUNG: Haltbare Messingkupplung für eine blitzschnelle Verbindung zweier Schlauchteile.

13. DREHBRAUSE: Eine Variante der Impulsbrause mit Pistolengriff, jedoch mit verstellbaren Strahlformen von feinem Sprühnebel, über Brausenstrahl bis Vollstrahl. Einstellung durch Drehen des Brausenkopfs. Hartplastik mit auswechselbaren Dichtungsringen.

14. SPRITZDÜSE: Einfacher Schlauchaufsatz aus Messing, bündelt das Wasser zu einem scharfen Strahl. Ideal zum Reinigen von Wegen und Werkzeugen.

15. ZWILLINGS-KREISREGNER: Altmodischer Stationär-Gartensprenger aus Gußeisen zum Anschrauben an einen Gartenschlauch. Wird mitten im Beet oder auf dem Rasen verlegt. Das Wasser tritt in zwei eleganten Bögen aus den Löchern aus. Ein erschwingliches, benutzerfreundliches Anschlußgerät.

16. NEBELDÜSE: Schlauchaufsatz zur Feinzerstäubung für junge Sprößlinge. Der Sprenger ist in verschiedenen Größen von 1,5 l/min bis 15 l/min erhältlich. Messingbeschichtet, Gußeisen

REGNER

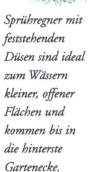

Sprühregner mit feststehenden Düsen sind ideal zum Wässern kleiner, offener Flächen und kommen bis in die hinterste Gartenecke.

Viereckregner mit Schwingkopf eignen sich für fast alle Rasenflächen.

Große Impuls-Hochregner, auch ›Regentürme‹ genannt, werden vor allem in der Landwirtschaft eingesetzt.

Manch einer denkt sicher gern daran zurück, wie er als Kind an einem heißen Sommernachmittag mit dem Rasensprenger spielte. Jeder Sprinklertyp forderte zu einem anderen Spiel heraus. Hatten die Eltern ein Modell mit feststehenden Düsen, rannte man einfach immer wieder unter dem Wasserstrahl hindurch; ein Drehstrahlregner hingegen lud zu einer wilden Verfolgungsjagd im Kreis ein. Am aufregendsten jedoch waren die Impulsregner – wohin man auch rannte, sie erwischten einen immer.

Bei der Wahl des geeigneten Regners gilt, daß das Modell schwer genug sein muß, um stabil zu stehen. Rasensprenger mit robusten Düsen aus Messing oder anderen Metallen sind langlebiger und sprühen gleichmäßiger als solche mit Plastikdüsen. Prüfen Sie zu guter Letzt, ob die Drehrame einwandfrei zu bewegen sind und ob die Dichtungen richtig sitzen. Am häufigsten leckt ein Regner zwischen Gestell und Düse (dort wirkt der größte Druck) – achten Sie deshalb an diesen Stellen besonders auf höchste Materialqualität!

Bei jedem Regner ist entscheidend, wo Sie ihn einsetzen und wie oft Sie seine Position verändern. Mit ein wenig Herumprobieren finden Sie schnell heraus, wie weit und wohin die Wasserstrahlen Ihres Sprinklers reichen. Planen Sie jetzt, wo Sie das Gerät im Laufe des Tages überall hinstellen, damit alle Bereiche gleichmäßig bewässert werden.

Bestimmte Regnertypen verteilen das Wasser nicht gleichmäßig auf der Zielfläche. Einige Modelle versorgen das Gebiet um den Sprinklerkopf am großzügigsten, bei anderen Versionen fällt mehr Wasser an den Rand der besprengten Fläche. Solchen Widrigkeiten beugt man vor, indem man stets das hochwertigste Modell einer Produktserie kauft. Aber selbst Regner der Spitzenklasse sollten Sie einem simplen Test unterziehen: Stellen Sie in unterschiedlichen Abständen zum Gerät Gefäße auf dem Rasen auf, drehen Sie das Wasser an und lassen es eine Weile laufen. Nach dem Abdrehen vergleichen Sie, wieviel Wasser sich in den einzelnen Gefäßen gesammelt hat.

REGNER MIT FESTSTEHENDEN DÜSEN: Sprühregner mit feststehenden Düsen sind ideal zum Wässern kleiner, begrenzter Flächen – ein Eckbeet beispielsweise oder ein Stück Rasen, das große Regner nicht erreichen. Sie sollten jedoch nicht in der Nähe von Bäumen aufgestellt werden, da sie mit ihrem geraden Strahl nur die Blätter besprühen würden. Blumenbeete, Sträucher und Rasenflächen hingegen überziehen sie mit einem feinen, sanften Regen. Der größte Nachteil feststehender Regner ist, daß sie unter Druck leicht umkippen oder sogar ›wandern‹. Besorgen Sie sich daher ein Modell aus schwerem, rostfreiem Metall mit einem massiven Fuß. Bei einigen kleineren Varianten kann man neuerdings verschiedene ›Sprengmuster‹ einstellen; sie haben jedoch meistens einen zu geringen Wasserdruck, um wirklich unterschiedliche Resultate zu liefern.

Viereckregner mit Schwingkopf: Diese Geräte bewässern eine viereckige Fläche und eignen sich besonders für die Rasenbewässerung. Die besten Modelle sind mit auswechselbaren Präzisionsmessingdüsen bestückt, die in 14 bis 20 Löchern sitzen und für eine genaue Wasserstrahlführung sorgen. Außerdem garantiert ein zuverlässiges Getriebe eine kontrollierte Schwingbewegung.

Schwingkopfregner können in vier Stufen eingestellt werden: Vollschwung von rechts nach links, Halbschwung von der Mitte zu je einer Seite und Standposition. Aufgrund dessen kann man sie auch in unmittelbarer Nähe von und sogar unter Bäumen aufstellen. Leider hat die Erfahrung gezeigt, daß der Schwingmechanismus oft ungewollt umspringt. Modelle mit externem Getriebe können leicht beschädigt werden. Die zuverlässigeren Regner hingegen haben integrierte Turbinengetriebe.

Der Impulsregner: Hört man das Wort Rasensprenger, denken die meisten unwillkürlich an das rhythmische Zischen eines Impulsregners. Impulsregner besprengen eine Kreisfläche mit einem Durchmesser von bis zu 30 Metern, lassen sich jedoch auch so einstellen, daß sie nur einen tortenstückförmigen Teil abdecken oder in einem Flachwinkel sprühen, um auch unter Bäumen zu wässern. Aufgrund ihres hohen Betriebsdrucks brauchen Impulsregner einen stabilen Fuß. Bei Modellen mit leichtem Kunststoffgestell besteht die Gefahr, daß sie umkippen und ein unschönes Loch im Rasen hinterlassen.

Gemüsebauern verwenden in der Regel Hochregner, die auf ein Stativ montiert sind. Die auch als ›Regenturm‹ bezeichneten Sprenger sind zwar außerordentlich stabil, haben aber den Nachteil, daß ihre Strahlen bei niedriger Winkeleinstellung direkt in die Pflanzen peitschen. Manche stellen einen einfachen Impulsregner auf einen umgedrehten Eimer – da ist der Regenturm sicher noch die bessere Lösung.

Traktorregner: Die Sprengfläche eines Traktorregners ist bei weitem nicht so groß wie die Kreisfläche, die ein Impulsregner mit einer Umdrehung abdeckt. Auf breiten, offenen Rasenflächen zeigt der Traktorregner jedoch, was in ihm steckt: Ein einfacher, rotierender Sprüharm ist auf einen mit Wasser betriebenen Miniaturtraktor montiert, der auf einem ausgelegten Schlauch langsam über den Rasen fährt. Bei den besten Modellen können drei verschiedene Betriebsgeschwindigkeiten eingestellt werden, je nachdem, wie intensiv gewässert werden soll. Eine Variante hat eine Aufrollvorrichtung für den bereits ›abgefahrenen‹ Schlauch.

ROTIERENDER SCHLITTENREGNER

Der vielleicht brauchbarste, raffinierteste Regner wurde 1933 von Orton Englehardt erfunden. Dieser Drehregner verwandelt einen kräftigen Wasserstrahl mit einem unter Federdruck stehenden Sprüharm in feinen Regen. Die Kreisbewegung kommt zustande, indem der Arm, während er zurückschwingt, den Wasserstrahl in kleine Tröpfchen bricht. Bis heute haben Propellerregner einen festen Platz in der Landwirtschaft, aber auch auf dem heimischen Rasen oder im Gemüsebeet.

Regner

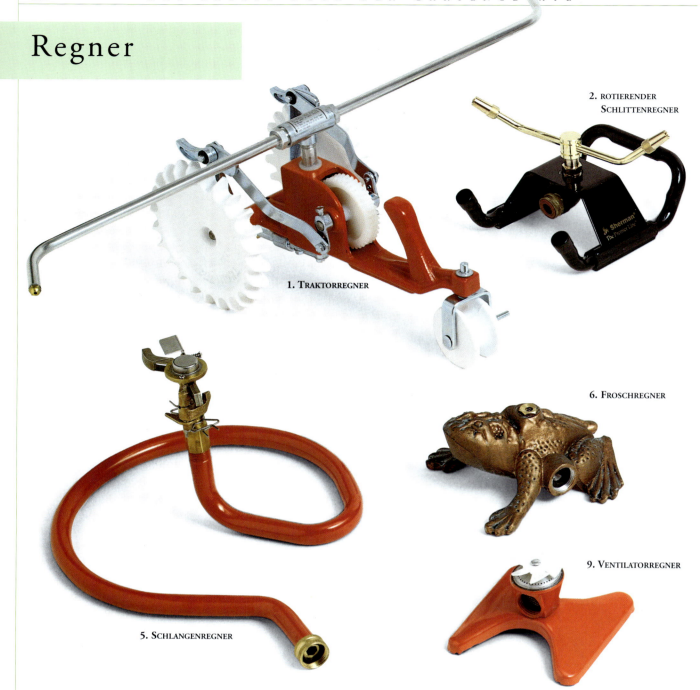

1. TRAKTORREGNER
2. ROTIERENDER SCHLITTENREGNER
5. SCHLANGENREGNER
6. FROSCHREGNER
9. VENTILATORREGNER

1. Traktorregner: Der Schlauch, der für die Wasserzufuhr dieses Geräts sorgt, dient gleichzeitig als Motor und ›Schiene‹. Die Dreharme sitzen auf einem Ratschenmechanismus, der die Räder antreibt. Das Vorderrad läuft auf dem richtungsweisenden Schlauch. Für eine Sprengkreisfläche von 18 m Ø bei drei unterschiedlichen Fahrtgeschwindigkeiten (9, 14 oder 18 m/h). Gußeisernes Fahrgestell, andere Teile aus Messing, Stahl, Aluminium und Kunststoff.
HÖHE: 25 CM
ARMSPANNE: 90 CM

2. Rotierender Schlittenregner: Kreisregner mit Stahlgestell, Messingarmen und einstellbaren Düsen. Praktische Schlittenform, damit Sie den Regner am Schlauch an eine andere Stelle ziehen können, ohne das Wasser abzudrehen.
23 CM × 18 CM;
17 CM HOCH

3. Tragbares Regnerset: Das Sprinklersystem aus mehreren miteinander verbundenen Sprühregnern mit kurzem Schlauch arbeitet wie Pipelines im Boden. Tragbares Set, beliebig verleg- und kombinierbar, auch für den Anschluß an Multisysteme oder andere Regner zur Bewässerung größerer Flächen.
SPRENGFLÄCHE: 6 M Ø

4. Regner mit einstellbarer Sprengfläche: Bei einfachen Regnern werden Wassermenge und -druck am Sprühkopf eingestellt. Je geringer der Betriebsdruck, desto kürzer der Strahl und umso kleiner die Sprengfläche. Bei dieser interessanten Variante wird die Sprengfläche durch einen Drehknopf am Regnerkopf variiert – je nach Neigungswinkel der Sprüharme wird das bewässerte Gebiet kleiner oder größer.
24 CM Ø; 23 CM HOCH

5. Schlangenregner: Sprinkler mit Druckkopf aus rostfreiem Stahl und Messing für Reichweiten von 4,5 bis 13 m. Einstellbare, kreis- oder halbkreisförmige Sprengfläche. Präzise und gleichmäßige Berieselung. Der Fuß aus dickem, schlangenförmig gewundenem Rohr ist besonders standfest.
40 CM Ø; 20 CM HOCH

6. Froschregner: Dekorativer und dabei leistungsstarker Messingregner in Froschform zum Sprengen von Rasenflächen. Wegen seiner feinen Sprühung und der begrenzten Sprengfläche (3–9 m Ø) ist dieses Schmuckstück ideal für kleine, abgelegene Ecken.
17 CM × 19 CM;
14 CM HOCH

7. Impulsschlittenregner: Mit seinem Impulskopf aus Messing und dem schwarz lackierten Stahlgestell ist dieses Modell die Neuauflage eines alten Standardregners. Kann mit Hilfe des Schlittens genau wie Nr. 2 bequem an eine andere Stelle gezogen werden, ohne daß das Wasser abdreht werden muß.

3. Tragbares Regnerset

4. Regner mit einstellbarer Sprengfläche

8. Wassertimer

7. Impuls-Schlittenregner

10. Viereckregner mit Schwingkopf

11. Regenturm

SPRENGFLÄCHE: 18 M Ø
23 CM × 18 CM;
16 CM HOCH

8. Wassertimer: Kleiner Sprinklercomputer für zeitlich programmierte Bewässerung. Einfach zu bedienen. Wählen Sie nur die gewünschte Sprengfläche unter 15 Optionen aus (von 5 Minuten alle 2 Stunden bis zu insgesamt 2 Stunden pro Woche) und stellen Sie den Regler auf die entsprechende Nummer.
6 CM × 10 CM;
15 CM HOCH

9. Ventilatorregner: Die rotierenden Deflektorblätter werden durch eine kräftig sprühende Düsenscheibe angetrieben und verteilen das Wasser zielgenau in einem Kreis bis 12 m Ø. Kleiner, leichter, aber stabiler Allzweckregner. Auch in quadratischer und rechteckiger Form erhältlich.
14 CM × 14 CM;
9 CM HOCH

10. Viereckregner mit Schwingkopf: Was wäre der Sommer ohne das einschläfernde, rhythmische Schwingen eines Viereckregners an einem heißen Nachmittag? Das abgebildete Modell verfügt über eine fünfstufige Reichweiteneinstellung und ein starkes Turbinengetriebe, das im Bedarfsfall geöffnet und gereinigt werden kann. Aluminium und spritzgegossener Kunststoff.
50 CM × 20 CM;
10 CM HOCH

11. Regenturm: Die beste Wahl, wenn es um große Flächen und hohe Pflanzen geht. Ideal für Gemüsefelder. Bei dem abgebildeten Modell wurde ein Impulsregner auf ein hohes Stativ aus verzinktem Stahl montiert. Messingdüsenkopf mit einem Sprengdurchmesser von 24 m für ganze oder teilweise Kreisberegnung. Das breite Gestell ist saatschonend.
HÖHE: 1,05–1,85 M

KAPITEL ACHT

KOMPOSTIEREN

Der Boden«, so die Worte des Geologen Hans Jenny, »ist ein natürlicher Organismus.« Er ist nicht nur eine Mischung von Mineralien und verschiedenen Basisstoffen. Er ist vielmehr eine lebendige Einheit mit einer Muskulatur und einem Kreislauf. Er atmet, gibt Nahrung, erneuert in seinem abwechslungsreichen und tausendjährigen Leben die Erdoberfläche und macht somit Wachstum erst möglich.

Im Kompost sind Ballaststoffe, Fasern, sich langsam abbauende Nährstoffe, Spurenelemente sowie aktive Bakterienkulturen enthalten. Werden diese Stoffe dem Boden zugeführt, kann er sich selbst regenerieren. Verglichen mit anderen Gartenarbeiten ist das Kompostieren eine Tätigkeit, die den Vorgängen in der Natur am ähnlichsten ist, denn dort wird einfach alles Organische abgebaut (also kompostiert).

> *Alles ist von Wert, wenn es nur verwertet wird.«*
> — CLARK GREGORY

Leider gibt es nicht in jedem Garten einen Kompostbereich, obwohl Humus die beste, preiswerteste und ökologisch sinnvollste Nahrung für den Gartenboden ist. Durch die Umwandlung der Reste verschiedener Pflanzen- und Küchenabfälle im nährstoffreichen, braunen Humus bildet Kompost eine erstklassige Basis für gesunden, fruchtbaren Gartenboden.

Kompost ist nicht nur für den Gemüsegarten eine Bereicherung, sondern auch für Blumenbeete und ganz besonders auch für Rasenflächen. Eine herbstliche Kopfdüngung mit ausgereiftem Kompost ist die beste Düngemethode für eine kleine Rasenfläche. Der Kompost nährt die Wurzeln der Graspflanzen und verhindert gleichzeitig die Verbreitung von Krankheiten.

Das Kompostieren im eigenen Garten bietet vier entscheidende Vorteile. Erstens: Man gibt dem Boden Schalen, Früchte, Stiele, Wurzeln, Laub und andere Abfälle zurück und verwertet sie weiter, statt sie in den Abfall zu geben.

Zweitens: Man braucht erheblich weniger industriell hergestellten Kunstdünger und chemische Pestizide und Fungizide. Auf einem gesunden Boden wachsen ›glückliche‹ Pflanzen, die weniger Streß empfinden und deren Immunsystem gegen Krankheitserreger und Schädlinge gestärkt ist. Studien belegen, daß Pilzbefall, durch den die Keimlingskrankheit und andere im Boden entstehende Krankheiten ausgelöst werden, aktiv verhindert wird.

Drittens: Die Zusammensetzung und die Beschaffenheit der Bodenstruktur werden erheblich verbessert. Wasser und Luft können in einem nährstoffreichen Boden aus zersetzten organischen Bestandteilen besser zirkulieren, und die für Wurzeln wichtigen, nahrhaften Elemente werden nicht so leicht vom Regen ausgeschwemmt. Außerdem setzt der braune Humus – das Endprodukt des Kompostiervorgangs – im Vergleich zum Kunstdünger seine Nährstoffe nur langsam frei, wodurch die Pflanzen in idealem Umfang und gleichmäßig versorgt werden. Hinzu kommt, daß Humus sich ausgleichend auf den pH-Wert auswirkt, so daß der Boden weder zu sauer noch zu alkalisch wird.

Viertens: Im Frühling erwärmt sich der Gartenboden durch den Kompost schneller. Man kann also früher mit der Vorbereitung der Beete beginnen. Das Sonnenlicht des Frühjahrs wird durch die dunkle Farbe absorbiert, und auch die biologische Aktivität der Würmer und Mikroorganismen im Kompost erzeugt Wärme.

DIE GESCHICHTE DES KOMPOSTIERENS

George Washington stellte die goldene Gärtnerregel auf, daß ein guter Landwirt alles, was er berührt, in Dünger verwandeln müsse, so wie Midas alles, was er berührte, in Gold verwandelte.

Bei näherer Betrachtung scheint jede zivilisatorische Entwicklung mit dem Kompostieren einherzugehen. Jede bekannte Kultur hat auf ihre Art und Weise organische Materialien gesammelt, die dem Boden später wieder zugeführt wurden. Manche – wie zum Beispiel Ibn al Arabi im 11. Jahrhundert – forderten sogar, der Mischung aus Dünger, Kalk und Mörtel, alter Wolle oder Baumwolle, Holzasche, Straßenabfall und nahezu allem, was sich zersetzt, auch noch menschliches Blut hinzuzufügen.

Bis zum Ende des 19. Jahrhunderts wurde Kompost allerorts hoch geschätzt. Dann folgte jedoch die Entdeckung der Stickstoffbindung aus der Luft von Seiten der Industrie – und mit einem Mal galt Kompost als altmodisch, überholt und wurde rasch durch chemisch erzeugten Dünger ersetzt. Diese Überbewertung und Fehleinschätzung wurde erst nach einem Jahrhundert

KOMPOST UND LITERATUR

Der Gärtner im Lukas-Evangelium ist ohne Zweifel ein Kompostierer gewesen. In einem Gleichnis will er einen unfruchtbaren Feigenbaum retten, indem er »um ihn herum graben und ihn dann düngen« möchte.

In Shakespeares *Timon von Athen* huldigt die Hauptfigur dem Kompost: Die Erde ist »ein Dieb, der sich von Schlamm« aus organischen Abfällen »ernährt und sich durch ihn ausbreitet«.

Walt Whitman schwärmt in *Dieser Kompost,* daß auf der Erde »aus Zersetzung und Fäulnis so süße Dinge wachsen ... liebliche Düfte entwickeln sich aus solch gebrautem Gestank ... Sie gibt den Menschen so göttliche Geschenke und nimmt ihren Abfall wieder entgegen.«

erkannt, und das Wissen über natürlichen Kompost entwickelte sich immer weiter. Wollen Sie Ihren Kompost als Bodenverbesserer zusätzlich aufwerten, so fügen Sie ihm zwischendurch gute Blumenerde, Knochenmehl und Mineralsalze zu.

KOMPOSTBEHÄLTER

Der Erfolg guten Kompostierens ruht auf vier »Säulen«: Erstens sollte die Tonne gut erreichbar aufgestellt werden, so daß man sowohl Garten- als auch Küchenabfälle leicht hineinwerfen kann. Der Stellplatz sollte gleichzeitig ein wenig versteckt sein, vielleicht hinter einer Hecke oder einem Zaun, denn Kompostieren an sich mag etwas Wunderbares sein – der Haufen selbst ist jedoch nicht so schön anzusehen.

Zweitens spielt die Größe des Komposthaufens eine wichtige Rolle. Für die ›Arbeit‹ der Mikroorganismen müssen eine geregelte Luftzufuhr, optimale Temperatur und Luftfeuchtigkeit im Inneren des Haufens herrschen. Diese sind abhängig von seiner Größe.

Drittens muß der Komposthaufen regelmäßig umgesetzt werden. Es kommt manchmal vor, daß jemand einen Komposter kauft oder selbst baut, ihn mit den richtigen grünen und braunen Zutaten füllt und sich dann aber ärgert, wenn der Verrottungsprozeß zu langsam verläuft oder der Haufen unangenehm riecht. Ein übler Geruch signalisiert, daß das organische Material wegen fehlender Luftzufuhr fault, statt zu verrotten, und folglich der Haufen umgesetzt werden muß. Die Mikroben, die die Hauptaufgabe bei der Umwandlung von Abfällen in Humus leisten, benötigen Sauerstoff. Erhalten sie davon nicht genug, sterben sie ab, und anaerobe Bakterien vermehren sich statt dessen. Die Folge ist, daß in der Abbauphase schädliche, übelriechende Gase freigesetzt werden.

Der Komposthaufen muß dann mit Hilfe einer Mist- oder Kompostgabel umgeschichtet werden. Da diese Tätigkeit wohl zu den unbeliebtesten Gartenarbeiten gehört, hat man sich in den letzten zehn Jahren viele Gedanken über Arbeitserleichterungen gemacht. Spezielle Kompostbehälter und andere Spezialgeräte wurden erfunden.

Viertens sollte man den fertigen Kompost leicht entnehmen können. Es hat keinen Sinn, den Komposthaufen zu früh umzusetzen und festzustellen, daß das Material erst halb verrottet ist. Eine bewährte Methode ist die Anlage dreier nebeneinanderliegender Haufen, wobei man den Kompost je nach Reifegrad von einem Komposter in den nächsten füllt. Man kann aber auch jeden

ANATOMIE EINES KOMPOSTERS

Nach innen klappbare Scharnierverbindungen am Deckel erleichtern das Einfüllen.

Durch die Doppelwand bleibt die Zersetzungswärme im Behälter.

Einzeln einrastende Elemente erleichtern den Aufbau und die Reinigung.

Komposter getrennt füllen und die Mischung so lange stehen lassen, bis alle Stoffe verrottet sind und der Kompost reif ist.

In jedem Fall sollte man einen Kompostbehälter aufstellen, der sich ohne Probleme am unteren Ende öffnen läßt. So kann der reife und krümelige Kompost, der sich wegen seiner feinen Struktur schon am Boden abgesetzt hat, entnommen werden.

Die richtige Wahl des Kompostbehälters

Viele Kompostbehälter sehen aus wie riesige Baukästen für Kinder. Meist jedoch sind sie ganz einfach konstruiert: Sie haben vier robuste Wände aus Holz oder Metall, die zusammengefügt werden. Man kann auch geschlossene trommel- oder leicht pyramidenförmige Komposter aus Kunststoff finden, Behälter mit kleinen Schiebetüren am unteren Ende oder offene Modelle aus Holzlatten, die einem Gartenzaun ähneln, Behälter mit runden oder ovalen Aufsätzen, die übereinander gestapelt werden, kleine, mit roten Kompostwürmern gefüllte Behälter und sogar große ballonförmige Kunststoffbehälter, die an eine Weltraumkapsel erinnern.

Alle Behälter sollen dem gleichen Anspruch gerecht werden: ideale Kompostbehälter zu sein. Die qualitativ besseren Modelle kann man daran erkennen, daß der fertige Kompost unten entnommen werden kann, während oben aufgefüllte Reste sich erst noch zersetzen müssen. Außerdem ist es sinnvoll, wenn aufgrund der Konstruktion des Behälters der Kompostiervorgang beschleunigt wird. Für welche Bauart Sie sich auch entscheiden – achten Sie darauf, inwieweit der Komposter die genannten Kriterien erfüllt.

Die richtige Nutzung des Kompostbehälters

Einen Haufen Herbstlaub in der Sonne liegen zu lassen, hat noch nichts mit Kompostieren zu tun. Es stimmt zwar, daß sich jeder organische Stoff irgendwann in Humus verwandelt – um jedoch schnell und effizient Humus von krümeliger Struktur und mit bestem Nährstoffgehalt herzustellen, benötigt man einen Behälter mit einer Mindestgröße von 90 cm × 90 cm × 90 cm.

Bei der richtigen Mischung kann aus einem Komposthaufen bereits nach sechs bis acht Wochen fertiger Humus entnommen werden. Man muß allerdings auf die Größe und die Luftzufuhr des Komposthaufens achten, um sicherzustellen, daß er ständig feucht bleibt, jedoch nicht durchnäßt wird. Ein Komposthaufen muß groß genug sein, um Wärme im Inneren erzeugen zu können, in der sich wiederum Mikroben ernähren und fortpflanzen können – dadurch wird der Verrottungsprozeß beschleunigt. Aus diesem Grund werden heute geschlossene Behälter den offenen Konstuktionen vorgezogen. Im allgemeinen geht man davon aus, daß ein Kompostbehälter mit etwa 0,75 m³ Volumen gute Bedingungen für den Verrottungsprozeß gewährleistet. Man kann auch in einem viel kleineren Behälter Kompost ansetzen, wenn man die Hu-

Um einen relativ kleinen Komposthaufen zu belüften, muß man die Mistgabel in den unteren Teil stoßen und eine volle Gabelladung herausziehen. Anschließend dreht man die Gabel um und gibt die Ladung auf den Haufen.

musprofis des Gartens für sich arbeiten läßt, nämlich Würmer. Wurmkomposter sind relativ kleine, geschlossene Behälter, die mit roten Kompostwürmern gefüllt sind. Deren rege Verdauungstätigkeit verwandelt in kürzester Zeit organisches Material in besten Wurmhumus.

3-Wand-Behälter: Der einfachste Kompostbehälter zum Selberbauen ist viereckig und an einer Seite offen, so daß man den ganzen Haufen leicht mit Schaufel und Mistgabel umsetzen kann. Der Behälter kann aus Latten, Drahtgeflecht oder alten Paletten gebaut werden.

Leider ist es bei diesem Behälter kaum möglich, den fertigen Kompost von unten zu entnehmen. Da eine Seite offen ist, kann bei einem Versuch der gesamte Haufen umstürzen.

Lattensilo: Manche Modelle haben an der Vorderseite im unteren Teil eine kleine Tür, um den Kompost von unten entnehmen zu können. Die Idee wäre genial, wenn der beste Kompost sich nicht manchmal gerade auf der Rückseite des Behälters befinden würde. Das Silo mit vertikalen Latten ist im Prinzip sehr praktisch – jede der Latten kann einzeln entfernt werden, um an den besten Humus zu gelangen. Diese Methode funktioniert auf ebenem Untergrund. Steht der Behälter allerdings an einem Hang, verkanten sich die Latten.

Bio-Stapelkomposter: Er bietet die bisher beste Lösung für das ›Zugriffsproblem‹. Zunächst mag man die Konstruktion für einfältig halten, tatsächlich aber ist der Stapelkomposter eine geniale, da einfache Erfindung. Er besteht aus drei rechteckigen Kästen, die genau aufeinander passen. Hat der Kompost einen bestimmten Reifezustand erreicht, kann man die Kastensegmente einzeln abheben. Man nimmt zunächst den obersten Kasten ab, der sodann der unterste für einen neuen Stapel wird. Nun wird die oberste Kompostschicht aus dem zweiten Segment des alten Stapels entnommen und dort hineingegeben. Ist man mit dieser Methode beim dritten Kasten angelangt, hat man gleich zwei Fliegen mit einer Klappe geschlagen: Der feinste, reifste Kompost ist freigelegt und gleichzeitig wird das restliche Material umgeschichtet und belüftet. Darüber hinaus ist diese Tätigkeit noch nicht einmal unangenehm.

Trommelkomposter: Der Zersetzungsprozeß kann durch häufiges Umsetzen beschleunigt werden. Beim Kompostieren im geschlossenen System des Trommelkomposters wird Ihnen diese Arbeit sehr erleichtert. Wenn Sie die Trommel drehen, vermischt sich der Inhalt und wird belüftet, so daß sich die Verrottung beschleunigt. Unter dem Strich treffen Sie mit diesem Modell eine gute Wahl. Achten Sie darauf, daß er fest steht und leicht zu drehen ist. Und: Er sollte (wie ein Wäschetrockner) nicht bis an den Rand gefüllt werden.

Ballkomposter: Er bildet vermutlich die amüsanteste Variante für die Beschleunigung des Kompostiervorgangs. Der schwarze Ball aus Kunststoff hat einen Durchmesser von 90 cm und faßt etwa 0,4 m³ Volumen aus Blättern

Bei Stapelkompostern werden die einzelnen Kästen übereinander gesetzt. Beim Umschichten wird der Kompost ausreichend belüftet, und der fertige, zuunterst liegende Kompost kann problemlos entnommen werden.

und anderem Material. (Auch wenn seine Maße nicht der empfohlenen Größe für offene Komposter entsprechen, kann er dennoch die erforderliche Wärme erzeugen, da er geschlossen ist.) Durch einfaches Rollen wird der Inhalt vermischt. Auch für den Ballkomposter gilt, daß er nicht zu voll sein sollte, weil sich das organische Material sonst nicht in erforderlichem Maße vermengen kann. Sein Standplatz sollte ebengründig sein, damit er nicht von alleine wegrollen kann.

SELBSTGEBAUTE KOMPOSTER: Vielen traditionellen Gärtnern sind alle diese Erfindungen viel zu neumodisch. Manche lehnen auch die großen Kunststoffelemente in einem sonst ökologisch orientierten Garten ab. Die praktischste, selbst zusammengebaute Alternative besteht aus vier Holzpaletten, die man einfach zusammennagelt oder aus einem 30 cm hohen Drahtgeflecht. Leider sind beide Varianten nicht gerade hübsch anzusehen.

Eher praktisch und preisbewußt Veranlagte nehmen den 5 mm starken schwarzen Kunststoff vom Meter, der über und über mit Löchern versehen ist. Er läßt sich mit Hilfe von Kunststoffmuttern zu einem Zylinder formen und ist hervorragend zur Laubkompostierung geeignet. Sie sollten allerdings noch anderes Material hinzufügen, da der Kompost sonst zu sauer wird.

WURMKOMPOSTER: In einem offenen Kompostbehälter wird die aktive Zersetzungsarbeit der Abfälle hauptsächlich von Mikroorganismen erledigt; Würmer treten erst am Ende des Rotteprozesses in Aktion, wenn der Haufen etwas abgekühlt ist. Extrem nährstoffreichen Kompost erhält man innerhalb kurzer Zeit mit Wurmkompostern. Die Kompostwürmer fressen und verdauen schneller als alle Mikroben, die beim Kompostiervorgang vor ihnen an der Reihe sind.

Würmer ernähren sich jedoch nicht von trockenen Blättern; sie bevorzugen normale Küchenabfälle (außer Fleisch). Einen geschlossenen Wurmkomposter kann man an einer frostgeschützten Stelle im Hof oder im Keller aufstellen. Man gibt Küchenabfälle hinzu, wenn sie anfallen, und entnimmt den fertigen Kompost nach Bedarf. Manche Wurmkomposter sind mit einem kleinen Hahn ausgestattet, um den exzellenten Kompostsud abzuzapfen, der sich am Boden absetzt. Diese Flüssigkeit eignet sich hervorragend zum Düngen von Zimmerpflanzen.

DAS KOMPOSTREZEPT

Neben der Größe des Komposters und der Belüftung sind natürlich auch die Zutaten für Ihren Kompost äußerst wichtig. Die beste Mischung besteht aus einer 50:50-Mischung von stickstoffreichem (frische Gemüseabfälle, Grasschnitt, abgeschnittene Pflanzenteile und Blüten, frische Schalen und Stiele) und stickstoffarmem Material (welke Blätter). So werden die Mikroorganismen ausreichend versorgt und verarbeiten alles zu einem guten Kompost.

Verwendet man zusätzlich frischen Mist (hat den höchsten Stickstoffgehalt), muß man die beste Mischung selbst herausfinden. Wahrscheinlich wird sich ein 2:1- oder 3:1-Verhältnis von pflanzlichen Zutaten zu Mist bewähren, da letzterer leider auch einen sehr hohen Nitratgehalt aufweist.

Komposter

1. STAPELKOMPOSTER: Dieser Komposter besteht zu 60 % aus recyceltem, wärmeleitendem Polyäthylen. Er hat drei separate, bodenlose Kästen, die aufeinandergestapelt werden können. Das Ernten und Belüften des Komposts geschieht durch Umstapeln der Kastenelemente. Die oberen Scharnierklappen halten Regen ab, und durch die gelochten Seitenwände gelangt ausreichend Luft in das Innere. Der Komposter ist wasserdicht und witterungsbeständig und sicher vor Nagetieren. Er läßt sich mit einem Wasserschlauch reinigen.
GRÖSSE: 70 CM × 70 CM; 85 CM HOCH
VOLUMEN: CA. 0,4 M³

2. BALLKOMPOSTER: Dieser Komposter mit seinem einzigartigen Design sollte im Abstand von einigen Tagen immer wieder gerollt werden, wodurch der Kompost auf einfache Weise umgesetzt und belüftet wird. Er kann auch zu den zu kompostierenden Materialien hingerollt werden. Er besteht aus 100 % recyceltem Polyäthylen. Er absorbiert Wärme, ist UV-, verrottungs- und witterungsbeständig und sicher vor Nagetieren.
GRÖSSE: 90 CM Ø; 75 CM HOCH
VOLUMEN: 0,4 M³

3. OVALER KUNSTSTOFFKOMPOSTER: Es handelt sich hier um einen schmalen Kompostbehälter aus Kunststoff mit ovaler Grundfläche. Er eignet sich vielleicht am besten für Innenhöfe oder Dachterrassen, da er wenig Platz braucht. Er besteht aus 100 % recyceltem Polyäthylen. Die Deckel haben eine Scharnierverbindung. Er speichert die Wärme innen und läßt den Regen draußen. Die Reinigung des Behälters ist unkompliziert.
GRÖSSE: 70 CM × 40 CM; 75 CM HOCH
VOLUMEN: 0,2 M³

4. LAUBKOMPOSTER: Dies ist ein einfacher, tragbarer Behälter zum Kompostieren von Laub und Astwerk. Er besteht aus 100 % recyceltem Kunststoff. Die witterungsbeständige Außenwand ist praktisch aus einem einzigen perforierten, etwa 5 mm starken Kunststoffteil (75 cm hoch, 3 m lang) gefertigt. An den Enden befinden sich Kunststoffmuttern, mit denen der Behälter leicht zusammengesteckt werden kann. Er wiegt etwa 2,7 kg und kann im Sommer auf einen Durchmesser von 15 cm zusammengerollt und platzsparend gelagert werden.
GRÖSSE: 90 CM Ø; 75 CM HOCH
VOLUMEN: 0,5 M³

1. STAPELKOMPOSTER

2. BALLKOMPOSTER

3. OVALER KUNSTSTOFFKOMPOSTER

4. LAUBKOMPOSTER

5. LAUBKOMPOSTER AUS DRAHTGEFLECHT

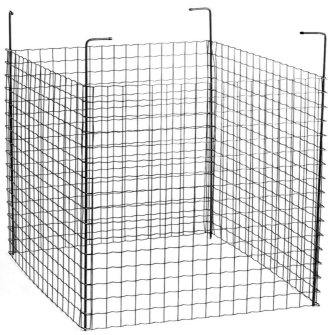

5. LAUBKOMPOSTER AUS DRAHTGEFLECHT: Es handelt sich hier um eine große und vereinfachte Variante eines Laubkomposters. Dieses Modell ist tragbar und besteht aus PVC-überzogenem 5-cm-Drahtgeflecht. Der Komposter ist bedienerfreundlich und überall einfach zusammenzustecken. Zur Lagerung wird er zerlegt. Er eignet sich für große und sperrige Kompostzutaten, die später einem Thermokomposter zugefügt werden sollen.
GEWICHT: 6,5 KG
GRÖSSE: 85 CM × 85 CM; 80 CM HOCH
VOLUMEN: 0,6 M³

6. WURMKOMPOSTER: Mit diesem Komposter aus Polyäthylen kann man platzsparend und ohne Geruchsbelästigung mit Hilfe von Würmern kompostieren. Über das praktische Ablaufsystem mit einem angeschlossenen Hahn kann der Kompostsud abgegossen werden. Öffnungen sorgen dafür, daß ausreichend Luft zirkulieren kann. Er ist leicht und tragbar und kann sowohl im Haus als auch draußen, auf dem Land und in der Stadt verwendet werden. Der Deckel ist außen durch Scharniere befestigt und fügt sich in der Mitte zusammen.
GRÖSSE: 70 CM × 40 CM; 30 CM HOCH
VOLUMEN: KNAPP 0,1 M³

7. STAPEL-WURMKOMPOSTER: Dieser Behälter mit stapelbaren Aufsätzen aus Polyäthylen ist eine größere Variante eines Wurmkomposters. Er steht erhöht auf vier Füßen und funktioniert ähnlich wie der Stapelkomposter ohne Würmer. Da die Würmer sich von unten nach oben zum frischeren Futter emporarbeiten, befindet sich im untersten Stapelelement der fertige Wurmkompost. Zum Ernten entnehmen Sie das unterste Element und setzen es leer obenauf. Der Komposter ist für die Wohnung zu groß. Er eignet sich jedoch hervorragend für eine frostgeschützte Stelle im Hinterhof oder im Keller.
GRÖSSE: 45 CM Ø; 28 CM HOCH (OHNE FÜSSE)
VOLUMEN: KNAPP 0,1 M³

7. STAPEL-WURMKOMPOSTER

6. WURMKOMPOSTER

Hilfsgeräte zum Kompostieren

So ausgeklügelt der Kompostbehälter auch sein mag, das halbverrottete Material muß trotzdem noch von Zeit zu Zeit umgesetzt und belüftet werden. Ferner sollte man die Temperatur im Inneren kontrollieren, damit das jeweilige Kompostierstadium festgestellt werden kann. Möchte man seinen Kompost als frischen Humus für eine Kopfdüngung verwenden, dann muß schließlich der fertige Kompost gesiebt werden, um ihn von nicht abgebautem Material, wie Astwerk, Rinde oder anderen Bestandteilen zu befreien.

All diese Aufgaben könnten natürlich auch mit ganz normalen Werkzeugen erledigt werden: mit einer Gartengabel zum Umsetzen, einem Bratenthermometer zur Temperaturmessung und einem Rahmen mit einem 6-mm-Metalldraht zum Sieben. Mit Spezialwerkzeugen geht die Arbeit jedoch effizienter und wesentlich leichter von der Hand.

Das Umsetzen

Das Umsetzen mit einer normalen Gartengabel ist nicht sehr erbaulich. Mitteldicker Kompost bleibt zwar auf der Gabel, aber gerade nicht abgebaute Teile wie Orangen- und Eierschalen *und* der wunderbare, fertige Kompost fallen durch die Zinken hindurch. Nimmt man nach dieser Erkenntnis lieber die Schaufel zur Hand, wird man feststellen, daß das Auffassen noch gut klappt, die Schaufel anschließend jedoch kaum noch zu heben ist.

Was können Sie nun tun: Legen Sie sich eine geeignetere Gabel zu. Von jeher wurden Mistgabeln aus genau diesem Grund mit mehr als nur vier Zinken ausgestattet. Eine fünfzinkige Mistgabel nennt man heutzutage Kompostgabel, vielleicht, weil das ›sauberer‹ klingt. Auf jeden Fall kann der Komposthaufen mit einer Mistgabel hervorragend bearbeitet werden.

Sauerstoffzufuhr

Ein Problem bleibt: Mit einer Gabel oder Schaufel zunächst tief in den Komposthaufen einzustechen, ist noch relativ einfach, das Herausziehen jedoch erfordert Herkuleskräfte. Allein der Gedanke, dies hundertmal tun zu müssen, um den ganzen Komposthaufen umzusetzen und zu belüften, schreckt ab.

Hier helfen Kompostlüfter. Diese praktischen Geräte sind am unteren Ende einer langen Stange mit etwa 8 cm langen Flügelklingen und oben mit einem T-Griff versehen. Wenn man den Belüfterstab von oben in den Komposthaufen sticht, legen sich die Klingen an den Stab an. Zieht man am Griff, klappen sie auseinander und lockern so den Kompost ab einer Tiefe von etwa 90 cm bis zur Oberfläche. Ein weiterer Vorzug dieses Werkzeugs ist, daß es auch für weniger kräftige Gärtner einfach zu handhaben ist.

Mit einer Gabel oder Schaufel zunächst einmal tief in den Komposthaufen einzustechen, ist noch relativ einfach, das Herausziehen jedoch erfordert Herkuleskräfte.

Kompostieren

Die Temperatur

Ein guter Komposthaufen dampft. Erfahrene Kompostierer erkennen am Dampf und an der Oberflächentemperatur, die man durch einen leichten Fingerdruck erfühlen kann, den Reifegrad des Komposts. Ein frisch angesetzter Haufen sollte sich allmählich auf etwa 45 °C erwärmen. Das ist die ideale Temperatur für die Mikroorganismen, die den Zersetzungsvorgang vorantreiben. Wenn der Haufen dann ›kocht‹, übernimmt eine zweite Gruppe von Bakterien die Arbeit. Diese thermophilen (wärmeliebenden) Bakterien arbeiten sehr schnell und entwickeln sich am besten bei 45 bis 70 °C.

Aber nur wirklich erfahrene Kompostierer können die Temperatur durch Berühren des Komposthaufens erkennen. Alle anderen sollten lieber ein Thermometer verwenden. Ein gutes Kompostthermometer sieht aus wie ein Bratenthermometer – mit einem kleinen Unterschied: Der Schaft sollte mindestens 50 cm lang sein, so daß die Fühler die Temperatur im Inneren des Komposthaufens messen können.

Die wunderschönen englischen Siebe mit einem Holzring erinnern an ein Tamburin und sind hervorragend zum Sieben geeignet.

Das Sieben

Ist der Kompost nun reif und der Haufen abgekühlt, dann ist es an der Zeit, den frischen Humus für den Garten vorzubereiten. Soll der Gemüsegarten damit bereichert werden, kann man ihn einfach auf der Erdoberfläche verteilen – das Umgraben und Zerkleinern aller gröberen Bestandteile, die in der nach Waldboden riechenden, braunen Masse noch vorhanden sind, überläßt man den Bodenlebewesen.

Sollen jedoch die Blumenbeete oder der Rasen gedüngt werden, dann erzielen Sie ein besseres Ergebnis, wenn der Humus kein verrottetes Astwerk oder andere grobe Bestandteile mehr enthält. Hinzu kommt, daß ein Übermaß an unverrottetem Material den Pflanzen die für das Wachstum nötigen Nährstoffe raubt. Die Bakterien nehmen bei der Zersetzung den Stickstoff aus dem Boden auf, den eigentlich die Pflanzen brauchen.

Verwenden Sie daher zum Aussondern des groben Materials ein Sieb. Bei kleineren Mengen helfen die wunderschönen englischen Siebe mit einem Ring aus Buchen- oder Ulmenholz, die wie ein Tamburin aussehen. Eine verbesserte Version dieser Produktpalette ist mit Füßen und einem Drehschleifer ausgestattet – wie eine Getreidemühle.

Wer sehr viel Kompost herstellt, ist gut beraten, sich selbst ein Durchwurfsieb zu bauen. Man benötigt einen robusten viereckigen Rahmen mit mindestens 60 cm Kantenlänge, versieht diesen mit 6-mm-Maschendraht und stellt ihn dann im 45°-Winkel auf dem Boden auf. Zum Sieben nehmen Sie schaufelweise Kompost auf und drücken ihn durch das Drahtgeflecht. Auf der anderen Seite rieselt dann feiner, krümeliger, süßlich riechender Humus durch, der Ihrem Garten aufs Beste dient.

Hilfsgeräte zum Kompostieren

1. KUNSTSTOFFSIEB: Dieses Sieb ist witterungsbeständig, robust und preiswert. Je nach Bedarf können verschiedene Drahtgitter (6 mm oder 3 mm Maschenweite) eingesetzt werden.
GRÖSSE: 40 CM Ø; 10 CM HOCH

2. HOLZSIEB: Das traditionelle Sieb im englischen Design ist ideal zum Sieben von Kompost und Erde, wenn Steinchen und Samen entfernt werden sollen. Es besteht aus englischem Buchenholz und hat ein Drahtgitter mit 6 mm Maschenweite.
GRÖSSE: 40 CM Ø; 8 CM HOCH

1. KUNSTSTOFFSIEB

2. HOLZSIEB

3. METALLSIEB

METALLGITTER

3. Metallsieb:

Dieses schöne Sieb ist auch in einem Blätterhaufen nicht zu übersehen. Es ist leicht, robust, aus rostfreiem Stahl, und die Metallgitter sind auswechselbar.
GRÖSSE: 30 CM Ø;
6 CM HOCH

4. Kompostgabel:

Diese qualitativ hochwertige Kompostgabel hat fünf schmale Zinken mit Diamantspitzen. Das macht sie zum idealen Werkzeug zum Sieben, Mischen und Trennen des Komposts. Der Kopf ist so breit, daß man mit der Gabel gefahrlos tief in den Komposthaufen stechen und sie drehen kann, ohne dabei die wichtigen Insekten oder Würmer zu verletzen. Die aus einem Stück gefertigte Tülle besteht aus geschmiedetem Kohlenstoffstahl, der T-Stiel aus Eschenholz.
LÄNGE: 1,10 M
GEWICHT: 800 G
GABELKOPF: 25 CM × 34 CM

5. Belüfterstab:

Dieses Spezialgerät hat einen 2 cm dicken, metallbeschichteten Stiel und endet in zwei oder drei 8 cm langen Flügelklingen, die sich öffnen und schließen können. Der Stab ist ausschließlich für die Belüftung des Komposts vorgesehen. Die Klingen legen sich an den Stab an, wenn man das Gerät in den Haufen sticht, und öffnen sich, wenn man ihn herauszieht.
LÄNGE: 85 CM
GEWICHT: 800 G

6. Thermometer:

Das 50 cm lange Thermometer besteht aus rostfreiem Stahl. Es sollte tief genug in das Innere des Komposthaufens gesteckt werden, um die Temperatur genau messen zu können.
MESSBEREICH: 0–120 °C

7. Kompostbeschleuniger:

Das ganz aus organischen Stoffen bestehende Produkt enthält enzymproduzierende Bakterien, die den Verrottungsprozeß des Komposts unterstützen.

4. Kompostgabel

5. Belüfterstab

6. Thermometer

7. Kompostbeschleuniger

KAPITEL NEUN

Rasenpflege

Noch vor zehn Jahren waren große Rasenflächen modern. Schließlich ist der Rasen als einzige Pflanzenart so widerstandsfähig, daß man auf ihm herumspringen kann, und so weich, daß man bequem auf ihm liegen kann. Bei richtiger Pflege wächst Rasen hervorragend – auch ohne übertriebene Zufuhr von Wasser, Dünger oder Schädlingsbekämpfungsmitteln. Heutzutage schrumpft der Rasenanteil des Gartens – kaum jemand stimmt noch Lobeshymnen auf ihn an. Wächst er nicht in der richtigen Umgebung oder wird er mit ›zwei linken Händen‹ gepflegt, dann muß er Wasser und Chemikalien schlucken, um dem Ideal eines Golfrasens nahezukommen.

> *Gras sprießt aus dem Boden, wächst flaumartig und wird schließlich zur einladenden Grünfläche, auf der feine Damen und Herren flanieren, um ihrem Geist Erholung zu gönnen.«*
> — MAISON RUSTIQUE, 1564

Es gibt hervorragende Alternativen zu Gras: Kriechkamille- und Thymianwiesen duften und sind pflegeleicht. Die Wildwiese erfreut sich nicht nur bei ökologisch-alternativ orientierten Zeitgenossen wachsender Beliebtheit. Gartenbereiche, die aufgrund ihrer Lage wenig Regen abbekommen, sehen mit Gräsern wie Bärengras oder Blauschwingel entschieden besser aus als mit vertrocknetem Rasen. Allzu schattige Bereiche an der Nordseite des Hauses oder unter großen Bäumen lassen sich sehr hübsch mit zweifarbigem Verbundstein oder mit vornehm knirschendem Kies belegen. (Achten Sie darauf, genügend große Baumscheiben freizulassen!)

Lebt man jedoch in einer Gegend, in der Rasen problemlos wächst und gedeiht, ohne daß er verwöhnt werden muß, dann bietet die Aussaat und Pflege eines Rasens eine der größten Freuden, die man als Gärtner haben kann. Allerdings ist zu empfehlen, daß die Rasenfläche nicht zu groß sein sollte. Auf einer Fläche von 100 m² wachsen etwa eine Million winzige Grashalme. Man sollte sich also überlegen, wie groß der Rasen sein darf, so daß man ihn selbst noch – auch ohne elektrische Geräte – pflegen kann. Rasenmähen sollte eine erfreuliche Gartenarbeit sein und keine Schwerstarbeit. Säen, Düngen, Mähen und Vertikutieren – all das sind Tätigkeiten, die eine Familie auch mit kleineren Werkzeugen erledigen kann.

Die Tradition des Rasens als Gartenbestandteil reicht bis ins Mittelalter zurück. Zu dieser Zeit gab es die Lustgärten, in die sich die wohlhabenden Herrschaften zurückzogen und es sich auf einem Stück Rasen sitzend bequem machten, dem Plätschern der Wasserspiele lauschten und den Anblick der Blumen genossen. Aus diesen kleinen Grasflächen entwickelten sich die weitläufigen Rasenflächen, wie sie zum englischen Landschaftsbild des 18. Jahrhunderts gehörten.

Die Mode, jedes Eigenheim mit einem Rasen zu umgeben, stammt aus Amerika. Gegen Ende des 19. Jahrhunderts stellten Architekten Modelle vor, wie man auf 2 000–3 000 m² großen Grundstücken ein kleines Paradies gestalten kann – und dazu gehörte auch ein Rasen.

Heute, da die Grundstücksgrößen wegen der steigenden Preise zurückgehen, finden die alten nicht-elektrischen Werkzeuge der Rasenpflege wieder verstärkt Verwendung. Das Problem ist allerdings, Werkzeuge zu finden, die nicht nur so aussehen wie die alten, sondern auch ebenso zuverlässig funktionieren.

TAUSENDSASSA

Die Wiesenrispe *(Poa pratensis)* ist eine ideale Rasenpflanze. Sie stammt ursprünglich aus Kleinasien und wurde in Nordeuropa heimisch gemacht. Mit den englischen Siedlern kam sie nach Amerika, ist also nahezu weltweit verbreitet. Sie wächst auf humosen, nicht zu feuchten Böden und bildet hervorragend unterirdische Ausläufer, so daß sich in geringer Entfernung neue Pflanzen bilden. Außerdem ist die Wiesenrispe sehr schnitt- und trittverträglich.

RASENMÄHER

Der erste Rasenmäher, der einer Druckerpresse auf Rädern nicht unähnlich war, wurde schon 1830 von dem Engländer Edwin Budding gebaut. In den darauffolgenden 50 Jahren wurden zahlreiche Patente für Rasenmäher vergeben, die entweder an Raddampfer, Rennwagen oder Riesenräder erinnerten. Bastler und Tüftler versuchten immer wieder, eine Maschine zu erfinden, die mit geringstem Kraftaufwand glatt schneidet, verschiedene Höhen stehen läßt und Unebenheiten im Boden meistert.

Bereits um 1900 wurde der Handmäher perfektioniert. Im Zuge der Massenproduktion war es von heute auf morgen selbstverständlich, Rasenmäher zu besitzen – und dieses Phänomen hielt sich 70 Jahre lang. Der Handmäher wurde weitgehend durch den elektrischen Sichelmäher ersetzt, der zwar bedienerfreundlicher war, den Rasen jedoch gröber schnitt. Züchter arbeiteten eifrig an der Entwicklung von schattenverträglichem Rasen. Insektenforscher suchten angestrengt nach einem wirksameren Vernichtungsmittel für die zahlreichen Schädlinge, die Graswurzeln und -halme vertilgen.

Der Handmäher ist seit langer Zeit immer noch der Favorit unter den Rasenmähern. Der Rasenschnitt mit einem Handmäher ist glatter und sauberer als mit einem Motormäher, und außerdem ist das Mähen nicht sonderlich anstrengend, wenn die Rasenfläche nicht zu groß ist. Und was mindestens genauso wichtig ist: Er verbraucht kein Benzin, keinen Strom, stinkt nicht und macht weniger Lärm.

Im Gegensatz zum Motormäher, bei dem sich unter dem Gehäuse ein einziges, mit hoher Geschwindigkeit rotierendes Messer befindet, werden beim Handmäher fünf bis acht spiralförmig angeordnete Messer durch einen sich in den Rädern befindenden Mechanismus angetrieben. Mit dem Handmäher werden die Grashalme nicht gerupft, sondern an der Stelle zwischen den Walzenmessern und einem sich dahinter befindenden Mähbalken abgeschnitten. Bei feinem Gras ist ein Handmäher mit fünf Messern ausreichend. Ist der Rasen dicht und mit verschiedenen Grasarten bewachsen, sollte man sich für einen Rasenmäher mit sechs bis acht Messern entscheiden.

Bei der Wahl eines Rasenmähers sollte darauf geachtet werden, daß die Messer aus hochwertigem Kohlenstoffstahl sind und die Mechanismen zur Einstellung des Schnitts und der Schnitthöhe ohne Schraubenzieher oder andere Werkzeuge vom T-Griff des Mähers aus vorgenommen werden können.

Die besten Mäher haben luftgefüllte Reifen, die auf jedem Untergrund weich fahren und abfedern. Die rotierenden Walzenmesser sind so fein, daß sie sich dem Untermesser bis auf Haaresbreite nähern, ohne es zu berühren – so kann das Gerät nahezu geräuschlos arbeiten.

Man sollte den Rasen in geometrischen Mustern mähen. Fahren Sie zunächst in Längsbahnen über den Rasen und achten Sie darauf, daß sich die gemähten Bahnen leicht überlappen. Sind die Längsbahnen gemäht, sollte man den Rasen nochmals der Breite nach mähen. Das Ergebnis sind sehr schöne Rasenmuster und eine einheitliche Schnitthöhe.

Eine genaue Einstellung der Schnitthöhe ist wichtig; die Grashalme dürfen nicht zu kurz sein, da sonst kahle Stellen entstehen können. Die ideale Grashöhe einer Rasenfläche ist 4 bis 6 cm. Man sollte vermeiden, bei einem Schnitt mehr als ein Drittel der Wuchshöhe abzuschneiden oder den Rasen zu mähen, wenn er naß ist.

Die Radspuren sollten beim Mähen so verlaufen, daß sie die vorherige Bahn leicht überlappen.

ANATOMIE EINES HANDMÄHERS

Die halbpneumatische Bereifung auf Rädern mit Aluminiumkugellagern verhindert, daß Grasschnitt hängenbleibt.

Mit einem Schnitthebel in einer Federhalterung kann eine Schnitthöhe von 1 bis 6 cm eingestellt werden.

Die 45 cm breiten Messer sind aus hochwertigem Kohlenstoffstahl zwecks maximaler Härte wärmebehandelt.

Handmäher

1. LEISER HANDMÄHER

3. KLASSISCHER RASENMÄHER

2. KOMPAKTER RASENMÄHER

1. **LEISER HANDMÄHER:** Das ist der qualitativ hochwertigste Handmäher. Er ist präzise verarbeitet. Er hat einen handgeschliffenen Mähbalken und eine unabhängige, rotierende Walze, die den Grasschnitt direkt hinter das Messer befördert. Breite, halb-pneumatische Luftreifen umgeben die Aluminiumräder, wodurch das Gleichgewicht gehalten, das Lenken vereinfacht wird und keine Rückstände hängenbleiben. Sechs wärmebehandelte Stahlmesser (Schnittbreite 45 cm) garantieren Haltbarkeit und nahezu geräuschloses Mähen. Der Mähbalken kann mit einem Hebel unter Federspannung auf fünf verschiedene Schnitthöhen eingestellt werden (von 1–6 cm). Der Rahmen besteht aus Spezialstahl, der mit rostfreiem Emaille überzogen ist.
BREITE: 60 CM
GEWICHT: 18 KG
HOLMLÄNGE: 1,10 M

2. **KOMPAKTER RASENMÄHER:** Dieser Rasenmäher ist eine kleinere Version des klassischen Mähers. Er eignet sich gut für kleine Flächen oder problematische Rasenbereiche. Er kann einfach an eine Wand gelehnt oder in einem Schuppen verstaut werden. Unter Aufsicht können ihn sogar Kinder benutzen. Er besteht aus demselben hochwertigen Material wie der klassische Mäher. Die Schnittbreite der Messer beträgt 35 cm, die Räder haben 25 cm Durchmesser.
BREITE: 50 CM
GEWICHT: 12,5 KG
HOLMLÄNGE: 70 CM

3. **KLASSISCHER RASENMÄHER:** Für Naturrasen ist dieser Rasenmäher hervorragend geeignet. Er verfügt über wärmebehandelte Stahlmesser mit einer Schnittbreite von 40 cm, Profilreifen mit 25 cm Ø, gußeiserne Räder und einen stabilen Stahlrahmen. Die Schnitthöhe kann von 1,5–4,5 cm eingestellt werden. Der Rasenmäher ist kompakter und leichter als der leise Handmäher.
BREITE: 55 CM
GEWICHT: 14,5 KG
HOLMLÄNGE: 1,10 M

Rasenkantenscheren und Kantenstecher

Selbst der beste Rasenmäher kommt nicht gegen störrische Grasbüschel an, die am Straßenrand wuchern. Er reicht auch dort nicht hin, wo der Rasen an Bäume oder Beetränder grenzt. Diese Problemzonen mit guten Rasen- oder Kantenscheren zu bearbeiten, ist geradezu ein Vergnügen.

Scheren

Um mit Rasenscheren zu arbeiten, kniet man sich am besten auf den Rasen. Man kann sich für die herrlichen, alten Schafschurscheren entscheiden, die manche heutzutage ›singende Scheren‹ nennen. Da sie aus einem Stück gebogenem, gehämmertem, wärmebehandeltem und geschliffenem Stahl hergestellt sind, klingen sie beim Schneiden wie eine Stimmgabel.

Bei manchen Rasenscheren stehen die Griffe unter Federspannung, so daß sie einfach zu bedienen sind und nur einen geringen Kraftaufwand erfordern. Wenn die Schneideblätter senkrecht zum Stiel stehen, muß man für den mechanischen Vorteil eine geringere Präzision beim Schnitt in Kauf nehmen. Ein Modell, das sich bei aufrechter Körperhaltung und mit beiden Händen durch Bewegen beider Stiele bedienen läßt, ist allerdings besonders für Menschen mit Rückenproblemen geeignet.

Kantenscheren und Kantenstecher

Kantenscheren mit langen Stielen und Griffen am oberen Ende entlasten den Rücken, aber nur wenn die Schneideblätter so scharf sind, daß Sie sich nicht immer wieder bücken müssen, um eingeklemmte Grashalme oder Erdklumpen zu entfernen.

Am rotierenden Kantenschneider mit einem Schneideblatt wie ein Wurfstern der Ninjas kann man leider häufig sehen, daß ein schlecht konstruiertes Werkzeug nutzlos ist. Es sollte sehr scharfe, schleifbare Schneideblätter haben, sollte solide sein und ein permanent rotierendes Laufrad haben. Ein gut funktionierender Kantenschneider ist das beste Gerät, um saubere Kanten am Wegrand zu erzielen.

Noch präziser arbeitet der Kantenstecher. Es handelt sich um einen Stiel, der mit einem halbmondförmigen Messer verbunden ist. Tritt man auf den aufgesetzten Tritt aus Stahl, so sinkt das Werkzeug mühelos in den Boden, hinterläßt einen perfekt sauberen Schnitt und erweist sich als idealer Helfer zum Kantenschneiden bei Einfahrten oder an einer Terrasse.

ANATOMIE EINER KANTENSCHERE

Der Gummigriff schützt die Hände und erleichtert die Führung des Geräts.

Xylan-beschichtete Schneideblätter sind rostfrei und werden nicht stumpf.

Die Röhrenstiele bestehen aus leichtem Fiberglas.

Rasenscheren

1. **Lange Grasschere:** Mit diesem Werkzeug können Sie Ihre Gras- und Rasenflächen präzise trimmen und die Ränder um Steine oder Bäume in aufrechter Haltung säubern. Die Xylan-Beschichtung auf den horizontalen Klingen schützt vor Rostbildung. Der robuste Fiberglas-Stiel ist 95 cm lang, gepolsterte Gummigriffe federn Bewegungen ab.
GESAMTLÄNGE: 1 M
GEWICHT: 1,8 KG
SCHNEIDEBLATT-LÄNGE: 20 CM

2. **»Schafschurschere«:** Diese wärmebehandelte Metallschere, deren Ursprung auf Werkzeuge zum Scheren von Schafen zurückgeht, ist vielseitig verwendbar. Sie eignet sich besonders gut zum Grasschneiden. Die bedienerfreundliche Schere hat matte und geschliffene Klingen, die scharf bleiben, wenn man sie regelmäßig mit einem Schleifstein bearbeitet. Bei jedem Schnitt erklingt ein Ton.
LÄNGE: 32 CM
GEWICHT: 300 G
KLINGEN-LÄNGE: 15 CM

3. **Verstellbare Rasenschere:** Diese Grasschere entspricht den modernsten Standards, um lange Haltbarkeit zu gewährleisten. Die Nickel-Chrom-dublierten Stahlklingen sind verstellbar, so daß mit einem kleinen Handgriff drei verschiedene Schnittwinkel eingestellt werden können, um das Handgelenk zu entlasten. Die Griffe sind mit Polypropylen überzogen. Durch die rostbeständige Federvorrichtung bleiben Hebel und Klingen dauerhaft beweglich.
LÄNGE: 34 CM
GEWICHT: 320 G
KLINGENLÄNGE: 14 CM

4. **Gartenschere:** Mit dieser Gartenschere entscheiden Sie sich für ein traditionelles Modell. Sie wird nach wie vor von einigen Gärtnern wegen folgender Eigenschaften bevorzugt: Die Klingen kommen zusammen, indem man sie an den gepolsterten Griffen in horizontaler Richtung wie bei einer Baumschere zusammendrückt, wobei jeder Schnitt durch gepolsterte Puffer abgedämpft wird. Die hochbelastbaren Klingen aus einer Chrom-Stahl-Legierung sind gesenkgeschmiedet und wärmebehandelt, was ihre lange Nutzbarkeit garantiert. Sie ist etwas schwerer als die Handrasenschere mit den vertikalen Griffen.
LÄNGE: 30 CM
GEWICHT: 450 G
KLINGENLÄNGE: 15 CM

5. **Lange Kantenschere:** Dieses Werkzeug wird aus vertikaler Richtung bedient, denn es wurde speziell für das Trimmen von Rasenkanten in aufrechter Körperhaltung entworfen. Die rostfreien Klingen sind Xylan-beschichtet. Die langen Stiele haben widerstandsfähige Gummigriffe.
LÄNGE: 90 CM
GEWICHT 1,8 KG
SCHNEIDEBLATT-LÄNGE: 19 CM

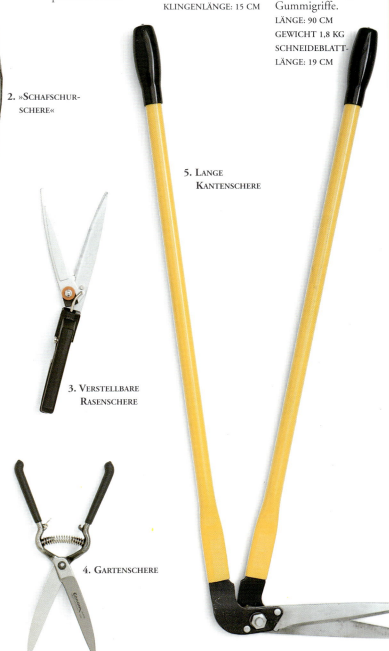

1. Lange Grasschere

2. »Schafschurschere«

3. Verstellbare Rasenschere

4. Gartenschere

5. Lange Kantenschere

Kantenstecher

1. Vertikutierrechen: Dieser Rechen hat sichelförmige Stahlzinken, die durch halbkreisförmige ›Knöpfe‹ auf Abstand gehalten werden und mit einem durchgängigen Bolzen zusammengeschraubt sind. Mittels zweier Flügelschrauben kann der optimale Winkel eingestellt werden. Der Rechen hat einen Hartholzstiel.
LÄNGE: 1,65 M
GEWICHT: 1,9 KG
BREITE: 36 CM

2. Kantenstecher mit langem Stiel: Dieses Gerät hat einen langen, geraden Stiel, der bei aufrechter Haltung gut in der Hand liegt und für zusätzliche Hebelkraft sorgt. Das halbkreisförmige Messer aus gestanztem Stahl hat einen gewalzten Tritt und mündet in einer gußstählernen Tülle.
LÄNGE: 1,40 M
GEWICHT: 1,6 KG
MESSER: 21 CM

3. Englischer Kantenstecher: Dieser Kantenstecher mit T-Stiel ermöglicht ein präzises Arbeiten. Tülle und Kopf sind aus geschmiedetem Stahl, der T-Griff aus Eschenholz.
LÄNGE: 80 CM
GEWICHT 1,3 KG
MESSER: 20 CM

4. Rasenstampfer: Dieser nützliche Stampfer hat eine schwere, eckige, gepolsterte Eisenplatte am Ende eines mittellangen Hartholzstiels. Bei kleineren Ausbesserungs- oder Auffüllarbeiten mit diesem Gerät bleiben keine Luftlöcher, Füllungen werden geebnet.
LÄNGE: 1,10 M
GEWICHT: ETWA 4 KG
GRÖSSE DER PLATTE: 50 CM²

1. Vertikutierrechen

3. Englischer Kantenstecher

2. Kantenstecher mit langem Stiel

RASENPFLEGE

4. RASEN-STAMPFER

5. ROBUSTER KANTENSTECHER

6. KUNSTSTOFF-RECHEN

7. DREH-KANTEN-SCHNEIDER

5. **ROBUSTER KANTENSTECHER:** Der Kantenstecher aus massivem Stahl ist ein hochbelastbares Werkzeug, das jahrelang hält. Selbstverständlich muß der Kopf gut geschliffen sein, um saubere Kanten zu stechen. Geschweißte Kohlenstoffstahl-Konstruktion.
LÄNGE: 90 CM
GEWICHT 1,8 KG
MESSER: 22 CM

6. **KUNSTSTOFF-RECHEN:** Dieser speziell für Rasenflächen geeignete Rechen besteht durch und durch aus stabilem Kunststoff. Mit dem langen Stiel kann man locker mit den Zinken über die Bodenoberfläche gleiten sowie Laub und andere Materalien zusammenrechen. Die Zinken sind außerdem spitz genug für leichte Vertikutierarbeiten.
LÄNGE: 1,65 M
GEWICHT 1,4 KG
BREITE: 60 CM

7. **DREHKANTENSCHNEIDER:** Dieser Kantenschneider mit Gummirädern erinnert an einen Walzenmäher, allerdings schneidet er genau im rechten Winkel. Man verwendet ihn zum Trimmen von Gras an den Rasenkanten.
LÄNGE: 1,40 M
GEWICHT: 1,8 KG
MESSER: 15 CM Ø

Den Rasen anlegen

Mit der Rasenanlage ist es wie mit dem Anstreichen eines Zimmers. Auf den ersten Blick glaubt man, es sei ganz einfach. Man streicht die Wand einfach zweimal bzw. verteilt ein paar Pfund Rasensamen. Mit dieser Vorstellung wird das Ergebnis meist nicht gerade eine Augenweide.

Ein schöner Rasen zeichnet sich durch einen gleichmäßigen und dichten Wuchs aus. Wenn der Boden mit dem Spaten umgegraben und dann mit dem Rechen geharkt ist, muß man Saatgut und Kompost gleichmäßig auf der gewünschten Fläche verteilen. Als nächstes sollte man sicherstellen, daß alle Samenkörner einen guten Bodenschluß haben. Bei einem größeren Rasen sollten die Samen mit einer Walze angedrückt werden, bei einer kleineren Rasenfläche genügt unter Umständen auch das Glattrechen mit einer Harke.

Wenn man den Boden mit einer Walze planiert, mit der jedoch kleine Ecken oder Bodenunebenheiten an Kanten nicht bearbeitet werden können, dann ist ein schwerer Metallstampfer sehr hilfreich.

Streuwagen

Streuwagen stammen von den Taschen und Gefäßen ab, die Sämänner einst um den Körper gebunden trugen. Der Rhythmus des Säens war hypnotisierend: ins Saatgut greifen, Wurf nach rechts, ins Saatgut greifen, Wurf nach links. Das Geheimnis lag darin, die richtige Menge Saatgut zu erfassen, diese dann so auszustreuen, daß die Samenkörner mit Schwung durch die Luft fliegen und schließlich weich und gleichmäßig auf die Erde fallen konnten. Ein guter Sämann sorgte für gute Erträge, ein schlechter hinterließ viele leere und kahle Stellen.

Mechanische Breitstreuwagen verfahren nach dieser Methode, sie sind jedoch wesentlich zuverlässiger. Handstreuer funktionieren ähnlich wie Streuwagen. Statt der Räder treibt die Kurbel eine Scheibe an, wenn das Saatgut aus dem Trichter auf sie fällt. Fahrbare Geräte haben eine größere Füllmenge und an den Rädern befindet sich ein Mechanismus, der die Scheibe dreht. Dadurch ist eine gleichmäßige Verteilung des Saatguts gewährleistet, unabhängig davon, ob der Streuwagen schnell oder langsam bewegt wird. Der Samen wird bei beiden Streugeräten mit viel Schwung nach allen Seiten aus dem Gerät geschleudert. Die leistungsstärksten Streuwagen werfen die Samen 3 m weit.

Ob man nun einen Handstreuer oder einen fahrbaren Streuwagen benutzt, hängt von den individuellen Wünschen ab. Achten Sie auf den Schließ- und Öffnungsmechanismus des Trichters, denn dieser Bereich ist sehr störungsanfällig. Gegen einen Streuwagen aus Kunststoff ist sicherlich nichts einzuwenden, man stellt jedoch in der preislich niedrigeren Kategorie fest, daß bereits nach ein- oder zweimaligem Gebrauch Probleme beim Trichtermecha-

Streuwagen sind überaus nützlich zum Säen oder Düngen von großen Rasenflächen. Allerdings verteilen sie das Saatgut nicht immer gleichmäßig. Es ist deshalb ratsam, den Vorgang genau zu beobachten.

nismus oder der Achse auftreten können. Es ist daher ratsam, sich ein stabiles Gerät zu kaufen oder es im Fachgeschäft auszuleihen.

BREITSTREUWAGEN: Soll eine relativ große Fläche in kurzer Zeit bearbeitet werden, dann ist dieser Streuwagen der richtige. Sät oder düngt man eine große Fläche, die in einen Wald übergeht, dann eignet sich dieser Streuwagen hervorragend. Man sollte nur darauf achten, daß sich die Bahnen etwas überschneiden, damit wirklich der ganze Boden vom Saatgut oder Dünger bedeckt wird. Es kommt bei diesen Geräten nämlich vor, daß mehr Streugut direkt neben den Wagen fällt als an den Rand des Streuradius'.

PRÄZISIONSSTREUWAGEN: Ganz anders verhält es sich bei diesem Streuwagen. Die Menge der Samen- oder Düngerkörner wird in einer rechteckigen Bahn, die der Radbreite entspricht, ausgeworfen. Wenn der Boden glatt und eben ist, sorgt dieses Gerät für eine gleichmäßige Verteilung des Streuguts. Bei einer Rasenfläche mit relativ geraden Rändern, sollte man sich für diesen Streuwagen entscheiden, da kein Saatgut oder Düngemittel dadurch verlorengeht, daß es auf die Einfahrt, die Terrasse oder in den Swimmingpool fällt.

WALZEN

Walzen wiegen im leeren Zustand nur 9–18 kg; sind sie jedoch mit Wasser gefüllt, können sie ein Gewicht von bis zu 135 kg erreichen.

Die Arbeit mit Walzen macht richtig Spaß. Sie sind die vergrößerte Version der Rollspielzeuge, mit denen Kleinkinder so gern spielen. Je nachdem, ob sie aus Stahl oder Kunststoff gefertigt sind, wiegen sie ohne Inhalt nur 9 bis 18 kg. Sind sie jedoch mit Wasser gefüllt, können sie ein Gewicht von bis zu 135 kg erreichen. Sind Saatgut und Dünger bereits auf dem Boden verteilt, soll die Walze dafür sorgen, daß der Samen fest in den Boden gedrückt wird. Man sollte nur auf eines achten: Es ist ratsam, mit dem Walzen nicht auf abschüssigem Gelände zu beginnen.

Walzen waren früher weitverbreitet als Gartengeräte zur Rasenanlage. Heutzutage braucht man auf einem Durchschnittsrasen die Saat meist jedoch nur noch mit einem Rechen in den Boden einharken. Das Werkzeug wird eigentlich nur noch gebraucht, wenn man eine große Rasenfläche aussäen möchte. Ein Rasen, der im Winter Frosthebungen oder kleine Mulden bekommen hat, kann hingegen mit einer guten, schweren Walze wunderbar geglättet werden.

STAMPFER

Stampfer erfüllen den gleichen Zweck wie Walzen, nur macht die Arbeit mit ihnen nicht so viel Spaß. Es ist keineswegs angenehm, mit diesem schweren Werkzeug mit dem rechteckigen Metallfuß zu arbeiten. Man muß es anheben und fallen lassen, und das immer wieder, bis ein buckeliges Stück geebnet oder Mulden aufgefüllt sind.

Streuwagen

1. DÜNGEWAGEN
2. PRÄZISIONS- STREUWAGEN
3. HANDSTREUER

1. DÜNGEWAGEN: Selbstreinigender, rostbeständiger Breitstreuwagen für große Rasenflächen. Technische Daten: rund 20 kg Füllmenge, viereckiger Trichter aus Polypropylen zur Verteilung von Samen oder Dünger auf großen Flächen. Stahlrahmen mit Farbanstrich, Verschlußmechanismus mit Gleithebel, Lufreifen auf Kunststoffrädern, die durch eine Stahlachse verbunden sind.
BREITE: 50 CM
TIEFE: 37 CM
HÖHE: 50 CM
GEWICHT: 5,5 KG
HOLMLÄNGE: 85 CM

2. PRÄZISIONS-STREUWAGEN: Diesen Streuwagen kann man ziehen oder schieben. Er verteilt den Dünger in breiten, geraden Bahnen. Der Stahlrahmen ist mit einem korrosionsbeständigen, emailleüberzogenen Stahltrichter mit Luftreifen und einer Achse aus rostfreiem Stahl verbunden. Die Streubreite beträgt 65 cm und kann mit einem Kontrollmechanismus verstellt werden.
BREITE 85 CM
TIEFE: 40 CM
HÖHE: 40 CM
GEWICHT: 1,4 KG
HOLMLÄNGE: 90 CM

3. HANDSTREUER: Dieser Handstreuer aus Kunststoff erinnert an eine altmodische Kaffeemühle. Für das Düngen eines mittelgroßen Vorstadtgartens ist er gerade noch ausreichend. Der Trichter faßt etwa 500 g Streugut. Wenn das untere Scharnier geöffnet ist, siebt und verteilt er das Streugut gleichmäßig.
BREITE: 20 CM
TIEFE: 18 CM
HÖHE: 22 CM
GEWICHT: 650 G

Rasenwalze

4. RASENWALZE:
Rasenwalzen in dieser Form werden seit dem 18. Jahrhundert zum Planieren von Rasenflächen verwendet und sind seither kaum verändert worden. Diese Metallwalze der gehobeneren Kategorie hat eine hochwertige 100-l-Stahltrommel. Sie ist an einem stabilen Holm befestigt. Die robuste Emailleschicht beult nicht ein. Die Walze kann einfach mit einem Gartenschlauch gereinigt werden. Man kann sie sowohl ziehen als auch schieben.
LEERGEWICHT: 20 KG
GEFÜLLT: 110–120 KG
TROMMEL: 46 CM Ø

4. RASENWALZE

Vertikutieren und Aerifizieren

Soll der Rasen gesund bleiben, muß die Luft- und Wasserzufuhr der Graswurzeln gewährleistet sein. Wird der Rasen oft betreten, verdichtet sich die Bodenkrume, und es bildet sich eine erstickende Schicht aus abgestorbenen Grashalmen – der Rasenfilz. Dieser läßt sich am besten mit einem scharfen Vertikutierrechen (siehe Seite 228) entfernen. Feste und dichte Böden müssen jedoch belüftet werden, damit Luft und Wasser eindringen können und die Pflanzen wieder Nahrung bekommen. Lehmboden ist am anfälligsten für Verdichtung, aber auch sandige Böden sollten nicht sich selbst überlassen bleiben.

Ursprünglich wurden diese Geräte in England für die Pflege von Sportrasenflächen verwendet. Die Aerifiziergabel ist eine Gartengabel mit kurzen Zinken, die Löcher im Boden hinterlassen, so daß auch durch eine dichte Grasnarbe Wasser dringen kann. Diese Gabel sollte man im 45°-Winkel 10 bis 15 cm tief in den Boden stechen. Bevor das Werkzeug herausgezogen wird, sollte der Stiel leicht nach unten gedrückt werden. Dieser Vorgang muß dann im Abstand von 2 bis 3 cm auf der gesamten Rasenfläche wiederholt werden.

Für kleinere Rasenflächen wird meist ein zwei- oder vierzinkiger Bodenstecher verwendet. Dieses Werkzeug wird in den Boden gestoßen, um eine Art Tunnel zwischen der Bodenoberfläche und den verfilzten, tiefer liegenden Schichten zu bohren. Die Erde wird automatisch ausgeworfen. Für kurze Zeit ähnelt der Rasen einem grünen Lochbrett – zwei oder drei Wochen später jedoch zeigt er sich mit dichtem und gesundem Wuchs in seinem neuen Gewand.

Wer gerne mit einer Walze arbeitet, wird mit einer ›Stachelwalze‹ als Zusatzgerät seine Freude haben. Während die Walze über den Rasen gezogen wird, entstehen durch die Stacheln unzählige Löcher im Boden, so daß Luft und Wasser eindringen können.

Für ungeduldige Hobbygärtner oder für alle, die in trockenen Gegenden leben, bieten sich andere Aerifizierer an. Diese zweizinkigen Geräte werden an einen Gartenschlauch angeschlossen. Man sticht die Zinken in den Boden, stellt die Wasserzufuhr an und öffnet ein Luftsaugventil. So werden die Wurzeln gleichzeitig bewässert und aerifiziert.

Für sehr kleine Rasenflächen

Ein Aerifiziergerät läßt sich leicht selbst herstellen, indem man einige Nägel durch ein Brett schlägt. Legen Sie das Brett aufs Gras und stellen Sie sich darauf. So werden viele kleine Löcher in den Boden getrieben.

Sie können Ihren Rasen auch noch einfacher aerifizieren: Gehen Sie mit ein Paar Holzschuhen mit Nägeln unter der Sohle einfach auf dem Rasen auf und ab.

Aerifizierer

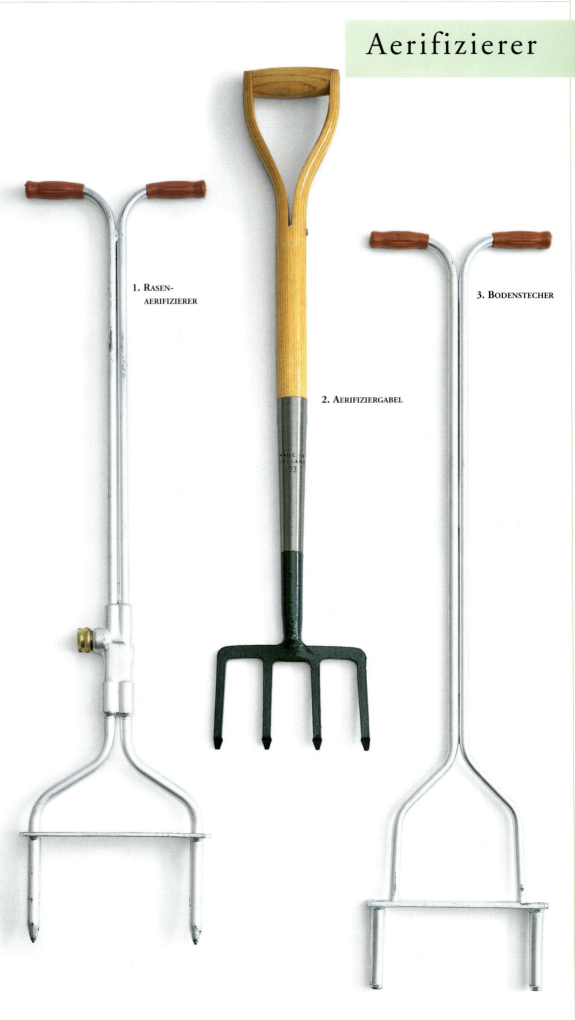

1. RASENAERIFIZIERER: Dieses Gerät ist für einen gesunden und grünen Rasen unentbehrlich. Der leichte, röhrenförmige Stahlstiel ist mit zwei hohlen Zinken verbunden, die man etwa 12 cm tief in den Boden treiben kann. An dem T-Stiel mit Gummigriffen kann man unten einen Schlauch anschließen. Dieses Werkzeug kann in Verbindung mit dem Bodenstecher verwendet werden.
LÄNGE: 90 CM
GEWICHT: 1,8 KG

2. AERIFIZIERGABEL: Dieses Qualitätswerkzeug bietet eine Alternative zu den herkömmlichen Aerifizierern. Vier breite viereckige Zinken werden etwa 12 cm tief in den Boden gestochen. Der Gabelkörper aus Kohlenstoffstahl ist mit einer aus einem Stück geschmiedeten Tülle und einem Eschenholzstiel verbunden. Dieses Werkzeug ist zwar nicht preiswert, bei der richtigen Pflege hält es jedoch ein Leben lang.
LÄNGE: 82 CM
GEWICHT: 1,5 KG

3. BODENSTECHER: Dieses Spezialgerät hilft bei der Pflege von Rasenflächen, indem kleine Zirkulationstunnel in den Rasenfilz gestochen werden. Der röhrenförmige Stahlstiel und die Trittvorrichtung sind mit zwei Röhren, die an den Außenseiten verstärkt sind, verbunden. Tritt man das Gerät in den Boden, werden zwei Rasenlöcher mit 12 mm Ø und 10 cm Länge ausgestochen.
LÄNGE: 90 CM
GEWICHT: 1,2 KG

Tragen und Transportieren

Kapitel Zehn

Fast alles, was im Garten wächst, wird auf irgendeine Art und Weise verwertet oder verändert. Aus Samenkörnern entstehen Pflanzen; Blumen, Obst und Gemüse kommen auf den Tisch; Laub, Grasschnitt und Stengel gelangen auf den Komposthaufen; Steine werden ausgesondert, und Holz wird verbrannt. Nicht einmal der Boden bleibt wie er ist – ständig nimmt er Mineralien auf und erhält neue Nährstoffe durch Erosion, Regen und rechtzeitiges Düngen.

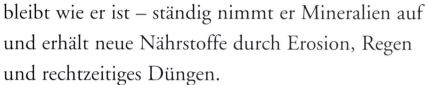

Der Garten ist ein umfangreiches Ökosystem, in dem der Mensch eine ganz bedeutende Rolle spielt. Er ist dafür verantwortlich, dem Garten zuzufügen, was er selbst nicht produzieren kann, das zu entnehmen, was geerntet werden kann, und auch das zu entfernen, was nicht verwertet werden kann oder optisch nicht ansprechend ist. Also gehören Behälter und Transportgeräte – Schlepptücher, Körbe, Eimer, Taschen, Samenschaufeln, Tonnen, Schubkarren und Gartenkarren – zu den wichtigsten Gartengeräten.

Leider wird ihre Bedeutung weitgehend unterschätzt. Aber vielleicht haben Sie schon einmal versucht, einen Pappkarton als Werkzeugkasten zu verwenden, mit dem Ergebnis, daß im Geräteschuppen ein heilloses Durcheinander entsteht, wenn der Karton auseinanderreißt. Ebenso unerfreulich ist es, eine dünne Abdeckfolie für Malerarbeiten statt eines Gartenschlepptuchs zu verwenden. Die Folie reißt, und das Transportgut fällt hinunter. Oder haben Sie sich schon einmal mit einer alten Schubkarre abgemüht, deren Reifen platt war und sich dabei auch noch gewundert, warum sie nicht richtig fährt? So (technisch) einfach Trage- und Schlepparbeiten auch erscheinen mögen, erst durch sinnvoll konstruierte und haltbare Hilfsmittel können sie tatsächlich zu einer einfachen Arbeit werden. Heutzutage hat man die Möglichkeit, zwischen gut verarbeiteten Korb-, Eimer- und Samenschau-

> *Wie herrlich leuchtet doch eine mit Regenwasserperlen überzogene rote Schubkarre inmitten einer Schar weißer Hühner.«*
> — WILLIAM CARLOS WILLIAMS

felmodellen zu wählen. Das Korbflechten ist wahrscheinlich die älteste industrielle Kunst überhaupt – und ist zeitlich noch vor der Erfindung der Axt einzuordnen.

Geschichte des Tragens und Transportierens

Bislang ist unbekannt, zu welchem Zeitpunkt die Korbflechterei begann – ob sie der Töpferei vorausging oder ihr folgte. Jede Kultur bietet dafür verschiedene Erklärungsmöglichkeiten. Bereits 4000 v. Chr. war der Gebrauch von Körben weit verbreitet. In Mittelamerika beispielsweise entwickelte man eine Erntemethode, bei der Körbe zum Auffangen herabfallender Früchte eingesetzt wurden, die man von Obst- und Nußbäumen herunterschlug. Zum gleichen Zeitpunkt flochten Bauern in El Fayum (60 km südlich von Kairo) große Körbe, die – im Sand vergraben – als Kornspeicher für Weizen dienten.

Die Korbflechterei war wesentlicher Bestandteil der indianischen Kultur. Die Potowatomi-Indianer (Michigan, Nordamerika) erzählen eine Geschichte, nach der dort, wo sich der Mond befindet, eine alte Frau sitzt und einen Korb flicht. Wenn sie damit fertig ist – so die Legende – wird die Welt untergehen.

Trage- und Transportgeräte für die Gartenarbeit sollen dem Benutzer so natürlich erscheinen wie die Arbeit im Garten selbst. Besonders beeindruckend ist ein Korb, wie ihn englische Landfrauen vor zwei Jahrhunderten in ihrem Obst- und Gemüsegarten bei sich trugen. Sehr originell ist auch ein tiefer, fest verzinkter Behälter mit einer leicht gewellten, einer Melonenschale ähnelnden Oberfläche. Er geht zurück auf die vor über 5000 Jahren geflochtenen Körbe, die man in Ägypten fand.

Im Vergleich dazu sind Gartenkarren eine eher neuzeitliche Erfindung. Den Römern waren sie noch unbekannt. Sie benutzten zum Transport von schweren Materialien Ochsenkarren oder Sklaven, die große Körbe ziehen bzw. tragen mußten. In anderen frühen Kulturen wurde eine Art Schlitten auf Kufen verwendet, der mühsam von Zugtieren gezogen wurde.

Die Schubkarre wurde etwa im Jahre 200 n. Chr. in China erfunden. Diese Erfindung vereinfachte den Transport von Steinen, Erde und anderen schweren Dingen erheblich. Mit zwei einfachen Hebelstangen, verbunden mit einem großen Rad, konnte nun ein Bauer die doppelte Menge dessen transportieren, was er vorher mit der Hand getragen hatte. Die Chinesen waren über diese Erfindung so erfreut, daß sie sie ›Gleitpferd‹ oder ›Holzochse‹ nannten und sie manchmal sogar mit Segeln antrieben.

Der moderne Gartenkarren übertrifft die Funktionalität der Schubkarre. Mit seinen beiden Rädern ist er nicht nur ein wirksames Hebe- und Transportgerät, sondern auch ein stabiler Helfer auf unwegigem Grund.

Die Korbflechterei war wesentlicher Bestandteil der indianischen Kultur.

Die Wahl der richtigen Transportgeräte

Jeder Behälter für den Garten sollte so groß wie möglich sein. Niemand möchte öfter als nötig zum Komposthaufen oder zum Obst- und Gemüsegarten gehen. Und kein Gärtner wählt einen Behälter aus, der nicht einmal einen ganzen Sack Dünger, Kokosfasern oder Sand faßt.

Behälter sollten zudem leicht zu füllen und einfach zu leeren sein. Ein nur schwer abhebbarer Deckel oder eine stets zusammenknickende Gartenabfalltasche sind eher hinderlich als nützlich. Ein Behälter, der nur mit erheblichem Kraftaufwand gekippt werden kann, ist sogar gefährlich.

Darüber hinaus sollten Behälter und Transportgeräte sich nicht zu leicht öffnen lassen, denn der Inhalt sollte nicht schon beim Transport aus dem Behälter hinausfallen. Eine billige, flache Samenschaufel verliert den Samen sofort, nachdem sie gefüllt wurde, während bei einem ausgefeilten Modell die Körner sicher in der Mulde bleiben. Eine zu flache Schubkarrenwanne, die voll mit Erde beladen ist, verwandelt sich in einen Streuwagen, wenn Sie sie schnell über den Rasen schieben.

Behälter sollten auch bei halber Füllmenge leicht genug sein, um sie verrücken zu können. Karren müssen gut ausbalanciert sein, um schwere Lasten transportieren zu können, und leicht genug, um sie mühelos zu führen.

Obst- und Gemüsekörbe

In allen Kulturen gibt es Körbe für jeden Zweck und in verschiedenen traditionellen Ausführungen: die breiten, kreuzartig geflochtenen Schilfstreifen des typischen amerikanischen Picknickkorbes, die hübschen schwalbenschwanzförmigen Spanholzstreifen des klassischen Sussex-Korbes; das Geflecht eines großen Unkrautkorbes oder ein tiefer, schwerer Wäschekorb. Ein ganz anderes Modell wiederum stellt der Scheffelkorb dar: Der tiefe Korb aus Eichenholzstreifen wird von Weidenholzringen zusammengehalten.

Gewiß, heutzutage gibt es Tüten und Säcke aus Kunststoff – die an Leichtigkeit und Tragkraft kaum zu übertreffen sind. Viele Gärtner mögen es jedoch nicht, wenn das frisch gepflückte Obst am Kunststoff haften bleibt. Außerdem fallen Tüten oder Säcke oft gerade dann in sich zusammen, wenn sie offen bleiben sollen, oder sie bleiben offen, wenn sie geschlossen bleiben sollen. Obwohl Kunststoff den Platz von Körben in den Supermärkten und manchmal sogar an den Obst- und Gemüseständen auf dem Markt eingenommen hat, ist der Korb im Garten nach wie vor ideal und unersetzlich. Schließlich ist der Garten der Ort, wo einem das Wirtschaften mit natürlichen Stoffen die größte Freude bereitet.

BLUMENKÖRBE: Ein Blumenkorb sollte flach wie ein Tablett sein, weil die Blumen nur nebeneinander gelegt werden, um die zarten Blüten nicht zu zerdrücken. Dieser Korb ist dafür bestens geeignet: Er ist stabil und leicht und trägt die Blumen behutsam.

Der klassische englische Sussex-Korb besteht aus Spanholzstreifen. Im Nordosten der USA gibt es ähnliche Körbe, die aus geflochtenen Schilfstreifen gefertigt sind und sich gleichermaßen für den Transport frisch gepflückter Blumen eignen.

OBSTPFLÜCKERKÖRBE: Zum Ernten von Äpfeln, Birnen, Pflaumen oder Kirschen eignen sich am besten Körbe mit einem Griff. Diese Körbe fassen nur so viel, wie man auch tragen kann. Außerdem können sie nur in dem Maße gefüllt werden, daß das unten liegende Obst keine Druckstellen bekommt. Man findet hier und da noch Erntekörbe, die sich die Erntearbeiter um die Taille binden. Für die Ernte im eigenen Garten sind jedoch Körbe mit robusten Griffen besser geeignet. Feste Holzkörbe sind zwar sehr schön anzusehen (wahrscheinlich findet man sie eher in Antiquitätengeschäften als in einem Gartenkatalog), aber Segeltuchtaschen sind ebenso zweckmäßig. Sie können gesäubert und zusammengefaltet bis zur nächsten Ernte platzsparend im Schuppen verstaut werden.

DRAHTKÖRBE: In Ihrer Korbsammlung sollte auch ein Drahtkorb nicht fehlen, den Sie neben der Küchentür oder am Eingang zum Gemüsegarten aufgehängt haben. Mit diesem Korb ernten Sie täglich Ihren Salat für das Abendessen oder anderes Gemüse. Dünner Draht bietet die beste Kombination aus Stabilität und Luftdurchlässigkeit, so daß das frisch geerntete Gemüse atmen kann. So ein Korb kann durchaus öfter naß werden, ohne zu rosten – ein entscheidender Vorteil, wenn Sie das Gemüse waschen, bevor Sie es ins Haus holen. Manche Hobbygärtner verwenden für diesen Zweck einen Wassertrog, in den sie den ganzen Korb hineintauchen und kräftig schütteln.

ERNTEKÖRBE: Erntekörbe – wie zum Beispiel Scheffelkörbe – eignen sich hervorragend für sperriges, haltbares Obst und Gemüse, das zu einer bestimmten Zeit geerntet werden muß. Scheffelkörbe bestehen aus Holzstreifen, die in Holzreifen gefaßt sind. Sie sind so robust, daß sie etwa 50 kg Äpfel oder Kartoffeln aushalten könnten. Durch die Zwischenräume der Latten kann Luft zirkulieren, so daß die Produkte trockengehalten werden und nicht verfaulen.

Schließlich ist der Garten der Ort, wo einem das Wirtschaften mit natürlichen Stoffen die größte Freude bereitet.

Erntebehälter

1. ZINKEIMER: Dieser Eimer erinnert an die früheren Milcheimer, die von Milchbauern seit Jahrhunderten verwendet werden. Er besteht aus verzinktem Stahl, ist robust und ein vielseitig verwendbarer Allzweckeimer.

2. SCHEFFELKORB: Dieser traditionelle leichtgewichtige Holzkorb wird von Bauern benutzt; man sieht ihn auch auf Märkten an Ständen von Selbsterzeugern.

3. APFELKORB: Dieser Holzkorb, den Sie selbstverständlich auch bei der Ernte von anderem Obst als Äpfeln einsetzen können, hat eine sehr lange Lebensdauer.

4. DRAHTKORB: Der aus Stahldraht bestehende Korb stammt aus der Viktorianischen Zeit. Er eignet sich sehr gut zum Tragen von Obst und Gemüse oder – mit Moos ausgelegt – zum Transport von Knollen.

5. GEMÜSEKORB: Dieser äußerst stabile Korb besteht aus geflochtenem Weidenholz. Seine Haltbarkeit macht ihn für jede Art von Erzeugnis zu einem wertvollen Transporthelfer.

6. OBSTPFLÜCKERKORB: Dieser praktische Erntekorb aus Segeltuchstoff ist für die Obsternte im eigenen Garten gedacht und wird am Arm getragen.

7. SIRUPEIMER: Diese Eimer bestehen zumeist aus Zink oder Zinn. Sie werden zum Auffangen des Sirups an Ahornbäume gehängt.

8. FRANZÖSISCHER MARKTKORB AUS DRAHT: Mit diesem Korb erntet man frisches Gemüse, das durch die offene Stahldrahtkonstruktion hindurch mit Wasser abgespritzt werden kann.

Tragen und Transportieren

5. Gemüsekorb

4. Drahtkorb

6. Obstpflücker-korb

10. Tomatenkorb aus Holz

11. Sussex-Korb

9. Beerenkorb: In diesen Korb, der aus verschiedenen Leichtholzmaterialien besteht, paßt genau die richtige Menge Beeren für eine Obsttorte.

10. Tomatenkorb aus Holz: In diesem flachen Holzkorb mit festem Griff können reife Tomaten keine Druckstellen bekommen.

11. Sussex-Korb: Dieser im Garten universal einsetzbare Holzkorb hält viele Jahre. Er trägt für Sie alles: von Gemüse, Schnittblumen, Kräutersträußchen, Gartenhandschuhen und Hüten bis hin zu Werkzeugen.

Tragebehälter für Laub, Unkraut und Samen

Diese Behälter für den täglichen Gebrauch helfen Ihnen, Rasen und Garten von Abfall zu befreien. Die Behältergröße sollte auf die zu verrichtende Arbeit abgestimmt sein. Achten Sie bei der Wahl des Behälters auf die Verarbeitung.

Die englische Gartenabfalltasche

Diese Gartenabfalltasche ist schön groß, um jede Menge Laub und Ästchen hineinzufüllen, jedoch nicht so groß, daß man sie auch ganz gefüllt nicht mehr tragen könnte. Sie besteht aus extrem starkem Polypropylen und ist daher unempfindlich gegen spitze Zweige. Die Tragegriffe sind fest aufgenäht. Das beste Detail an dieser Tasche ist der biegbare Ring aus Kunststoff, der in den oberen Rand eingenäht ist, so daß die Tasche offen bleibt, während Sie sie füllen.

Verstauen Sie die Tasche im Schuppen, wenn sie nicht gebraucht wird, denn Sonneneinstrahlung beschleunigt den Alterungsprozeß des Kunststoffs.

Das Schlepptuch

Ein Schlepptuch aus Sackleinen oder Segeltuch ist für das Befördern von Laub nicht zu übertreffen.

Ein Schlepptuch aus Sackleinen oder Segeltuch ist für das Befördern von Laub nicht zu übertreffen. Jedes Jahr zum Herbstanfang beginnt die Suche nach einem geeigneten Schlepptuch. Häufig greift man dann auf alte Plastikfolien oder viel zu kleine Tücher zurück. Es ist jedoch praktischer, sich ein quadratisches Schlepptuch ausschließlich für den Gebrauch im Garten zurechtzulegen. Eine Plane, die etwa 1,80 m × 2,40 m mißt und an den Kanten fest versäumt ist, hält beliebig viel Laub. Verstauen Sie dieses Schlepptuch im Schuppen und sorgen Sie dafür, daß es nicht für andere Arbeiten verwendet wird. Bevor Sie es wieder verstauen, sollte es vollständig ausgetrocknet sein, da es sonst Schimmel ansetzt.

Planen aus Kunststoff sind gelegentlich ganz hilfreich, werden jedoch leich von Zweigen zerrissen. Noch dazu sind sie an den Rändern schlecht zu greifen. Schlepptücher aus Polypropylen, die aus dem gleichen Material bestehen wie Gartenabfalltaschen, sind wesentlich robuster, aber sie rascheln und knistern stark und verrutschen leicht.

Der Unkrautkorb

Es gibt einen Korb, der alles aufnimmt, was man im Garten pflücken und rupfen kann: gemeint ist der Unkrautkorb, das Lieblingsstück Gertrude Jekylls. Er ist breit, flach und oval und somit ein perfekter Behälter, den man bei der Arbeit im Beet hinter sich herziehen kann. Er ist aber auch groß genug, um ihn nicht zu verfehlen, wenn sie ausgerupftes Unkraut in seine Richtung werfen.

Samenschaufel

Eine Samenschaufel ist das beste Werkzeug zum Umfüllen von Dünger, Samen, Kalk oder fertigem Kompost. Sicherlich kann man dafür auch eine ausgediente Kaffeedose oder die bloßen Hände benutzen, aber mit einer qualitativ guten Schaufel geht Ihnen diese Arbeit wesentlich leichter von der Hand.

Das Gerät besteht aus nur zwei Teilen: dem Griff und der Schaufel selbst. Der Griff sollte lang und dick genug sein, um ihn ohne große Anstrengung gut handhaben zu können. Die Schaufel sollte aussehen wie ein senkrecht aufgeschnittenes Fäßchen, dessen vorderer und oberer Teil fehlt. Die untere vordere Kante sollte spitz zulaufen, so daß man die Schaufel leicht in einen Haufen stechen kann. Achten Sie darauf, daß die Schaufel ausreichend gewölbt ist, damit der Inhalt beim Schippen nach innen rollt und so lange zusammengehalten wird, bis Sie ihn schließlich ausschütten wollen.

Eimer und Behälter

Alle guten Tragebehälter sind genauestens durchdacht. Verzinkte Eimer und Behälter werden durch den beigemischten Stahl verstärkt. Die Wände großer Metallbehälter zur Aufbewahrung von Gegenständen sollten leicht gewellt sein. Dadurch gewinnen sie zusätzlich an Festigkeit. Kleinere verzinkte Eimer sind so formschön, daß einem ihr zusätzliches Gewicht gegenüber einem Kunststoffmodell kaum bewußt wird. Es erweist sich sogar als äußerst günstig, wenn man eine Ladung transportieren möchte, die leicht umkippen kann, wie beispielsweise Pflanzstützen oder Sonnenblumen.

Verzinkte Behälter haben drei Schwachstellen: Griffe, Boden und Nähte. Die Griffe und der Boden müssen fest mit dem Kübel verbunden sein. Die Nähte, an denen das Metallblech zu einem Ring geformt wird, müssen glatt verzinkt sein, damit kein Rost entsteht.

Sehr gut verarbeitete Kunststoffeimer sind fast so stabil wie Stahleimer. Ein Eimer aus Kunststoff ist nicht nur leicht und rostfrei, man kann ihn auch gründlich mit heißem oder kaltem Wasser auswaschen. Er eignet sich gut für den Transport kleiner Mengen von Samen oder Bodenzusätzen. Ein rostfreier Stahleimer erfreut gleichermaßen durch seine Schönheit wie durch seine Handhabung. Die schönsten Milcheimer sind aus rostfreiem Stahl, den man nach Gebrauch problemlos säubern kann und der nie Rost ansetzt.

ANATOMIE EINES ZINKEIMERS

Ein dicker Drahtgriff hält jede Art von Ladung.

Die doppelten Nähte an Seite und Boden sorgen für eine wasserdichte Konstruktion.

Starker, feuerverzinkter Stahl garantiert lange Haltbarkeit.

Tragebehälter

1. SAMENSCHAUFEL: Eine große Schaufel unterstützt Sie am effizientesten beim Umfüllen von Erde oder beim Verteilen von Samen und Bodenzusätzen über eine große Fläche. Diese Allzweckschaufel wird in Schweden hergestellt; sie besteht aus rostfreiem Stahl und hat einen stabilen Griff, dünne Kanten und gebogene Seiten, die Verschütten verhindern.
10 CM × 30 CM

2. UNKRAUTKORB: Dieser breite, ovale Korb – ein klassisches Modell aus dem England der Jahrhundertwende – ist zum Einsammeln von Unkraut oder Blumen sehr zu empfehlen. Er besteht aus leichtem Naturkorbgeflecht, ist vielseitig verwendbar und kann mit einem Arm getragen werden, so hat man den anderen frei zum Jäten, Pflücken oder Ernten. Er ist unverwüstlich und einfach zu lagern; mit ihm wird Unkrautjäten fast zu einer angenehmen Beschäftigung, weil man den breiten Korb kaum verfehlen kann. Durch seine breite und tiefe Form kippt er nicht um und faßt große Mengen an Unkraut.
60 CM × 80 CM;
8 CM HOCH

3. VERZINKTE SCHEFFELBEHÄLTER: Diese wasserdichten und rostfreien Gefäße haben eine große Öffnung und praktische Hängegriffe; dies macht sie zu nützlichen Behältern beim Tragen größerer Mengen festen Materials oder Flüssigkeit. Sie sind leichter und länger haltbar als Holz- oder Faserbehälter, man kann sie draußen stehen lassen oder im Schuppen als Lagerbehälter verwenden. Bogenförmige Ränder geben ihnen eine elegante Form und

1. SAMENSCHAUFEL

3. VERZINKTE SCHEFFELBEHÄLTER

2. UNKRAUTKORB

Tragen und Transportieren

stützen den Kübel. Die Füllmenge des großen Kübels beträgt etwa 50 l, der kleine faßt 35 l.

4. Gartenabfalltasche: Diese Gartenabfalltasche britischer Herkunft ist sehr geräumig und besteht aus gewobenem Polypropylen. Im oberen Rand ist zur Verstärkung ein Kunststoffband eingenäht, so bleibt sie aufrecht stehen, und man kann sie ohne Hilfe anderer mit Laub oder anderen Abfällen füllen. Sie ist haltbarer und umweltfreundlicher als die Abfallsäcke aus Plastik. Durch die festen Henkel ist die Tasche leicht zu tragen, auch wenn sie bis an den Rand gefüllt ist.
75 CM Ø; 45 CM HOCH

5. Verzinkte Eimer: Diese den verzinkten Scheffeleimern ähnlichen Wassereimer bestehen aus verzinktem Stahl und sind in verschiedenen Größen erhältlich. Sie eignen sich hervorragend zum Transport flüssiger oder fester loser Materialien wie z.B: Sand. Die Eimer können ebensogut zum Schaufeln oder zum Einsammeln anderer Werkzeuge verwendet werden. Durch die hohen Ränder schwappen Flüssigkeiten beim Tragen nicht über. Die Lebensdauer der Eimer ist sehr lang – erheblich länger als bei Kunststoffeimern. Sie sind ein unverzichtbares Werkzeug bei der Gartenarbeit, und zudem auch noch preiswert. Die kleineren Eimer haben einen langen, die größeren zwei seitliche Griffe. Die hier abgebildeten Eimer fassen etwa 7,5 l bzw. 15 l.

Gartenabfalltasche

7. Komposteimer

6. Schlepptuch: Dieses leichte Netztuch aus Polypropylen läßt sich schnell und einfach zusammenfalten. Es kann für eine Vielzahl von schweren Transportarbeiten verwendet werden – wie z.B. zum Befördern von Laub und Grasschnitt zum Komposthaufen oder von Bodenzusätzen zum Beet. Dieses Tuch ist immer wieder verwendbar und witterungsbeständig. Außerdem ist es leichter zu handhaben als ein Sackleinentuch.
3 M × 3 M

7. Komposteimer: Das ist ein kleiner, praktischer Behälter zum Sammeln von Küchenabfällen, die für den Komposthaufen bestimmt sind. Er ist hübsch anzusehen, so daß er ohne weiteres im Haus oder in der Wohnung stehen kann. Dieser leichte, rostbeständige Eimer besteht aus verzinktem Stahl. Da der Deckel dicht auf dem Eimer liegt, dringen keine Gerüche nach außen, und Fruchtfliegen können nicht hinein. Er läßt sich gut reinigen und ist außerdem haltbarer als ein Kunststoffeimer. Der große Henkel erleichtert das Tragen. Die Füllmenge beträgt 4 l.
20 CM Ø; 25 CM HOCH

6. Schlepptuch

5. Verzinkte Eimer

TRANSPORTGERÄTE

Die beiden wichtigsten Transportgeräte für Gärtner sind die Schubkarre und der Gartenkarren, beide mit ihren jeweiligen Vor- und Nachteilen. Die Frage, welches denn das bessere Hilfsmittel sei, kommt einem Vergleich zwischen einer Schaufel und einem Spaten gleich. Die Schubkarre ist – wie die Schaufel – ein vielseitig verwendbares Gerät und daher auch sehr viel nützlicher. Und doch ist der Gartenkarren – wie der Spaten – ein Gartenhilfsmittel, das sehr schön auf seinen Verwendungszweck zugeschnitten ist. Richtige Hobbygärtner sollten am besten beide besitzen.

SCHUBKARREN

Eine Schubkarre funktioniert nach dem Hebelprinzip. Das Rad dient als Hebeldrehpunkt, die Handgriffe übernehmen den Kraftaufwand, genau dazwischen liegt die Ladung. Das macht die Schubkarre zu einem Wunderwerk funktionaler Technik. Man kann sie mit Abfall, Sand, Steinen, Kompost oder anderen losen Materialien füllen und diese transportieren. Wenn Sie die Schubkarre an den Griffen anheben, wird das Gewicht nach vorn auf das Rad verlagert. Genau diese Last hilft Ihnen beim Transport, so daß Sie sich nicht übermäßig anstrengen müssen.

Das Schöne an einer Schubkarre ist, daß Sie mit ihr auch schmale Pfade befahren können, die kaum breiter als das Rad sind.

Das Schöne an einer Schubkarre ist schließlich, daß Sie mit ihr auch schmale Pfade befahren können, die kaum breiter als das Rad sind. Außerdem läßt sich die Ladung fächerförmig nach vorn auskippen, so daß der gesamte Boden vor der Schubkarre bedeckt ist. Sie hat noch weitere nützliche Dienste anzubieten: In der Wanne können Sie beispielsweise Erde mischen – und falls notwendig, sogar Zement. Die Schubkarre ist ein sehr stabiles Gerät, mit dem Sie Ihre schweren Werkzeuge, Töpfe oder Pflanzenstauden durch den Garten fahren können.

Je nach Beschaffenheit der Ladung wird es jedoch schwieriger, die Schubkarre zu bewegen. Steine könne sich verlagern und bringen so das Rad leicht aus dem Gleichgewicht. Dies führt dazu, daß die Schubkarre umkippt.

Um das zu vermeiden, sollten Sie sich für eine Schubkarre mit einem breiten Luftreifen entscheiden – er sollte mindestens 10 cm breit sein. Breitere Reifen sorgen für höhere Stabilität. Vergewissern Sie sich auch, daß das Untergestell stabil und gut verstärkt ist. Nicht verstärkte Stahlrohre bei einer preiswerten Schubkarre halten dem Druck einer rutschenden Ladung nicht stand. Eine kleine Krümmung im Stützmechanismus kann schon ausreichen, um die Schubkarre zu Fall zu bringen.

Ein qualitativ hochwertiges Gerät – auch Maurerkarre genannt – hat eine breite, tiefe Wanne mit großem Aufnahmevermögen (bis zu etwa 0,15 m³). Üblicherweise besteht der Behälter aus Stahl und ist mit einer ofengetrockneten Epoxidschicht überzogen. Das Untergestell und die Griffe können entweder entweder beide aus Stahl sein; oder das Untergestell besteht aus Stahl und die Handgriffe aus Eschenholz.

Die Modelle mit den flachen Wannen fassen etwas mehr als die Hälfte des Volumens einer großen Maurerkarre. Diese Schubkarren eignen sich gut für gelegentliche Erdarbeiten, für Gärtner mit einem größeren Garten sind sie jedoch nicht optimal.

Der Gartenkarren

Ein Gartenkarren hat gegenüber der Schubkarre zwei entscheidende Vorteile: Erstens hat er zwei Räder und kann daher nicht so leicht kippen. Dadurch ist es für Sie einfacher, die Ladung zu balancieren. Folglich können Sie mit einer einzigen Ladung eine Last von bis zu 180 kg transportieren. Zweitens ist der Boden flach, so daß Sie verschiedene Materialien, wie beispielsweise Brennholz oder eingetopfte Pflanzen sowie Heuballen, Bauholz oder Gerümpel stapeln können.

Die Räder eines Gartenkarrens sind zumeist Fahrradreifen nachempfunden. Sie haben in der Regel einen Mindestdurchmesser von etwa 60 cm, sind mit Luftreifen überzogen, haben Speichen und eine Achse mit Kugellagern. Die besten sind wie die Räder eines Sulkys: frei drehend, stoßdämpfend und leicht.

Während ein Karren für Arbeiten, bei denen es auf Stabilität ankommt, notwendig ist, ist er für den Transport loser Erde, Sand oder anderer Ladungen nicht so gut geeignet, da man ihn schwieriger entleeren kann. Manche Modelle haben eine abnehmbare Frontklappe, was das Entleeren vereinfacht. Andere Karren haben robuste Kunststoffbehälter mit Ausgußvorrichtungen. Bei beiden Varianten ist es jedoch schwierig, das Material genau an dem gewünschten Ort zu entladen.

Die neuesten Gartenkarrenmodelle sind fast so vielseitig verwendbar wie Schubkarren. Sie haben eine große, herausnehmbare Wanne, oft aus wiederverwertetem Kunststoff, die nicht nur zum Entladen gut geeignet ist. Ihre Ausgußvorrichtung läßt sich nach unten versetzen, so daß die Ladung leicht in den Karren geharkt, gefegt oder geschaufelt werden kann. Wird die Wanne vom Fahrgestell genommen, verwandelt sie sich in einen Mischbehälter für Dünger oder sogar in einen Wassertrog, in dem man frisch geerntetes Gemüse waschen kann.

DER KARREN DES PRÄSIDENTEN

Während der zweirädrige Gartenkarren erst seit kurzem gebührend gewürdigt wird, war er schon vor 200 Jahren das bevorzugte Gartenfahrzeug von Thomas Jefferson, dem späteren Präsidenten der USA. Er schrieb in seinem Buch über Landarbeit, daß man mit ihr doppelt so viel Material befördern kann wie mit einer Ein-Rad-Schubkarre.

Transportgeräte

1. MAURERKARRE
2. KINDERSCHUBKARRE
3. ZINKSCHUBKARRE

1. MAURERKARRE: Diese Karre wurde ursprünglich in der Bauindustrie verwendet und ist für schwerere Transportarbeiten gedacht. Die Handgriffe und der Rahmen sind aus geschweißten Stahlrohren, und die tiefe, nahtlos verzinkte Wanne ist fest angeschraubt, so daß Ladungen sicher und stabil transportiert werden können. Die vierschichtigen Luftreifen garantieren reibungsloses Rollen.
65 CM × 1,45 M; 55 CM HOCH

2. KINDERSCHUBKARRE: Diese Minischubkarre ist in Größe und Gewicht ideal für junge Gartenfreunde im Alter von zwei bis sechs Jahren. Der Behälter besteht aus pulverbeschichtetem Stahl, die Ränder sind aus Sicherheitsgründen abgerundet. Die Kinderschubkarre rollt leicht auf einem aus einem Stück gefertigten Kunststoffreifen. Die Griffe sind aus Hartholz.
40 CM × 80 CM; 30 CM HOCH

3. ZINKSCHUBKARRE: Die klassische ›dreibeinige‹ Schubkarre ist nach wie vor das bewährteste Modell. Die weniger stabilen Schubkarren aus Kunststoff oder Emaillemetall rosten und verbiegen sich, und somit zerbrechen sie mit der Zeit. Dieses solide Modell aus verzinktem Stahl hingegen ist äußerst stabil und läßt sich trotzdem noch gut lenken. Zum Abladen ist sie ideal, da sich der Inhalt beim Umkippen ganz entleert. Mit dieser Schubkarre kann man selbst um Ecken herum oder bergauf und bergab beträchtliche Ladungen leicht balancieren.
60 CM × 1,30 M; 60 CM HOCH

4. Grosser, roter Geländekarren

5. Gartenkarre

4. Grosser, roter Geländekarren: Dieses ›Arbeitstier‹ auf Rädern ist ein extrem stabiler Wagen, mit dem man sehr große Ladungen mit Leichtigkeit transportieren kann. Der Geländekarren hat eine nicht-kippende Lenkung mit einer Doppelachse, extra breite Luftreifen, ein Stahlfahrgestell und einen Boden aus Hickoryholz. Die Seitenwände sind abnehmbar und etwa 20 cm hoch.
50 CM × 1 M; 65 CM HOCH

5. Gartenkarre: Für jeden, der große, schwere Ladungen über lange, aber flache Strecken transportieren muß, ist dieser etwas teurere Gartenkarren die beste Wahl. Ist die Ladung gleichmäßig über die beiden Vorderräder verteilt, wird das Gewicht den Armen entzogen und auf den Karren übertragen. So kann man eine Ladung von bis zu 225 kg leicht schieben oder hinter sich her ziehen. Hinzu kommt, daß das Gewicht nicht wie bei einer Schubkarre seitlich balanciert werden muß. Der Karren hat zwei Luftreifen, eine Stahlachse und Räder mit Kugellager (60 cm Ø). Die Außenwand besteht aus fünfschichtigen, 12 mm dicken Sperrholzplatten, der Rahmen und die Verzierungen sind aus hochbelastbarem Stahl. Bei richtiger Pflege hält dieser Karren ein Leben lang. Die Vorderklappe kann zum Be- und Entladen geöffnet werden, der Holm ist an die Körpergröße des Benutzers anpaßbar. Der flache Boden kann auch als bewegliche Karre für Blumentöpfe benutzt werden.
80 CM × 1,20 M; 40 CM HOCH

Kapitel Elf

Rechen und Kehren

Überall auf der Welt verstehen die Menschen, was Rechen und Kehren bedeutet. Die dafür verwendeten Geräte sind so universell, daß man sie innerhalb der großen menschlichen Familie ohne Erklärung herumreichen könnte. Ob man nun mit einem Rechen Klumpen aus dem Gemüsegarten entfernt, die Auffahrt kehrt oder die gefallenen Blätter im Herbst zusammenharkt – alles geschieht in stetigem Rhythmus. Ein gefegter Hof oder Garten zeigt, daß dort ein Mensch lebt, dessen Liebe zur Natur mit Ordnungsliebe verknüpft ist.

> *Laub rechend hier, neben dem nackten Ast, denke ich oft darüber nach, wie täuschend doch der Frühling ist.«*
> — Thomas Hardy

Alle Kulturen kennen das Rechen und Kehren. In einem japanischen Steingarten zum Beispiel werden Muster wie Wellenringe in den feinen Kies gerecht, um Wasser zu symbolisieren. In Georgia (USA) kehrt man schmutzige Höfe staubfrei, bis die saubere und feine rote Erde zum Vorschein kommt. In Yorkshire (England) recht man die Felder, zerkrümelt dabei dickere Erdklumpen und der Boden wird geebnet, um ihn für die Aussaat vorzubereiten. In Amiens (Frankreich) fegt man den Kiesweg mit einem einfachen Reisigbesen. In Vermont (Neuengland, USA) fegt man die gelben, roten und lila Blätter der Zuckerahornbäume zusammen, die den Rasen mit einer bunten Decke verhüllen.

Der Rechen entwickelte sich hauptsächlich als Erntegerät. Zu Zeiten der Römer wurde er vielleicht mit einem Griff aus Eschen- oder Weidenholz hergestellt, der Rechenstiel selbst war vielleicht aus Eichenholz; die Zinken aus Eisen oder Holz wurden aufgeschraubt. (Durch diese Verarbeitung war es leicht, ausgebrochene Zinken zu ersetzen). Die Enden der Zinken waren so elastisch und stumpf, daß man keine Wurzeln zerstören und nicht an den Stoppeln hängenbleiben konnte.

Es gab auch Rechen mit längeren und leicht nach hinten gekrümmten Zinken. Sie wurden von Feldarbeitern zum Zusammentragen und Bündeln von Garben verwendet. Andere Ernterechen hatten ebenfalls nach hinten gekrümmte Zinken, aber die Zwischenräume waren enger, so daß auf den Stoppelfeldern zurückgebliebenes Korn nachgelesen werden konnte.

Gegen Ende des 18. Jahrhunderts wurde schließlich der Schlepprechen als Vorläufer des Bogenrechens erfunden. A-förmige Seitenstützen aus Eisen gaben ihm auf dem Stiel einen festen Halt. Somit war der Rechen nicht nur zum Strohkehren stabil genug, sondern auch zum Bearbeiten von Boden- und Kiesflächen.

Der Rechen hatte seine Blütezeit in England kurz vor dem Beginn der industriell geprägten Landwirtschaft. Schnitter fuhren mit ihren Sensen über die Felder und mähten sämtliche hohen Stiele ab. Ihnen folgten Feldarbeiter, die etwa 1,20 m breite Rechen mit langen biegsamen Weidenholzstielen und festen Zinken aus Eschenholz schwangen. Das Heu wurde mit den Rechen auf Schwaden gehäuft, die die Bauern dann mit Gabeln in die Luft warfen. Dieser Vorgang des Zusammenrechens und Aufgabelns wurde so lange wiederholt, bis das Heu trocken genug war, um es zu Garben zu binden. Schließlich gingen die Arbeiter mit ihren Rechen erneut über das Feld, um liegengebliebenes Stroh zu entfernen und die Bodenoberfläche für die Saat im folgenden Jahr vorzubereiten.

DER GARTENRECHEN

Man schiebt ihn, zieht ihn, dreht ihn um und läßt die gerade Seite über die Erde gleiten. Holprige und unebene Bodenoberflächen mit Erhebungen, Vertiefungen und dicken schwarzen Klumpen können mit einem Rechen bearbeitet und in feine strukturierte Beete für Gemüse, Blumen oder einen neuen Rasen verwandelt werden.

Achten Sie beim Kauf eines Rechens genau auf die Verarbeitung. Die besten Rechen sind aus hochwertigem Kohlenstoffstahl ohne Schweißnaht aus einem Stück geschmiedet. Die einzigen Teile, die später hinzugefügt werden sollten, sind die Zinken, und das auch nur bei geraden Rechen. Das mag sich zunächst verrückt anhören, sollte jedoch ein Zinken ausfallen, kann er problemlos ersetzt werden. Bei billigeren Modellen hätte man in solch einem Fall für immer eine Lücke.

Es gibt zwei verschiedene Arten von Rechen mit ihren jeweiligen Vor- und Nachteilen. Bei geraden Rechen ist der Kopf mit einer Zwinge und einem

ANATOMIE EINES GARTENRECHENS

Der glatte Stiel aus Eschenholz liegt hervorragend in der Hand.

Außergewöhnliche Haltbarkeit durch eine starke feuerverzinkte Stahlkonstruktion

Lange Lebensdauer durch eingesetzte spitze Zinken

Gartenrechen kann man ziehen oder schieben. Durch Ziehen läßt sich Abfall gut vom Boden aufsammeln. Durch Drehen und anschließendes Schieben wird der Boden geebnet.

Ringbeschlag direkt mit dem Schaft verbunden. Bei einem Bogenrechen, der auf den Schlepprechen aus dem 18. Jahrhundert zurückgeht, sind Kopf und Schaft ebenfalls mit Zwinge und Ringbeschlag verbunden, die Zinken jedoch sind in einen Metallbogen geschmiedet, wodurch die Verbindung stabiler ist und der Rechen beim Arbeiten leicht federt.

FLACHER STAHLRECHEN: Mit solch einem Rechen kann man Beete sehr gut einebnen und Erdklumpen fein zerkrümeln. Wenn man ihn umdreht, gleitet er über die Erdoberfläche, ohne an ihr hängenzubleiben, und schafft so eine glatte, ebene Spur. (Der Bogenrechen hingegen eignet sich besser für das Ausrechen von Steinen, Kieselsteinchen oder anderen kleinen Hindernissen.)

BOGENRECHEN: Mit ihm kann man einen großen Gemüsegarten bestens vorbereiten. Seine Seiten sind besonders stark, was ihn zu einem wichtigen Werkzeug bei schwierigeren oder steinigeren Bodenarten macht. Seine durchschnittliche Arbeitsbreite von etwa 35 bis 40 cm ist ideal für breite Reihen. Um die Reihe im Garten zu kennzeichnen, müssen Sie nur eine gerade Linie ziehen und den Rechen dann entlang dieser Linie führen. Wenn die Reihe dann dicht mit Sämlingen bedeckt ist, braucht man den Rechen nur noch leicht darüberzuziehen, und sie werden ausgedünnt und auf die ideale Dichte verteilt.

DER HOLZRECHEN: Die großen breiten Rechen, die Landschaftsgärtner so oft begleiten, werden auch Planier- oder Baurechen genannt. Sie sind ideal zum Ebnen von großen Abschnitten für die Anlage eines Rasens oder einer Einfahrt. Wegen ihrer Breite (gewöhnlich ist der Kopf doppelt so breit wie bei einem normalen Rechen), sind sie nicht aus Stahl, sondern aus Aluminium oder Holz gefertigt. Sie sollten dort, wo Kopf und Schaft miteinander verbunden sind, mit Winkelverstrebungen oder Weidenholzreifen verstärkt sein. Die Zinken können ausgetauscht werden und bestehen aus Holz, Nylon oder Aluminium. Ein besonders schönes Modell hat gewellte Aluminiumzinken, mit denen man hervorragend einzelne große Steine auslesen kann.

VERTIKUTIERRECHEN: Dieser solide Metallrechen (siehe Seite 228/229) ähnelt eher einem Folterwerkzeug als einem Rechen. Der Vertikutierrechen hat zahlreiche scharfe Zinken – wie viele kleine Messer –, die in die Rasenoberfläche eindringen und verfilztes Pflanzenmaterial sowie Moos herausschneiden und -reißen, so daß der Rasen wieder kräftig wachsen kann.

RECHEN UND LAUBBESEN

Mit Rasenrechen und Laubbesen arbeitet man im Herbst. Da man mit ihnen sowohl fegen als auch rechen kann, sind sie nahe Verwandte der Besen. Als man sie im 19. Jahrhundert erfand, wurden sie tatsächlich auch ›Laubbesen‹ genannt. In allen Ländern mit gemäßigtem Klima kann man an sonnigen Herbstwochenenden einige Millionen Menschen beobachten, die

mit ihnen in den Garten gehen, das Herbstlaub auflesen und so das Gartenjahr beschließen. Früher wurde das Laub in der Regel verbrannt, und die Asche wurde als Dünger wieder verteilt. Da das Verbrennen heutzutage verboten ist, sollten Sie die Blätter zusammen mit dem letzten Rasenschnitt in einem Laubkomposter sammeln.

Rasenrechen und Laubbesen werden aus Federstahl, Kunststoff oder Bambus hergestellt. Es gibt hierbei zwei verschiedene Arten: Stahl- und Bambusrechen haben gewöhnlich eine leicht gebogene Fächerform. Sie werden wie ein Kehrbesen zum Zusammenschieben von Laub und Abfall mit nur einer Bewegung verwendet. Kunststoffrechen haben eine breite, flache A-Form; die Enden der Zinken sind stark abgewinkelt. Wenn man sie wie eine Gartenharke zieht, kann man schnell mehr Abfall aufsammeln. Nahezu alle Rechen werden in verschiedenen Arbeitsbreiten hergestellt. Je nach Bedarf – soll ein großer Rasen oder ein schmaler Pfad zwischen engstehenden Ziersträuchern gerecht werden – können Sie einen passenden Rechen auswählen. Wenn man sich nicht bücken möchte, kann man für Arbeiten an schwer zugänglichen Stellen einen langen Stiel auf einen Handrechen stecken.

Kunststoff- und Stahlmodelle sind sehr pflegeleicht. Der Bambusrechen kann über Winter im Schuppen austrocknen; es ist daher ratsam, ihn zu Beginn der Gartensaison mit Seifenwasser zu reinigen und ihm durch das Zuführen von Feuchtigkeit seine Elastizität wieder zurückzugeben. Die Zinken brechen eigentlich niemals, und da sie sich nur sehr langsam abnutzen, können Sie mit dem Rechen viele Jahre arbeiten, bis er irgendwann einmal ganz ersetzt werden muß.

Der Rechen ist für so viele Gärtner unentbehrlich, daß die Hersteller jedes Jahr zahlreiche neue Modelle vorstellen. Viele sehen zwar raffiniert aus, sind aber nicht unbedingt effektive Arbeitsgeräte. Einige Erfindungen haben sich jedoch durchgesetzt, da sie den herkömmlichen Rechen gegenüber so manche Vorteile aufweisen.

DRAHTFEGER: Bei einem Drahtfeger (oder Stahlbesen) sitzen die Zinken in einem robusten, breiten Metallrahmen. Der Kopf ist nicht so fächerartig geformt wie bei anderen Rechen, sondern erinnert eher an eine Hand. Diese Form schafft eine ungewöhnlich starke Zugkraft. Solch ein Rechen wird nicht nur zum Zusammenkehren von Laub, sondern auch zum Belüften von Rasenflächen und zum Abkehren von lockerem Moos und abgestorbenem Pflanzenmaterial gerne benutzt.

GUMMIRECHEN: Ein Gummirechen hat einen breiten Rahmen mit kurzen, festen Gummikrallen. Im Gegensatz zum Rechen sind die Zinken nicht angewinkelt. Durch die Gummikrallen können Rasenflächen, Einfahrten und Wege sauber gefegt werden. Außerdem werden Pflanzen mit flachem Wurzelwerk nicht beschädigt, da die kurzen Gummikrallen nicht in den Boden eindringen.

Der Rechen ist für so viele Gärtner unentbehrlich, daß die Hersteller jedes Jahr zahlreiche neue Modelle vorstellen.

Gartenrechen

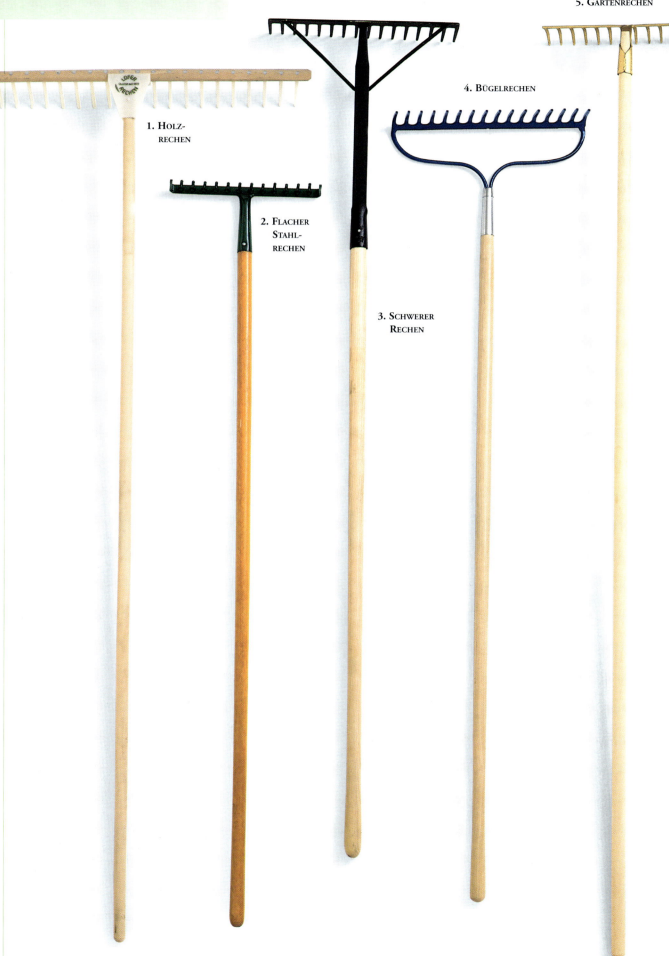

1. Holzrechen
2. Flacher Stahlrechen
3. Schwerer Rechen
4. Bügelrechen
5. Gartenrechen

6. KINDERRECHEN

7. HEURECHEN AUS HOLZ

1. HOLZRECHEN: Dieser breite Holzrechen ist ein nützliches Werkzeug zum Verteilen und Ebnen des Mutterbodens, zum Glätten von Saatbeeten und Rechen von Grasschnitt und Laub. Der breite Kopf hat 24 geformte Nylonzinken. Die kurzen, stumpfen Zinken glätten den Boden, ohne in die Oberfläche einzudringen. Durch den langen Griff kann man im Stehen arbeiten. Aufgrund des geringen Gewichts kann jeder Hobbygärtner ein Beet ohne große Anstrengung gestalten.
LÄNGE: 1,80 M
GEWICHT: 1 KG
BREITE: 75 CM

2. FLACHER STAHLRECHEN: Dieser starke Ziehrechen hat kurze, gerade Stahlzinken. Da er für alle möglichen Landschaftsarbeiten verwendet werden kann, ist er ein gutes Werkzeug zum Vorbereiten eines Saatbeetes: Die Zinken rechen sanft über den Mutterboden, und die Querverstrebung verteilt den Boden gleichmäßig über die Keimlinge. Die an einem Stück geschmiedete Stahltülle ist mit dem Hartholzstiel fest verbunden und zusätzlich mit einer einzigen Schraube befestigt. Der Halt insgesamt wird durch 14 Zinken, die an der unteren Seite verstärkt sind, verbessert.
LÄNGE: 1,55 M
GEWICHT: 1,2 KG
BREITE: 33 CM

3. SCHWERER RECHEN: Dieser robuste, qualitativ hochwertige Rechen ist auf beiden Seiten durch Stahlverstrebungen verstärkt: Der extra lange Stiel, die 40 cm lange Tülle sowie der aus Stahl geschmiedete Rechen machen dieses Gerät zum idealen Helfer für schwere Gartenarbeiten, wie etwa zum Rechen von steinigem Boden und Ebnen lehmiger Gartenböden.
LÄNGE: 1,80 M
GEWICHT: 2,3 KG
BREITE: 40 CM

4. BÜGELRECHEN: Ein weiteres gutes Beispiel für einen soliden Allzweckrechen aus Stahl. Die gebogene Form, die an einen Kleiderbügel erinnert, endet in einer Zwinge mit Ringbeschlagverbindung. Diese Konstruktion gewährleistet eine elastische und gelenkige Handhabung. Er ist zwar nicht ganz so robust wie Rechen mit diagonalen Verstrebungen, ist aber im Prinzip für die gleichen Tätigkeiten geeignet. Der Kopf besteht aus Stahl und ist aus einem Stück geschmiedet. Die Zinken sind leicht gekrümmt und kratzen sanft über die Bodenoberfläche. Der Stiel ist aus Hartholz.
LÄNGE: 1,65 M
GEWICHT: 1,7 KG
BREITE: 42 CM

5. GARTENRECHEN: Dieses Gerät ist leicht und elegant. Der Kopf besteht aus verzinktem Stahlblech und hat 14 leicht gekrümmte Zinken. Eine sehr kleine Stahlkragenkonstruktion verbindet den Rechen mit dem polierten Eschenholzstiel. Gartenrechen haben in der Regel 14, 15 oder 16 Zinken.
LÄNGE: 1,85 M
GEWICHT: 1 KG
BREITE: 34 CM

6. KINDERRECHEN: Ein ideales Werkzeug, um Kindern die Gartenarbeit mit dem Rechen schmackhaft zu machen. Dieser Kinderrechen hat acht verstärkte, emaillierte Stahlzinken. Die Zinken sind so stumpf, daß die Kleinen sich nicht wehtun, wenn sie aus Versehen über ihre Füßchen rechen. Der polierte Eschenholzstiel beugt Blasen vor. Aufgrund der festen, aus einem Stück geschmiedeten Konstruktion nutzt sich der Rechen nicht ab. Als Leichtgewicht ist er auch für Randstellen geeignet.
LÄNGE: 95 CM
GEWICHT: 1 KG
BREITE: 18 CM

7. HEURECHEN AUS HOLZ: Dieser leichtgewichtige Rechen ist zum Verschönern von Rasenflächen unentbehrlich. Er besteht aus einer Holz-Aluminium-Konstruktion und ist ein Nachkomme des ursprünglichen Heurechens, mit dem man jahrhundertelang auf Bauernhöfen gearbeitet hat. Die Holzzinken greifen Grasschnitt, Laub und abgestorbenes Pflanzenmaterial, während die drei hölzernen Verstrebungen diesem Gerät bei jeder Harkbewegung eine federnde Spannung verleihen. Alle 28 Zinken sind erneuerbar.
LÄNGE: 1,50 M
GEWICHT: 800 G
BREITE: 68 CM

Rasenrechen und Laubbesen

1. **Laubbesen:** Solch einen fächerartig geformten Laubbesen bekommt man in jedem Gartencenter. Er vereinigt die Eigenschaften eines Bambusbesens (mit seinen eng sitzenden, flachen, geschmeidigen Zinken) mit der Haltbarkeit eines Metallrechens. Das abgebildete Modell zeichnet sich durch einen Bügel aus, der den Druck verteilt und somit verhindert, daß sich die Zinken beim Rechen verbiegen oder brechen. Der rostfreie Rechenkopf ist mit Emaille überzogen.
LÄNGE: 1,35 M
GEWICHT: 1,2 KG
BREITE: 60 CM

2. **Kleiner Drahtfeger:** Es handelt sich hier um eine schmale Ausführung eines Federstahlrechens. Das Gerät bietet die gleiche Vielseitigkeit und Kontrolle bei der Arbeit, ist jedoch für kleinere Flächen, unter Sträuchern und für schwer erreichbare Stellen im Garten gedacht. Der kleine Drahtfeger hat acht Zinken, die sich auch bei längerer Nutzung weder verbiegen noch brechen.
LÄNGE: 1,20 M
GEWICHT: 1 KG
BREITE: 20 CM

3. **Grosser Gummirechen:** Dieser Gummirechen kehrt gefallenes Laub und Abfall auf Rasenflächen, Erdboden und Gehwegen zusammen. Er hat 33 Gummikrallen, die geräuschlos über den Boden gleiten, ohne flaches Wurzelwerk zu zerstören. Der breite Kopf bearbeitet eine große Fläche. Die Gummikrallen sind sehr haltbar und einfach zu reinigen.
LÄNGE: 1,50 M
GEWICHT: 1,2 KG
BREITE: 50 CM

4. **Bambusrechen:** Dieser traditionelle Rechen ist überall in Asien, Europa und den USA verbreitet. Die Zinken sitzen eng beieinander; sie sind aber gleichzeitig so leicht und elastisch, daß man mit ihnen auch unebene und holprige Böden kehren kann. Ein Stahlbügel zur Verstärkung federt den Druck auf den Fächer ab. Bambusbesen sind für schwere Arbeiten oder das Kehren auf Beton nicht geeignet. Benutzt man den Bambusbesen nicht regelmäßig, kann er austrocknen und spröde werden. Man sollte ihm deshalb nach langer Lagerzeit durch ein warmes Wasserbad seine Elastizität wiedergeben. Bei richtiger Pflege hat man an einem Bambusbesen lange Zeit Freude.
LÄNGE: 1,50 M
GEWICHT: 650 G
BREITE: 40 CM

1. LAUBBESEN
2. KLEINER DRAHTFEGER
3. GROSSER GUMMIRECHEN
4. BAMBUSRECHEN

5. GROSSER DRAHTFEGER

7. HANDRECHEN

6. KLEINER GUMMIRECHEN

8. FÄCHERBESEN AUS KUNSTSTOFF

5. GROSSER DRAHTFEGER: Der Drahtfeger ist der am häufigsten benutzte Laubbesen. Er hat gebogene, elastische Zinken, mit denen man gleichzeitig den Rasen belüften und abgestorbenes Pflanzenmaterial entfernen kann, während man Blätter zusammenkehrt. Der Kopf aus solidem Stahl und ein Bügel zur Verstärkung federn den Druck auf die Zinken ab und schützen vor Verbiegen. Leichtgewichtiger Holzstiel.
LÄNGE: 1,40 M
GEWICHT: 1,2 KG
BREITE 35 CM

6. KLEINER GUMMIRECHEN: Dieses Spezialgerät hat kurze, elastische Gummikrallen, die über Gras, Beton und geteerte Böden gleiten, ohne empfindliches, flaches Wurzelwerk oder junge Triebe zu zerstören. Die Zinken sind einfach zu reinigen. Dieser kleinere Rechen eignet sich gut für das Rechen um Solitärpflanzen herum oder zur Pflege von Rabatten und Beeten.
LÄNGE: 1,50 M
GEWICHT: 1 KG
BREITE: 25 CM

7. HANDRECHEN: Ein Handrechen sollte in keiner Gerätesammlung fehlen. Er ist ideal für die Pflege von Solitärpflanzen und Gräbern. Der Kopf aus haltbarem, emailliertem Stahl liegt gut in der Hand und kehrt sanft die Blätter zusammen, ohne dabei flaches Wurzelwerk zu zerstören.
LÄNGE: 40 CM
GEWICHT: 200 G
BREITE: 13 CM

8. FÄCHERBESEN AUS KUNSTSTOFF: Ein sehr verbreiteter Standardlaubbesen in Fächerform aus Polypropylen. Er ist hitze- und nässebeständig, rostfrei und verbiegt sich nicht. Er ist sehr leicht und vielseitig einsetzbar. Die eng stehenden Zinken laufen in einem festen Dreieck aus Kunststoff zusammen. Der Fächerbesen hilft beim Aufheben von Material oder beim Transport zum Komposthaufen. Die Kunststoffzinken sind nicht so elastisch wie Metallzinken, was manchmal auch Vorzüge hat.
LÄNGE: 1,60 M
GEWICHT: 700 G
BREITE: 30 CM

Der Besen

Schon in der Urzeit hatten Menschen das Bedürfnis, ihren Schlafplatz sauber zu halten und ersannen einen Besen. Die Cro-Magnon-Menschen verwendeten biegsame ›Finger‹ aus Unterholz, um den Abfall aus der Höhle zu fegen. Diese ›Finger‹ wurden später durch das Zusammenbinden von Besenhirsegarben oder das Schnitzen von Holzzinken etwas in Form gebracht und werden bis heute für ähnliche Zwecke verwendet.

Die Pflanzennamen, die im Deutschen mit ›Besen‹ anfangen, (wie Besenginster, Besenheide u.a.) zeigen, welche oberirdischen Pflanzenteile für große und kleine Besen besser als andere zu gebrauchen waren. Die Besenhirse wurde sogar speziell für die Herstellung von Besenstroh angebaut.

Der Reisigbesen, ein älteres Modell der Besenfamilie, wird aus Heidekrautzweigen hergestellt. Auch wenn Sie einen herkömmlichen Besen bevorzugen, sollten Sie sich nicht für einen mit künstlichen Borsten entscheiden. Die Borsten der Besenhirse nutzen sich vielleicht etwas schneller ab als die synthetisch hergestellten, aber sie nutzen zumindest genau in dem Winkel ab, in dem man kehrt, so daß man den Schmutz mit ihnen besser aufnehmen kann.

Dichte und Beschaffenheit der Borsten sind von Besen zu Besen verschieden. Die weicheren, dichteren nehmen ganz feinen Schmutz besser auf, lassen aber vielleicht gröberen Kehricht liegen. Die steiferen Borsten aber halten gröberen Kehricht besser – nicht nur weil sie sich nicht so leicht verbiegen wie dünne Borsten, sondern auch, weil sie sich energischer wieder aufrichten. Für das Kehren eines Hofs und anderer Flächen um das Haus herum sollten Sie sich für einen weicheren Besen entscheiden. Für die Einfahrt oder Straße ist ein Besen mit festeren Borsten besser geeignet.

ANATOMIE EINES BESENS

Der Hartholzstiel ist austauschbar.

Der Kopf ist ebenfalls austauschbar.

Die besten Borsten sind aus Kokosfasern. Sie halten am längsten.

Besen

1. Verstärkter Grossflächenbesen: Dieser übergroße Besen ist für sehr grobe Kehrarbeiten gedacht. Die blauen Kunststoffborsten halten jahrelanger stetiger Arbeit im Freien stand. Ein etwa 1,50 m langer Hartholzstiel ist über ein Verbindungsstück aus Stahl und zwei Stahlverstrebungen mit einer etwa 8 cm breiten Hartholzleiste verbunden.
LÄNGE: 1,60 M
GEWICHT: 2,7 KG
BREITE: 60 CM

2. Normaler Strassenbesen: Dieses wichtige Gartengerät wird in jedem Baumarkt oder Gartencenter angeboten. Es ist für Arbeiten im Garten, in der Garage oder auf der Straße sehr nützlich. Der abnehmbare Hartholzstiel wird auf den austauschbaren Kopf aus Hartholz geschraubt. Borsten gibt es je nach zu verrichtender Tätigkeit aus verschiedenen Materialien. Der hier abgebildete Besen hat Borsten aus natürlicher Kokosfaser. Er ist für allgemeine Kehrarbeiten ein unentbehrlicher Helfer.
LÄNGE: 1,65 M
GEWICHT: 1,3 KG
BREITE: 45 CM

3. Reisigbesen: Der Reisigbesen besteht aus Stiel und Zweigen. Man könnte sich vorstellen, daß ein Bauer vor sehr langer Zeit einfach einen Zweig von einer Hecke brach und damit fegte. Er ist ideal für das Kehren im Freien. Dieses spezielle Modell besteht aus Heidekrautzweigen, die mit Weinranken und einem Band aus Metall umwickelt sind. Der Hartholzstiel liegt besser in der Hand als der ursprüngliche Zweigansatz. Der Besen eignet sich besonders für das Entfernen von Spinnweben, Moos und gefallenem Laub.
LÄNGE: 1,50 M
GEWICHT: CA. 1,1 KG
BREITE: 35 CM

1. Verstärkter Grossflächenbesen

2. Normaler Strassenbesen

3. Reisigbesen

Kapitel Zwölf

Arbeits- und Schutzkleidung

Ein großer Unterschied zwischen Gartenkleidung und Straßenkleidung besteht darin, daß im Garten ›Accessoires‹ am wichtigsten sind. Am allerwichtigsten sind jedoch die Schuhe und die Handschuhe, durch die der Gärtner mit Erde und Pflanzen in Berührung kommt. Nach deren Maßstab für Nützlichkeit, Sicherheit und Schönheit werden auch die anderen Kleidungsstücke – Hüte, Hemden, Hosen, Röcke und Jacken – beurteilt. Die Kleidungsstücke eines Gärtners haben alle Eigenschaften eines guten Werkzeugs. Sie sind geschmeidig, anpassungsfähig, strapazierfähig, bequem und leicht zu reinigen.

> *John trug ganz schön große, wasserdichte Stiefel; John trug einen ganz schön großen, wasserdichten Hut; John trug einen ganz schön großen, wasserdichten Regenmantel – und nur das (sagte John) zählt.«*
> — A. A. Milne

Wann und wo Menschen auch jemals Gartenarbeit ausführten – die Kulturen, in denen ohnehin schon immer wenig Kleidung getragen wurde, ausgenommen – bestand die übliche Gartenkleidung aus einem kurzen Überkleid, einem Hängekleid oder Hemd und einem Paar locker sitzender Hosen. Im Mittelalter, als die Adligen noch weite Gewänder trugen, bestand die typische Kleidung eines Bauern aus weiten Hosen und einem groben Überziehkleid, das von einem Gürtel zusammengehalten wurde. Alte Holzschnitte des 10. Jahrhunderts aus China und des 13. Jahrhunderts aus Europa bezeugen, daß die Bauern sich fast durchgängig gleich kleideten. Die Kleidung bedeckte den ganzen Körper zum Schutz, war aber leicht und locker und bot genügend Bewegungsfreiheit.

Die Tätigkeiten im Garten waren immer dieselben, daher gab es auch bei der Kleidung wenig Abwechslung. Die moderne Ausführung der locker sitzenden, mittelalterlichen Zweierkombination besteht aus Hemd und Jeans, die nach der traditionellen Kleidung der

Seeleute gefertigt wurden. Ein Seemann schnitt seine Hosen aus altem Segeltuch, einem groben Baumwollstoff, zu. Grob und schwer, wie dieser Stoff ist, wurde er auch für Feuerwehrschläuche und für die Planen der Siedlerwagen im Wilden Westen verwendet, und die Seeleute wußten, daß er sogar Messerstiche fast (!) abhielt. Der Schnitt war weit genug, damit das Segeltuch nicht in die Haut einschnitt oder an den Ellbogen, der Taille oder den Knien kniff.

Als Levi Strauss sein erstes Paar Jeans herstellte, schaute er bei den Seeleuten ab. Bei der Gründung seiner Firma verarbeitete er zunächst Segeltuch, das er auf Schiffen kaufte, die 1849 in San Francisco die Passagiere an Land brachten, die dem Goldrausch verfallen waren. Erst kurze Zeit später ging er zur Herstellung dick gesponnenen Köpers über, dessen blaue Kettfäden und weiße Füllfäden der ›Bluejeans‹ ihr typisch schimmerndes Blau verleihen. Um den Stoff an den besonders beanspruchten Stellen um die Taschen herum zu verstärken, verwendete Strauss Messingnieten und versiegelte das Ende jeder Naht, indem mit Nadel und Faden wiederholt vor und zurück genäht wurde.

SCHUHE UND STIEFEL

Teilweise sind die verschiedenen Vorlieben traditionsbedingt. Englische Gärtner schwören auf ihre schlanken, kniehohen Gummistiefel aus gefüttertem Kautschuk; in der Tat weiß jeder, der in einem nicht zu heißen und schwülen Klima auf matschigem Boden arbeitet, diese Stiefel zu schätzen, weil sie so gut sitzen und die Füße vor Nässe bewahren. Andere wiederum würden nicht einmal daran denken, ihre Füße in etwas so Beengendes zu stecken, und entscheiden sich daher für einen offenen Clog, der den empfindlichen Teil des Fußes schützt, sich aber ohne große Mühe an der Gartentür an- und ausziehen läßt. Aus diesem Grund sind in Deutschland die Birkenstock-Gartenclogs mit oder ohne Fersenstütze sehr beliebt. Sie lassen sich an- und ausziehen, ohne sie anzufassen zu müssen, und sind problemlos zu reinigen.

Trotz all dieser verschiedenen Meinungen gibt es für jeden Gärtner das Richtige, wobei die Wahl eher vom Gebrauch als von der Tradition abhängig gemacht werden sollte. Dazu müssen die folgenden Faktoren berücksichtigt werden: 1) Wie schwer ist Ihre Arbeit, und wie gepflegt ist Ihr Garten? 2) Wie oft wechseln Sie die Schuhe? 3) Wie warm oder kalt wird es in Ihrer Region? 4) Wie feucht ist das Klima in Ihrer Gegend? Jede dieser Fragen sollte Ihre Wahl weiter eingrenzen, bis Sie bei den für Sie richtigen Schuhen angekommen sind.

GUMMI- UND GARTENSTIEFEL: Stiefel für schwere Gartenarbeiten sind umständlich zu schnüren und mehrmals am Tag an- und auszuziehen. Eine bessere Wahl für schwere, matschige Arbeit in einem großen Garten sind Gummistiefel oder andere Gartenstiefel. Die Sohlen sind verstärkt, so daß man kraftvoll auf den Spaten treten kann, ohne sich an den Füßen zu verletzen. Die

Das Schuhwerk war der einzige Bestandteil der Gärtnerkleidung, der sich von Kultur zu Kultur erheblich unterschied.

Das Schöne an Gummistiefeln ist, daß sie gut sitzen, weil sie sich oben eng an die Wade anschmiegen, ohne daß man sie zuschnüren muß.

Stiefel haben einen Absatz, so daß im Vergleich zu Turnschuhen oder anderen flachen Schuhen die Gefahr, im Matsch auszurutschen, geringer ist. Da die Sohlen kein Profil haben, hinterläßt man auch auf dem Hof nicht so viele Dreckspuren.

Das Schöne an Gummistiefeln ist, daß sie gut sitzen, weil sie sich oben eng an die Wade anschmiegen, ohne daß man sie zuschnüren muß; man kann sogar bis zum Knöchel in einem Teich waten, ohne daß die Füße naß werden. In wärmeren Gegenden wird jedoch vielleicht eher ein halbhoher Stiefel bevorzugt, der zur besseren Belüftung oben offen ist.

ARBEITSSTIEFEL: Ein Gärtner, der im Wald, auf dem Rasen oder im Gemüsegarten arbeitet, braucht andere Schuhe als ein Blumengärtner. Lederschnürstiefel mit ausgeprägten Absätzen und Profilsohlen sind am besten für diejenigen, die viel Zeit in unwegsamem Gelände verbringen. Diese Stiefel halten Zecken ab und schützen vor Dornen, Stacheldraht und ähnlichen Gefahren. Außerdem sind die Sohlen so dick, daß man sich auch nicht den Fuß verletzt, wenn man auf einen spitzen Stein tritt.

Stahlkappen sind im Garten nicht notwendig, außer für diejenigen, die viel Schneide- und Sägearbeiten verrichten. Wenn Sie also für die Pflege eines Waldstücks verantwortlich sind, dann sind diese Stiefel wohl die richtige Wahl.

GARTENCLOGS: Der Gartenclog ist wahrscheinlich der bequemste Schuh, der je für die Gartenarbeit erfunden wurde. Obwohl er sich nicht für schwere Arbeit eignet und im Teich leicht spurlos versinken würde, ist er hinsichtlich der Strapazierfähigkeit und Nützlichkeit im Gemüse- und Blumengarten unschlagbar. Gute Clogs sind besser als Turnschuhe, weil ihre Absätze ein Rutschen verhindern. Man kann sie auch leicht mehrmals am Tag an- und ausziehen. (Vielleicht ist es sogar besser, wenn man ein Modell wählt, das hinten geschlossen ist, da ein offenes Paar zum Hineinschlüpfen auch schon mal beim Laufen verlorengeht.) Man kann sie leicht und schnell mit einem Gartenschlauch reinigen, sie sind fast so kühl, als ob man barfuß ginge, und für mehr Komfort gibt es auch gefütterte Ausführungen.

Schuhwerk

1. GUMMISTIEFEL: Eine erstklassige Wahl an wasserfestem und schlammabhaltendem Schuhwerk sind die klassischen Gummistiefel. Fast jedes Gartencenter hat eine Ausführung dieser Stiefel vorrätig. Die besten haben ein Stoffutter, Verstärkungen an den stark strapazierten Stellen sowie Polster an Knöcheln und Spann. Das hier abgebildete Beispiel hat auch genagelte Sohlen, Riemen mit Schnallen und reicht bis über die Waden.

2. GARTENSTIEFEL: Eine weniger hohe Ausführung der traditionellen Gummistiefel, die diesen jedoch hinsichtlich Qualität in nichts nachsteht: bruchfester Gummi, Stoffutter und eine Gelenkstütze aus Stahl, die den Stiefel verstärkt. Zusätzlich zeichnet er sich durch ein besonders starkes Polster unter dem Spann aus, das sehr angenehm bei Umgrabearbeiten ist.

3. GARTENCLOGS: Bunte Kunststoffclogs kann man bei einem schnellen Abstecher in den Garten bei jedem Wetter leicht an- und ausziehen. Aufgrund ihrer Farbe werden sie selbst im Laub nicht übersehen. Sie sind leicht mit dem Gartenschlauch zu reinigen und stellen eine einfache Alternative zu aufwendigerem Schuhwerk dar. Da sie nicht fest am Fuß sitzen, eignen sie sich nicht für schwere Arbeit.

4. GESCHLOSSENE GARTENSCHUHE: Diese Gartenschuhe wurden ursprünglich von französischen Bauern getragen. Sie sind aus leicht zu reinigendem, wasserfestem PVC hergestellt. Die randgenähten Sohlen sorgen für guten Halt in Matsch und Regen. Diese Schuhe werden vielleicht von vielen in den wärmeren Monaten bevorzugt, wenn es in wadenhohen Stiefeln zu warm wird.

1. GUMMISTIEFEL
2. GARTENSTIEFEL
3. GARTENCLOGS
4. GESCHLOSSENE GARTENSCHUHE

HANDSCHUHE

Im Mittelalter trugen Gärtner keine Handschuhe: Es waren Ritter, die sie trugen, um ihre Hände, Handgelenke und Arme vor dem Schlag der feindlichen Klinge oder dem Scheuern ihrer eigenen Rüstung zu schützen. Fast immer trugen sie lange Panzerhandschuhe, und sie wußten ein Leder zu schätzen, das einerseits hart und robust war und andererseits geschmeidig und fest blieb, so daß sie genügend Fingerspitzengefühl für ihre Waffe hatten.

Die Feinde des Hobbygärtners kämpfen mit Dornen, schnellenden Zweigen oder langen Pfahlwurzeln. Die Handschuhe, die heute zum Schutz getragen werden, müssen sich nach wie vor an die Hände der Träger anpassen. Jeder möchte mit den Händen in Handschuhen möglichst genauso fühlen wie ohne sie, sie sollen aber trotzdem vor Stichen und Stößen schützen.

DIE WAHL DER RICHTIGEN HANDSCHUHE

Manche Gärtner suchen ihr Lebtag nach den richtigen Handschuhen. Ein Paar ist geschmeidig genug, aber nach einer Saison abgetragen; ein anderes ist strapazierfähig genug, um Rosendornen abzuhalten, aber es ist fast unmöglich, mit ihnen eine Faust zu ballen. Und findet man schließlich ein Paar, das sowohl strapazierfähig als auch flexibel ist, stellt sich heraus, daß das Material hart wird, wenn es mit Wasser in Berührung gekommen ist.

Die Wahrheit ist, daß es keine Handschuhe gibt, die für alle Arbeiten geeignet sind. Schwere Handschuhe aus Kautschuk oder einem ähnlichen, synthetischen Stoff eignen sich am besten, wenn Sie mit dornigen Zweigen arbeiten, aber zum Umgraben sind Lederhandschuhe das Richtige. Stoffhandschuhe (entweder mit Lederhandflächen, Kunststoffnoppen oder -linien) sind weniger strapazierfähig als die bereits genannten Handschuhe, aber sie sind leicht, sehr flexibel, und Wasser macht ihnen nichts aus.

GEBRAUCH VON HANDSCHUHEN

Behandeln Sie Ihre Handschuhe so wie Ihre Hände, und sie werden Ihnen treue Dienste leisten. Halten Sie sie sauber, und wenn sie steif werden, weil sie naß geworden sind, bearbeiten Sie sie so lange, bis sie wieder weich sind. Lassen Sie ihre Handschuhe am Ende eines langen Arbeitstages nicht in den Taschen Ihrer Jeans oder Ihrer Windjacke, sondern legen Sie sie an einen warmen Ort, so daß Sie sie am nächsten Tag wieder benutzen können.

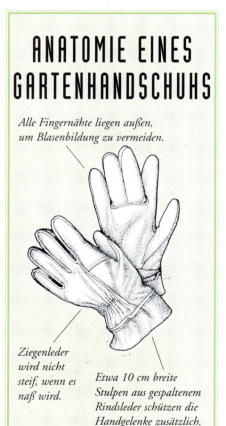

ANATOMIE EINES GARTENHANDSCHUHS

Alle Fingernähte liegen außen, um Blasenbildung zu vermeiden.

Ziegenleder wird nicht steif, wenn es naß wird.

Etwa 10 cm breite Stulpen aus gespaltenem Rindsleder schützen die Handgelenke zusätzlich.

LATEXHANDSCHUHE: Die am wenigsten beengenden Handschuhe – sie werden von denjenigen bevorzugt, die lediglich einen Blumenstrauß pflücken oder ein paar Tomaten ernten wollen, ohne dabei schmutzig zu werden – sind Latexhandschuhe, wie sie auch ein Arzt benutzt.

Diese Handschuhe sind relativ preiswert, sehr geschmeidig und das Fingerspitzengefühl wird durch sie kaum beeinträchtigt. Leider zerstört sie schon der kleinste Rosendorn.

STOFFHANDSCHUHE: Stoffhandschuhe sind fast genauso günstig wie Latexhandschuhe, und ein gut passendes Paar eignet sich für fast jede Arbeit im Garten. Stoffhandschuhe, die an den Handflächen mit Kunststoffnoppen verstärkt sind, sind praktisch, wenn man den nassen Griff eines Werkzeugs anfassen muß. Das Problem mit Stoffhandschuhen ist, daß sie leicht Wasser aufsaugen, so daß es sehr unangenehm sein kann, sie an einem kalten, regnerischen Tag im Frühling oder Herbst zu tragen. Allerdings werden sie nicht steif, nachdem sie naß geworden sind.

LEDERHANDSCHUHE: Wenn Sie das Gärtnern ernsthaft betreiben wollen, lohnt es sich, in ein Paar Lederhandschuhe zu investieren. Lederhandschuhe fühlen sich bequem an, auch wenn sie naß getragen werden, und alle Lederarten werden bis zu einem gewissen Grad steif, wenn sie trocknen. Trocknen Sie die Handschuhe nie auf einem Heizkörper oder am Feuer. Lassen Sie sie nach Möglichkeit an der Luft trocknen, bis sie nur noch feucht sind, und ziehen Sie sie dann wieder an, damit sie sich Ihren Händen anpassen.

DER NARBEN

Äußere Narbenseite: die weiche, nach außen gekehrte Schicht der Tierhaut.
Gespaltener Narben: die Schicht der Tierhaut, die nach außen gekehrt ist, wenn eine dicke Haut in zwei oder mehrere dünne Schichten gespalten wird.
Innere Narbenseite: die Innenseite der Tierhaut. Die Struktur ist grob.

Ein gut verarbeiteter Lederhandschuh schützt bis zu einem gewissen Grad vor Weißdorn- oder Rosendornen, aber eine auf die Handfläche genähte zweite Schicht aus Rindsleder kann erforderlich sein, um die Handschuhe dornensicher zu machen. Auf jeden Fall sollten die Nähte des Handschuhs zwei- oder dreifach genäht sein. Sie sollten außerdem außen liegen oder anderweitig vor direktem Kontakt mit den Handflächen oder Fingern geschützt sein, damit nach langem Gebrauch keine Blasen entstehen.

Man kann die Qualität von Lederhandschuhen gut testen, wenn man sie anzieht und die Hände dann öffnet und wieder schließt. Das Leder sollte nirgends ›kneifen‹, und es sollte sich auf der Hand weich anfühlen. Bei gut verarbeiteten Lederhandschuhen wird aus Gründen der Geschmeidigkeit beim Gerbvorgang Öl hinzugefügt. Ein trockenes, rauhes Gefühl ist oft ein Zeichen für eine minderwertige Gerbung.

Bei der Verarbeitung gibt es ebenfalls große Unterschiede. Die üblichen Lederhandschuhe sind aus vier Teilen genäht – Finger, Handballen, Vorder-

Schafslederhandschuhe sind hervorragend für leichte Gartenarbeit mit Blumen geeignet, und das cremefarbene Leder sieht elegant aus.

und Rückseite. Für hochwertige Gartenhandschuhe wird der Rücken jedes einzelnen Fingers separat zugeschnitten – das ermöglicht einen besseren Tastsinn.

Rindslederhandschuhe: Rindsleder ist das für Gartenhandschuhe am häufigsten verwendete Material, und sogar wenn ein Handschuh aus einem anderen Leder gefertigt ist, wird manchmal eine zweite Schicht aus Rindsleder zur Verstärkung auf die Handfläche genäht. Rindsleder ist strapazierfähig: Bei Verschleißtests hielt es ein Drittel der Zeit länger als Hirsch- oder Ziegenleder. Außerdem ist der Narben oft fein und schön. Der einzige Nachteil von Rindsleder ist, daß es bei Nässe steif wird.

Schweinslederhandschuhe: Nur Schweinsleder ist noch strapazierfähiger als Rindsleder. Das Gerben von Schweinsleder war früher ein einfacher Vorgang, und Handschuhe aus diesem Leder waren rauh und unbequem. Heutzutage sind Schweinslederhandschuhe genauso geschmeidig wie Rindslederhandschuhe. Und obwohl der Narben etwas gröber und weniger schön ist, werden diese Handschuhe wahrscheinlich so lange halten, bis Sie aufhören zu gärtnern oder sie verlieren – je nachdem, was zuerst geschieht.

Ziegenleder- oder Hirschlederhandschuhe: Zwar sind diese Lederqualitäten nicht so strapazierfähig wie Rindsleder oder Schweinsleder, doch sind sie geschmeidiger. So manchen Dornen kann es gelingen, sie zu durchdringen, aber sie zerreißen das Leder nicht, weil der Narben fein und dicht ist.

Schafslederhandschuhe: Schafsleder ist das weichste Leder und auch das bequemste. Schafslederhandschuhe sind hervorragend für leichte Gartenarbeit mit Blumen geeignet, und das cremefarbene Leder sieht elegant aus. Der Narben von Schafsleder ist jedoch so strukturiert, daß der Handschuh leicht reißen kann, wenn der Narben abgetragen ist. Viele Cowboys wußten die Vorzüge dieses Leders zu schätzen: Schafsleder sondert Lanolin ab und pflegt so die Haut.

GUMMIHANDSCHUHE: Wenn Sie sich entscheiden, Lederhandschuhe zu tragen, gibt es immer einen Dorn, der es schafft, das Leder zu durchdringen. Gewöhnlich halten Gärtner diese kleinen Schmerzen aus, wenn Sie aber häufig mit widerspenstigen Pflanzen arbeiten, lohnt es sich, in ein Paar Gärtnerhandschuhe aus Gummi zu investieren.

Damit sind nicht die Handschuhe gemeint, die man zum Geschirrspülen trägt. Sie sind aus dickem Kautschuk oder synthetischem Gummi und mit einem angenehm auf der Haut zu tragenden Baumwollstoff gefüttert. Gummihandschuhe eignen sich auch gut zu Arbeiten im Matsch. Wie ein gutes Paar Clogs kann man sie zum Reinigen einfach mit dem Gartenschlauch abspritzen, und es besteht keine Gefahr, daß sie steif werden könnten.

Handschuhe

1. STULPENHANDSCHUHE
2. GEFÜTTERTE HANDSCHUHE
3. ROSENHANDSCHUHE
4. ARBEITSHANDSCHUHE AUS ZIEGENLEDER
5. LEICHTE ZIEGENLEDERHANDSCHUHE
6. WILDLEDERHANDSCHUHE (SCHWEINSLEDER)

1. **STULPENHANDSCHUHE:** Diese Handschuhe ähneln den Panzerhandschuhen der Ritter und schützen die Handgelenke. Ziegenleder mittleren Gewichts hält Dornen stand.

2. **GEFÜTTERTE HANDSCHUHE:** Mit Fleece oder Wolle gefütterte Handschuhe sind die beste Wahl bei kaltem Wetter. Das Obermaterial der hier abgebildeten Handschuhe ist Leder, und sie haben ein Fleecefutter, das warm hält, ohne die Beweglichkeit oder das Fingerspitzengefühl sehr einzuschränken.

3. **ROSENHANDSCHUHE:** Rosengärtner brauchen ein Paar Rosenhandschuhe. Sie sind auch zum Jäten oder Roden nützlich und halten Nässe fern. Dieses Paar ist aus 100 % Baumwolltrikot mit einer strukturierten Latexoberfläche, die nicht so schnell Löcher bekommt, aber einen festen Griff nicht beeinträchtigt.

4. **ARBEITSHANDSCHUHE AUS ZIEGENLEDER:** Diese Handschuhe sind von bester Qualität. Sie sind aus geschmeidigem, aber unverwüstlichem Ziegenleder, die Fingernähte liegen außen, und die Nähte liegen nicht an den Berührungspunkten mit der Haut, um Blasenbildung zu vermeiden. Die knapp 10 cm breiten Stulpen aus gespaltenem Rindsleder schützen die Handgelenke.

5. **LEICHTE ZIEGENLEDERHANDSCHUHE:** Diese ungefütterten weißen Handschuhe eignen sich für mittelschwere Arbeit. Das Obermaterial ist aus Ziegenleder, das mit Lanolin behandelt ist, um Rissen vorzubeugen. Bei diesen Handschuhen hat man fast das Gefühl, gar keine zu tragen.

6. **WILDLEDERHANDSCHUHE (SCHWEINSLEDER):** Diese Standardhandschuhe sind leicht, aber dick genug, um auch harte Arbeit ohne Risse oder Löcher zu überstehen. Schweinswildleder paßt sich an die Hände des Trägers an. Mit und ohne Futter erhältlich.

Hüte

Viele Gartenfreunde geben zu, daß sie zwei Garnituren für die Gartenarbeit haben – eine für den Vorgarten und eine für den Garten hinter dem Haus. Bei der ersteren ist es ein Vergnügen, sie zu betrachten. Letztere ist das Schmuddeligste vom Schmuddeligen. Nur hinter dem Haus erblickt man uralte, zerrissene T-Shirts, ausgebleichte Hemden, geflickte Hosen und entsprechend mitgenommene Kopfbedeckungen.

Die Auswahl eines Hutes

Hinter dem Haus trägt man die Schildmütze, die Onkel Heinrich einmal beim Tag der Offenen Tür bekommen hat, oder eine Baseballmütze, die so alt ist, daß sie schon am Schild ausgefranst ist. Es ist eine einfache, provisorische Lösung, eine Mütze mit irgendeinem Slogan oder Firmenlogo zu tragen. Sogar der modebewußteste Gärtner bestellt vielleicht solch eine einfache Mütze aus einem Versandkatalog, mit einem etwas längeren Schild, damit auch die tiefer stehende Sonne abgehalten wird. Einige Schildmützen haben speziell für die Gartenarbeit im Hochsommer einen Nackenschutz aus Netztuch.

Panamahüte: Für die Arbeit im Vorgarten werden eindeutig Panamahüte bevorzugt. Sie wurden eigentlich erstmals in Ecuador aus den jungen Blättern der Jipijapa-Pflanze *(Carludovica palmata)* hergestellt und sind die traditionelle Kopfbedeckung der Männer und Frauen in Lateinamerika, die in der heißen Sonne ernten. Das Wunderbare an ihnen ist, daß sie nicht nur schön aussehen und in vielen verschiedenen Formen erhältlich sind, sondern daß sie auch besonders gut ›atmen‹, so daß man keinen verschwitzten, zu heißen Kopf bekommt. Wenn Sie einen Panamahut bei der Gartenarbeit tragen, achten Sie jedoch darauf, daß er einen Kinnriemen hat, damit der Hut bei der Arbeit nicht verrutscht.

Hüte aus Stoff und Segeltuch: Abhängig von ihrem Zustand kann man Stoffhüte entweder vor oder hinter dem Haus tragen. Ein alter Stetson-Cowboyhut kann schon an einigen Stellen durchgewetzt sein, aber er erfreut und schützt seinen Träger nach wie vor. Die rollbaren weichen Stoffhüte mit etwa 5 bis 8 cm breiten Krempen gibt es in vielen Farben. Sie eignen sich nicht nur für Wanderer als Sonnenhüte, sondern auch im Garten. Die etwas aufwendigeren, gewachsten Hüte aus Baumwolldruck sind für Gärtner, die nicht schon beim ersten Regentropfen wieder ins Haus flüchten. Ein guter Regenhut sollte einen ganzen verregneten Novembertag dichthalten.

Es ist eine einfache, provisorische Lösung, eine Mütze mit irgendeinem Slogan oder Firmenlogo zu tragen.

Hüte

1. PANAMASTROHHUT: Dieser leichte Panamahut hat eine etwa 13 cm breite Krempe. Fünf Löcher sorgen für eine gute Belüftung. Eine Baumwollschnur mit einem Kinnriemen hält den Hut auf dem Kopf oder um den Hals.

2. STOFFHUT: Ein klassisches Modell, das man während der wärmeren Monate trägt. Knautschbarer Baumwollstoff ermöglicht es, den Hut in einer Jacken- oder Hosentasche aufzubewahren, bis er benötigt wird. Sechs Luftlöcher sorgen für die Belüftung, und die gesteppte Krempe ist biegsam. Eine preiswertes, waschbares Modell, das den Kopf des Trägers kühl hält und vor der Sonne schützt.

3. PANAMAHUT MIT KINNRIEMEN: Ähnlich wie der Panamastrohhut stammt dieses Modell aus Ecuador. Es ist oben abgerundet, hat eine etwa 13 cm breite Krempe und einen Kinnriemen aus Leder. Atmungsaktives Gewebe hält den Kopf kühl und schützt Gesicht und Nacken vor der Sonne.

4. REGENHUT: Dieser Regenhut aus Baumwolle hat eine relativ schmale Krempe und setzt höher an, damit Regen besser abperlt. Er ist rollbar und läßt sich daher leicht wegstecken, wenn die Sonne wieder hervorkommt.

1. PANAMASTROHHUT

2. STOFFHUT

3. PANAMAHUT MIT KINNRIEMEN

4. REGENHUT

Hosen und Hemden

Nach der Gartenarbeit sieht normale Kleidung ziemlich mitgenommen aus. Hosen reißen an den Knien auf; ein Hemd bleibt an einem Zweig hängen und schon hat es ein großes Loch am Ellbogen. Deshalb sieht ein Hobbygärtner, der die falsche Kleidung trägt, schnell wie eine Vogelscheuche aus. Kein Profi würde einen solchen Fetzen- und Lumpenlook dulden. Wählen Sie statt dessen gute, schwere Gartenkleidung aus Baumwolle oder Leinen.

Die richtige Wahl von Hose und Hemd

Gute Gartenkleidung besteht aus schwerem oder zweifädigem Garn und ist an stark beanspruchten Stellen verstärkt. Eine Webart, bei der jeder Kettfaden zwei oder drei Schußfäden kreuzt, erzeugt ein feines diagonales Muster und verstärkt den Stoff in Längsrichtung. Dies ist eine wertvolle Eigenschaft, wenn man daran denkt, wie oft man sich im Garten bücken, beugen, hinknien oder sogar kriechen muß. Dabei wird der Stoff eher in Längsrichtung als in Querrichtung strapaziert.

Die Hersteller behandelten früher absichtlich die Kleider mit Schlichte, einer Art Stärke, um sie voller und repräsentativer in den Regalen aussehen zu lassen. Aber da viele Menschen auf steife Kleidung empfindlich reagieren, gibt es heute im Gegenzug Behandlungsmethoden, die den Stoff weicher machen. ›Stonewashed‹ sollte Jeansstoff, Köper oder Segeltuch sein, um sich fein und weich anzufühlen. Bei der ›Stonewash‹-Behandlung wird das Gewebe leicht abgescheuert. Der Stoff wird zusammen mit Lavasteinen, die in Chlor getränkt wurden, in heißem Wasser gewaschen; es sind also chemische Reaktionen und mechanische Abreibung für die Weichheit verantwortlich. Die Endbehandlung mit dem Permanent-Press-Verfahren bei natürlichen Materialien macht den Stoff ebenfalls weicher, aber da dafür Formaldehyd verwendet wird, sollte man derartig bearbeitete Stoffe meiden. (Formaldehyd im Permanent-Press-Verfahren wird für Mischgewebe nicht verwendet.)

Ein Segeltuchgewebe – die einfachste Webart mit einem Kett- zu einem Schußfaden, (sie wurde schon von den Alten Ägyptern oder noch früher verwendet) – ist vielleicht etwas weniger stark, aber Segeltuchhosen und -hemden sind fast genauso strapazierfähig, vorausgesetzt die Nähte sind versiegelt (siehe Seite 267). Leichte Segeltuchhosen oder -hemden sollten sich nicht steifer als feiner Wollstoff anfühlen. Mittelschweres und schweres Segeltuch ist weniger geschmeidig, aber nicht unbequem, und hält starker, dauerhafter Beanspruchung stand, ohne zu reißen oder an den Nähten aufzuplatzen.

Baumwolle: Sowohl Segeltuch als auch Köper, unabhängig vom Gewicht und der Behandlung, werden normalerweise aus Baumwollgarn her-

Ein Hobbygärtner, der die falsche Kleidung trägt, sieht schnell wie eine Vogelscheuche aus.

gestellt. Baumwolle ist ein ausgezeichnetes Gewebe, da es lange haltbar ist und ›atmet‹. Abgesehen von seiner offensichtlichen Strapazierfähigkeit, ist Baumwollgewebe ein Umwandler, der Feuchtigkeit aufnimmt, sie in Wasserdampf umwandelt und in die Luft abgibt. Die meisten Baumwollstoffe nehmen 6 % ihres Eigengewichts an Wasser auf. Nur Wolle ist noch atmungsaktiver.

LEINEN: Obwohl Wollstoff theoretisch der ideale Stoff für Gartenkleidung wäre, ist es zu teuer, ihn in den notwendigen Mengen zu produzieren, so daß die beste Alternative zu Baumwolle Leinen ist. Die meisten Menschen assoziieren mit Leinen Urlaub in den Tropen, es ist aber ein hervorragender Stoff für Gartenkleidung. Der Stoff ist genauso atmungsaktiv wie Baumwolle, und da die einzelnen Fasern länger sind (Leinen wird aus Flachs gesponnen, Baumwolle aus kurzen Baumwollkapseln) ist er stärker als Baumwolle jeder Webart. Leinen hat nur zwei Nachteile: erstens ist es teurer als Baumwolle, und zweitens knittern die längeren Fäden leichter.

KNIESCHUTZ

Alle guten Gartenhosen und -hemden sind weit geschnitten, so daß sie nicht ›kneifen‹. Nichtsdestotrotz gibt es unabhängig vom Schnitt Ihrer Kleidung auch am Boden manche Stellen, die so beschaffen sind, daß sie den Knien wehtun können. In diesem Fall ist vielleicht ein zusätzlicher Schutz wünschenswert.

Kleine Kniematten aus Schaumstoff kann man überall im Garten mit sich herumtragen, um den Kniebereich zu schützen. Weniger hinderlich sind jedoch Hosen, die Taschen an beiden Knien haben, die mit auswechselbarem Schaumgummi gefüllt sind. Die besten haben eine wasserfeste Schicht in den Knietaschen, damit die Knie nicht naß werden. Probieren Sie diese Hosen vor dem Kauf an, um sicherzugehen, daß sich die Polster auch wirklich genau in Ihrem Kniebereich befinden.

Zusätzlich gibt es für Gärtner, die öfter einmal von der Gartenarbeit zu anderen Arbeiten wechseln müssen, auch Arbeitskleidung, die man einfach nur überstreifen kann. Kittel und Schürzen – aus reiner Baumwolle oder auch beschichtet – zieht man über die normalen Kleider. Sie schützen sowohl Hosen und Röcke als auch die Haut. Die meisten sind mit tiefen Taschen für Werkzeuge oder andere notwendige Dinge versehen.

HAUTSCHUTZ

Insektenstichen beugen Sie am besten mit einem Insektenschutzmittel vor. Wenn Sie jedoch in einer Gegend leben, wo es Zecken gibt, reicht ein Allroundpräparat nicht aus. Es ist besser, beim Gärtnern im Gebüsch statt Shorts lange Hosen zu tragen und die Hosenbeine zusätzlich in die Stiefel zu stecken. Unterziehen Sie sich nach einem Tag im Freien einer gründlichen ›Zeckenprüfung‹ – dann erwischen Sie den kleinen Teufel vielleicht noch rechtzeitig. Auch wenn Sie gebissen wurden, haben Sie immer noch ein paar Stunden Zeit, bevor die Zecke die Bakterien freisetzt, die eine Lyme-Borreliose (ernste Folgeerkrankung nach Zeckenbiß) verursachen *können*. Wenn Sie eine Zecke entfernen, die bereits zugebissen hat, heben Sie sie auf und gehen Sie damit zum Arzt.

Um nach der Berührung mit Giftsumach die schädlichen Auswirkungen einzudämmen, tupfen Sie die betroffene Hautstelle mit Alkohol ab und waschen Ihre Kleider im Kochwaschgang.

Kleidung

1. Arbeitshemd aus Segeltuch: Dieses Hemd schützt gegen Wind und Wetter und besteht aus dreifach genähtem, dicht gewebtem, maschinenwaschbarem Segeltuch. Es kann über anderen Kleidern oder alleine getragen werden. Das hier abgebildete Hemd ist so strapazierfähig, daß es jahrelang hält.

2. Gärtnerhose: Diese lange Gärtnerhose hat mehrere Taschen und Knietaschen mit von innen herausnehmbaren Knieschonern. Sie ist aus Baumwollsegeltuch und schwerer als eine Farmerhose. Der lockere Sitz und der Gummizug im Bund schränken die Bewegungsfreiheit nicht ein.

3. Halstuch aus Baumwolle: Ein leichtes, waschbares Halstuch ist praktisch, besonders wenn die Sonne stark scheint. Um den Kopf gewickelt hält es Schweiß und Schmutz von den Augen fern, und es ist auch praktisch, um die Stirn abzuwischen oder Saatgut zu sammeln.

4. Baumwoll-T-Shirt: Leichte, atmungsaktive T-Shirts aus Baumwolle gehören zur praktischen und preiswerten Gärtnergrundausstattung. Hochwertige Baumwolle bleibt in Form und nimmt Feuchtigkeit auf.

5. Jeanslatzhose: Lange oder kurze Latzhosen waren und sind die bevorzugte Arbeitskleidung für Generationen von Arbeitern, die im Freien tätig sind. Robuster Baumwolljeansstoff wird mit Abnutzung und Alter nur besser, und die verstellbaren Träger und das Fehlen des Bundes sorgen für große Bewegungsfreiheit und guten Tragekomfort. In den tiefen Taschen können diverse kleine Werkzeuge aufbewahrt werden, und an die Seitenlasche kann man eine Baumschere hängen. Unser Beispiel zeigt eine kurze Latzhose, die sich für Arbeiten eignet, bei denen man nicht knien muß.

6. Weste aus Segeltuch: Ein praktisches Kleidungsstück, um kleine Sachen und Werkzeuge bei sich zu tragen. Große Armausschnitte und ein elastisches Segeltuchgewebe schränken die Bewegungsfreiheit nicht ein. Das hier abgebildete Beispiel hat drei große Taschen und eine geteilte Tasche.

7. Farmerhose: Diese Hose, die auf ein japanisches Modell zurückgeht, ist ein strapazierfähiges Beispiel für beste Gartenkleidung. Leichtes Baumwollsegeltuch hält den Körper des Trägers kühl und sauber, und in den tiefen Vorder- und Gesäßtaschen kann man Werkzeuge und andere Dinge mitnehmen. Die Knietaschen haben einen Schlitz für Knieschoner aus Schaumgummi. Die Taille ist der Bequemlichkeit halber verstellbar, und die elastischen Bündchen kann man über

1. Arbeitshemd aus Segeltuch

2. Gärtnerhose

3. Halstuch aus Baumwolle

4. Baumwoll-T-Shirt

5. Jeanslatzhose

Arbeits- und Schutzkleidung

8. Geblümter Baumwollkittel

4. Baumwoll-T-Shirt

6. Weste aus Segeltuch

9. Schürze, Knieschoner, Schutzbrille

7. Farmerhose

die Stiefel ziehen, so daß Unkraut oder Kletten nicht nach innen gelangen. Die Hose ist selbstverständlich maschinenwaschbar.

8. Geblümter Baumwollkittel: Ein waschbarer, leichter Kittel schützt die Kleidung, und das farbenfrohe Muster ist unempfindlich. Das abgebildete Beispiel kann wie eine Jacke über mehrere Kleidungsschichten, um zusätzlich zu wärmen, oder zum Schutz vor Sonne nur über einem T-Shirt getragen werden. Die großen Vordertaschen sind an den Ecken zusätzlich mit Nieten verstärkt. Dieser Kittel hat Seitenschlitze und Falten auf der Rückseite, die absolute Bewegungsfreiheit garantieren.

9. Schürze, Knieschoner, Schutzbrille: Eine Schürze ist nützlich beim Eintopfen von Pflanzen und überall, wo viel Erde oder Matsch ist. Die hier abgebildete Schürze ist aus dichter, waschbarer Baumwolle, hat verstellbare Bänder, die auf dem Rücken gekreuzt werden, und zwei große Vordertaschen. Knieschoner sind wichtig, um die Kniescheiben zu schützen, wenn man zum Jäten oder Ernten niederkniet. Die abgebildeten Knieschoner sind aus etwa 1,25 cm dickem Schaumgummi mit Stoffschalen. Dank eines Gummibandes und verstellbarer Schnallen sitzen die Knieschoner rutschsicher. Eine klare Schutzbrille aus Kunststoff ist ein preiswertes Sicherheitszubehör und in jedem Baumarkt oder Gartencenter erhältlich. Schützen Sie Ihre Augen vor gefährlichen, fliegenden Splittern, wenn Sie Holz (auch Wurzeln) mit Hacken oder Axt bearbeiten.

Jacken und Westen

Egal wo Sie wohnen, irgendwann im Jahr kommt die Zeit, wenn es zu kalt ist, um in Hemdsärmeln zu arbeiten. Sogar in Südfrankreich kann es im Herbst beim Laubrechen nur um 5 °C warm sein. In Deutschland kann es während der Spätherbsttage, wenn Sie die Bäume beschneiden oder den Gemüsegarten umgraben, bereits Frost geben.

Deshalb ist es gut, eine spezielle Jacke für die Gartenarbeit zu haben, die als äußerste Schicht Ihrer Kleidung bei kaltem Wetter dient. Sie sollte einfach, strapazierfähig, locker sitzend und leicht zu reinigen sein – eine Jeansjacke oder ein Arbeitskittel erfüllen diesen Zweck. Ein Pullover oder Sweatshirt sollte darunter passen, oder diese Kleidungsstücke sollten ein Wollfutter haben, das mit einem Reißverschluß oder mit Druckknöpfen ein- und ausgeknöpft werden kann.

In letzter Zeit sind gewachste Baumwolljacken aus England und Australien beliebt geworden, weil sie nahezu wasserdicht sind. Man sollte sich jedoch darüber im Klaren sein, daß sie leicht schmutzig werden und nicht in der Waschmaschine gewaschen oder gereinigt werden können. (Sie werden wieder schön, wenn man sie mit Spezialwachs einreibt, aber es kann sein, daß die Farbe sich verändert.) Wenn Sie eine solche Jacke kaufen, ist die Wahl einer dunklen Farbe ratsam.

Wer nicht dauernd zwischen dem Geräteschuppen und dem Garten hin- und hergehen möchte, wird sich für eine strapazierfähige Baumwollweste entscheiden. Es gibt sie in vielen verschiedenen Ausführungen, aber die besten haben viele Taschen für Handscheren, Saatgut, Bindfaden oder Pflanzenetiketten. Normalerweise hat eine qualitativ hochwertige Weste vier Vordertaschen – zwei kleinere und zwei große – und eine große geteilte Tasche hinten. Prüfen Sie, ob die Taschen verstärkt sind. Einige Westentaschen sind wie bei Jeanshosen an den Nähten versiegelt.

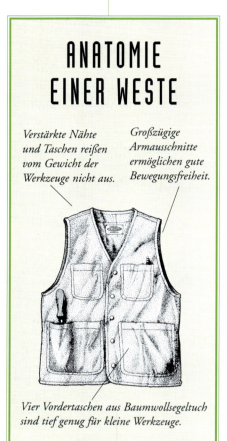

ANATOMIE EINER WESTE

Verstärkte Nähte und Taschen reißen vom Gewicht der Werkzeuge nicht aus.

Großzügige Armausschnitte ermöglichen gute Bewegungsfreiheit.

Vier Vordertaschen aus Baumwollsegeltuch sind tief genug für kleine Werkzeuge.

Jacken

1. JEANSJACKE

2. WACHSJACKE

3. NYLONREGENJACKE

1. **JEANSJACKE:** Eine maschinenwaschbare Allzweckjacke für kalte Frühlings- und Herbsttage im Garten. Der für schwere Arbeiten geeignete Jeansstoff hält Schmutz und Abnutzung stand, ist aber leicht genug, um die Bewegungsfreiheit nicht einzuschränken. Die knöpfbare Vorderseite und die Länge bis über die Hüfte halten den Körper warm.

2. **WACHSJACKE:** Eine Jacke von hoher Qualität für Beginn und Ende der Gartensaison, die auf eine traditionelle englische Machart zurückgeht. Der Regen perlt auf der gewachsten Oberfläche ab, während das Wollfutter den Träger selbst bei Minustemperaturen warm hält. Der Reißverschluß mit einer Druckknopfleiste darüber hält Wind ab. Diese Jacke ist eine Investition, deren Wert mit der Zeit nur steigt.

3. **NYLONREGENJACKE:** Eine übliche Regenjacke mit wasserfestem Obermaterial aus Nylon, einem Futter aus Polyurethan und fixierten Nähten. Bund und Ärmelbündchen sind elastisch, um Wind und Wetter standzuhalten; die Jacke ist mit einem Reißverschluß versehen. Eine Kapuze mit einer Kordel zum Zuziehen sorgt für zusätzliche Wärme und Schutz. In den zwei großen Vordertaschen kann man Handschuhe, Samentütchen und andere kleine Dinge verwahren.

Kapitel Dreizehn

Werkzeugpflege und Lagerung

Es kommt ein Tag im Spätherbst, an dem Sie sicher sein können, daß die Gartensaison vorüber ist. Die Ernte wurde eingebracht – sogar das letzte Wurzelgemüse ist herausgezogen. Die Schläuche und Leitungshähne im Freien sind leer. Das bunte Laub wurde zusammengekehrt und zum Komposthaufen gebracht. Durch einen strengen Frost sind die Fleißigen Lieschen verdörrt. Der Holzfäller hat Ihnen einen Haufen Ahornscheite zurückgelassen, die nur noch im Trockenen aufgestapelt werden müssen.

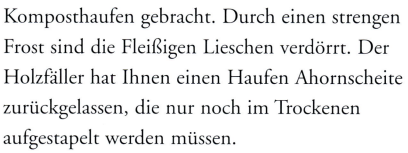

Nun ist der Zeitpunkt gekommen, Ihre Gartenwerkzeuge gut zu reinigen und zu pflegen, damit Sie sie auch im nächsten Jahr noch einwandfrei benutzen können. Meistens sehen einige der Geräte nach der Gartensaison ziemlich mitgenommen aus. Die Baumscheren sind stumpf, das Blatt Ihrer Schaufel hat Scharten, alle Geräte und Werkzeuge sind dreckverkrustet, und das Sägeblatt wackelt in der Verankerung. Säubern und Schleifen der Werkzeuge sind deshalb die letzten Gartenarbeiten im Jahr. Sind sie getan, kann jedes Gerät auf seinen angestammten Platz im Schuppen oder in der Garage gebracht werden. Vergessen Sie kein Werkzeug in einer feuchten Ecke, das dort den ganzen Winter über vor sich hin rosten würde.

> *Immer wieder denke ich daran, wie wunderbar es in diesem Garten war, erinnere mich an den Duft jeder Blume, an die Schönheit jeder Stunde.«*
> — Walt Whitman

Abschliessende Arbeiten

Zunächst sollten Sie sich den Geräten mit langen Stielen widmen. Nehmen Sie einen alten Kunststofflöffel, eine Bürste mit festen Borsten oder einen Holzkeil – auch ›Waldarbeiter‹ genannt –, um den gröbsten Schmutz abzukratzen. Stecken Sie dann jeden Werkzeugkopf in einen zuvor mit Pflanzenöl imprägnierten und mit grobkörnigem Sand gefüllten 20-Liter-Eimer. Wenn man die Geräte durch den Sand gezogen hat, sehen sie wie poliert aus. Sollte noch Rost zu sehen sein, können sie diesen mit einem Schleifstein entfernen. Nun können Sie die Geräte mit einem in Öl getränkten Tuch abreiben.

Widmen Sie sich nun den Sägen, Baumscheren, Astscheren und Blumenkellen. Schmirgeln Sie vorsichtig die Rostflecken ab und ölen Sie die Hebeldrehpunkte. Ziehen Sie lose Schrauben nach und ersetzen Sie fehlende.

SCHLEIFEN

Die nächste Aufgabe ist das Schleifen. Entnehmen Sie den Feilenstiel und schrauben Sie eine neue, etwa 20 cm lange flache Bastardschlichtfeile auf. Diese Feile ist mittelfein. Mit ihr entfernt man nicht zu viel von den Kanten, aber man kann Macken und Splitter gut behandeln und eine gerade Schräge erzielen. Diese Feile ist fein genug für eine Axt oder Sense – vorausgesetzt, daß Sie diese Geräte danach mit einem guten Ölstein oder einem Karborundschleifstein behandeln. Die Astsäge können Sie mit einer runden Feile schleifen, am besten ist es jedoch, wenn Sie sie zu einem professionellen Schleifer bringen. Ebenso der Handmäher: Wenn Sie ihn gereinigt haben, wird er beim Schleifer wieder wie neu.

Schrauben Sie jedes zu schleifende Werkzeug in einen Schraubstock und ziehen Sie die Feile fest über das Werkzeug entlang der abgeschrägten Kante. Die Kante einer Axt hat einen Winkel von 30° oder weniger, eine Schaufel oder Hacke ungefähr einen 45°-Winkel. Hat eine Klinge nur auf einer Seite eine abgeschrägte Kante, dann ist auch nur diese Kante zu feilen. Schrauben Sie auch die Klingen der Astscheren und Bypass-Scheren ab, damit sie geschliffen werden können.

Achten Sie auf den richtigen Feilwinkel und die richtige Richtung. Schleifen Sie in einer Bewegungen vom Körper weg. Heben Sie die Feile beim Zurückstreichen an und setzen Sie sie mit dem nächsten Feilgang wieder auf die Klinge.

Zu guter Letzt müssen alle Metallteile der Gartengeräte noch mit rostlösendem Öl besprüht und abgerieben werden. Nehmen Sie dann einen Behälter mit gekochtem Leinöl und reiben Sie damit jeden Holzstiel ein. Fertiger Leinölfirnis braucht nicht mehr gekocht zu werden. Haben Sie ein Gerät zum ersten Mal in dieser Saison benutzt, dann sollten Sie den Fabriklack vorsichtig abschmirgeln, bevor sie das Werkzeug mit Öl einreiben.

Bevor die Geräte die Wintersaison über ruhen, werden sie gesäubert und geschliffen, damit sie im Frühjahr wieder voll einsatzbereit sind.

AUFHÄNGEN DER GERÄTE

Viele Gärtner hängen große Geräte, wie Schaufeln, Spaten, Gabeln, Rechen und Hacken gerne an den Tüllen auf. Zu diesem Zweck kann man sich auch einfach mit einem Paar langer Schrauben behelfen, die man in eine feste Holzwand bohrt, um die Geräte dazwischen zu klemmen. Mit verzinkten Stahlhaken und Nockenhaltern können Sie die meisten Gartenwerkzeuge am Stiel aufhängen. Das Herunternehmen ist dann genauso einfach wie das Aufhängen. Sie können für jedes Gerät einen eigenen Haken bestimmen, den Sie entweder mit einem Etikett oder durch ein Bildchen auf der Wand kennzeichnen.

Haken sind auch für Geräte mit D-Griffen, wie Spaten und Gabeln geeignet. Manche Haken muß man zuvor auf einem Steckbrett befestigen, andere können direkt in die Wand geschraubt werden. Die Nockenhalter funktionieren wie die Nocken auf einem Segelboot, die zum Befestigen von Tauwerk verwendet werden. Zwei stumpfe Klemmen schließen sich um den Stiel der Hacken, Schaufeln oder Rechen und halten diese fest.

DURCHDACHTE ORDNUNG

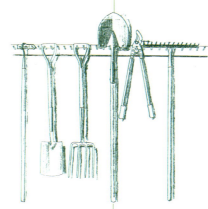

Wenn Gartenwerkzeuge richtig gelagert werden, halten sie nicht nur länger – in Ihrem Geräteschuppen sieht es auch ordentlich aus.

Die meisten Menschen schaffen gerne für jedes Werkzeug einen Platz an der Wand – mag das Werkzeug auch noch so klein sein – wie zum Beispiel für Gartenscheren, Astsägen, Heckenscheren oder Handjäter. Das ist aber vielleicht zu viel des Guten. Da man kleine Werkzeuge meist zur gleichen Zeit braucht, ist es ratsam, sie alle zusammen in einem Behälter zu lagern, damit man sie auch alle auf einmal mit in den Garten nehmen kann.

Manche Gärtner wählen hierfür einen Werkzeugkasten, der sich allerdings nicht besonders gut zum Lagern eignet. Die Modelle mit zwei Einsatzkästen haben nicht die richtige Größe für Gartenwerkzeuge. Weitaus besser hingegen ist eine Tasche mit ausreichend vielen Außentaschen, in die man alle wichtigen kleinen Werkzeuge und ein Paar Handschuhe hineinstecken kann. Es gibt eine geniale, schürzenähnliche Werkzeugtasche, die man wie einen Gürtel um einen 20-Liter-Eimer binden kann. Sie hat zwölf Taschen – also mehr als genug für den Hobbygärtner – und in den Eimer selbst kann man weitere Werkzeuge oder Gartenzubehör tun. Diesen Eimer gibt es im Handel sogar mit einem Kunststoffdeckel, so daß er eine bequeme Sitzgelegenheit abgibt.

SCHLAUCHLAGERUNG

Damit ein Schlauch lange hält, sollte er angemessen verstaut werden. Dafür gibt es verschiedene Lagerungsmöglichkeiten. Es gibt zum Beispiel einen besonderen Topf aus Terrakotta, in den Sie Ihren Schlauch hineinrollen und ihn so lange dort lassen, bis Sie ihn wieder benötigen. Der Schlauchtopf ist sehr hübsch anzusehen und hat zudem noch zwei praktische Vorteile aufzuweisen: Sie können nicht über den Schlauch stolpern, und das empfindliche Vinyl ist nicht dem grellen Sonnenlicht ausgesetzt. Eher bescheiden nehmen sich dagegen die Schlauchhalter und -trommeln aus, die an der Wand angebracht werden können. Wählen Sie eine einfache Konstruktion aus robustem, unnachgiebigem Stahl, groß genug für die erforderliche Schlauchlänge. Es gibt die verschiedensten Schlauchhalter, auf die bis zu 75 Meter oder auch nur 15 Meter Schlauch passen. Ein Schlauchwagen ist wahrscheinlich die bessere Wahl, da man ihn im Winter auch von einem Ort zum anderen fahren kann, wenn Sie beispielsweise den Schneepflug hervorholen müssen oder für einen kleinen Holzhaufen mehr Platz brauchen.

DAS ENDE DER GARTENSAISON

Die letzten Sonnenstrahlen werden auf der Tür reflektiert und lassen die geölten Metallteile Ihrer Gartenwerkzeuge matt scheinen. Alles ist sauber, geölt und geschliffen. Die großen Geräte hängen ordentlich an der Wand, die kleineren sind an einem Platz verstaut, wo sie trocken bleiben und auf den Frühling warten. Der Schlauch hat – ordentlich zusammengerollt – seine natürliche Form angenommen und ist weder verdreht, noch sollte er während längerer Lagerung Knicke aufweisen. Die sauberen, trockenen Sprinkleraufsätze hängen an der Wand. Die Planen und Glasglocken sind aufeinandergestapelt. Die Behälter mit Bodenzusätzen und Kalk stehen abgedeckt neben der Gärtnerbank. Die Stangen und Pflöcke stehen ohne Kordeln und Schnüre in einer Ecke. Die Tomatengitter sind ordentlich zusammengelegt. Im Geräteraum riecht es nach Öl und frischgehacktem Holz. Es ist die Zeit gekommen, drinnen vor dem Kamin zu sitzen, die Samenkataloge für die nächste Frühjahrszucht zu studieren und den Garten in der Phantasie oder auf einer Zeichnung schon einmal neu zu gestalten und erblühen zu lassen.

Werkzeugpflege und Lagerung

1. Geräteleiste aus Ahornholz: Dieses erstklassige Beispiel einer klassischen Geräteleiste hat 22 austauschbare Haken, an denen man fast jedes erdenkliche Werkzeug aufhängen kann. Sie kann problemlos an der Wand befestigt werden. Die Geräteleiste besteht aus erstklassigem, hellem, handgeschmirgeltem nördlichen Hartahornholz. Eine angemessene Konstruktion, um wertvolle Werkzeuge sauber und trocken zu lagern.
BREITE: 1,15 M
HÖHE: 5 CM

2. Werkzeughalter aus Metall: Dieser Halter erfüllt dieselbe Aufgabe wie die Geräteleiste aus Holz, besteht jedoch aus hochbelastbarem Stahl und hat eine schwarze Epoxidbeschichtung. Viele bevorzugen diesen eher schlicht aussehenden Werkzeughalter aus Metall wegen seines doppelstöckigen Designs (die Geräte mit langen Stielen werden unten, Handwerkzeuge oben aufgehängt) und wegen des rostfreien Materials. Die oberen Haken lassen sich je nach Bedarf verschieben. Bis zu elf Geräte haben Platz.
BREITE: 75 CM
HÖHE: 30 CM

3. Röhrenschlauchhalter: Der Röhrenschlauchhalter ist ein hochtechnologisch verchromtes Stahlrohr. (Das gleiche Material wird zur Herstellung von Fahrradständern verwendet.) Der Halter ist stabil und trotzdem sehr leicht. Man kann ihn an jeder Wand anbringen, und er faßt etwa 45 m eines 3/4"-Schlauches.
MASSE: 30 CM × 20 CM; 18 CM HOCH

4. Wandschlauchhalter: Dieser robuste Halter wird ebenfalls an der Wand angebracht – egal, ob sie aus Holz, Gips oder Mauerwerk ist. Er besteht aus Stahl mit einem wasserfesten Polyurethanüberzug. Er trägt etwa 45 m eines 3/4"-Schlauches und hält sicher länger als die meisten Standardschlauchhalter.
MASSE: 15 CM × 20 CM; 28 CM HOCH

1. GERÄTELEISTE AUS AHORNHOLZ
2. WERKZEUGHALTER AUS METALL
3. RÖHRENSCHLAUCHHALTER
5. WERKZEUGBEHÄLTER MIT SITZDECKEL
7. SCHEFFELKÖRBE
6. SEGELTUCHTRAGETASCHE

Care and Storage

5. **Werkzeugbehälter mit Sitzdeckel:** Der Behälter vereint in sich die Funktionen eines Eimers, eines Tragebehälters und einer Sitzgelegenheit. Um diese handliche Kiste herum befindet sich eine Art abnehmbare Nylonschürze mit tiefen Taschen, in denen man kleinere Werkzeuge und Handgeräte in den Garten tragen kann. Der 20-Liter-Eimer aus Kunststoff hat einen luftgefederten Deckel, der gleichzeitig als Sitzgelegenheit dienen kann.
Ø 30 CM; 40 CM HOCH

6. **Segeltuchtragetasche:** In den großen Außentaschen kann man Werkzeuge zum Unkrautjäten, Pflanzen und Schneiden sowie andere notwendige Gegenstände, wie zum Beispiel Handschuhe, Samentütchen und Bindfaden, gut transportieren. Der Boden dieser Tasche besteht aus festem, gefettetem Leder, so daß die Tasche nicht umkippt, wenn man sie auf den Boden stellt. Die Griffe aus Segeltuch sind an den Stellen, wo der größte Druck entsteht, mit Leder verstärkt. Im großen Hauptfach hat eine üppige Tomatenernte Platz.
25 CM × 40 CM; 25 CM HOCH

7. **Scheffelkörbe:** Siehe Seite 242.

8. **Komposteimer:** Siehe Seite 247.

9. **Verzinkter Scheffeleimer:** Siehe Seite 246.

10. **Zinkeimer:** Siehe Seite 247.

11. **Schlauchtopf:** Dieser Topf ist eine gute Alternative zum Aufrollen und Lagern eines etwa 8 m langen 3/4"-Gartenschlauches. Er ist aus Terrakotta und hat in Bodennähe ein Loch, durch das Wasser ablaufen und der Schlauch einfach an einen Wasserhahn angeschlossen werden kann. Er ist sicherlich eine gute Wahl, wenn Sie Ihren Schlauch stilvoll unterbringen möchten. Der Topf kann sich auch als Dekorationselement sehen lassen.
Ø 35 CM; 25 CM HOCH

12. **Schlauchhalter mit Rolle:** Siehe Seite 197.

13. **Halftertasche:** Eine harte, anklemmbare Halftertasche aus Leder ist ein Muß zum Schutz von Sägeblättern, Messer- und Scherenklingen. Viele Werkzeuge werden mit Taschen vertrieben, es ist jedoch immer hilfreich, zusätzliche zur Hand zu haben. Diese Halftertasche ist für Baumscheren gedacht.
8 CM × 16 CM

14. **Keramikfeile:** Mit diesem soliden Schleifstein in Hosentaschengröße lassen sich die feinen Klingen von Baumscheren gut honen.
LÄNGE: 10 CM

15. **Feile:** Ein robustes Schleifgerät für breitere Blätter oder Zinken von Spaten, Gabeln, Hacken und Äxten. Diese etwa 20 cm lange Feile ist auf der einen Seite einhiebig, auf der anderen doppelhiebig.
20 CM Ø

16. **Diamantflachfeile:** Diese kleine spitze Feile schärft beispielsweise die einzelnen Zacken einer Astsäge sehr gut. Sie ist leicht und arbeitet präzise. Die 12 cm langen Kanten sind diamantverstärkt, weshalb so eine Feile ein Leben lang hält.

Schlauchtrommeln

1. **Schlauchwagen:** Ein geräumiger, freistehender Schlauchwagen, auf den man einen etwa 100 m (!) langen ¾″-Schlauch gut aufrollen und lagern kann. Der Rahmen besteht aus hochbelastbarem Stahl, ist mit Emaille doppelt beschichtet und somit rostfrei. Die Kurbel ist verzinkt, und der Wagen kann zur Lagerung oder Nutzung einfach an seinen Platz gerollt werden.
55 CM × 100 CM; 95 CM HOCH

2. **Metalltrommel:** Auf dieser verchromten Metalltrommel können etwa 45 m eines ¾″-Schlauches aufgerollt werden. Er hat einen ausschwenkbaren Arm, so kann man ihn direkt an der Wand aufhängen oder im richtigen Winkel herausziehen. Man kann ihn auch hochheben und bewegen. Durch den seitlichen Handkurbelgriff kann ein Schlauch mit Leichtigkeit auf- oder abgerollt werden.
Ø 45 CM; 30 CM HOCH

3. **Kunststofftrommel:** Eine preisgünstige kompakte Schlauchtrommel aus UV- und rostbeständigem Polypropylen. Sie ist tragbar, zusammenlegbar und bietet Platz für etwa 15 m eines ¾″-Schlauches. Eine gute Wahl für leichtgewichtige Schläuche.
Ø 35 CM; 10 CM HOCH

1. **Schlauchwagen**

2. **Metalltrommel**

3. **Kunststofftrommel**

HERSTELLER UND VERSENDER

Country Garden
Auf den Beeten 12
72119 Ammerbuch
(Hanging Baskets (Siebkörbe), Terracottatöpfe u.a.)

Country Gartengeräte GmbH
Waldstr. 23 b
32105 Bad Salzuflen
(Spaten, Gabeln, Handgeräte, Gießkannen u.a.)

Felco-Direktversand, Gabriele Goldbach
Kleine Gasse 5
71101 Schönaich
(Felco-Scheren)

Fiskars Deutschland GmbH
Mangenberger Str. 311–315
42655 Solingen
(Spaten, Gabeln, Hacken, Kultivatoren, Rechen, Handgeräte, verschiedene Scheren, Äxte, Sägen u.a.)

Dehner Gartenversand
Postfach 2
86640 Rain/Lech
(Laubkomposter (Gitterkonstruktion), Kompostsieb, Komposter, Bodenproben-Set, Anzuchtschalen, Multitopfplatten, Frühbeete, Schläuche, Streuwagen u.a.)

Gardena
Kress + Kastner GmbH
89070 Ulm
(Bewässerungssysteme, Wasserverteiler, Regner, Schläuche, Schlauchwagen, Handrasenmäher, Scheren, Sägen, Obstpflücker, Vertikutierer, Rechen, Schaufeln u.a.)

Garpa Garten & Park Einrichtungen
Kiehnwiese 82
21039 Escheburg
(Haws-Gießkannen, Weidenholzkörbe, Felco-Scheren, Freund-Scheren, Lederschürze, Terracottatöpfe u.a.)

Gärtner Pötschke Gartenversand
41561 Kaarst
(Treibhaus, Folientunnel, Frühbeete, Anzuchtschalen, Wärmematten, Anzuchtsubstrat, Torfquelltöpfe, Sämaschine, Torfanzuchttöpfe, Knieschutz, Erdsiebe, Etiketten, Gärtnerwanne, Gartenschuhe, Handschuhe, Okulier- und Kopuliermesser, Schere, Werkzeugtasche, Vertikutierschuhe, Schlauchführungsrollen u.a.)

Hesperiden
Thomas Fleischmann GmbH
In der Schmalau 4
90427 Nürnberg
(Terracotta, Formsteinobjekte aus Sandstein, englische Gießkannen, Schürze, Handschuhe, Schafschurschere, Kantenstecher, Hippe, Tragesäcke, Gummistiefel, Kniebank, Klappschubkarre u.a.)

Idealspaten-Bredt GmbH & Co KG
Postfach 1265
58302 Herdecke
(Spaten, Gabeln, Schaufeln, Fächerbesen, Rechen, Hacken, Sensen, Sicheln, Handgeräte, Kindergeräte, Äxte, Beile u.a.)

Krieger Gewächshaus Center
Gahlenfeldstr. 5
58313 Herdecke
(Gewächshäuser und Frühbeete)

Manufactum – Hoof & Partner KG
Postfach 1620
45746 Marl
(Glasglocken, Klappsäge, Raupenschere u.a.)

Neudorff GmbH KG
An der Mühle 3
31860 Emmerthal
(Beetfolien, Bodenhilfsstoffe, Bodenproben-Set, Dünger, Komposter, Kompostwürmer, Kokosfasersubstrat, Fungizide, Wundverschluß u.a.)

WOLF-Geräte GmbH
Vertriebsgesellschaft KG
57517 Betzdorf
(Rasensamen, Streuwagen, Handrasenmäher, Rasenscheren, Scheren, Obstpflücker, Sägen, Wundverschluß, Spaten, Gabeln, Kultivatoren, Sämaschine, Knollenpflanzer, Setzstahl, Jäter, Rechen, Kantenstecher, Fächerbesen, Besen, Handgeräte, Schlauchwagen, Schlauch u.a.)

Richard Ward Gartenbedarf-Versand
Günztalstr. 22
87733 Markt Rettenbach
(Werkzeuggürtel, Handgeräte, Scheren, Sägen, Schaufeln, Gabeln, Gummirechen, Preßplatten (für die Anzucht), Gärtnerwanne, Saatschaufel, Etiketten (Alu), Folientunnel, Messing-Schlauchkupplungen, knickfreier Schlauch, Aerifizierer, Knieschoner, Werkzeugtasche, Schlepptuch, Lederhandschuhe, Kindergeräte u.a.)

Waschbär-Umweltversand
79093 Freiburg
(Stapelbarer Wurmkomposter, Kompostwürmer, Thermokomposter, Bodenproben-Set)

Whichford Pottery
Shipston on Stour
Warwickshire CV 36 5 PG, England
Terracottabaskets

REGISTER

A

Ablängsäge 163, 165
Absenken 90, 96, 99
Absterben (von Setzlingen) 120
Abzuggriff 156, 157
Aerifizierer 234, 235
  ⇒ Aerifiziergabel
  ⇒ Bodenstecher
  ⇒ Rasenaerifizierer
Aerifiziergabel 234, 235
Ahornholz, Geräteleiste aus 288
Alan-Simpson-Setzholz 121
Allzweck-Breithacke 55, 57
Allzweck-Grabegabel 3
Allzweckheckenschere 152, 153
Allzweckmachete 176, 177
Allzweck-Pickel 4
Allzweck-Rundblattschaufel 20
Allzweck-Schaufel mit Tritt 24
Allzweckschere 88, 89
Allzweck-Spitzhacke 56
Allzweck-Stielhacke 66
Alu-Blumenkelle 123, 124
Aluminium 8, 21, 23, 107
  – Aluminiumschippe 28
Amboßastscheren 155, 156, 157
Amboßbaumschere 146, 147
Amerikanische Reisighippe 176
Amerikanische Spatengabel 46
Amerikanischer Spalthammer 171
Anschlagpuffer 144, 148, 149, 150, 153, 156
Anzuchterde/-substrat 94, 96, 101
Anzuchtgefäße/-schalen 94, 100
  ⇒ Torfanzuchttöpfe
  ⇒ Kunststoffschale mit Deckel
  ⇒ Multitopfplatten
Apfelkorb 242
Arbeits- und Schutzkleidung 264 ff.
  – Arbeitshandschuhe aus Ziegenleder 273
  – Arbeitshemd aus Segeltuch 278
  – Arbeitskittel 280
  – Arbeitsstiefel 268
Archimedische Schraube 183
Äste 158, 160, 161, 162, 163, 164, 165, 166
Astsägen 138, 154, 155, 160, 161, 162, 163, 164, 165
  – Astsäge mit geradem Rücken 163, 164
  – Astsäge mit Gürtelhalfter 164
  – Schleifen
  ⇒ Bügelsäge
  ⇒ Einfache Astsäge
  ⇒ Einfache Klappsäge
  ⇒ Gebogene Astsäge
  ⇒ Große Astsäge
  ⇒ Japanische Astsäge
  ⇒ Klassische japanische Klappsäge
  ⇒ Klappsäge
  ⇒ Lanzenzahn-Sägen
  ⇒ Qualitätshandsäge
  ⇒ Teleskopzugsäge
  ⇒ Turbo-Astsäge
Astschere 3, 4, 5, 138, 140, 146, 154, 155, 156, 157
  – Pflege 285
  – Schleifen 285
  – mit 1,50 m Reichweite 156, 157
  – mit 60 cm Reichweite 156, 157
  ⇒ Amboßastscheren
  ⇒ Astschere mit 60 cm Reichweite
  ⇒ Astschere mit 1,50 m Reichweite
  ⇒ Bypass-Astschere
  ⇒ Bypass-Astschere aus Aluminium
  ⇒ Einfache Astschere
  ⇒ Felco-Astschere
  ⇒ Große, grobe Bypass-Astschere
  ⇒ Kleine, grobe Astschere
  ⇒ Kombi-Astschere
  ⇒ Maxi-Ratschenastschere
  ⇒ Mini-Astschere
  ⇒ Teleskopschere
  ⇒ Spezial-Astschere
  ⇒ Weinbergastschere
Aufhängen der Geräte 285, 286
Augen/-verbindung 13, 54, 62, 147, 167
Augengriffe 142, 143
Augenhacke 62, 63, 65, 68
Ausblüten 138, 142, 143
Auslichten 143
  – Auslichtschere 143
Ausputzen 142, 143, 144, 147, 148, 161, 162, 170, 176
  – Ausputzschere 87, 142, 143
Aussäen 100, 129, 231
Ausstechbecher 127
Automatikpflanzer 127
  ⇒ auch Knollenpflanzer
Äxte 4, 5, 54, 138, 140, 166, 167, 168, 170 173
  – Axtblatt 166, 167
  – Feilen 285
  – Handhabung 167
  – Qualität 167
  – Stiel 167
  – mit Doppelschneide 168
  – mit einfacher Schneide 168, 170
  ⇒ Dayton-Axt
  ⇒ Einfache Axt
  ⇒ Michigan-Axt
  ⇒ Ohio-Axt
  ⇒ Pionieraxt
  ⇒ Schwedische Axt
  ⇒ Spaltaxt
  ⇒ Yankee-Axt

B

Bacon, Francis 64, 85
Bakterien 147, 160, 208, 217, 219
Ballkomposter 212, 213, 214
Bambusrechen 6, 257, 260
Bambusstecken 99
Bananengriff 161
Bandschleifer 146
Bärengras 222
Bastardschlichtfeile 285
Bauernmesser 75, 76, 77, 88, 89
Bauindustrie 251
»Baum« (Sensenschaft) siehe Sense
Baumpflanzhacke, Schwedische 72
Baumschere 3, 4, 5, 8, 138, 140, 144, 145, 146, 147, 148, 149, 154, 155
  – Pflege 285
  – mit Schneckenfeder 148
  – von Felco 149
  ⇒ Amboßbaumschere
  ⇒ Bypass-Baumschere
  ⇒ Ergonomische Baumschere
  ⇒ High-Tech-Baumschere
  ⇒ Klassische Baumschere
  ⇒ Ratschenbaumschere
  ⇒ Romulusschere
  ⇒ Rosenschere
  ⇒ Schnappschnittbaumschere
  ⇒ Starke Baumschere
Baumwolle 276
  – Baumwoll-T-Shirt 278
  – Baumwolljacken, Gewachste 280
  – Baumwollkittel, Geblümter 279
  – Baumwollsamen-Rechengabel 52, 53
  – Baumwollstoff 267
  – Baumwollweste 280
  – Beschichtete 277
Bauschaufel 25
Beerenkorb 242, 243
Beet 15, 44, 49, 56, 61, 87
Beet- und Mistgabeln 50, 51
  ⇒ Fünfzackige Mistgabel
  ⇒ Leichte Beetgabel
  ⇒ Mistegge
  ⇒ Sechszackige Mistgabel
  ⇒ Vierzackige, schottische Mistgabel
  ⇒ Zehnzackige Beetgabel
Beetfolie 110, 111
Beetgabel 45
Behälter 238 ff.
Beidhandheckenschere 153
Beil 139, 169
  ⇒ Brennholzbeil
  ⇒ Japanisches Beil
  ⇒ Pfadfinderbeil
  ⇒ Standardbeil
Belüfterstab 219
Beschneiden 138, 143, 176
Besen 262, 263
  ⇒ Fächerbesen aus Kunststoff
  ⇒ Großer Drahtfeger
  ⇒ Normaler Straßenbesen
  ⇒ Reisigbesen
  ⇒ Verstärkter Großflächenbesen
Besenginster/-heide/-hirse 262
Bessemer, Henry 42
Bewässern 132, 180 ff.
Bewässerungsschaufel 25
Bewässerungsgeräte 183, 186
Bewässerungssysteme 183, 195
Bewässerungstechnik 185, 186
Bewurzelungshormon 87, 94, 96, 97, 99
Biokultivator 80, 81
Birkenholzgriff 125
Blähton 87, 96, 98, 133
Blauschwingel 222
Blechblumenkelle 123
Blechknollenpflanzer 126
Bleichlauge 97, 100
Bleichtopf 109, 112
Blumenampeln 133
Blumendraht 142
Blumenkasten 135
Blumenkellen 8, 9, 117, 118, 120, 121, 122 ff.

– Pflege 285
⇒ Alu-Blumenkelle
⇒ Blechblumenkelle
⇒ Edelstahlblumenkelle
⇒ Ergonomische Blumenkelle
⇒ Große Blumenkelle
⇒ Jätkelle
⇒ Jekyll-Blumenkelle
⇒ Knollenkelle
⇒ Langstielige Blumenkelle
⇒ Leichte Blumenkelle
⇒ Rechtwinklige Blumenkelle
⇒ Stahlblumenkelle
⇒ Standard-Blumenkelle
⇒ Umpflanz-Blumenkelle
Blumenkellenblatt 122
⇒ Elliptisches
⇒ Rundes
⇒ Spitzes
⇒ V-förmiges
Blumenkörbe 241
Blumenkübel 119
Blumenschaufel 20, 22, 24
⇒ auch Blumenkellen
Blumenschere 140, 141
⇒ Allzweckschere
⇒ Auslichtschere
⇒ Ausputzschere
⇒ Blütenschere
⇒ Ikebanaschere
⇒ Langblattschere
⇒ Präsentierschere
⇒ Obst- und Blumenschere
⇒ Traubenleseschere
Blumentöpfe 119, 130
Blumenzwiebel 117, 122, 126
Blütenfarben 126
Blütenschere 142, 143
Blutmehl 14
Bodenbearbeitung 12, 16
Bodenbeschaffenheit 208, 209
Bodenbestimmung 181, 182
Bodenhilfsstoffe 14
Bodenproben-Set 102
Bodenstecher 234, 235
Bodenzusätze 246, 247
Bogenrechen 255, 256
Bonsai 141, 142, 143
Borchardt, Rudolf 87
Borsten 262, 263
Brause mit Gummirücken 192
Brausen siehe Gießkannenbrausen
Brecheisen 13
Breitbeil 55, 56, 57
Breitgabeln 44, 47
⇒ Breitgabel
⇒ Preßstahl-Gartengabel
⇒ Stahlband-Gartengabel
Breithacken 13, 54 ff.
⇒ Allzweck-Breithake
⇒ Hand-Breithacke
⇒ Rodehacke
⇒ Unkrautwinde
Breitmaulschippe 3
Breitstreuwagen 230, 231, 232
Brennholz 138, 158, 166, 170, 171
– Brennholzbeil 169, 171
– Brennholzhammer 171
Bügelrechen 258, 259
Bügelsäge 163, 164, 173
Buschmesser 176
»Buschwolf« 172
Bypass-Astschere 157
– aus Aluminium 156
Bypass-Konstruktion 143, 144
Bypass-Schere 94, 148
– Schleifen 285

C

Camping 170
Campingaxt 169, 170
Canterbury-Hacke 68, 72, 73
Canvasbaumwolle 196
Cape-Cod-Jäter 74, 75, 76, 77
Cast Stone siehe Formstein
Chevron-Hackenkopf 73
China 239
Clog 267, 268, 269
Coleman, Eliot 71, 75
⇒ auch Eliot-Coleman-Ziehhacke
Corona (Firma) 148, 149, 164, 165
Cro-Magnon-Menschen 262

D

D-Griff 8, 18, 22, 32, 35, 41, 103
Damenspaten 19, 34
Dayton-Axt 166
De la Quintinye, Jean-Baptiste 138
Deich- und Bewässerungsspaten 39
Delta-Hackenkopf 73
Deukalion 2
Diamantflachfeile 289
Diamantspitzen 219
Diamantkopf-Hacke 69
Dibbelholz 117, 120
Doppelgraben 15, 30, 33, 44
Doppelkantiger Dickichtschneider 177
Doppelschneide 162
Draht 241
Drahtfeger 257
Drahtkörbe 241, 242, 243
Drahtschneider 148, 149
Dränierschaufel 18
Dränierspaten 34, 35, 40
Dreharme 202
Drehbrause 200, 201
Drehdüse 199
Drehscheibe 128
Drehstrahlregner 202
Dreifachschliff 165
Dreikantenschneider 229
Dreikantzahnung 162, 163
Dreiklingenmesser 91
Dreiklingiges Klappgartenmesser 91
Dreilagiger Schlauch 196
Dreistufenschnitt 161, 162
Dreiwandbehälter 212
Dreizackige Heugabel 53
Dreizinkiger Kultivator 73, 79
Dreizinkiger Pfeilkopfkultivator 81
Drip-Systeme 185, 187, 195, 196
Druckstellen 241, 243
Druckwassergießen 184, 185
Düngen 208, 209, 231, 238, 245
Dünger 78, 94, 98
– chemischer 65
Düngewagen 232
Durchwurfsieb 217

E

Edelstahlblumenkelle 123, 124
Edelstahl-Randgabel 48
Edelstahlklinge 143
Egge 4, 45
⇒ Getreideegge
Eimer 183, 238, 245
– Komposteimer 289
Ein-Rad-Schubkarre 249

Einfache Astsäge 155, 162
Einfache Axt 168
Einfache Klappsäge 165
Einjährige Pflanzen 130, 133
Einreihige Sämaschine 129
Einsatzbohrer 146
Einstellbare Runddüse 201
Elektrischer Sichelmäher 223
Elektroheckenschere 150, 151
Eliot-Coleman-Ziehhacke 66
Elliptisches Blumenkellenblatt 122
Emerson, Ralph Waldo 2, 85
Endivien-Bleichtopf 112
Englehardt, Orton 203
Englische Gartengabel 44, 46
Englische Gießkannen 184
Englischer Gartenspaten 33, 34, 37
Englischer Kantenstecher 228
Enthornen 155
Erdbeerpflanzen 130, 144
Erdbeertöpfe 130
Erdblöcke 85
Erdblocker 104, 105
⇒ Maxi-Erdblocker
⇒ Mini-Erdblocker
⇒ Stand-Erdblocker
Erdkrampen 99
Erdsieb 94
Ergonomische Baumschere 148
Ergonomische Blumenkelle 124
Ernte 242, 243
Erntebehälter 242, 243
⇒ Apfelkörbe
⇒ Beerenkorb
⇒ Drahtkörbe
⇒ Französischer Marktkorb aus Draht
⇒ Gemüsekörbe
⇒ Obstpflückerkörbe
⇒ Scheffelkörbe
⇒ Sirupeimer
⇒ Sussex-Korb
⇒ Tomatenkorb aus Holz
⇒ Zinkeimer
Erntegerät 254
Erntekörbe 241
Erntemethode 239
Ernterechen 255
Erosion 14, 238
Etageren 130, 132
Etiketten 98
Evelyn, John 17, 64
Evergreen-Gartengabel 40, 46

F

Fächerbesen aus Kunststoff 261
Fächerkopf 199, 200
Farmerhose 278
Fasern 208
Federstahl 6, 8, 21, 22, 24
Federstahlzinke 63
Feile 289
⇒ Bastardschlichtfeile
⇒ Diamantflachfeile
⇒ Keramikfeile
Felco (Firma) 146, 148, 149, 164
Feldbestellung 118, 119
Feldbewässerung 205
Feldhacke 68, 72
– Schmale Feldhacke 70
Fensterkästen 131, 133
Feuchtigkeit 181, 182
Fiberglas-Gartengabel 48
Firnis, Leinöl- 285
Fischschwanzjäter 63, 75, 76, 77
Fiskars (Firma) 143, 148, 149
Flacher Stahlrechen 256, 258, 259
Flachfolien 87

Flachschlauch 194, 196
Folientunnel 110, 111
Formaldehyd 276
Formstein 131
– Formsteinkübel 134
– Formsteinurne 135
Französischer Marktkorb 242
Französische Gießkannen 184, 189, 190, 191
Französische Hippe 92
Französische Metallgießkanne 191
Freivald, Professor A. 4
Freund (Firma) 148, 149, 152
Frontklappe 249, 251
Fronttritt 21, 24, 25, 33, 35, 43
»Frosch« 6, 20, 21
Froschregner 204
Frost 130
Fruchtfliegen 247
Frühbeet 106, 107, 110
– dänisches 107
– »kaltes«/ohne interne Wärmequelle 106
– aus recycletem Rotholz 107
⇒ Holzsaatkiste mit Beetschutz
⇒ Mistbeet
Frühbeet 84, 86
Frühjahr 116, 145, 158, 209
Fugenkratzer 75, 76, 77
Fünflagiger Schlauch 196, 197
Fünfzackige Mistgabel 50, 51
Fungizid 94, 96, 97, 99, 208
Furchenziehen 129

G

Gabel 15, 16, 17, 18, 42 ff.
⇒ Amerikanische Spatengabel
⇒ Baumwollsamen-Rechengabel
⇒ Beetgabel
⇒ Breitgabel
⇒ Dreizackige Heugabel
⇒ Edelstahl-Randgabel
⇒ Englische Gartengabel
⇒ Evergreen-Gartengabel
⇒ Fiberglas-Gartengabel
⇒ Fünfzackige Mistgabel
⇒ Gerstengabel
⇒ Grabegabel
⇒ Heugabel
⇒ Kindergabel
⇒ Kompostgabel
⇒ Leichte Beetgabel
⇒ Mistegge
⇒ Mistgabel
⇒ Preßstahl-Gartengabel
⇒ Randgabel
⇒ Sechszackige Beetgabel
⇒ Sechszackige Mistgabel
⇒ Solide geschmiedete Randgabel
⇒ Spatengabel
⇒ Stahlband-Gartengabel
⇒ Vierzackige, schottische Mistgabel
⇒ Zehnzackige Beetgabel
⇒ Zweizackige Heugabel
Gaffelklaue 55
Galvanisierte Riesenbrause 192
Gänsehals 70
Garben 255
Gartenabfalltasche 240, 244, 247
Gartenclog siehe Clog
Gartenfahrzeug
Gartengabel 3, 6, 14, 15, 17, 42, 43, 46
⇒ auch Grabegabel
⇒ auch Spatengabel

⇒ Amerikanische Spatengabel
⇒ Englische Gartengabel
⇒ Evergreen-Gartengabel
⇒ Spatengabel
Gartenglocken siehe Glasglocken
Gartenhacke siehe Hacke
Gartenkarren (zweirädrig) 238, 239, 248, 249, 251
Gartenkleidung siehe Arbeits- und Schutzkleidung
Gartenkübel 131
Gartenrechen 255, 258, 259
⇒ Bügelrechen
⇒ Flacher Stahlrechen
⇒ Heurechen aus Holz
⇒ Holzrechen
⇒ Kinderrechen
⇒ Schwerer Rechen
Gartenschere 227
Gartenschlauch 182, 183, 184, 185, 187, 193, 194, 195, 196, 197
⇒ Dreilagiger Schlauch
⇒ Drip-System
⇒ Flachschlauch
⇒ Fünflagiger Schlauch
⇒ Gummischlauch
⇒ Hahnverlängerung
⇒ Hitzebeständiger Schlauch
⇒ Industrieschlauch
⇒ Kurzschlauch
⇒ Schlauchführungsrolle
⇒ Schlauchschutz
⇒ Schwarzer Gummischlauch
⇒ Synthetikschlauch
⇒ Terrassenschlauch
⇒ Tropfrohr
⇒ Vierlagiger Schlauch
⇒ Vinyl-Nylon-Schlauch
⇒ Vinyl-Schlauch
⇒ Wurzel- und Erdschlauch
Gartenschlauchqualität 194
Gartenschuhe, Geschlossene 269
Gartenspaten 33, 36
– mit Fiberglasstiel 36, 37
Gartenstiefel 267, 269
Gärtnerbank 94 ff.
Gärtnerhose 278
Gärtnerschemel 120
Gärtnerwanne 103
Geblümter Baumwollkittel 279
Gebogene Astsäge 162
Gefütterte Handschuhe 273
Gemüsekörbe 242, 243
Gerader Rechen 255
Gerades Setzholz 121
Gerard, John 119
Geräteleiste aus Ahornholz 288
Gerstengabel 52, 53
Geschlossene Gartenschuhe 269
Getreideegge 45
Getreideernte 172
Getreideschaufel 28
Getriebeübersetzung 155, 156
Gewächshauszerstäuber 89
Gewachste Baumwolljacken 280
Gewachste Hüte 274
Gezackte Schneiden 152
Gezackter Gartenspaten 41
Gezahnte Grashaue 176, 177
Gieß-Tontopf 184
Gießen 180, 181, 185
Gießkanne aus Polyethylen 190
Gießkannen 94, 180, 182, 183, 184, 187, 188, 189, 190, 191
– Gebrauch 189
– Qualität 187
⇒ Englische Gießkanne
⇒ Französische Gießkanne

⇒ Französische Metallgießkanne
⇒ Gummiballon-Wasserspender
⇒ Handliche Gießkanne
⇒ Haws' Metallgießkannen
⇒ Haws' Professional
⇒ Haws' Traditional
⇒ Kupfergießkanne
⇒ Plastikgießkannen
⇒ Praktische Gießkanne aus Polyethylen
⇒ Pulverbeschichtete Gießkanne mit Messinggriff
⇒ Spezialgießkannen
⇒ Stahlgießkannen
⇒ Terrassengießkanne
⇒ Treibhausgießkanne
Gießkannenbrausen 187, 188, 189, 190, 191, 192
⇒ Brause mit Gummirücken
⇒ Galvanisierte Riesenbrause
⇒ Haws-Kunststoffbrause
⇒ Haws-Schraubbrause
⇒ Himmelbrause
⇒ Kunststoffbrausen
⇒ Langarmige Babybrause
⇒ Metallbrausen
⇒ Ovale Brause
⇒ Standard-Rundbrause
Gießkannentüllen 187, 189, 190, 191
Gießstab 199, 200
Gießwasser 180
Glasglocke 17, 84, 86, 106 ff., 112
– mit Glasknauf 108
– siehe auch Reihenglocke
Glasierter Erdbeertontopf 134
Grabegabel 4, 5, 42, 43, 44, 49
⇒ Allzweck-Grabegabel
Grabenschaufel 23
– mit Spitze 29
– mit Stahlbändern 29
⇒ Hubgrabenschaufel
⇒ Grabenschaufel mit Spitze
⇒ Grabenschaufel mit Stahlbändern
⇒ Große Grabenschaufel mit Stahlbändern
⇒ Vierkantgrabenschaufel
Grabenspaten 18, 35
Grabespaten 40
⇒ Dränierspaten
⇒ Evergreen-Gartenspaten
⇒ Wurzelballenspaten
Grabestock 47, 117, 121
Grashaue 172, 174
Grasnarbe 14, 85, 104
Graspeitsche 172, 176
Grasschnitt 14
Grauschimmel 97
Gregory, Clark 208
Griffe 245
Große Astsäge 165
Große Blumenkelle 124
Große Grabenschaufel mit Stahlbändern 29
Große Stahlschippe 28
Große Vierkantschaufel 27
Großer Drahtfeger 261
Großer Gummirechen 260
Großer, roter Geländekarren 251
Grubber siehe Augenhacke
Grubberhacke 65
Gummiballon-Wasserspender 188
Gummigriff 124, 125
Gummihandschuhe 272
Gummirechen 257
Gummischlauch 193, 196

Gummistiefel 267, 268, 269
Gürtelhalfter 164
Guy-Wolff-Langtopf 135

H

Hackblock 167
Hacke 6, 18, 54, 62 ff.
— Grundmodell 67
⇒ Allzweck-Stielhacke
⇒ Augenhacke
⇒ Canterbury-Hacke
⇒ Diamantkopfhacke
⇒ Eliot-Coleman-Ziehhacke
⇒ Feldhacke
⇒ Grubberhacke
⇒ Handgabel
⇒ Handhacke
⇒ Handpflanzer
⇒ Hollandhacke
⇒ Kollinear-Ziehhacke
⇒ Pendelhacke
⇒ Radhacke
⇒ Rodehacke
⇒ Sauzahn
⇒ Schmale Feldhacke
⇒ Schwanenhalshacken
⇒ Schwedische Baumpflanzhacke
⇒ Scovil-Hacke
⇒ Stahlham-Hacke
⇒ Traubenhacke
⇒ Union-Ziehhacke
⇒ Zwiebelhacke
Hacken 7, 167
Hackenblatt 66, 68
Hackenkopf
⇒ Chevron-Hackenkopf
⇒ Delta-Hackenkopf
Hackenspitze 128
Hahnverlängerung 197
Halstuch aus Baumwolle
Hämmer 166, 171, 175
⇒ Amerikanischer Spalthammer
⇒ Brennholzhammer
⇒ Holzhammer
⇒ Schwedischer Spalthammer
Hand-Breithacke 55, 57
Handbewässerung 183
Handgabel 71
Handhacke 71
Handheckscheren 151
Handjäter 62, 63, 74, 75, 76, 77
Handknollenpflanzer 127
Handliche Gießkanne 190, 191
Handmäher 223, 224, 225
Handpflanzer 71, 127
Handrasenmäher 150
Handrechen 261
Handsämaschine 128
Handschuhe 270 ff.
⇒ Arbeitshandschuhe aus Ziegenleder
⇒ Gefütterte Handschuhe
⇒ Gummihandschuhe
⇒ Hirschleder
⇒ Kautschuk
⇒ Latexhandschuhe
⇒ Leichte Ziegenlederhandschuhe
⇒ Rindsleder
⇒ Rosenhandschuhe
⇒ Schweinsleder
⇒ Schafsleder
⇒ Stoffhandschuhe
⇒ Stulpenhandschuhe
⇒ Wildlederhandschuhe (Schweinsleder)
⇒ Ziegenleder
Handsichel 176, 177

Handstreuer 230, 231, 232
Hängekleid 266
Hängekörbe 130
Hardy, Thomas 254
Harken 4, 12, 45, 230
⇒ Kartoffelharke
⇒ Mistharke
Hartholzstämme 168
Haushaltsschere 146
Haws (Firma) 189, 190, 191, 200, 201
Haws' Professional 190, 191
Haws' Traditional 190
Haws, John 184
Haws-Kunststoffbrause 192
Haws-Metallgießkanne 184, 189
Haws-Schraubbrause 192
Hebelwirkung 4, 7, 8, 13, 19, 33, 55, 248
Hecken 140, 150, 151, 153
— Heckenschnitt 140, 151, 152
Heckenschere 140, 150
⇒ Allzweckheckenschere
⇒ Beidhandheckenschere
⇒ Japanische Heckenschere
⇒ Langstielige Heckenschere
⇒ Mini-Heckenschere
⇒ Wellenblatt-Heckenschere
Helm 168
Hemden 266, 276 ff.
⇒ Arbeitshemd aus Segeltuch
Heu 42, 45, 255
Heuernte 174
Heugabel 2, 3, 42, 43, 44
Heurechen aus Holz 259
Hickoryholz 7, 46
High-Tech-Baumschere 148
High-Tech-Klappsäge 164
Hilfsgeräte zum Kompostieren 216, 217, 218, 219
⇒ Belüfterstab
⇒ Durchwurfsieb
⇒ Holzsieb
⇒ Kompostbeschleuniger
⇒ Kompostgabel
⇒ Kunststoffsieb
⇒ Metallsieb
⇒ Thermometer
Himmelbrause 192
Hippen 17, 90, 92, 93, 94, 139, 172, 173
— Hippenblatt 173
Hirschleder (für Handschuhe) 272
Hitzebeständiger Schlauch 196
Hochradhacke 68
Höhentriebe 151
Hoher Terracottatopf 134
Hollandhacke 63, 65, 66, 69, 71
Holländischer Spaten 34
Holz 166, 167
Holzfäller 166, 168
Holzgefäße 131, 132
Holzhacken 171
Holzhammer 138, 168, 171
Holzklotz 167, 168, 169
Holzkorb 241, 242, 243
Holzpaletten 213
Holzrechen 256, 258, 259
Holzreifen 240, 241
Holzsaatkiste mit Beetschutz 107
Holzsieb 218
Holzstielqualitäten 7
Hori-Hori-Messer siehe Bauernmesser
Hormonpulver 97
Hornspäne 14, 15
Hosen 266, 276 ff.

⇒ Farmerhose
⇒ Gärtnerhose
⇒ Jeanslatzhose
Hubgrabenschaufel 23, 29
Hubhöhe 7, 35
Humboldt, Alexander von 85
Humus 45, 65, 208, 209, 212, 216, 217
Hüte 266, 274 ff.
⇒ Gewachste Hüte
⇒ Panamahut
⇒ Regenhut
⇒ Schildmütze
⇒ Stoffhut
Hygromull 96, 98, 133
Hyl, Thomas 185

I

Ikebanaschere 140, 141, 142, 143
Impulsbrause mit Pistolengriff 200
Impuls-Hochregner 202, 203
Impuls-Schlittenregner 204, 205
Impulsregner 203, 204, 205
Impulssprenger 185
Impulsspritze mit Pistolengriff 200, 201
Infektionsgefahr 146
Insektenschutz 277
Industrieschlauch 196
Integralgriff 141
Iowa-Setzspaten 33, 34, 40, 41
Irische Reisighippe 176
Irischer Gartenspaten 34
Irischer Knabenspaten 39
Italienische Augenhacke siehe Traubenhacke

J

Jacken 266, 280 ff.
— Gewachste Baumwolljacken 280
⇒ Jeansjacke
⇒ Nylonregenjacke
⇒ Wachsjacke
Japan 118
Japan-Ahorn 141
Japanische Astsägen 162, 163, 164
Japanische Heckenschere 152
Japanische Sichel 1877
Japanischer Steingarten
Japanisches Beil 169, 170
Jardinieren 130, 132
Jäten 13, 30, 45, 61, 62, 63, 66
Jäter 74 ff.
⇒ Bauernjäter
⇒ Cape-Cod-Jäter
⇒ Fischschwanzjäter
⇒ Fugenkratzer
⇒ Handjäter
⇒ Jekyll-Jäter
⇒ Kollinear-Handjäter
⇒ Löwenzahnjäter
⇒ Pfahlwurzeljäter
⇒ Steigbügeljäter
Jätkelle 122, 124, 125
Jätwerkzeuge 5
Jauch, Martin 217
Jeans/Bluejeans 266, 267, 276
— Jeansjacke 280, 281
— Jeanslatzhose 278
Jefferson, Thomas 249
Jekyll, Gertrude 125, 185, 244
— Jekyll-Blumenkelle 125
— Jekyll-Jäger 76, 77
Jenny, Professor Hans 60, 208
Jiffy-Torfquelltöpfe 101
Jipijapa-Pflanze (Carludovica palmata) siehe Panamahut
Jute 97

K

Kalk 14, 15, 209, 245
Kallusschicht 160
Kama *siehe* Japanische Sichel
Kamelie 18
Kaninchenspaten 34, 39
Kantenscheren 226, 227, 228
Kantenschneider 226
Kantenstecher 226, 228, 229
  – mit langem Stiel 228
  ⇒ Dreikantenschneider
  ⇒ Englischer Kantenstecher
  ⇒ Kunststoffrechen
  ⇒ Rasenstampfer
  ⇒ Robuster Kantenstecher
  ⇒ Vertikutier-Rechen
Karborundschleifstein 185
Karst (Breithacke) 54 ff.
Kartoffelgabel 79
Kartoffelharke 45
Kautschuk 270, 272
Kehren 254 ff.
Keile 138, 166, 168, 171
Kelle 3, 6
  – *siehe auch* Blumenkelle
Kelp *siehe* Seetang
Keramik 131
Keramikfeile 289
Kerbe 160
Kettensäge 138, 150, 160, 163
Kiefernnadeln 150
Kies 24, 33, 222
Kindergabel 48
Kinderrechen 259
Kinderschubkarre 250
Kinderspaten 36
Kipling, Rudyard 12
Klappblatt 164
Klappsägen 161, 162, 163, 165
Klassische Baumschere 148
Klassische japanische Klappsäge 164, 165
Klassischer Rasenmäher 225
Klebeband 97
Klebstoffe 131
Kleidung *siehe* Arbeits- und Schutzkleidung
Kleine Stahlschippe 28
Kleine, grobe Astschere 157
Kleiner Drahtfeger 260
»Kleiner Freund« 25
Kleiner glasierter Tontopf 135
Kleiner Gummirechen 261
Klemmtüllenschaufel 27
Klimaveränderungen 130
Klingen 5, 139, 145, 146, 150, 152, 154
Knieschutz 277
  – Kniematten 277
  – Knieschoner 279
  – Knietaschen 277
Knochenmehl 123, 126, 210
Knollenkelle 125
Knollenpflanzer 117, 118, 126
  ⇒ Automatikpflanzer
  ⇒ Blechknollenpflanzer
  ⇒ Handknollenpflanzer
  ⇒ Langstieliger Knollenpflanzer
  ⇒ Schwerer Knollenpflanzer
Knöpfe 228
Kohl 116, 182
Kohlendioxid 180
Kohlenstoffstahl 9, 15, 17, 24, 42, 43
Kokosfasern 96, 101, 262, 263
Kollinear-Handjäter 75, 76
Kollinear-Ziehhacke 66, 71
Kombi-Astschere 156

Kompakter Rasenmäher 225
Kompost 14, 15, 19, 22, 33, 42, 45, 78, 86, 133, 208 ff., 230, 238, 245
  – Herstellung 213
  – Reifegrad 211, 212, 217
  – Sieben 217
  – Stadium 216
  – Temperatur 217
Kompostbeschleuniger 219
Komposteimer 247, 289
Kompostentnahme 211, 212, 213, 214
Komposter 210, 211, 212, 213, 214, 215, 216
  ⇒ Ballkomposter
  ⇒ Dreiwandbehälter
  ⇒ Lattensilo
  ⇒ Laubkomposter
  ⇒ Laubkomposter aus Drahtgeflecht
  ⇒ Ovaler Kunststoffkomposter
  ⇒ Selbstgebauter Komposter
  ⇒ Stapelkomposter
  ⇒ Stapel-Wurmkomposter
  ⇒ Trommelkomposter
  ⇒ Wurmkomposter
Kompostgabel 49, 210, 216, 219
Komposthaufen 210, 216, 217
Kompostieren 208 ff.
Kompostlüfter 216
Kompostsud 213, 215
Kompostthermometer 217
Kompostwürmer 209, 211, 212, 213, 215, 219
König Edward 185
Köper 276
Kopfdüngung 208, 216
Kopfsalat 116, 119
Körbe 238, 239, 240, 241, 242, 243
  – Flechten 239
  ⇒ Apfelkörbe
  ⇒ Beerenkorb
  ⇒ Drahtkörbe
  ⇒ Französischer Marktkorb aus Draht
  ⇒ Gemüsekörbe
  ⇒ Obstpflückerkörbe
  ⇒ Scheffelkörbe
  ⇒ Sussex-Korb
  ⇒ Tomatenkorb aus Holz
Korbweiden 132
Kordel 96, 99
Kornischer Spaten 18
Körperhaltung 151, 154, 155, 226
Kraftersparnis 156
Krankheiten 132, 208
Kräuter 119, 130, 133
Kräutertopf 130
Kreisregner 204
Kreissprenger 199
Krempe 274
Krokodilmachete 177
Krokuszwiebeln 116
Kübelpflanzen 48, 119, 130, 132, 148
Kultivatoren 45, 54, 78 ff.
  – Formen
  ⇒ Biokultivator
  ⇒ Dreizinkiger Kultivator
  ⇒ Dreizinkiger Pfeilkopfkultivator
  ⇒ Vierzinkiger Kultivator
Kultivieren 55, 60 ff.
Kultiviergerät 123
Kunstdünger 208, 209
Kunststoff 8, 21, 23, 32, 100, 106, 108, 131
Kunststoffbrausen 187, 188, 192

Kunststoffeimer 245
Kunststoffglocke 108, 109, 113
Kunststoffkupplung 200
Kunststoffleitungen 195
Kunststoffolie, Schwarze 62
Kunststoffrechen 229
Kunststoffschale mit Deckel 103
Kunststoffsieb 218
Kunststofftreibhaus 113
Kunststofftrommel 290
Kupfergießkanne 188, 191
Kupferkupplungen 196
Kurzschlauch 194

L

L-förmiges Setzholz 121
Lagern von Handwerkzeugen 286
Lagerung *siehe* Werkzeugpflege und Lagerung
Landschaftsarbeiten 259
Langarmige Babybrause 192
Langblattschere 142
Lange Kantenschere 227
Langstielige Blumenkelle 124
Langstielige Heckenschere 153
Langstieliger Knollenpflanzer 126, 127
Langstielsichel 177
Langstielspaten 38
  ⇒ Irischer Gartenspaten
  ⇒ Langstieliger, irischer Herrenspaten
  ⇒ Langstieliger, konisch zulaufender Spaten
  ⇒ Langstieliger Slingo-Spaten
Langtopf 131
Lanzenzahn-Sägen 162
Lanzenzähne 162, 163
Latexhandschuhe 271
Lattensilo 212
Latzhose, Jeans- 278
Laub 14, 22, 244, 256, 257, 259
Laubbesen 256, 257, 260, 261
  ⇒ Fächerbesen aus Kunststoff
  ⇒ Großer Drahtfeger
Laubkomposter 214, 215
  – aus Drahtgeflecht 215
Laubrechen 3, 6
Leckrohre 186
Lederhalfter 144
Lederhandschuhe 271
Lederqualitäten (für Handschuhe) 270, 271
Lehm 135
Lehmboden 17, 41, 44, 234
  – *siehe auch* Bodenbeschaffenheit
Lehmhacke *siehe* Allzweck-Spitzhacke
Leichte Beetgabel 50, 51
Leichte Blumenkelle 124
Leichtmetall 21
Leinen 277
Leinölfirnis 285
Leiser Handmäher 225
Levat (Firma) 148, 149
Levi Strauss 267
Linkshänder 145, 148, 175, 177
Lockern (von Böden) 122
Löwenzahn 125
Löwenzahnjäter 75, 76, 122
Luftdurchlässigkeit 241
Lüften 42, 44, 47, 63
Luftreifen 248
Luftzufuhr 210, 211, 214, 215, 234
Lukas-Evangelium 209
Lurgan-Spaten 18
Lustgärten 223

M

Machete 172, 173
Mähdrescher 139
Mähen 7, 172, 173, 175, 176, 177
Mais 181
Maison rustique 222
Massivschaufel 25
Maurerkarre 248, 249, 250
Maxi-Erdblocker 105
Maxi-Ratschenastschere 155, 157
Meager, Leonard 117
Mechanische Sämaschinen 128
Mehrjährige Pflanzen 116
Meißel 13, 54, 140
Messer 4, 94
  – Klingen 90
  ⇒ Bauernmesser
  ⇒ Dreiklingenmesser
  ⇒ Französische Hippe
  ⇒ Hippe
  ⇒ Multifunktionsmesser
  ⇒ Okuliermesser
  ⇒ Pfropfmesser
  ⇒ Picknickmesser
  ⇒ Schweizer Armeemesser
  ⇒ Schweizer Kopuliermesser
  ⇒ Schweizer Okuliermesser
  ⇒ Taschenmesser
Messingkupplungen 194, 195, 196, 197, 201
Messingsprühlanze 200
Metallbrausen 188, 189, 190, 191
Metallgitter 219
Metallgriffschere 141
Metallkupplung 199
Metallrechen 257, 260
Metallsieb 218, 219
Metallstampfer 230, 231, 232
Metalltrommel 290
Michigan-Axt 168
Mikroben 210, 211, 213
Mikroklima 131, 132
Mikroorganismen 210, 213, 217
Milcheimer 242, 245
Milne, Alan Alexander 266
Mineralien 135, 210, 238
Mini-Astschere 157
Mini-Erdblocker 105
Mini-Heckenschere 152, 153
Minze 130
Mist 213
Mistbeet 106
Mistegge 50, 51
Mistgabel 3, 42, 43, 45, 210, 211, 212, 216
Mistharke 45
Mittelgroße Vierkantschaufel 26
Montgomery Campbell, Jane 180
Moor 18
Moosauslage 133
Mooskratzer 140
Mörtel 134
Motorfräse 150
Motormäher 224
Mountain, Didymus 116
Mulch 45, 60, 62
Multi-Setzholz 120
Multifunktionsmesser 91
Multitopfplatten 100, 101, 103
Mutterboden 12, 13, 14, 15, 33, 47, 60, 87, 259

N

Nachsäen 129
Nährstoffe 180, 208
Narben/Ledernarben 271
Nebeldüsen 199, 201
Nebelkanne 188
Newcastle-Dränierspaten 39
Niederradhacke 68, 69
Niederschlagsmessung 182
Niete 8, 9, 74, 80, 104
Nilbecken 182
Nockenhalter 286
Normaler Straßenbesen 263
Nutzholz 166
Nylonkupplungen 196
Nylonregenjacke 281

O

Obstbäume 156
Obsternte 141, 158
Obsternter 158, 159
Obstpflückerkörbe 241, 242, 243
Ohio-Axt 166
Okuliermesser 88, 89, 90, 91
Ölstein/Schleifstein 285
Originalsetzholz 121
Osterglocken 116
Ovale Brause 192
Ovaler Kunststoffkomposter 214

P

Panamahut 274
  – Panamastrohhut 275
  – Panamahut mit Kinnriemen 275
Papageien-Astschere 4
Papiertöpfe 101
Parkes, Alexander 42
Parzellen 181
Patina 130
Pendelhacke 66, 69, 71, 73
Perlatoren 198
Perlit 87, 96
Pestizide 208
Pfadfinderbeil 169, 170
Pfahlspaten 35
Pfahlwurzeljäter 76, 77
Pfahlwurzeln 122
»Pfanne« 19
Pfingstrosen 18
Pflanzarbeiten 117, 119, 126
Pflanzen 116 ff.
Pflanzenständer 130, 132
Pflanzenheber, rechtwinkliger 89
Pflanzenstützen 98
Pflanzenvermehrung 82 ff.
Pflanzenwurzeln 185, 186
Pflanzer 118
Pflanzgefäße 130
  ⇒ Blumenampeln
  ⇒ Blumentöpfe
  ⇒ Erdbeertöpfe
  ⇒ Etageren
  ⇒ Fensterkästen
  ⇒ Formsteinkübel
  ⇒ Formsteinurne
  ⇒ Gartenkübel
  ⇒ Glasierter Erdbeertontopf
  ⇒ Guy-Wolff-Langtopf
  ⇒ Hängekörbe
  ⇒ Hoher Terracottatopf
  ⇒ Holzgefäße
  ⇒ Jardinieren
  ⇒ Kleiner glasierter Tontopf
  ⇒ Kräutertopf
  ⇒ Langtopf
  ⇒ Pflanzenständer
  ⇒ Siebkörbe
  ⇒ Terracottabasket
  ⇒ Terracottatöpfe
  ⇒ Tontöpfe
  ⇒ Urnen
  ⇒ Vasumtöpfe
  ⇒ Wandtöpfe
  ⇒ Zitronentopf
  ⇒ Zedernholzkasten
Pflanzgranulat 94
Pflanzholz 120, 126
Pflanzkübel 119
Pflanzlöcher 117, 118, 120, 123, 125,
Pflanzrillen 54
Pflanzrituale 117, 118
Pflanztiefe 120
Pflaumenbaum 140
Pflege *siehe* Werkzeugpflege und Lagerung
Pflug 119
Pflugkopf 69
Pfropfbänder 97
Pfropfen 86, 90 ff.
Pfropfmesser 88, 89, 90, 93
Pfropfreis 85, 87, 90
Pfropfwachs 86, 94, 96, 98
pH-Wert 102
Photosynthese 106
Pickel (Spitzhacke) 54 ff.
  ⇒ Allzweck-Pickel
Pickelhacke 56
Picknickkorb 240
Picknickmesser 91, 92
Pikierholz/-stab 87, 94, 100
Pilzbefall 87, 147, 160, 209
Pionieraxt 166, 170
Pistolengriff 120, 124, 161
  – Pistolengriffdüse 198
Planieren 67, 233
Planierrechen 256
Plastikgießkannen 188, 190
Plastikrohr 195
Plastiktöpfe 100, 101, 132
Polyethylen 190, 191, 196, 214, 215,
Polyester-Vlies 107
Polyethylenfolie 110, 111
Polypropylen 25, 40, 46, 197, 227, 232, 244, 247
Powerflexschaufel mit Fiberglasstiel 24
Präsentierschere 142, 143
Präzisionssämaschine 128, 129
Präzisionsstreuwagen 231, 232
Preßholz 131
Preßstahl-Gartengabel 47
Propellerregner 203
Pulverbeschichtete Gießkanne mit Messinggriff 191
Pyramidenglocke 112

Q

Qualitäten 5
  ⇒ Holzstielqualitäten
  ⇒ Lederqualitäten
  ⇒ Stahlqualitäten
  ⇒ Stielqualitäten
  ⇒ Stoffqualitäten
Qualitätshandsäge 160

R

Radhacke 68, 69, 73
  ⇒ Hochradhacke
  ⇒ Niederradhacke
Radkultivator *siehe* Radhacke
Radsämaschine 128
Randgabel 44, 87, 88
Randschaufel 22
  – mit Rückenmulde 24
Randspaten 18, 34
Rasenaerifizierer 235
  – *siehe auch* Aerifizierer
Rasenanlage 230
Rasenbewässerung 203, 204, 205

Rasenfilz 234, 235
Rasenfläche 222, 223, 224, 225, 227, 231, 232, 234, 235
Rasenkante 150, 151
Rasenmähen 223
Rasenmäher 139, 150, 223, 224, 225
⇒ Elektrischer Sichelmäher
⇒ Handmäher
⇒ Klassischer Rasenmäher
⇒ Kompakter Rasenmäher
⇒ Leiser Handmäher
⇒ Motormäher
Rasenmäher-Messer 224
Rasenpflanzen 223
Rasenpflege 221 ff.
Rasenrechen 256, 257, 260, 261
⇒ Bambusrechen
⇒ Großer Gummirechen
⇒ Handrechen
⇒ Kleiner Drahtrechen
⇒ Kleiner Gummirechen
Rasensamen 230
Rasenscheren 226, 227
⇒ Gartenschere
⇒ Lange Grasschere
⇒ Lange Kantenschere
⇒ Schafschurscheren
⇒ Singende Scheren
⇒ Verstellbare Rasenschere
Rasenschnitt 224
Rasensprenger 183, 185, 202, 203
Rasenstampfer 228, 229
Rasentrommel 17
Rasenwalze 233
Ratschenbaumschere 147, 148, 149, 157
Ratschenmechanismus 147, 149, 155, 204
Räumlücken 162, 163, 165
Raupenschere 140, 158, 159
⇒ Obsternter
⇒ Stangenastsäge
⇒ Teleskop-Astsäge
Raupenschneider 138
Reben 156, 172, 173
Rechen 2, 16
– siehe auch Gartenrechen
Rechen 230, 231, 254, 255, 256, 257, 258, 259, 260, 261 ff.
⇒ Bambusrechen
⇒ Baurechen
⇒ Bügelrechen
⇒ Federstahlrechen
⇒ Flacher Stahlrechen
⇒ Großer Gummirechen
⇒ Handrechen
⇒ Heurechen aus Holz
⇒ Holzrechen
⇒ Kinderrechen
⇒ Kleiner Drahtrechen
⇒ Kleiner Gummirechen
⇒ Metallrechen
⇒ Planierrechen
⇒ Schwerer Rechen
⇒ Stahlrechen
⇒ Ziehrechen
Rechengabel 14, 42, 43, 45, 52, 53
⇒ Baumwollsamen-Rechengabel
⇒ Dreizackige Heugabel
⇒ Gerstengabel
⇒ Sechszackige Beetgabel
⇒ Zweizackige Heugabel
Rechenkopf 256
Rechenstiel 254
Rechtwinklige Blumenkelle 122, 125
Recyclinggummi 196
Regenhut 274, 275

Regentürme 202, 203, 205
Regner 202, 203, 204, 205
– Aufstellen 202
– mit einstellbarer Sprengfläche 204
– mit feststehenden Düsen 202
⇒ Drehstrahlregner
⇒ Froschregner
⇒ Impuls-Regner
⇒ Impuls-Hochregner
⇒ Impuls-Schlittenregner
⇒ Kreisregner
⇒ Propellerregner
⇒ Rasensprenger
⇒ Regenturm
⇒ Regner mit feststehenden Düsen
⇒ Rotierender Schlittenregner
⇒ Schlangenregner
⇒ Schwungkopfregner
⇒ Sprinkler
⇒ Tragbares Regnerset
⇒ Traktorregner
⇒ Ventilatorregner
⇒ Viereckregner mit Schwingkopf
⇒ Wassertimer
Reifegrad 210
Reifehaube 84, 109
Reihenbewässerung 183
Reihenglocke/-abdeckung 84, 108, 110
Reihentropfer 182
Reihenzieher 73
Reiser siehe Pfropfreis
Reisigbesen 254, 262, 263
Reisighippe 139, 172, 173, 177
Rhododendron 18, 144
Rigolen siehe Doppelgraben
Rinde 160, 162, 166
Rindenschäler 140
Rindsleder (für Handschuhe) 271
Robinson, William 185
Robuster Kantenstecher 229
Röcke 266
Rodeaxt 139, 172, 173
Rodehacke 55, 56, 68, 72
Roden 14, 139, 155, 169, 172, 176, 177
Rodewerkzeuge 172 ff.
⇒ Allzweckmachete
⇒ Amerikanische Reisighippe
⇒ Buschmesser
⇒ Doppelkantiger Dickichtschneider
⇒ Gezahnte Grashaue
⇒ Handsichel
⇒ Irische Reisighippe
⇒ Japanische Sichel
⇒ Krokodilmachete
⇒ Langstielsichel
⇒ Reisighippe
⇒ Schwungblatt
Rodewerkzeuge 56, 57
– Handhabung 173
⇒ Rodeaxt
⇒ Rodehacke
Röhrenschlauchhalter 288
Rollenschneider 138
Rollgriff 149
Römisches Reich 16, 17, 139, 140, 239, 254
Romulusschere 147
Rosen 148, 182
Rosenhandschuhe 273
Rosenholzgriff 121
Rosenschere 148
Rotholz 131
Rotierender Schlittenregner 203, 204

Royal Horticultural Society 4
Rückschnitt 138, 147, 156
Rundblattschaufel 3, 15, 19, 21, 22, 122
⇒ Allzweck-Rundblattschaufel
⇒ Allzweckschaufel mit Tritt
⇒ Bauschaufel
⇒ Bewässerungsschaufel
⇒ Blumenschaufel
⇒ »Kleiner Freund«
⇒ Massivschaufel
⇒ Powerflexschaufel mit Fiberglasstiel
⇒ Randschaufel mit Rückenmulde
⇒ Schaufel mit Fiberglasstiel
⇒ Schaufel mit Rückenmulde
⇒ Spitzrückenschaufel
Rundes Blumenkellenblatt 122
Rundholzschnitt 163
Ryoanji-Tempel 6

S

Saat 12, 15, 96
Saatgut 85, 128, 230, 231
Saatgutgröße 128, 129
Saatholz 87, 88, 94
Saatkiste 100
Saatreihen/-rillen 68, 70, 100, 128, 129
Saattrichter 129
Sackleinen 244
Säen 117, 118, 119, 230, 231, 232
Saftrille 144, 145, 148, 149, 157
Säge 4, 5, 16
– Pflege 285
Sägeblatt 138, 160, 161, 162, 163, 164, 165
Sägen 140, 166
Sägeprinzip 147, 160
Sämaschinen 117, 119, 128 f.
⇒ Einreihige Sämaschine
⇒ Handsämaschinen
⇒ Mechanische Sämaschinen
⇒ Präzisionssämaschine
⇒ Radsämaschine
⇒ Vierreihige Sämaschine
Samen 14, 85, 117, 118, 120, 128, 129, 231, 232, 244, 245, 246
Samenschaufeln 238, 240, 245, 246
Samentütchen 128
Sämlinge 122, 123, 128
Sandiger Boden 133, 234
Sandvik (Firma) 146, 148, 156, 157
Sättigungspunkt 181
Sauerstoff/-zufuhr 210, 216
Sauzahn 63, 65, 66, 68, 70
Schafschere 150
Schafschurscheren 226, 227
Schafsleder (für Handschuhe) 272
Schaft(verbindung) 6, 7, 20, 21, 24, 31
Schärfen/Schleifen 67, 145
Schaufeln 6, 14, 16, 17, 19, 248
– Körperhaltung beim Schaufeln 22
– Schleifen 285
– mit Fiberglasstiel 24
– mit Fiberglasstiel und Stahlkragen 26
– mit Rückenmulde 24
⇒ Allzweck-Rundblattschaufel

⇒ Allzweckschaufel mit Tritt
⇒ Bauschaufel
⇒ Bewässerungsschaufel
⇒ Blumenschaufel
⇒ Dränierschaufel
⇒ Grabenschaufel
⇒ Hubgrabenschaufel
⇒ »Kleiner Freund«
⇒ Massivschaufel
⇒ Powerflexschaufel mit Fiberglasstiel
⇒ Randschaufel
⇒ Randschaufel mit Rückenmulde
⇒ Rundblattschaufel
⇒ Schaufel mit Fiberglasstiel
⇒ Schaufel mit Fiberglasstiel und Stahlkragen
⇒ Schaufel mit Rückenmulde
⇒ Spitzrückenschaufel
⇒ Stahlschaftschaufel
⇒ Vierkantgrabenschaufel
⇒ Vierkantschaufel
⇒ Walztüllenschaufel
Schaufelblatt 19, 20, 21, 22, 24
Schaufelkopf 7, 22
Schaufelsetzholz 121
Schaufelstiel 22
Schaufeltritt 21
– siehe auch Fronttritt
Scheffeleimer, Verzinkter 289
Scheffelkorb 240, 241, 242, 289
Scheide 162, 163
Scheren 138 ff.
⇒ Allzweckschere
⇒ Allzweckheckenschere
⇒ Amboßastschere
⇒ Amboßbaumschere
⇒ Astschere
⇒ Astschere mit 60 cm Reichweite
⇒ Astschere mit 1,50 m Reichweite
⇒ Auslichtschere
⇒ Ausputzschere
⇒ Baumscheren
⇒ Baumschere mit Schneckenfeder
⇒ Baumscheren von Felco
⇒ Blumenscheren
⇒ Blütenscheren
⇒ Bypass-Astschere
⇒ Bypass-Schere
⇒ Einfache Astschere
⇒ Große, grobe Bypass-Astschere
⇒ Handheckenschere
⇒ Haushaltsschere
⇒ Heckenschere
⇒ High-Tech-Baumschere
⇒ Ikebanaschere
⇒ Japanische Heckenschere
⇒ Klassische Baumschere
⇒ Kleine, grobe Astschere
⇒ Kombi-Astschere
⇒ Langblattschere
⇒ Maxi-Ratschenastschere
⇒ Metallgriffschere
⇒ Mini-Astschere
⇒ Mini-Heckenschere
⇒ Präsentierschere
⇒ Obstenter
⇒ Obst- und Blumenschere
⇒ Ratschenbaumschere
⇒ Raupenschere
⇒ Rollerschneider
⇒ Romulusschere
⇒ Rosenschere
⇒ Schafschere
⇒ Spezialastschere
⇒ Spezialschere
⇒ Stangenastsäge
⇒ Starke Baumschere
⇒ Teleskop-Astsäge
⇒ Teleskopschere
⇒ Traubenleseschere
⇒ Weinbergastschere
Scherenblätter 140, 141, 142, 143, 145, 146, 148, 149
Scherenprinzip 140, 141
Scherenschenkel 141, 142, 145
Schiebehacken 63
⇒ Hollandhacke
Schildmütze 274
Schimmel 135, 244
Schippe 3, 23, 28
⇒ Aluminiumschippe
⇒ Getreideschaufel
⇒ Große Stahlschippe
⇒ Kleine Stahlschippe
Schlagwerkzeuge 166 ff.
⇒ Äxte
⇒ Hämmer
⇒ Keile
⇒ Sägen
Schlangenregner 204
Schlauch
– Gebrauch 194
– Lagerung 286
– Qualität 193, 194
Schlauchanschlußteile 194
Schlauchdüsen 193, 198
Schlauchführungsrolle 197
Schlauchhalter 199, 286
– mit Rolle 289
⇒ Röhrenschlauchhalter
⇒ Wandschlauchhalter
Schlauchschutz 197
Schlauchtopf 286, 289
Schlauchtrommel 286, 290
⇒ Kunststofftrommel
⇒ Metalltrommel
Schlauchverbindungen 199
Schlauchwagen 194, 286, 290
Schlauchzubehör 198, 199, 200, 201
⇒ Drehbrause
⇒ Drehdüse
⇒ Einstellbare Runddüse
⇒ Fächerkopf
⇒ Gießstab
⇒ Impulsbrause mit Pistolengriff
⇒ Impulsspritze mit Pistolengriff
⇒ Kunststoffkupplung
⇒ Messingkupplung
⇒ Messingsprühlanze
⇒ Nebeldüse
⇒ Perlatoren
⇒ Pistolengriffdüse
⇒ Schwanenhalskupplung
⇒ Schlauchdüsen
⇒ Schlauchhalter
⇒ Schlauchschutz
⇒ Schnellkupplungen
⇒ Spritzdüse
⇒ Spritzgießstab
⇒ Superdüse
⇒ Terrassengießstab
⇒ Topfgießstab
⇒ Wasserkugel
⇒ Wurzellüfter für Bäume und Sträucher
⇒ Wurzelsprenger
⇒ Vier-Stufen-Gießstab
⇒ Vier-Wege-Wasserverteiler
⇒ Zwei-Wege-Wasserverteiler
⇒ Zwillingskreisregner
Schleifen/Schärfen 65, 67, 155, 285
Schleifstein 175
– Arkansas-Ölstein 285
– Karborundschleifstein 285
Schlepprechen 255, 256
Schlepptücher 238, 244, 247
Schlitzschraube 148
Schmale Feldhacke 70
Schmetterlingsgriff 142, 143
Schmiedekunst 16, 17
Schnappschnittbaumschere 148, 149
Schneckenfeder 144, 148, 149
Schneeglöckchen 116
Schneidearbeit 138
Schneidekraft 155
Schneiden 138 ff.
Schneideprinzip 160
Schneidewerkzeuge 138 ff.
Schneidhacke siehe Allzweck-Breithacke
Schnellkupplungen 199
Schnellpflanzer 126
Schnittblumen 140, 141
Schnitthöhe 224, 225
Schnittiefe 162
Schnittstelle/-wunde 160, 161, 162
Schöpfeimer 183
Schöpfen 123
Schöpfkelle 123
Schubkarren 45, 238, 239, 248
Schuffel 66
⇒ Schiebehacke
Schuhe und Stiefel 267 ff.
Schuhwerk siehe Schuhe und Stiefel
Schürze 279
Schutzbrille 279
Schutzkleidung siehe Arbeits- und Schutzkleidung
Schwanenhals 66
Schwanenhalshacken 67
Schwanenhalskupplung 198
Schwarzer Gummischlauch 196
Schwarzkümmel 119
Schwedische Axt 170
Schwedische Baumpflanzhacke 72
Schwedischer Spalthammer 171
Schweinsleder (für Handschuhe) 272
Schweißnähte 78
Schweizer Armeemesser 91, 93
Schweizer Kopuliermesser 93
Schweizer Okuliermesser 92
Schwere Spezialspaten 41
⇒ Gezackter Gartenspaten
⇒ Stahlspaten mit Diamantspitze
⇒ Standardsetzspaten
Schwerer Knollenpflanzer 127
Schwerer Rechen 258, 259
Schwertlilien 117
Schwinghacke siehe Pendelhacke
Schwingkopfregner 203
Schwungblatt 172, 174, 176
Scovil-Hacke 68, 72
Secateur siehe Baumschere
Sechszackige Mistgabel 50, 51
Sechszackige Beetgabel 52, 53
Seetang (Kelp) 14
Segeltuch 244
Segeltuch 267, 274, 276
– Segeltuchstoff 242
– Segeltuchtragetasche 289
– Segeltuchtaschen 241
Selbstgebauter Komposter 213
Sensen 7, 140, 172, 173, 174, 175, 255
– Feilen 285
– mit geradem Baum 175
– nach amerikanischer Art 175

Sensenblatt 174, 175
Sensenstiel 174
Setzholz 3, 17, 117, 120, 126
 – mit T-Griff 121
 ⇒ Alan-Simpson-Setzholz
 ⇒ Gerades Setzholz
 ⇒ L-förmiges Setzholz
 ⇒ Multi-Setzholz
 ⇒ Schaufelsetzholz
Setzlinge 117, 118, 120, 122
Setzspaten 33
Setzstahl 103
Shakespeare, William 209
Sicheln 17, 139, 173, 174
Sicherheitsverschluß 144, 145
Sieb 217, 218, 219
Siebkörbe (Hanging baskets) 133
Singende Scheren 226
Sirupeimer 242
Solide geschmiedete Randgabel 49
Solide geschmiedeter Randspaten 36, 37
Solitärpflanzen 261
Sonnenblumen 245
Sonneneinstrahlung 8
Spalierwerkzeuge 139
Spalt 169
Spaltaxt 168, 170, 171
Spalten 168
Spalthammer 168, 170, 171
Spanholz 240, 241
Spargelmesser siehe Löwenzahnjäter
Spaten (Gartenspaten) 2, 7, 8, 13, 15, 16, 17, 18, 19, 20, 30 ff.
 – Größen 33
 ⇒ Damenspaten
 ⇒ Deich- und Bewässerungsspaten
 ⇒ Dränierspaten
 ⇒ Englischer Gartenspaten
 ⇒ Gartenspaten
 ⇒ Gartenspaten mit Fiberglasstiel
 ⇒ Grabenspaten
 ⇒ Holländischer Spaten
 ⇒ Iowa-Setzspaten
 ⇒ Irischer Gartenspaten
 ⇒ Irischer Knabenspaten
 ⇒ Kaninchenspaten
 ⇒ Kinderspaten
 ⇒ kornischer Spaten
 ⇒ Langstieliger, irischer Herrenspaten
 ⇒ Langstieliger, konisch zulaufender Spaten
 ⇒ Langstieliger Slingo-Spaten
 ⇒ Newcastle-Dränierspaten
 ⇒ Pfahlspaten
 ⇒ Randspaten
 ⇒ Setzspaten
 ⇒ Solide geschmiedeter Randspaten
 ⇒ Stahlband-Gartenspaten
 ⇒ Wildererspaten
 ⇒ Wurzelballenspaten
Spaten 248
Spatenblatt 30, 34
Spatengabel 44, 46
Spatenstiel 120
Spatentritt 31
Spezial-Astschere 155
Spezialgabeln 48, 49
 ⇒ Edelstahl-Randgabel
 ⇒ Fiberglas-Gartengabel
 ⇒ Grabegabel
 ⇒ Kindergabel
 ⇒ Kompostgabel

 ⇒ Solide geschmiedete Randgabel
Spezialschere 141
Spezialspaten
 ⇒ Deich- und Bewässerungsspaten
 ⇒ Irischer Knabenspaten
 ⇒ Kaninchenspaten
 ⇒ Newcastle-Dränierspaten
Spiralfeder 148
Spitzblatt 125
Spitzes Blumenkellenblatt 122
Spitzhacken 13, 54 ff.
 ⇒ Allzweck-Spitzhacke
 ⇒ Pickelhacke
Spitzrückenschaufel 24
Sprenger 182, 186, 193
Sprinkler 183, 202, 204
Spritzdüsen 198, 201
Spritzgießstab 200
Sprühregner 199
Sprühschlauch 182
Spurenelemente 208
Stachelwalze 234
Stahlband-Gartengabel 47
Stahlband-Gartenspaten 36
Stahlblumenkelle 123
Stahleimer 245
Stahlgießkannen 188, 190, 191
Stahlhaken 286
Stahlkeile 171
Stahllager 153
Stahlqualitäten 5, 25, 42
Stahlrechen 3, 257
Stahlschaftschaufel 26, 27
Stahlspaten mit Diamantspitze 41
Stahlstärke 20
Stalham-Hacke 66, 67, 70
Stampfer 231, 232
Stand-Erdblocker 105
Standard-Blumenkelle 124
Standard-Rundbrause 192
Standard-Beil 169
Standard-Heckenschere 153
Standard-Setzspaten 41
Stangenastsäge 158
Stapel-Wurmkomposter 215
Stapelkomposter 212, 214, 215
Stark wuchernde Kräuter 130
Starke Baumschere 148
Stauden 117, 130, 133
Staudenspaten 87, 88
Staunässe 132, 181
Steckling 85, 86, 87, 94, 99, 144
Stecklingsvermehrung 96
Steigbügel-Hacke siehe Pendelhacke
Steigbügel-Jäter 76, 77
Steingarten 6
Steinwolle siehe Hygromull
Stickstoff/-bindung 102, 209
Stiefel siehe Schuhe und Stiefel
Stiele 7
Stiellänge 4, 19
Stielqualitäten 5
Stoffe
 ⇒ Baumwolle
 ⇒ Köper
 ⇒ Leinen
 ⇒ Wolle/Wollstoff
Stoffhandschuhe 270, 271
Stoffhut 274, 275
Stoffqualitäten 276
Strauchhippe siehe Reisighippe
Streichbrettpflug 17
Streugut 231
Streuwagen 230, 231, 232
 ⇒ Düngewagen
 ⇒ Handstreuer
 ⇒ Präzisionsstreuwagen
Stroh 44

Stulpenhandschuhe 273
Stümpfe 160, 161
Substrat 96, 98, 100, 130, 132, 133
 ⇒ auch Anzuchterde
Sulzberger, Robert 217
Superdüse 201
Sussex-Korb 240, 241, 243
Synthetikschlauch 193

T

T-Griff 8, 18, 32, 104
T-Shirt, Baumwoll- 278
Taschen 238
Taschenmesser 5, 87, 90
Teakholz 131
Teflonbeschichtung 149
Teleskopschere 156
Teleskopstange 158
Teleskopzugsäge 160
Temperaturfühler 106
Temperaturschwankungen 131, 132
Terracotta 19
Terracottabasket 134
Terracottatöpfe 119, 130, 132, 133
Terrassen 130
Terrassengießkanne 190, 191
Terrassengießstab 200
Terrassenschlauch 197
Thaxter, Celia 85
Thermometer 219
Thoreau, Henry D. 61
Thymian 222
Timberline (Firma) 156, 157
Tomate 18, 182, 185, 243
Tomatenkorb aus Holz 243
Tontöpfe 130
Töpfe
 ⇒ Papiertöpfe
 ⇒ Plastiktöpfe
 ⇒ Torfquelltöpfe
Töpfermaterial 131, 132
Topfformer 103
Topfgießstab 201
Torf 14, 18, 96, 98, 101, 104, 133
Torf(anzucht)töpfe 94, 101, 103
Torfauslage 133
Torfersatz 101
Tragbares Regnerset 204
Tragebehälter 244, 245, 246, 247
 ⇒ Gartenabfalltasche
 ⇒ Komposteimer
 ⇒ Samenschaufel
 ⇒ Schlepptuch
 ⇒ Unkrautkorb
 ⇒ Verzinkte Eimer
 ⇒ Verzinkte Scheffelbehälter
Tragegriffe 244
Tragen 238 ff.
Tragetasche, Segeltuch- 289
Traktorregner 203, 204
Transportgeräte 238 ff.
 ⇒ Gartenkarre
 ⇒ Großer, roter Geländekarren
 ⇒ Kinderschubkarre
 ⇒ Maurerkarre
 ⇒ Zinkschubkarre
Transportieren 238 ff.
Trapezform 152
Traubenhacke 68, 72, 73
 ⇒ Augenhacke
Traubenleseschere 142
Treibhaus 49
Treibhausgießkanne 189, 190, 191
Treibhausglocke 110
Treibmatten 86

Trichter 230, 231, 232
Trichterkasten 129
Triebe 147, 152, 162
Triebknospen 147
Triebkranz 147
Trockenschutzmittel 133
Trommelkomposter 212
Tröpfchenbewässerung 183, 185, 195
Tropfrohr 195, 196
Tull, Jethro 64, 69, 118, 119
Tülle 6, 9, 25, 31, 43
Turbo-Astsäge 165
Turnschuhe 268
Tuttle-Zähne 160

U

Überkleid 266
Umgraben 16, 19, 22, 23, 24, 33, 42, 46
Umpflanzblumenkelle 122, 125
Umsetzen 210, 216
Union-Ziehhacke 63, 67, 70
Universaldünger 123
Unkraut 13, 55, 60, 61, 62, 172, 173, 244
Unkrautkorb 240, 244, 246
Unkrautwinde 55, 57
Urnen 131

V

V-förmiges Blumenkellenblatt 122
Vasum-Töpfe 134
Ventilatorregner 204, 205
Verbundmaterialien 141
Verbundstahl 169
Verbundstein 222
Veredeln 86
Vermehrung *siehe* Pflanzenvermehrung
Verrottungsprozeß 210, 211, 212, 213, 219
Verstärkter Großflächenbesen
Verstellbare Rasenschere 227
Verteilen des Samens 117, 129
Vertikutieren 234
Vertikutierrechen 228, 234, 256
Verzinkte Eimer 245, 247
Verzinkte Scheffelbehälter 246
Verzinkter Scheffeleimer 289
Vielzweckblatt 124
Vier-Stufen-Gießstab 200
Vier-Wege-Wasserverteiler 201
Viereckregner mit Schwingkopf 202, 203, 205
Vierkantgrabenschaufel 28, 29
Vierkantschaufel 23, 26
 ⇒ Große Vierkantschaufel
 ⇒ Klemmtüllenschaufel
 ⇒ Mittelgroße Vierkantschaufel
 ⇒ Schaufel mit Fiberglasstiel und Stahlkragen
 ⇒ Stahlschaftschaufel
 ⇒ Vierkantgrabenschaufel
 ⇒ Walztüllenschaufel
Vierkantspaten 3
Vierlagiger Schlauch 196, 197
Vierreihige Sämaschine 129
Vierzackige, schottische Mistgabel 50
Vierzackkultivator 4
Vierzinkiger Kultivator 80, 81
Vinyl 193, 194, 196, 286
Vinyl-Nylon-Schlauch 193
Vinylschlauch 196
Virgil 64, 85
von Hey, Krafft 217

W

Wachsjacke 281
Waldarbeit 166
Walnußholz 90, 93
Walzbrett 88
Walze 230, 231, 233, 234
Walzenmäher 229
Walztüllenschaufel 26
Wandschlauchhalter 288
Wandtöpfe 130
Wanne 240, 248, 249, 250
Wäschekorb 240
Washington, George 209
Wasser 180 ff.
Wasserbedarf 182
Wasserbrecher 193, 198, 199
Wasserdosierung 198
Wasserdruck 193, 194, 195
Wassereimer 180
Wassergefäße 141
Wasserkübel mit Tülle 184
Wasserkugel 199, 200
Wasserreiser 145, 158
Wasserschlauch
 – Lagerung 286
Wasserspeicherung 131, 132
Wasserstrahl 186
Wassertimer 205
Wassertrog 149
Wasserverdunstung 195, 196
Wasserverschwendung 185, 186
Wasserwand 109, 113
Wasserzerstäuber 188
Weichholzstämme 168
Weidenholz 242
Wein(berge) 72, 154
 – Weinfässer 131
 – Weinstock 139
Weizen 239
Wellenblatteckenschere 153
Wellenschliff 152
Wellenschneiden 152
Werkzeugbehälter mit Sitzdeckel 289
Werkzeuggriff 8
 ⇒ T-Griff
 ⇒ D-Griff
 ⇒ YD-Griff
Werkzeughalter aus Metall 288
Werkzeugpflege und Lagerung 282 ff.
Westen 280 ff.
 – Westentaschen 280
 ⇒ Baumwollweste
 ⇒ Weste aus Segeltuch 278
Wetzstahl 88, 89, 94
Whichford Pottery 134
Whiskeyfässer 131
Whitman, Walt 209, 284
Wiesenrispe 223
Wildererspaten 34
Wildlederhandschuhe (Schweinsleder) 273
Wildwiese 222
Winter 116, 133, 135
Winterfrost 132
Wollstoff 277
Wundverschluß 98, 99
Wurmkomposter 212, 213, 215
Wurzel- und Erdschlauch 196
Wurzel 85
Wurzelballen 125
Wurzelballenspaten 33, 34, 35, 40
Wurzelbewässerer 195
Wurzelbildung 86
Wurzellüfter für Bäume und Sträucher 200
Wurzelpuder *siehe* Bewurzelungsmittel
Wurzelsprenger 200
Wurzelstock 85, 94, 118

X

Xylan-Beschichtung 226, 227

Y

Yankee-Axt 166, 168
YD-Griff 7, 8, 9, 23, 25, 27, 28, 29, 30, 35, 40, 53
Yorkshire-Sicheln 172

Z

Zacken 152, 159
Zackenblatt 152
Zähne 150, 160, 161, 162, 176
»Zahnlücken« 78
Zahnung 165, 174
Zapfen-Bundring-Verbindung 118
Zapfen-Metallkragen-Konstruktion 122, 123, 124, 150, 170
Zapfenverbindung 9
Zecken 277
Zedernholz 131
Zedernholzkasten 135
Zehnzackige Beetgabel 50
Zeltglocke 110
Zerlegen 165
Zersetzungswärme 210, 211
Zerstäuber 89, 94
 – *siehe auch* Gewächshauszerstäuber
Ziegenleder (für Handschuhe) 270, 272
Ziehhacken 3, 63 ff.
 ⇒ Kollinear-Ziehhacke
 ⇒ Sauzahn
 ⇒ Schmale Feldhacke
 ⇒ Stalham-Hacke
 ⇒ Union-Ziehhacke
 ⇒ Zwiebelhacke
Ziehrechen 259
Ziergehölze 145, 156
Zimmerpflanzen 148
Zinkeimer 242, 245, 289
Zinken 6, 17, 42, 43, 78, 254, 255, 256, 257, 258, 259, 260, 261
 – Anzahl 45
Zinkschubkarre 250
Zitronentopf 135
Zucker 180
Zuckerahornbäume 254
Zwei-Wege-Wasserverteiler 198, 200
Zweirädrige Gartenkarre 249
Zweizackige Heugabel 53
Zwiebelhacke 63
Zwiebeln 182
Zwillings-Kreisregner 201